Verschwiegener Alltag

Archiv der sozialen Demokratie der Friedrich-Ebert-Stiftung
Reihe: Politik- und Gesellschaftsgeschichte, Band 115

Herausgegeben von Anja Kruke und Stefan Müller

Mareen Heying · Alexandra Jaeger · Nina Kleinöder ·
Sebastian Knoll-Jung · Sebastian Voigt (Hg.)

# Verschwiegener Alltag

## Gewalt am Arbeitsplatz seit dem 19. Jahrhundert

DIETZ

Bibliografische Information der Deutschen Nationalbibliothek

Die Deutsche Nationalbibliothek verzeichnet
diese Publikation in der Deutschen Nationalbibliografie;
detaillierte bibliografische Daten sind im Internet
über *http://dnb.dnb.de* abrufbar.

ISBN 978-3-8012-4298-5
ISSN 0941-7621


Verlag J. H. W. Dietz Nachf. GmbH
Dreizehnmorgenweg 24, 53175 Bonn
Tel. 0228/18 48 770 | info@dietz-verlag.de



Reihengestaltung: Just in Print, Bonn · Kempken DTP-Service, Marburg

Umschlagfoto:
Demonstration gegen Gewalt an Frauen in München am 25.11.2022,
© mufkinnphotos/Süddeutsche Zeitung Photo

Umschlag:
Kempken DTP-Service | Satztechnik · Druckvorstufe · Mediengestaltung, Marburg

Satz:
Kempken DTP-Service | Satztechnik · Druckvorstufe · Mediengestaltung, Marburg

Druck und Verarbeitung: Plump Druck & Medien GmbH, Rheinbreitbach


Printed in Germany 2025

Besuchen Sie uns im Internet: *www.dietz-verlag.de*

# Inhaltsverzeichnis

*Mareen Heying · Alexandra Jaeger · Nina Kleinöder · Sebastian Knoll-Jung · Sebastian Voigt*

# Verschwiegener Alltag. Eine Einführung

Gewalt am Arbeitsplatz ist allgegenwärtig, zudem häufig verborgen oder unsichtbar. Der Titel des Bandes »Verschwiegener Alltag« spiegelt eine Doppeldeutigkeit wider: Gewalt am Arbeitsplatz findet oft hinter verschlossenen Fabriktoren oder Bürotüren statt, ist öffentlich selten erkennbar und wird zudem oft tabuisiert. In anderen Fällen ist sie aber auch ein »offenes Geheimnis« oder sogar allgemein akzeptiert. In der geschichtswissenschaftlichen Forschung spielt Gewalt am Arbeitsplatz im Gegensatz zu anderen Formen der Gewaltausübung bisher nur eine untergeordnete Rolle,[1] obwohl dort viele Gewaltphänomene hervortreten: Reibungen und Konflikte, auch und gerade aus Konkurrenzsituationen heraus, Rollendruck in homosozialen Kolleg:innenkreisen sowie hierarchische Strukturen und materielle Abhängigkeiten fördern ein konfliktträchtiges Klima. Deshalb ist der Blick auf den Arbeitsplatz – ein Ort, an dem Lohnabhängige einen Großteil ihrer Lebenszeit verbringen – ein wichtiger Schlüssel zum Verständnis von Gewalt allgemein.

Der vorliegende Sammelband zeigt aktuelle Forschungen, Fragestellungen und Zugriffe sowie weitere Potenziale für die wissenschaftliche Auseinandersetzung mit Gewalt am Arbeitsplatz seit dem 19. Jahrhundert auf. Der Fokus liegt dabei auf dem deutschsprachigen Raum; ein Beitrag widmet sich Italien, ein Beitrag Großbritannien und der BRD im Vergleich. Der Band gibt einen Einblick in unterschiedliche Formen von Gewalt am Arbeitsplatz, verschiedene Berufsgruppen und beteiligte Akteur:innen sowie Konfliktdynamiken. Zudem erörtert er den historischen Wandel sowie Kontinuitäten von Gewaltverständnissen und in diesem Zusammenhang verwendeten Begrifflichkeiten. Hervorgegangen ist der Band aus der neunten Tagung der Reihe »Neue Perspektiven auf die Gewerkschaftsgeschichte« des Kooperationsprojekts »Jüngere und jüngste Gewerkschaftsgeschichte« der Hans-Böckler-Stiftung und der Friedrich-Ebert-Stiftung. Sie fand am 23. und 24. November 2023 statt und wurde von den fünf Herausgeber:innen mitorganisiert.[2] Die Tagung lieferte Ergebnisse aus

---

1 Der Alltäglichkeit von Gewalt aus einer Geschlechterperspektive hat sich sehr umfassend ein Sammelband gewidmet, der Gewaltebenen seit dem Mittelalter untersucht: Eva Labouvie (Hg.), Geschlecht, Gewalt und Gesellschaft. Interdisziplinäre Perspektiven auf Geschichte und Gegenwart, Bielefeld 2023.

2 Philipp Urban, Gewalt am Arbeitsplatz im 20. Jahrhundert, Tagungsbericht, in: H-Soz-Kult, 9.2.2024, https://www.hsozkult.de/conferencereport/id/fdkn-141820 (8.3.2025). Wir danken Michaela Kuhnhenne für ihre Unterstützung bei der Planung und Durchführung der Tagung.

unterschiedlichen Feldern der Arbeitswelt, es blieben aber auch Fragen offen. Die Forschungsdesiderate und die gleichzeitige Heterogenität des Feldes wurden deutlich.

Forschung zu Gewalt allgemein findet sich in vielen Disziplinen. Sie hat sich in den letzten Jahrzehnten zunehmend weiterentwickelt, »ist außerordentlich vielfältig und facettenreich«. Jedoch »ist über das, was Gewalt genannt werden kann, kein Konsens herzustellen.«[3] Neben dem Facettenreichtum von Gewaltformen besteht eine Herausforderung in der Unmöglichkeit, das Gewaltempfinden der untersuchten Forschungssubjekte zu verstehen. Mithilfe der Emotionsgeschichte kann man sich den erlebten Erfahrungen von Menschen, die Gewalt erlebten, zwar nähern, doch bleibt die Problematik bestehen, dass Schmerz nicht unmittelbar in Sprache übersetzt werden kann.[4] Zudem kann Gewalt von verschiedenen Seiten ausgehen, Täter:innen- und Opferkonstellationen können verschwimmen. Die gesetzliche Grundlage erlaubt staatlichen Instanzen, ihr Recht notfalls mit einem Gewaltmonopol durchzusetzen.[5]

Zwar nimmt sich auch die Geschichtswissenschaft der Gewaltforschung seit Langem an, vor allem aber in Bezug auf Kriege oder staatliche Verbrechen, etwa im Nationalsozialismus.[6] Den Stand der historischen Forschung zeichnet Klaus Weinhauer ausführlich in einem einleitenden Beitrag in diesem Band nach (→ S. 21 ff.). Er diskutiert ein fächerübergreifendes Bild der Debatten zu und Sichtweisen von Gewalt am Arbeitsplatz in der (internationalen) Forschung. Speziell zur Arbeitswelt sind aber nur einzelne kürzere Beiträge erschienen, teilweise zu bestimmten Berufsgruppen, wie der Polizei.[7] Ansonsten wurden arbeitsweltbezogene Gewaltaspekte eher beiläufig oder als ein Teilaspekt unter vielen behandelt.

Seit dem 19. Jahrhundert hat sich das Verständnis von Gewalt grundlegend gewandelt. Exemplarisch dafür stehen Soldaten, die während des Ersten Weltkrieges psychische Erkrankungen entwickelten. Es wurde versucht, sie mit Elektroschocks zu »heilen«, um wieder arbeitsfähig zu sein. Heutzutage gelten diese Maßnahmen

---

3 Beide Zitate: Michaela Christ/Christian Gudehus, Gewalt – Begriffe und Forschungsprogramme, in: dies. (Hg.), Gewalt. Ein interdisziplinäres Handbuch, Stuttgart 2013, S. 1-15; hier: S. 1.

4 Dagmar Ellerbrock, Geschlecht, Gewalt und Gefühl in der Geschichtswissenschaft. Zum Forschungsstand geschlechtersensibler Gewaltforschung und neuen Perspektiven aus der Emotions- und Invektivitätsforschung, in: Labouvie (Hg.), Geschlecht, 2023, S. 37-62.

5 Heinz-Gerhard Haupt, Gewalt und Politik im Europa des 19. und 20. Jahrhunderts, Göttingen 2012, S. 9; Klaus Weinhauer, Bewaffnete Ordnungskonflikte zwischen Staatsgewalt und urbanen sozialen Bewegungen in Hamburg (c. 1916–23), in: Hans-Jörg Czech/Olaf Matthes/Ortwin Pelc (Hg.), Revolution! Revolution? Hamburg 1918/19, Hamburg 2018, S. 272-297.

6 Elissa Mailänder, Gewalt im Dienstalltag. Die SS-Aufseherinnen des Konzentrations- und Vernichtungslagers Majdanek 1942–1944, Hamburg 2009.

7 Gerhard Fürmetz, »Besondere Gefährdung der Polizeibeamten« – Alltägliche Gewalt gegen Polizisten im frühen Nachkriegsdeutschland, in: Alf Lüdtke (Hg.), Polizei, Gewalt und Staat im 20. Jahrhundert, Wiesbaden 2011, S. 131-144; Thomas Ohlemacher, Gewalt gegen Polizeibeamte in der Bundesrepublik Deutschland, 1985–2000. Entstehungskontexte, Reaktionen, Paradoxien, in: Alf Lüdtke (Hg.), Polizei, Gewalt und Staat im 20. Jahrhundert, Wiesbaden 2011, S. 187-202.

als illegitime körperliche Gewalt.[8] Lange Zeit wurde physische Gewalt außerdem als legitimes Erziehungsmittel gegenüber Kindern, Schüler:innen oder Auszubildenden betrachtet, eine in der Gegenwart mittlerweile verpönte Ansicht und gesetzlich strafbare Handlung. Die Sichtweisen auf Gewalt veränderten sich erst fundamental in der zweiten Hälfte des 20. Jahrhunderts. So schuf der Gesetzgeber etwa das Recht zur »väterlichen Zucht« des Lehrherrn gegenüber den Lehrlingen erst am 27. Dezember 1951 ab.[9] Diese Beispiele zeigen, dass die Auffassung darüber, was als Gewalt angesehen wird, einem historischen Wandlungs- und gesellschaftlichen Aushandlungsprozess unterliegt. Diese Feststellung trifft insbesondere auf Gewalt am Arbeitsplatz zu. Anhand von sexualisierter Gewalt lässt sich diese Auseinandersetzung in nuce zeigen.

## 1 Aktualität von »MeToo«

In den letzten Jahren ist das Thema »Gewalt am Arbeitsplatz« stärker in den Blick der Öffentlichkeit gerückt. Ausgehend von der »MeToo«-Bewegung, mit der vor allem Frauen über sexuelle Belästigung und Übergriffe berichteten und eine Zeitenwende forderten (»Time's up«), wurde in der Öffentlichkeit, aber auch in Betrieben, in der Kultur und anderen Bereichen über konkrete Fälle von Gewalt und Machtmissbrauch diskutiert, wie auch über die Strukturen, die diese ermöglichen.

In der *New York Times* berichteten Jodi Kantor und Megan Twohey im Oktober 2017 über mehrere Frauen, die dem bekannten Filmproduzenten Harvey Weinstein sexuelle Belästigung und sexualisierte Gewalt vorwarfen. Die Schauspielerin Alyssa Milano rief daraufhin andere Frauen auf, auf Twitter ihre Erfahrungen mit sexueller Belästigung unter dem Hashtag »MeToo« zu teilen. Bereits seit 2006 hatte die Schwarze Aktivistin Tarana Burke den Slogan in ihrer Arbeit gegen sexualisierte Gewalt verwendet.[10] Die sich aus »MeToo« entwickelte Bewegung adressierte gesellschaftliche Strukturen in Gänze und ging weit über den Arbeitsplatz hinaus. »MeToo« zeigt aber deutlich, wie sich offene und verschwiegene Hierarchien im Arbeitsalltag als Hürde zur Aufklärung etabliert haben. Die ersten Frauen, die von den Übergriffen des Produzenten berichteten, waren nicht nur Schauspielerinnen, sondern auch unbekannte Angestellte des Unternehmens. Es ging hier also nicht nur um privilegierte Leinwandgrößen, sondern auch um die alltägliche Gewalt am Arbeitsplatz, die Frauen mit

---

8 Maria Hermes, Krankheit: Krieg. Psychiatrische Deutungen des Ersten Weltkrieges, Essen 2012.

9 o. V., 27. Dezember 1951 – Züchtigungsrecht von Lehrherren wird abgeschafft, 27.12.2016, <https://www1.wdr.de/stichtag/stichtag-zuechtigungsrecht-abschaffung-100.html> (8.3.2025).

10 Tina Spies, Aktuelle Debatten um sexualisierte Gewalt. Hegemoniale Vorstellungen und »Othering«, in: Labouvie (Hg.), Geschlecht, 2023, S. 121-139; hier: S. 121; Emily E. LB. Twarog, Gender Violence in the Hospitality Industry. Panic Buttons, Pants and Protest, in: Jeremy Milloy/Joan Sangster (Hg.), Violence of Work. New Essays in Canadian and US Labour History, Toronto 2021, S. 184-198; hier: S. 194 f.

weniger Einfluss erlebten. Das Buch »She Said«[11] zeichnet nach, wie wichtig gerade diese Frauen für das Ende des Imperiums des Produzenten und dessen spätere Verurteilung waren. Weniger bekannt ist, dass die Journalistinnen der *New York Times* auch zu sexualisierter Gewalt am Arbeitsplatz in anderen Branchen recherchierten, zum Beispiel im Niedriglohnsektor bei Walmart, Subway oder McDonald's. Auch hier berichteten die beschäftigten Frauen von sexueller Belästigung. Und es waren Angestellte bei McDonald's, die 2018 in den USA den ersten Streik gegen sexuelle Belästigung organisierten.

Zugleich erleben wir seit einigen Jahren, dass, wenig überraschend, auch in unserem Fach Machthierarchien sowie sexualisierte Gewalt existieren und die Betroffenen sich häufig nicht trauen, sich zu wehren. Die stark besuchte Veranstaltung zu »#metoohistory« beim Historikertag 2023 hat deutlich gemacht, wie wichtig es ist, dass sich auch die Geschichtswissenschaft mit den Mechanismen von Machtmissbrauch, sexueller Belästigung und sexualisierten Übergriffen und daraus entstehender Gewalt am Arbeitsplatz auseinandersetzt und die Betroffenen unterstützt und schützt.[12] Wichtig ist es zu diesem Verständnis, Praxen und Muster von sexualisierter Gewalt auch historisch in den Blick zu nehmen.

Das Bewusstsein darüber, welches Verhalten am Arbeitsplatz akzeptabel ist und welches nicht, hat sich durch die »MeToo«-Bewegung verändert. Ein weiteres, aktuelles Beispiel ist der erzwungene Kuss eines spanischen Fußballverbandsfunktionärs mit der Spielerin Jennifer Hermoso nach dem Sieg im Weltmeisterschaftsfinale 2024. Der Funktionär musste zurücktreten, wurde erstinstanzlich aber nur zu einer geringen Geldstrafe verurteilt.[13] Der Vorfall wurde zunächst durch Begriffe wie »Affäre« und »Kuss-Eklat« heruntergespielt und später erst als das benannt, was es war: sexualisierte Gewalt am Arbeitsplatz. Dieses Beispiel verdeutlicht einmal mehr, wie sehr das Thema immer noch unsichtbar gemacht wird und wie strukturelle Kontinuitäten fortwirken. Dass der Funktionär nur für den Übergriff verurteilt wurde und nicht für den Versuch, Hermoso nach der erlebten Gewalt zum Schweigen zu bringen, belegt dies umso mehr. Dieser Fall zeigt zugleich die Veränderungen in der gesellschaftlichen Wahrnehmung sexualisierter Gewalt, denn die solidarische Unterstützung für Hermoso war enorm und der gesellschaftliche Aufschrei groß.

---

11 Jodi Kantor/Megan Twohey, She Said – Breaking the Sexual Harassment Story That Helped Ignite a Movement, New York 2019.

12 Christoph Kösters, HT 2023: Missbrauch als Thema der Zeitgeschichte – Perspektiven und Herausforderungen, Tagungsbericht, in: H-Soz-Kult, 7.10.2023, <https://www.hsozkult.de/conferencereport/id/fdkn-138996> (8.3.2025).

13 dpa, Affäre im spanischen Fußball. Urteil im Kuss-Eklat: Hermoso und Rubiales vor Einspruch, 21.2.2025, <https://www.sueddeutsche.de/sport/affaere-im-spanischen-fussball-urteil-im-kuss-eklat-hermoso-und-rubiales-vor-einspruch-dpa.urn-newsml-dpa-com-20090101-250221-930-382032> (8.3.2025), der Spiegel schreibt vom »Kussskandal«: <https://www.spiegel.de/sport/fussball/luis-rubiales-fifa-boss-gianni-infantino-ueber-kussskandal-haette-nie-passieren-duerfen-a-656ea521-ae43-45b7-85f5-7bd091a9692e> (8.3.2025).

## 2 Quellenproblematik bei der historischen Analyse

Aus historischer Perspektive ist es methodisch nicht immer leicht, sich dem Thema Gewalt am Arbeitsplatz als Forschungsgegenstand zu nähern. Es besteht bei den Akteur:innen häufig kein Interesse daran, Gewalthandlungen öffentlich zu thematisieren, weder bei Opfern und bei Täter:innen noch bei Arbeitgeber:innen, Kolleg:innen oder Interessenvertretungen. Die Gründe für das Schweigen sind sehr unterschiedlich und reichen von Tabuisierung und Ängsten bis zur Furcht vor Rufschädigung. Zudem stellen Opfer (sexualisierter) Gewalt häufig keine Anzeige, sodass viele Übergriffe gar nicht dokumentiert sind. Falls die Gewalt doch offiziell aufgenommen wird, bleiben Unterlagen mit dem Hinweis auf Datenschutz häufig für den Forschungszugriff unzugänglich und werden meist gar nicht erst in Archive übernommen. Zu Recht ist dies auch eine Form des nachträglichen Opferschutzes, die gerade geschichtswissenschaftliche Forschung nicht erleichtert. So bleibt es schwierig, diesen Spuren für eine historische Aufarbeitung nachzugehen. Viele Beiträge im Band thematisieren die schwierige Quellenlage und regen daher zur Nutzung ergänzender Quellen an.

Wenn Gewalt an Arbeitsplätzen verhandelt wird, geschieht dies meist intern. Dabei entstehen keine oder schwer öffentlich zugängliche Quellen. Bei der Aufarbeitung sexualisierter Gewalt in den beiden christlichen Kirchen wird aber zum Beispiel deutlich, dass interne Unterlagen zum Teil vorhanden sind und für die Forschung ausgewertet werden können. Dies ist oft allerdings erst der Fall, wenn die Organisation dazu bereit ist – sei es aus eigenem Antrieb oder aufgrund öffentlichen Drucks.[14]

In den meisten staatlichen Organisationen und Institutionen gab es lange keine formalen Strukturen, die explizit für Fragen der Diskriminierung zuständig waren – die auch mit Gewalt einhergehen kann. Staatliche Gleichstellungsstellen gibt es erst seit Ende der 1970er-Jahre, die Antidiskriminierungsstelle auf Bundesebene sogar erst seit 2006, sodass auch hier keine frühere Überlieferung vorliegt.

Eine weitere Möglichkeit ist der Zugang über die öffentliche Berichterstattung. Wenn über Gewalt journalistisch berichtet wird, wie bei »MeToo«, stellt sich jedoch die drängende Frage, über wen gesprochen und über wen geschwiegen wird. So besteht oftmals ein größeres gesellschaftliches Interesse an Schauspieler:innen, Spitzen-

14 So hat das Bistum Münster 2019 eine Studie zum sexuellen Missbrauch in Auftrag gegeben: Thomas Großbölting, Die schuldigen Hirten. Geschichte des sexuellen Missbrauchs in der katholischen Kirche, Freiburg 2022. Dies gilt in ähnlicher Weise auch für die Aufarbeitung der NS-(Gewalt-)Geschichte in Unternehmen. Vgl. in der historiografischen Übersicht u. a. Ralf Banken, Kurzfristiger Boom oder langfristiger Forschungsschwerpunkt? Die neuere deutsche Unternehmensgeschichte und die Zeit des Nationalsozialismus, in: Geschichte in Wissenschaft und Unterricht, 56 (2005), S. 183-196; Tim Schanetzky, After the Gold Rush. Ursprünge und Wirkungen der Forschungskonjunktur »Unternehmen im Nationalsozialismus«, in: Zeitschrift für Unternehmensgeschichte, 63 (2018) 1, S. 7-32.

sportler:innen, Weißen Wissensarbeiter:innen und Politiker:innen als an Schwarzen Reinigungskräften, osteuropäischen Arbeiter:innen in Schlachtbetrieben oder alten Menschen in Pflegeheimen.[15]

## 3 Beiträge des Bandes

Nach der systematischen Einführung von Klaus Weinhauer (➞ S. 21 ff.) über den Gewaltbegriff und den Forschungsstand, sind die Beiträge des Bandes chronologisch angeordnet, um die Wandelbarkeit des Gewaltverständnisses im zeitlichen Verlauf abzubilden. Dabei wird in ihrer Zusammenschau deutlich, wie zeitgebunden die jeweiligen Themen und Debatten waren.

Die ersten fünf Beiträge verorten sich im ausgehenden 19. und frühen beziehungsweise in der Mitte des 20. Jahrhunderts. Die ersten beiden behandeln Fabrikarbeit und rechtliche Aushandlungen über dort erfolgte Gewalt, schließlich folgen drei Artikel zum Dienstleistungsbereich, vor allem mit Blick auf sexualisierte Gewalt.

Zunächst stellt Sebastian Knoll-Jung (➞ S. 37 ff.) mit den Quellen der 1884 gegründeten Unfallversicherung einen erweiterten Blick auf den Fabrikalltag dar, der bisher in der Forschung nicht berücksichtigt wurde. In dem Beitrag »Mehr als nur Neckereien – Gewaltformen und -konstellationen in Kaiserreich und Weimarer Republik« verdeutlicht er, welche Ebenen der Gewalt es gab: Sie ging von Vorgesetzten aus, konnte aber auch zwischen gleichgestellten Kollegen stattfinden und sich gegen »Schwächere« richten. Knoll-Jung zeigt blinde Flecken der bestehenden Forschung auf, die vorrangig hierarchische Gewalt thematisiert und andere Gewaltformen vernachlässigt hat.

Im folgenden Beitrag »Gewalt im Betrieb um 1900. Eine arbeitsrechtliche Spurensuche« geht Johanna Wolf (➞ S. 59 ff.) der Gewalt am Arbeitsplatz im Kaiserreich anhand von Gewerbegerichtsurteilen nach. Sie zeigt anschaulich, wie gewinnbringend juristische Quellen für die Geschichtswissenschaft verwendet werden können. Ursprünglich wurden Gewerbegerichte als Reaktion auf gewerbliche Konflikte eingerichtet, um sie zu regulieren. Insofern waren sie gemäß Wolf eine »bedeutende Wegmarke«, weil sie der unternehmerischen Willkür Grenzen setzten, auch wenn sie diese nicht vollständig einschränkten. Dennoch konnten Arbeiter:innen erstmals ihre Rechte am Arbeitsplatz einklagen, von denen viele bislang nur unzureichend Kenntnis hatten.

Im folgenden Beitrag über »Die ›Kellnerinnenfrage‹ als Gewaltfrage« diskutiert Mareen Heying (➞ S. 77 ff.) offene und versteckte Formen der doppelten Gewalt, der sich Kellnerinnen um 1900 ausgesetzt sahen, einerseits durch die Arbeitsbezie-

15 Lena Marbacher, Arbeit Macht Missbrauch. Eine Gesellschaftskritik, Frankfurt a. M. 2024, S. 253.

hungen zu Wirten und Arbeitsvermittlern, andererseits durch Gewalt, die von den Kunden/Gästen ausging. Kellnerinnen waren als Berufsgruppe besonders vulnerabel und häufig übergriffigem Verhalten ausgesetzt. Zugleich hatten sie selten die Möglichkeiten, sich effektiv zu wehren oder sich gewaltvollen Situationen zu entziehen. Wie Heying argumentiert, konnten die Kellnerinnen kaum auf Solidarität der bürgerlichen Frauenbewegung zählen, da sie die Berufsgruppe in klassistischer Weise abwertete. Der Beitrag zeigt so die intersektionale Perspektive der Gewaltfrage an Kellnerinnen besonders deutlich auf und betont zudem die Quellenproblematik, da die Täter:innen-Perspektive in der Überlieferung weitgehend fehlt.

Den Haushaltsgehilfinnen als weiterer vulnerabler Berufsgruppe wendet sich Mareike Witkowski (➞ S. 95 ff.) in ihrem Beitrag »›Hölle mit verteilten Rollen?‹ Gewalt am Arbeitsplatz Privathaushalt« zu. Meistens handelte es sich dabei um junge Frauen oder sogar noch minderjährige Mädchen, die in einem Haushalt Dienst taten, sich um die Hausarbeit kümmerten und in der Regel auch dort wohnten. Damit waren sie weitgehend schutzlos der verbalen und körperlichen Gewalt ihrer Arbeitgeber:innen ausgeliefert. Anfangs interessierte sich fast ausschließlich die sozialdemokratische Presse für ihre Situation. Erst später wurden Gewaltexzesse gegen Hausangestellte breiter skandalisiert. Anhand der gegen sie ausgeübten Gewalt beschreibt Witkowski den Wandel des juristischen und gesellschaftlichen Gewaltverständnisses. Die Gewalt gegen diese Gruppe wurde im Laufe des 20. Jahrhunderts zunehmend als illegitim empfunden. Dabei bestand zunächst eine enge Verbindung von Gesindeordnung, Züchtigung und Gehorsam im Sinne eines Erziehungsauftrages. Diese Argumentation des 19. Jahrhunderts brach juristisch und gesellschaftlich jedoch ab der zweiten Hälfte des 20. Jahrhunderts langsam auf. Damit endete die Gewalt nicht gänzlich, sondern wandelte sich vielmehr zu weniger offenen Formen und währte vor allem auf struktureller Ebene fort; die Abhängigkeitsverhältnisse blieben bestehen, ebenso wie die verbale Gewalt.

Ebenfalls mit einer äußerst vulnerablen Berufsgruppe beschäftigt sich Mona Rudolph (➞ S. 111 ff.) in ihrem Beitrag »Ein zwangsläufig gefährliches Gewerbe? Rosemarie Nitribitt und die Frage der Gewalt in der Prostitution der 1950er-Jahre«. Am Beispiel einer der bekanntesten deutschen Prostituierten beleuchtet sie die Gewalterfahrungen von Prostituierten in der frühen Bundesrepublik, die bei Nitribitt die extremste Form annahm: Sie wurde ermordet, der Mordfall nie aufgeklärt. Rudolph verwendet kriminalpolizeiliche Ermittlungsakten als Quellen. Sie geben Aufschluss über erfahrene Gewalt, die Angst von Nitribitt vor möglicher Gewalt durch Kunden und die Strategien, die sie dagegen entwickelte. In erster Linie war sie physischer Gewalt ausgesetzt, aber auch Beleidigungen und Drohungen. Die Autorin bettet ihren Artikel in die Sexualitäts- und Geschlechtervorstellungen der 1950er-Jahre ein und beleuchtet den besonders prekären Status von Sexarbeiterinnen, die mit staatlicher und öffentlicher Diskriminierung zu kämpfen hatten und so gut wie keine Unterstützung erhielten.

Die nächsten drei Beiträge untersuchen Gewalt in der Arbeitswelt von den 1970er- bis in die 1990er-Jahre. Vor dem Hintergrund von »1968«, Linksterrorismus und den Neuen Sozialen Bewegungen geht es in diesen Artikeln stärker um politische Dimensionen von Gewalt und dem Engagement dagegen. Eine besondere Form von Gewalt diskutiert Jacopo Ciammariconi (➞ S. 129 ff.). In seinem Artikel »›Una battaglia politica ed ideale‹: Gewerkschaftliche Strategien gegen die betriebliche Gewalt im Italien der 1970er-Jahre« setzt er den Fokus auf die norditalienische Industriemetropole Turin. Er untersucht die unterschiedlichen Ebenen der betrieblichen Gewalt in den 1970er-Jahren, dem »bleiernen Jahrzehnt«. Nach dem sogenannten »heißen Herbst« 1969 eskalierte die Gewalt auf unterschiedlichen Ebenen, vor allem in den großen Metallbetrieben. Linksradikale bewaffnete Gruppen übten politisch motivierte Gewalt aus und agitierten in den Betrieben. Der Autor diskutiert die gewerkschaftliche Perspektive auf diese Gewalt, konkret die der katholisch geprägten Gewerkschaft FIM-CISL. Er zeigt die gewerkschaftlichen Bemühungen, die Verankerung der bewaffneten Gruppen in den Betrieben zu stoppen, auch um sich davon klar zu distanzieren. Zugleich bemühte sich die Gewerkschaft, die Ursache der Gewalt zu verstehen. Die Heftigkeit der betrieblichen Arbeitskämpfe in den 1970er-Jahren, wie (spontane) Streiks oder Sabotageaktionen, erklärt sich auch aus einer neuen Arbeiter:innengeneration, die die Hierarchien und Arbeitsbedingungen infrage stellte. Ciammariconi wirft einen akteurszentrierten Blick auf diese Auseinandersetzungen und verschränkt dabei die gesellschaftspolitischen Entwicklungen der 1970er-Jahre mit den Entwicklungen in der Fabrik.

Eine weitere Perspektive auf Sexarbeit nimmt Alisha Edwards (➞ S. 151 ff.) in ihrem Beitrag »Feministische Perspektiven auf Gewalt und migrantische Sexarbeit: Großbritannien und Deutschland im Vergleich (1980er–1990er)« ein. Sie verfolgt ebenfalls einen intersektionellen Ansatz und beschreibt die besondere Vulnerabilität von Migrantinnen in einem stigmatisierten Arbeitsumfeld, das generell durch ein patriarchales System bestimmt wurde. Aktivistinnen und Selbsthilfegruppen organisierten aber auch Gegenwehr gegen Gewalt an migrantischen Prostituierten und an Frauen allgemein. Zugleich hinterfragten sie die Rolle von Frauen in der Gesellschaft und am Arbeitsplatz und kritisierten die hegemonialen Geschlechterdynamiken. Hierzu zeigt Edwards die Perspektiven auf Gewalt der feministischen Kampagne »Lohn für Hausarbeit« auf. In ihrem Artikel diskutiert sie die verschiedenen Gewaltformen im Bereich der Sexarbeit und skizziert zugleich die Verteidigungsreaktionen der Betroffenen.

Auch Sophia Kuhnle (➞ S. 167 ff.) wendet sich in ihrem Beitrag »Sexualisierte Gewalt am Arbeitsplatz in der Presse der autonomen Frauenbewegung – Beiträge in *Emma* und *Courage*, 1976–1984« der Gewalt gegen Frauen zu. Dabei fokussiert sie darauf, wie die autonome Frauenbewegung Gewalt am Arbeitsplatz thematisierte. Hierbei handelte es sich vorwiegend um verbale Gewalt, teilweise aber auch im Zusammenspiel mit physischen Übergriffen. Viele Gewaltformen wurden zeitgenössisch aber nicht nur nicht so benannt, sondern stießen vielmehr auf breite Akzeptanz oder zumindest Duldung. Gerade in männlich geprägten Berufen erlebten Frauen Belästigungen offen von einem größeren Kollegenkreis. In anderen Branchen, so zeigt Kuhnle, war übergriffiges Verhalten von Kunden allgegenwärtig und offenbar akzeptiert, etwa gegenüber Flugbegleiterinnen. Der Beitrag zeigt in der Gesamtschau unterschiedliche Tätergruppen auf und analysiert die Strategien der Frauen im Umgang damit, die von Ignorieren über Schlagfertigkeit bis zu gewerkschaftlicher Organisation reichten. Als Quelle bedient die Autorin sich zweier bedeutender Zeitschriften der Frauenbewegung, *Emma* und *Courage*.

Die drei abschließenden Beiträge widmen sich Problemfeldern der Gegenwart. So behandelt Matthias Webers (➞ S. 185 ff.) soziologischer Beitrag »Verletzbarkeit jenseits von Gewalt: Eine soziologische Analyse von Verletzbarkeit durch Statusbedrohungen im Rettungsdienst und Ordnungsamt« die besondere Bedrohungslage und Gewalt gegen Vertreter:innen des Staates im öffentlichen Raum. Dabei fokussiert er auf Sanitäter:innen und Mitarbeiter:innen des Ordnungsamts. Der soziologische Zugang basiert auf Gruppeninterviews und teilnehmender Beobachtung. Weber argumentiert, dass die hohe Vulnerabilität auf die Wahrnehmung der Beschäftigten zurückgeht, die ihren Status bedroht sehen. Im Mittelpunkt stehe dabei ein Verfallsnarrativ der Beschäftigten, die eine Normenverschiebung gegenüber ihren Berufen feststellten. Sie würden heutzutage weniger als Autorität wahrgenommen und mit Respekt behandelt. Zugleich hätten körperliche und verbale Gewalt zugenommen. Diese wahrgenommene Statusbedrohung der Beschäftigten und eine Idealisierung der Vergangenheit könnten, so Weber, auch Gewalt und Strafen gegenüber Bürger:innen legitimieren helfen und dadurch Konflikte mitverursachen.

Pierre Pfütsch (➞ S. 205 ff.) widmet sich mit »Gewalterfahrungen in Pflegeheimen in der jüngsten Zeitgeschichte« einem weiteren Berufsbereich. Die Geschichte der Gewalt in der Pflege zeichnet er als strukturell bedingte Alltagsgewalt nach. Sie werde schon seit Langem durch die allgemeinen Arbeitsbedingungen in der Pflege bedingt und gefördert. Zugleich stellt er einen interessanten Quellenkorpus vor, den Nachlass des Pflegeexperten und -kritikers Claus Fussek. Pfütsch zeigt, wie durch Beschwerdeschreiben und Korrespondenzen, vor allem durch Angehörige, in diesen Quellen unterschiedliche Formen der Gewalt in der Pflege sichtbar werden und für die historische Forschung nutzbar gemacht werden können.

Schließlich befasst sich Christoph Lorke (➞ S. 223 ff.) in seinem Beitrag »›… eigentlich unvorstellbar, dass das Deutschland ist.‹ Geschichte und Gegenwart der Situation von Erntehelfer:innen in der deutschen Landwirtschaft« mit der prekären Lage und den vielfältigen Gewalterfahrungen von migrantischen Arbeitskräften in der landwirtschaftlichen Saisonarbeit. Gewalt erscheint hier vor allem verbal und in Form eines permanenten (Arbeits-)Drucks. Lorke wählt einen Zugang über Oral History, um die Lebens- und Arbeitsbedingungen in der Spargel-Saisonarbeit in transnationaler Perspektive sichtbar zu machen. Die Arbeitsmigration habe ihren gemeinsamen Ursprung in den sozioökonomischen Rahmenbedingungen und der wirtschaftlichen Ungleichheit zwischen den europäischen Ländern, wie er argumentiert. Sie zeige zudem in den individuellen Fällen deutliche Unterschiede in Erfahrungen, Erwartungen und Strategien, damit umzugehen.

Nicht verschwiegen werden sollen die Leerstellen, die nicht zuletzt durch die breite zeitliche Streuung des Sammelbands produziert werden. Eine bewusst in Kauf genommene Lücke umfasst das gesamte Feld der unterschiedlichen Formen von Zwangsarbeit. Hierbei handelt es sich nach unserem Verständnis um eine besondere Form der Arbeitsbeziehungen, die Macht und Gewalt mit einem eigenen breiten Forschungsfeld, nicht zuletzt in der jüngeren (Global) Labour History, abbildet. Die weiteren Lücken ergeben sich aus der ganz pragmatisch verfügbaren Auswahl an laufenden Forschungen und Beiträger:innen. So fehlen etwa Beiträge zum Lehrlingswesen,[16] zur Gewalt an Schulen[17] oder Perspektiven auf den ostdeutschen Betriebsalltag.[18]

## 4 Befunde des Bandes

Wie erwähnt, handelt es sich um eine erste Sammlung von Beiträgen zum Themenfeld Gewalt am Arbeitsplatz seit dem 19. Jahrhundert. Zugleich zeigt diese Zusammenschau Querverbindungen an Themen, Zugängen, Befunden und Quellen, die im Folgenden grob kartiert werden und zu weiteren Überlegungen und Forschungen anregen sollen.

Auffällige inhaltliche Querverbindungen und wiederkehrende Themen zu Gewalt an Arbeitsplätzen sind vor allem Formen der sexualisierten Gewalt (Heying, Witkowski, Kuhnle, Rudolph, Edwards). Mehrere Beiträge machen zudem den Vorschlag, Gewalt am Arbeitsplatz auch als eine Geschichte der Gegenwart zu schreiben (Lorke, Pfütsch, Weber). Wichtig ist zudem der Befund, Gewalt auch in einer Geschichte des Protests im weitesten Sinne zu verorten (Ciammariconi, Edwards, Kuhnle). Interessant ist, welche Strategien Betroffene gegen oder im Umgang mit Gewalt entwickelten beziehungsweise wie Gewalt reguliert wurde (Rudolph, Kuhn-

---

16 Vgl. etwa David Templin, »Lehrzeit – keine Leerzeit!« Die Lehrlingsbewegung in Hamburg 1968–1972, Hamburg 2011.

17 Vgl. etwa Sarina Hoff, Der lange Abschied von der Prügelstrafe. Körperliche Schulstrafen im Wertewandel 1870–1980, Berlin 2023 und eine Forsa-Studie zu Gewalt gegen Lehrkräfte: Forsa (Hg.), Die Schule aus Sicht der Schulleiterinnen und Schulleiter. Gewalt an der Schule und gegen Lehrkräfte. Ergebnisse einer bundesweiten repräsentativen Befragung, Berlin 2024, <https://www.vbe.de/fileadmin/user_upload/VBE/Service/Meinungsumfragen/2025-01-24_forsa-Bericht_Deutschland_Gewalt_an_Schule_u_gegen_Lehrkraefte.pdf> (8.3.2025).

18 Henrike Voigtländer, Sexismus im Betrieb. Geschlecht und Herrschaft in der DDR-Industrie, Berlin 2023.

le, Knoll-Jung, Wolf, Edwards, Heying). Wenig überraschend, aber bedeutsam ist der Befund in vielen Beiträgen, dass Intersektionalität eine besondere Rolle spielt und Menschen, die mehrfachen Diskriminierungen ausgesetzt sind, auch eher Gewalt am Arbeitsplatz erleben (Kellnerinnen, Hausangestellte, Sexarbeiterinnen; aber auch Erntehelfer:innen in der Saisonarbeit). Der Befund ist relevant, da sich hier eine klare Kontinuitätslinie vom 19. Jahrhundert bis in die Gegenwart ziehen lässt. Knoll-Jung verweist zudem auf die häufige Unsichtbarkeit der Kategorie der Disability in den Quellen.

Bei der Betrachtung der abgedeckten Branchen zeigt sich, in welcher Weise auch und gerade jenseits der Fabrikarbeit der Blick auf Gewalt am Arbeitsplatz lohnt. Während insbesondere hierarchische Gewalt für industrielle Arbeitswelten des Kaiserreichs in der Forschung schon breiter thematisiert wurde, belegt die breite Perspektive in die Dienstleistungsbereiche (Kellnerinnen, Sexarbeiterinnen, Hausgehilfinnen, Ordnungsamt, Pflege), aber auch in die Landwirtschaft (Saisonarbeit), die Existenz von Gewalt an unterschiedlichen Arbeitsplätzen. Deutlich werden hier auch die Zusammenhänge von Gewalterfahrungen in Erwerbsbiografien, wie der häufige Wechsel des Arbeitsplatzes von Dienstmädchen und Kellnerinnen beispielhaft skizziert.

Große Aufmerksamkeit verdient die bereits erwähnte Problematik der häufig fehlenden historischen Quellen, die in allen Beiträgen adressiert wird. Lösen können die Beiträge diese Schwierigkeit nicht. Sie verweisen vielmehr selbst auf die bestehenden Einschränkungen und Färbungen, indem etwa allein Beschwerden über Missstände im Vordergrund stehen (Pfütsch) oder die Täter:innenperspektiven fehlen (Witkowski, Heying, Kuhnle). Andere Beiträge wiederum speisen sich allein aus der Täter:innen- und Regulierungsperspektive (Knoll-Jung, Rudolph, Wolf), wobei die Opfer weitgehend unsichtbar bleiben, andere beziehen Täter:innen- und Opferperspektiven ein (Ciammariconi, Edwards). Zugleich belegen alle Beiträge, wie trotz der Quellenproblematik eine Geschichte der Gewalt am Arbeitsplatz geschrieben werden kann.

Erschwert wird die Problematik, Gewalt am Arbeitsplatz greifbar zu machen, durch die große Heterogenität im Verständnis des Gewaltbegriffs. Aus historischer Perspektive wird deutlich, dass die Begrifflichkeiten sich wandeln. Meist wurde nicht über Gewalt gesprochen, sondern über Beleidigungen, Belästigungen, Stigmatisierungen oder Konflikte. So zeigt sich, wie hilfreich kontextbezogene Definitionen von Gewalt in den einzelnen historischen Beispielen sind. Sie helfen, vor allem dem Wandel nachzuspüren, was von wem und zu welcher Zeit als legitim oder illegitim empfunden wurde und/oder gesellschaftlich akzeptiert war. Dies geschieht nicht nur durch Gesetze und Gerichte, sondern auch durch die (mediale) Öffentlichkeit und gesellschaftliche Verständigungsprozesse. Das bedeutet, dass lange akzeptierte Gewaltformen durch einen Wandel der Moralvorstellungen an Legitimation verlieren können. Diese Zeitgebundenheit und die Wandlungsprozesse von Gewalt am Arbeitsplatz arbeitet der Sammelband heraus.

Darüber hinaus werden körperliche und verbale Gewalt in den Beiträgen häufig zusammen thematisiert. Dies verdeutlicht, dass die unterschiedlichen Gewaltformen meist schwer zu trennen sind: Körperlichen Angriffen gehen oft verbale Übergriffe oder Konflikte voraus oder die Androhung körperlicher Gewalt wird zum Gegenstand rechtlicher Verfahren.

Der Band zeigt dazu eine erste Linie auf, die von der zunehmenden Regulierung von Unternehmer:innenwillkür seit dem 19. Jahrhundert durch Gesetze und Vorschriften, aber auch Institutionen (etwa Gleichstellungsbeauftragte, Ombudspersonen), dem Wandel von Normen, der Organisierung (Arbeiter:innenbewegung, Gewerkschaften, Frauenbewegungen), aber auch Kontinuitäten geprägt war. Die Bedeutung der Rolle von Protest und Arbeitskämpfen für die Geschichte der Gewalt am Arbeitsplatz unterstreicht er ebenfalls. Daran gemahnt auch das für das Buch gewählte Cover.

Abschließend bleibt festzustellen, dass sich ein breites Forschungsfeld abzeichnet. Eine systematische Analyse zu unterschiedlichen Akteur:innen und Branchen, auch über einen längeren Zeitraum, steht noch aus. Zugleich müssten unter anderem folgende Fragen genauer untersucht werden: Wann und wodurch kommt es zum Wandel der (akzeptierten) Gewaltformen am Arbeitsplatz? In welchem Verhältnis stehen die öffentliche/legitime Gewalt und informelle/geheime Praxen? Wie wandelt sich die Gewalt, wenn sie öffentlich geächtet wird? Welche Branchen und Arbeitnehmer:innen sind besonders vulnerabel? Kann eine Geschichte der Arbeit ohne Gewalt erzählt werden?

## 5 Quellen und Literatur

**Banken, Ralf**, Kurzfristiger Boom oder langfristiger Forschungsschwerpunkt? Die neuere deutsche Unternehmensgeschichte und die Zeit des Nationalsozialismus, in: Geschichte in Wissenschaft und Unterricht, 56 (2005), S. 183-196.

**Christ, Michaela/Christian Gudehus**, Gewalt – Begriffe und Forschungsprogramme, in: dies. (Hg.), Gewalt. Ein interdisziplinäres Handbuch, Stuttgart 2013, S. 1-15.

**dpa**, Affäre im spanischen Fußball. Urteil im Kuss-Eklat: Hermoso und Rubiales vor Einspruch, in: Süddeutsche Zeitung, 21.2.2025, <https://www.sueddeutsche.de/sport/affaere-im-spanischen-fussball-urteil-im-kuss-eklat-hermoso-und-rubiales-vor-einspruch-dpa.urn-newsml-dpa-com-20090101-250221-930-382032> (8.3.2025).

**Ellerbrock, Dagmar**, Geschlecht, Gewalt und Gefühl in der Geschichtswissenschaft. Zum Forschungsstand geschlechtersensibler Gewaltforschung und neuen Perspektiven aus der Emotions- und Invektivitätsforschung, in: Eva Labouvie (Hg.), Geschlecht, Gewalt und Gesellschaft. Interdisziplinäre Perspektiven auf Geschichte und Gegenwart, Bielefeld 2023, S. 37-62.

**Forsa**, Die Schule aus Sicht der Schulleiterinnen und Schulleiter. Gewalt an der Schule und gegen Lehrkräfte. Ergebnisse einer bundesweiten repräsentativen Befragung, Berlin 2024, <https://www.vbe.de/fileadmin/user_upload/VBE/Service/Meinungsumfragen/2025-01-24_forsa-Bericht_Deutschland_Gewalt_an_Schule_u_gegen_Lehrkraefte.pdf> (8.3.2025).

**Fürmetz, Gerhard**, »Besondere Gefährdung der Polizeibeamten« – Alltägliche Gewalt gegen Polizisten im frühen Nachkriegsdeutschland, in: Alf Lüdtke (Hg.), Polizei, Gewalt und Staat im 20. Jahrhundert, Wiesbaden 2011, S. 131-144.

**Großbölting, Thomas**, Die schuldigen Hirten. Geschichte des sexuellen Missbrauchs in der katholischen Kirche, Freiburg 2022.

**Haupt, Heinz-Gerhard**, Gewalt und Politik im Europa des 19. und 20. Jahrhunderts, Göttingen 2012.

**Hermes, Maria**, Krankheit: Krieg. Psychiatrische Deutungen des Ersten Weltkrieges, Essen 2012.

**Hoff, Sarina**, Der lange Abschied von der Prügelstrafe. Körperliche Schulstrafen im Wertewandel 1870–1980, Berlin 2023.

**Kantor, Jodi/Megan Twohey**, She Said – Breaking the Sexual Harassment Story That Helped Ignite a Movement, London 2019.

**Kösters, Christoph**, HT 2023: Missbrauch als Thema der Zeitgeschichte – Perspektiven und Herausforderungen, Tagungsbericht, in: H-Soz-Kult, 7.10.2023, <https://www.hsozkult.de/conferencereport/id/fdkn-138996> (8.3.2025).

**Labouvie, Eva** (Hg.), Geschlecht, Gewalt und Gesellschaft. Interdisziplinäre Perspektiven auf Geschichte und Gegenwart, Bielefeld 2023.

**Mailänder, Elissa**, Gewalt im Dienstalltag. Die SS-Aufseherinnen des Konzentrations- und Vernichtungslagers Majdanek 1942–1944, Hamburg 2009.

**Marbacher, Lena**, Arbeit Macht Missbrauch. Eine Gesellschaftskritik, Frankfurt a. M. 2024.

**Ohlemacher, Thomas**, Gewalt gegen Polizeibeamte in der Bundesrepublik Deutschland, 1985–2000. Entstehungskontexte, Reaktionen, Paradoxien, in: Alf Lüdtke (Hg.), Polizei, Gewalt und Staat im 20. Jahrhundert, Wiesbaden 2011, S. 187-202.

**o. V.**, 27. Dezember 1951 – Züchtigungsrecht von Lehrherren wird abgeschafft, 27.12.2026, <https://www1.wdr.de/stichtag/stichtag-zuechtigungsrecht-abschaffung-100.html> (8.3.2025).

**Schanetzky, Tim**, After the Gold Rush. Ursprünge und Wirkungen der Forschungskonjunktur »Unternehmen im Nationalsozialismus«, in: Zeitschrift für Unternehmensgeschichte, 63 (2018) 1, S. 7-32.

**Spies, Tina**, Aktuelle Debatten um sexualisierte Gewalt. Hegemoniale Vorstellungen und »Othering«, in: Eva Labouvie (Hg.), Geschlecht, Gewalt und Gesellschaft. Interdisziplinäre Perspektiven auf Geschichte und Gegenwart, Bielefeld 2023, S. 21-139.

**Templin, David**, »Lehrzeit – keine Leerzeit!« Die Lehrlingsbewegung in Hamburg 1968–1972, Hamburg 2011.

**Twarog, Emily E. LB.**, Gender Violence in the Hospitality Industry. Panic Buttons, Pants and Protest, in: Jeremy Milloy/Joan Sangster (Hg.), Violence of Work. New Essays in Canadian and US Labour History, Toronto 2021, S. 184-198.

**Urban, Philipp**, Gewalt am Arbeitsplatz im 20. Jahrhundert, Tagungsbericht, in: H-Soz-Kult, 9.2.2024, https://www.hsozkult.de/conferencereport/id/fdkn-141820 (8.3.2025).

**Voigtländer, Henrike**, Sexismus im Betrieb. Geschlecht und Herrschaft in der DDR-Industrie, Berlin 2023.

**Weinhauer, Klaus**, Bewaffnete Ordnungskonflikte zwischen Staatsgewalt und urbanen sozialen Bewegungen in Hamburg (c. 1916–23), in: Hans-Jörg Czech, Olaf Matthes, Ortwin Pelc (Hg.), Revolution! Revolution? Hamburg 1918/19, Hamburg 2018, S. 272-297.

*Klaus Weinhauer*

# Interdisziplinäre Perspektiven auf Gewalt am Arbeitsplatz im 20. Jahrhundert

Heute ist Gewalt ein Thema vieler öffentlicher Debatten. Diese hohe Aufmerksamkeit entstand zumindest in der Bundesrepublik und im Vereinigten Königreich in den 1970er-Jahren. Seitdem wurde Gewalt, wie Presseauswertungen belegen, zu einem »Verdichtungssymbol«, mit dem alles etikettiert wurde, was als gesellschaftliche Unordnung galt.[1] Gewalt am Arbeitsplatz rückte erst in den 1980er-Jahren stärker ins Blickfeld der Forschung. Bis dahin war arbeitsplatzbezogene Gewalt zumeist nur über Unfallanalysen indirekt zu erschließen.[2] Intensiver thematisiert wurde der Zusammenhang von Arbeit und Gewalt, als sich in den USA Fälle mehrten, in denen Postbeschäftigte zumeist männliche Kollegen und Kunden erschossen. In der Öffentlichkeit wurde »going postal« zu einer zeitgenössischen Redewendung.[3] Die ersten Forschungen blickten vor allem auf individuelle Probleme, oft auf psychische Störungen der Täter:innen. Teilweise wurde auch versucht, abstrakte Beziehungen zwischen verstärkter Arbeitsbelastung, Stress und neuen Managementstrategien herzustellen, ohne diese Zusammenhänge jedoch genauer zu untersuchen.

Die geschichtswissenschaftliche Erforschung von Gewalt am Arbeitsplatz läuft gerade erst an. Mikroperspektiven auf mögliche Zusammenhänge zwischen Arbeit und Gewalt fehlen bis heute. Während die sozialwissenschaftliche Gewaltforschung den Arbeitsplatz weitgehend ausklammert, widmen sich arbeits- und industriesoziologische Studien überwiegend den kollektiven Akteur:innen industrieller Beziehungen. Gerade weil der Forschungsprozess noch jung ist, sind zwei begriffliche Vorklärungen wichtig. Zum einen geht es um die Definition von Arbeit. Neuerdings werden weitgefasste Definitionen bevorzugt. Der vorliegende Aufsatz folgt dem Ansatz von Marcel van der Linden, der jede absichtsvolle Hervorbringung von Gütern oder Diensten als Arbeit einstuft.[4] Damit ist der Horizont erweitert, um jenseits

1 Helga Cremer-Schäfer/Heinz Steinert, Straflust und Repression. Zur Kritik der populistischen Kriminologie, Münster 1998, S. 98 f., S. 118 f. u. 122 (Zitat). Vgl. zu Großbritannien Stuart Hall/Charles Critcher/Tony Jefferson/John Clarke/Brian Roberts, Policing the Crisis. Mugging, the State, and Law and Order, London 1978.

2 Vgl. u. a. Burkard Hofmann, Unfallanalyse '85, Essen 1987.

3 Vern Baxter/Anthony Margavio, Assaultive Violence in the U.S. Post Office, in: Work and Occupations, 23 (1996), S. 277-296; vgl. für Großbritannien Tracey Budd, Violence at Work. Findings from the British Crime Survey, London 1999.

4 Marcel van der Linden, Studying Attitudes to Work Worldwide, 1500–1650. Concepts, Sources, and Problems of Interpretation, in: Karin Hofmeester/Christine Moll-Murata (Hg.), The Joy and Pain of Work. Global Attitudes and Valuations, 1500–1650, Cambridge 2011, S. 25-43; hier: S. 27.

betrieblicher Handarbeit, auch häusliche Arbeit, Büro- und Care-Arbeit, aber auch Dienstleistungen, wie sie unter anderem die Polizei erbringt, in den Blick zu nehmen. Zum anderen scheinen heute Beschäftigte vieler Berufe mit Gewalt konfrontiert zu sein. Dies gilt nicht nur für Feuerwehr und Polizei, sondern ganz allgemein im Öffentlichen Dienst, in Handel und Logistik sowie in der Pflege.[5] Den Ursachen für diese Entwicklung kann an dieser Stelle nicht nachgegangen werden. Wichtig scheint mir jedoch, dass diesen Wahrnehmungen oft ein sehr weitgefasster Gewaltbegriff zugrunde liegt. Die Festlegungen der International Labour Organization von 2019 deuten in diese Richtung. Denn »Gewalt und Belästigung« erscheinen dort als

> »eine Bandbreite von inakzeptablen Verhaltensweisen und Praktiken oder deren Androhung, gleich ob es sich um ein einmaliges oder ein wiederholtes Vorkommnis handelt, die auf physischen, psychischen, sexuellen oder wirtschaftlichen Schaden abzielen, diesen zur Folge haben oder wahrscheinlich zur Folge haben, und umfasst auch geschlechtsspezifische Gewalt und Belästigung.«[6]

Dieses sehr weite Verständnis trägt dazu bei, dass Gewalt nicht nur in gesellschaftlich-medialen und politischen Arenen, sondern auch aus Sicht wissenschaftlicher Forschungen heute als nahezu allgegenwärtiges Problem gilt, eher ein Dramatisierungsmittel denn eine Analysekategorie ist.

Der vorliegende Beitrag bevorzugt hingegen einen engen Gewaltbegriff und plädiert dafür, Gewalt zeitlich-räumlich und sozial-kulturell zu kontextualisieren.[7] So können zwei Forschungsrichtungen zusammengeführt werden, die bisher kaum Berührungspunkte hatten. Einerseits sollen die neueren Debatten der internationalen sozial- und kulturwissenschaftlichen Gewaltforschung reflektiert, ihre Schwerpunkte und Kernbegriffe vorgestellt werden. Andererseits werden vor allem geschichtswis-

---

5 DGUV Forum, 16 (2023) 2, <https://forum.dguv.de/ausgabe/3-2023>; Deutsche Gesetzliche Unfallversicherung (DGUV), Gewalt und Mobbing in der Arbeitswelt, <https://www.dguv.de/de/praevention/themen-a-z/gewalt-mobbing/index.jsp?query=webcode+d69075> (25.6.2024); Factsheet 24: Gewalt bei der Arbeit. Europäische Agentur für Sicherheit und Gesundheitsschutz am Arbeitsplatz: <https://osha.europa.eu/de/publications/factsheet-24-violence-work> (25.6.2024). Diese Publikationen beziehen sich auf die Definition der International Labour Organization (ILO) von 2019, Übereinkommen 190 über Gewalt und Belästigung, verabschiedet auf der 108. Tagung der Allgemeinen Konferenz der Internationalen Arbeitsorganisation am 21. Juni 2019 (Artikel 1), <https://normlex.ilo.org/dyn/normlex/en/f?p=NORMLEXPUB:12100:0::NO::P12100_ILO_CODE:C190> (25.6.2024).

6 Übereinkommen 190 (Artikel 1).

7 Vgl. als erste Erprobungen: Klaus Weinhauer/Dagmar Ellerbrock, Perspektiven auf Gewalt in europäischen Städten seit dem 19. Jahrhundert, in: Informationen zur Modernen Stadtgeschichte [IMS], 2 (2013), S. 5-20; Klaus Weinhauer, Revolution Lost and Found. Collective Actions, Fears, and Violently Contested Space-Time Regimes in Hamburg and Seattle (c. 1916–20), in: Mara Albrecht/Alke Jenss (Hg.), The Spatiality and Temporality of Urban Violence. Histories, Rhythms and Ruptures, Manchester 2023, S. 37-59.

senschaftliche, aber auch soziologische und sozialpsychologische Sichtweisen auf gewaltbezogene Aspekte von Industriearbeit, polizeilicher Arbeit sowie von Büro- und Dienstleistungsarbeit beispielhaft vorgestellt. Auf dem Weg zu einer solchen interdisziplinären, arbeitsplatzorientierten und gewaltsensiblen *Labour History* wird auch, das sei jetzt schon angedeutet, aus praxistheoretischer Sicht die Brückenfunktion der konfliktorientierten und raumsensiblen Arbeits- und Industriesoziologie genutzt.[8] Im Einzelnen geht es darum, wie eng oder weit der Gewaltbegriff gefasst werden sollte, wie Gewaltpraktiken, deren Wahrnehmung und darauf bezogene Zuschreibungen in soziale Mikroprozesse am Arbeitsplatz und darüber hinaus eingebettet werden können.

Grundsätzlich ist der Gewaltbegriff in anderen Sprachen differenzierter als im Deutschen. Im Lateinischen wird zwischen Potestas (herrschaftliche Ordnungsgewalt) und Violentia (rohe zerstörende Gewalt) unterschieden, im Englischen zwischen »Force« (staatlich) und »Violence« (gesellschaftlich). Demgegenüber kennt die deutsche Sprache nur den Begriff Gewalt. Der staatlichen Gewalt werden – zumindest in westeuropäischen Staaten mit funktionierendem Gewaltmonopol – ordnungsstiftende Funktionen zugeschrieben. Darüber hinaus gilt im Prinzip: Wird etwas als Gewalt bezeichnet, ist es damit abqualifiziert (oder skandalisiert).

Wissenschaftsgeschichtlich haben Forschungsperspektiven, die Gewalt explizit als ein soziales Phänomen und nicht als anomische oder zersetzende Randerscheinung betrachten, eine kurze Geschichte. Hannah Arendt betonte Ende der 1960er-Jahre mit Blick selbst auf international führende Nachschlagewerke wie die *International Encyclopedia of the Social Sciences* die kaum vorhandene Reflexion über das Themenfeld Macht und Gewalt (im Original: violence).[9] Auch in sozialtheoretischen Konzepten schien Gewalt (zumindest bis in die 1970er-Jahre) für staatlich-gesellschaftliche Entwicklung irrelevant zu sein. Aus dieser Sicht war Gewalt ein Zeichen von Rückständigkeit oder ein Störfaktor, auf dem Weg in die Moderne so randständig, dass es kaum lohnte, darüber nachzudenken.[10] Ebenfalls in den 1970er-Jahren verwies der Friedensforscher Johan Galtung mit dem Begriff »strukturelle Gewalt« ganz abstrakt

8 Vgl. zum Forschungsstand: Manfred Gailus, Was macht eigentlich die historische Protestforschung? Rückblicke, Resümee, Perspektiven, in: Mitteilungsblatt des Instituts für soziale Bewegungen, 5 (2005) 34, S. 127-154; Mathias Heiden, Arbeitskonflikte. Verborgene Auseinandersetzungen um Arbeit, Überlastung und Prekarität, Berlin 2014; ders., Der arbeits- und industriesoziologische Konfliktbegriff und die Notwendigkeit seiner Erweiterung, in: Arbeits- und Industriesoziologische Studien, 4 (2011) 2, S. 27-44; sowie zur Praxeologie: Sven Reichardt, Praxeologische Geschichtswissenschaft. Eine Diskursanregung, in: Sozial.Geschichte, 22 (2007), S. 43-65; Frank Hillebrandt, Soziologische Praxistheorien. Eine Einführung, Wiesbaden 2014; Hilmar Schäfer (Hg.), Praxistheorie. Ein soziologisches Forschungsprogramm, Bielefeld 2016.

9 Hannah Arendt, Macht und Gewalt, München 1970 (engl. Titel: On Violence, New York 1969).

10 Hans Joas/Wolfgang Knöbl, Kriegsverdrängung. Ein Problem in der Geschichte der Sozialtheorie, Frankfurt a. M. 2008, S. 13, 258.

und allgemein auf die Gewaltförmigkeit gesellschaftlicher Beziehungen.[11] Wenngleich der Begriff ob seiner Vagheit kaum für empirische Forschungen nutzbar ist, sensibilisiert er doch für Machtverhältnisse, in die gewaltsames Agieren stets eingebettet ist. In Deutschland dominierte bis in die 1990er-Jahre eine akteursferne Gewaltforschung. Es wurde von außen auf Gewaltereignisse geblickt, ohne die Gewalthandlungen genauer zu untersuchen. Zur Erklärung dienten oft Makroprozesse wie Arbeitslosigkeit, Wirtschaftskrise oder Globalisierung.

## 1 Eine neue Soziologie der Gewalt

Im letzten Drittel der 1990er-Jahre gewann eine Neuausrichtung der sozialwissenschaftlichen Gewaltforschung an Kontur. Diese deutschsprachigen Publikationen orientierten sich stark an Heinrich Popitz.[12] Wichtige Impulse lieferte das von Trutz von Trotha herausgegebene Sonderheft der *Kölner Zeitschrift für Soziologie und Sozialpsychologie* sowie die darauf bezogenen Debatten.[13] Diese Forschungen wollen nicht primär klären, warum Gewalt ausbricht, sondern die konkrete Gewaltpraxis genau analysieren; wenngleich auch jetzt Gewalt am Arbeitsplatz nicht thematisiert wurde. Zusammenfassend betrachtet sind diese Arbeiten durch fünf Merkmale charakterisiert.[14] Erstens konzentrieren sie sich auf körperliche Gewalt. Dies fördert die Operationalisierbarkeit solcher Studien, müssen sie sich doch zum Beispiel nicht mit einer kaum nachweisbaren Allgegenwart struktureller Gewalt auseinandersetzen. Gleichzeitig werden Schmerz wie überhaupt die körperlichen Auswirkungen von Gewalt diskutiert. Zweitens gilt hier, erneut Heinrich Popitz folgend, Gewalt als »Jedermanns-Ressource.«[15] »Der Mensch muß nie, kann aber immer gewaltsam handeln, er muß nie, kann aber immer töten – einzeln oder kollektiv – gemeinsam oder arbeitsteilig – in allen Situationen, kämpfend oder Feste feiernd – in verschiedenen Gemütszuständen, im Zorn, ohne Zorn, mit Lust, ohne Lust, schreiend oder schweigend (in Todesstille) – für alle denkbaren Zwecke – jedermann.«[16]

Potenzial zum gewaltsamen Agieren besitzen damit grundsätzlich alle Menschen. Drittens wird Gewalt in triadischen Konstellationen untersucht, das heißt, die Aufmerksamkeit gilt nicht nur den an Gewalthandlungen direkt Beteiligten, sondern auch

11 Dirk Schumann, Hoffnung, Skepsis, Ermahnung: Johan Galtung, in: Uffa Jensen/Bernd Weisbrod (Hg.), Klassiker modernen Denkens neu gelesen, Göttingen 2011, S. 317-325.
12 Heinrich Popitz, Phänomene der Macht, Tübingen 1992.
13 Trutz von Trotha (Hg.), Zur Soziologie der Gewalt, Opladen/Wiesbaden 1997.
14 Vgl. zum Folgenden Weinhauer/Ellerbrock, Perspektiven, 2013.
15 Trotha, Soziologie, 1997, S. 18.
16 Popitz, Macht, 1992, S. 50.

mehr oder weniger unbeteiligten Dritten (Zuschauende, Medien).[17] Viertens kann Gewalt Ordnung stiften beziehungsweise ausdrücken und ist stets mit kulturellen Deutungen und Imaginationen verbunden. Gewalt bricht also nicht aus irgendetwas oder irgendwem zufällig und unkontrollierbar hervor, sondern ist situationsspezifisch sozial-kulturell codiert und zielgerichtet.[18] Damit wird Gewalt zu einem sinnhaften Phänomen, das auch einer analytischen Untersuchung zugänglich ist. Fünftens wird Wahrnehmungsprozessen hohe Aufmerksamkeit geschenkt. Wann wird ein Eingriff in die körperliche Unversehrtheit, wie er auch bei einer Zahnarztbehandlung oder bei einer Krankenhausoperation geschehen kann, als Gewalt wahrgenommen? Somit sind diese Forschungen nicht vorrangig darauf ausgerichtet, die tendenzielle Zu- oder Abnahme gesellschaftlicher Gewalt zu erklären. Vielmehr analysieren sie einerseits die situationsspezifische Kontingenz von Gewaltpraktiken und andererseits die spezifische Bedeutung, die Akteure diesem Gewalthandeln zuschreiben.[19] Mit Randall Collins wurde auch deutlich, dass gewaltsames Handeln nicht leichtfällt, sondern Gewaltakteur:innen stets hohe Schwellen überwinden müssen, bevor sie Gewalt anwenden.[20] Inzwischen ist diese einst äußerst anregende sozialwissenschaftliche Gewaltforschung in irritierenden Konfrontationslinien erstarrt. Grundsätzlich fehlen breiter angelegte empirische Forschungen, in denen die konkurrierenden Ansätze erprobt werden, explizit erweitert um gender- und emotionenbasierte sowie rassismuskritische Perspektiven.[21]

---

17 Birgitta Nedelmann, Gewaltsoziologie am Scheideweg, in: Trutz von Trotha (Hg.), Soziologie der Gewalt, Opladen/Wiesbaden 1997, S. 59-85; hier: S. 67. Neuerdings wird diskutiert, wie unbeteiligt diese Dritten sind. Sie gehören auch zur jeweiligen Gesellschaft, sind darin vernetzt und müssen sich zu deren sozial-kulturellen Codes positionieren. Vgl. zu dieser Debatte um ein »implicated subject«: Michael Rothberg, The Implicated Subject. Beyond Victims and Perpetrators, Stanford 2019.

18 Vgl. Andreas Pettenkofer/Christoph Liell, Kultursoziologische Perspektiven in der Gewaltforschung, in: Christoph Liell/Andreas Pettenkofer (Hg.), Kultivierungen von Gewalt. Beiträge zur Soziologie von Gewalt und Ordnung, Würzburg 2004, S. 9-40; Katharina Inhetveen, Gewalt in ihren Deutungen. Anmerkungen zu Kulturalität und Kulturalisierung, in: Österreichische Zeitschrift für Soziologie, 30 (2005) 3, S. 28-50.

19 Dagmar Ellerbrock, Generation Browning. Überlegungen zu einem praxeologischen Generationenkonzept, in: Geschichte im Westen, 26 (2011), S. 7-34; Michael Meuser, »Doing Masculinity« – Zur Geschlechtslogik männlichen Gewalthandelns, in: Regina-Maria Dackweiler/Reinhild Schäfer (Hg.), Gewalt-Verhältnisse. Feministische Perspektiven auf Geschlecht und Gewalt, Frankfurt a. M. 2002, S. 53-78.

20 Randall Collins, Dynamik der Gewalt. Eine mikrosoziologische Theorie, Hamburg 2011.

21 Vgl. zum Stand der Diskussion: Oliver Dimbath, Gewaltgedächtnisse. Theoretische Untersuchungen zu Vergangenheitsbezügen gewaltsam Über- und Unterlegener, in: Nina Leonhard/Oliver Dimbath (Hg.), Gewaltgedächtnisse. Analysen zur Präsenz vergangener Gewalt, Wiesbaden 2021, S. 17-37; Andreas Braun, Gewaltsoziologie im Wandel: Über Situationen, Prozesse und Ordnungen als Bestandteile der Erforschung von Gewalt, in: Österreichische Zeitschrift für Soziologe, 45 (2021), S. 5-21; Thomas Hoebel, Aspektverluste, in: Berliner Journal für Soziologie, 31 (2021), S. 531-545; Thomas Hoebel/Wolfgang Knöbl, Gewalt erklären. Plädoyer für eine ent-

Der vorliegende Aufsatz plädiert für einen Gewaltbegriff, der körperliche Gewalt ins Zentrum rückt, dabei aber diese Gewalt sozial-kulturell kontextualisiert und zeitlich-räumlich einbettet in ein Davor und Danach. In diesem Setting kann die Forschung gut operationalisiert werden. Die doppelte Kontextualisierung (zeitlich-räumlich und sozial-kulturell) ermöglicht es zum einen, zu untersuchen, wie sich raumbasierte Wahrnehmungen und Bedeutungszuschreibungen von Gewalt im Zeitverlauf ändern. Zum anderen können der physischen Gewalt zeitlich vor- oder nachgelagerte beziehungsweise begleitende Praktiken wie Beleidigungen, Entwürdigungen, verbale Attacken mit ihren jeweiligen Akteur:innen analysiert werden. Insgesamt gesehen ist der kommunikative Charakter von Gewalt wichtig, denn diese Gewaltkommunikation ist als soziale Praxis offen für die Einbeziehung kultureller Codierungen (Gender, Race, Körper, Leib) und wirkt beziehungsweise ist kommunikativ vernetz(end)t.

Speziell die Untersuchung politischer Gewalt, vor allem des Linksterrorismus, zeigt den analytischen Mehrwert des Kommunikationsansatzes.[22] So wird deutlich, Gewalt ist nicht sinnlos, sondern stets ein Kommunikationsakt, der wiederum Anschlusskommunikation verschiedener Akteur:innen evozieren kann. Der Blick auf soziale Praktiken fokussiert die Gewaltaktivitäten konkreter Akteure, die ihre Gewalthandlungen nicht nur miteinander, sondern auch mit (unbeteiligten) Dritten kommunikativ vernetzen. Auch die Frage nach speziellen Zuschreibungsmustern gegenüber und Deutungskämpfen um Gewalt gehört hierhin. Insgesamt wird somit Gewalt zu einer zeit-, kommunikations- und raumbasierten, Ordnungen und Sinnsysteme stiftenden vernetzenden beziehungsweise vernetzten sozialen Praxis, eingebunden in vielfältige dichte (auch mediale) Kommunikationsnetzwerke, in denen es auch um die Legitimation und Legitimität von Gewalt geht.

---

deckende Prozesssoziologie, Hamburg 2019; Meike Sophia Baader/Till Kössler/Dirk Schumann (Hg.), Jugend – Gewalt. Erleben – Erörtern – Erinnern, Göttingen 2023. Emotionshistorische Perspektiven diskutiert sehr anregend: Dagmar Ellerbrock, Geschlecht, Gewalt und Gefühl in der Geschichtswissenschaft. Zum Forschungsstand geschlechtersensibler Gewaltforschung und neuen Perspektiven aus der Emotions- und Invektivitätsforschung, in: Eva Labouvie (Hg.), Geschlecht, Gewalt und Gesellschaft. Interdisziplinäre Perspektiven auf Geschichte und Gegenwart, Bielefeld 2023, S. 37-62.

22 Vgl. Klaus Weinhauer/Jörg Requate (Hg.), Gewalt ohne Ausweg? Terrorismus als Kommunikationsprozess in Europa seit dem 19. Jahrhundert, Frankfurt a. M. 2012.

## 2 Gewalt und/als Arbeit

Gewalt sowie ihre rassistisch und gender-codierten Aspekte unter anderem bei Sklav:innenarbeit und kolonialer Plantagenarbeit sind seit dem 19. Jahrhundert relativ gut erforscht. Ähnliches gilt für die Untersuchung von Gewaltanwendung bei Streiks, vor allem bei deren Bekämpfung.[23] Zudem gibt es in Deutschland Publikationen (der 1980er-Jahre), die langfristige Entwicklungstendenzen von Arbeitskämpfen innerhalb industrieller Beziehungen analysieren. Thematisiert wird vor allem die Rationalisierung von Arbeitskämpfen in Richtung kürzerer Dauer und geringerer Gewaltsamkeit.[24] Es fehlen Arbeiten, die gewaltsame Interaktionen im Arbeitsalltag, bei Protesten und Streiks sowie ihre jeweiligen Kontexte genauer untersuchen. Neuere Studien zum Umgang mit Arbeitsunfällen sowie zum Arbeitsschutz beleuchten einzelne Aspekte des Themenfeldes. Jüngst hat Sebastian Knoll-Jung[25] unter anderem die unfallbezogenen Wahrnehmungsunterschiede verschiedener Akteure untersucht. Er zeigt auch, wie Versicherungen mit der rauen Männlichkeit, die in Unfällen sichtbar wird, umgehen, und diese teilweise sogar akzeptieren. Mit Blick auf Streiks widmet sich die Arbeits- und Industriesoziologie vorrangig dem Agieren der organisierten Akteur:innen wie Gewerkschaften und Unternehmervereinigungen.[26]

Gewalt geschichtswissenschaftlich zu untersuchen, war zum einen lange auf die gesellschaftlich Anderen konzentriert: auf Außenseiter:innen, Unterschichten, Arbeiter:innen. Zum anderen stand bei diesem Themenfeld die Analyse nationalsozialistischer Massenverbrechen im Vordergrund.[27] Arbeiten zur Entwicklung und zu Einsatzpraktiken der Polizei vermitteln einen Einblick in alltagsnahe Gewaltsamkeit proletarischer Akteur:innen,[28] zumeist zeitlich begrenzt auf das späte 19. Jahrhundert sowie auf die ersten Dekaden des 20. Jahrhunderts. Forschungen aus der Historischen Kriminologie sensibilisieren für Themen wie (männliche) Ehre sowie für die Bedeutung von Ritualen bei der Gewaltanwendung (nicht nur bei Duellen). Zudem

23 Dierk Walter, Colonial Violence. European Empires and the Use of Force, Oxford 2017.

24 Vgl. Gailus, Protestforschung, in: Mitteilungsblatt des Instituts für soziale Bewegungen, 34 (2005), S. 127-154.

25 Sebastian Knoll-Jung, Vom Schlachtfeld der Arbeit. Aspekte von Männlichkeit in Prävention, Ursachen und Folgenbewältigung von Arbeitsunfällen in Kaiserreich und Weimarer Republik, Stuttgart 2021.

26 Heiden, Arbeitskonflikte, 2014.

27 Vgl. dazu Thomas Köhler/Jürgen Matthäus/Thomas Pegelow Kaplan/Peter Römer (Hg.), Polizei und Holocaust. Eine Generation nach Christopher Brownings Ordinary Men, Paderborn 2023.

28 Ralph Jessen, Polizei im Industriegebiet. Modernisierung und Herrschaftspraxis im westfälischen Industriegebiet 1848–1914, Göttingen 1991; Thomas Lindenberger, Straßenpolitik. Zur Sozialgeschichte der öffentlichen Ordnung in Berlin 1900–1914, Bonn 1995.

erfahren wir viel über den Blick des Bürgertums auf die Arbeiterschaft sowie über die ihr zugeschriebene Gewaltsamkeit.[29]

Auch staatliche Akteur:innen wurden in gewaltbezogenen Publikationen untersucht. Alf Lüdtkes Studien vor allem zur »Qualitätsarbeit« haben speziell in seinen letzten Aufsätzen betont, dass viele deutsche Polizisten, die im Zweiten Weltkrieg an der Shoah beteiligt waren, aus der Arbeiterschicht kamen. Eine ihrem Verständnis nach gute Arbeit (Qualitätsarbeit) abzuliefern, übertrugen sie auch auf die Arbeit des Tötens.[30] Polizisten können sich auch an Folterungen beteiligen. Welche Nachwirkungen dies auf die Täter haben kann, zeigen die Forschungen der Soziologin Martha K. Huggins und anderer zu Brasilien.[31] Die Gehorsams-Studien von Stanley Milgram aus den 1960er-Jahren, aber auch die Erkenntnisse des Stanford Prison Experiments von 1971 liefern dafür wichtige Anstöße.[32] Langfristig gesehen waren viele der Täter:innen, vor allem diejenigen, die kaum über ihre Gewaltarbeit gesprochen und lange in isolierten Kleingruppen unter ihresgleichen gelebt hatten, mit psychischen Zusammenbrüchen konfrontiert, ähnlich einem Burn-out. Dieses Beispiel zeigt, wie wichtig es für die Gewaltforschung ist, darauf wurde am Ende des ersten Kapitels hingewiesen, nicht nur die Gewalt im Moment des Geschehens zu untersuchen, sondern temporale Aspekte und sozial-kulturelle Kontexte mit zu berücksichtigen. Niemand der Interviewten wurde als Folterer geboren. Wichtig waren kollektive Rückbindungen zu Kolleg:innen, zu Vorgesetzten oder zu politischen Überzeugungen (Kampf gegen Subversion und Kommunismus). Es bliebe allerdings zu prüfen, welche Gender-Aspekte diese Motive beeinflussten.

In deutschsprachigen geschichts- und sozialwissenschaftlichen Studien über die Zeit nach 1945 fehlen genaue Analysen von Gewalt am Arbeitsplatz oder in Arbeitskämpfen, das gilt auch für die Streiks der späten 1960er- und frühen 1970er-Jahre.[33]

---

29 Pieter Spierenburg (Hg.), Men and Violence. Gender, Honor, and Rituals in Modern Europe and America, Columbus (Ohio) 1998; Clive Emsley, Hard Men. The English and Violence since 1750, London 2005.

30 »Deutsche Qualitätsarbeit«: Mitmachen und Eigensinn im Nationalsozialismus – Interview von Marc Buggeln und Michael Wildt mit Alf Lüdtke, in: Marc Buggeln/Michael Wildt (Hg.), Arbeit im Nationalsozialismus, München 2014, S. 373-401; hier: S. 393-395.

31 Martha K. Huggins/Mika Haritos-Fatouros/Philip G. Zimbardo, Violence Workers. Police Torturers and Murderers Reconstruct Brazilian Atrocities, Berkeley 2002.

32 Vgl. Craig Haney/Curtis Banks/Philip Zimbardo, A Study of Prisoners and Guards in a Simulated Prison, in: Navel Research Reviews, 26 (1973) 9, S. 1-17; Stanley Milgram, Obedience to Authority, New York 1973 (Zusammenfassung seiner Studien aus der ersten Hälfte der 1960er-Jahre). Philip Zimbardo, Der Luzifer-Effekt. Die Macht der Umstände und die Psychologie des Bösen, Berlin/Heidelberg 2008.

33 Simon Goeke, »Wir sind alle Fremdarbeiter!« Gewerkschaften, migrantische Kämpfe und soziale Bewegungen in der Bundesrepublik Deutschland der 1960er und 1970er Jahre, Paderborn 2020; Manuela Bojadžijev, Antirassistischer Widerstand von Migrantinnen und Migranten in der Bundesrepublik. Fragen der Geschichtsschreibung, in: 1999. Zeitschrift für Sozialgeschichte des 20. Jahrhunderts, 17 (2002) 1, S. 125-152; Jörg Huwer, »Gastarbeiter« im Streik. Die Arbeitsnie-

Jedoch beleuchten Industriereportagen der 1970er-Jahre dieses Thema zumindest am Rande.[34] Jüngst analysieren Studien zu Schulen, zu Fürsorgeerziehung sowie zu Kinder- und Jugendheimen Gewalt speziell an diesen Arbeitsplätzen.[35] Dort war auch Gewalt ein Mittel im Handlungsrepertoire des Erziehungspersonals.

In der US-amerikanischen Labour History wird Gewalt am Arbeitsplatz seit den 2010er-Jahren thematisiert, zumeist mit Blick auf die Autoindustrie. Wie die Studien von Stephen Meyer und Jeremy Milloy unterstreichen, wurde diese Gewalt zumeist von Männern ausgeübt, war nicht nur rassistisch, sondern auch geschlechtlich codiert: gegen People of Colour (PoC) und gegen Frauen gerichtet. Stephen Meyer[36] betont die Bedeutung von Männlichkeit für die Ausübung von Gewalt am Arbeitsplatz bis in die frühen 1960er-Jahre. Dabei gab es Unterschiede zwischen einer rauen, eher gewaltaffinen und wenig betriebsgebundenen (Weißen) Arbeiterkultur aus ehemaligen Wanderarbeitern, Holzfällern und Kanalarbeitern und einer eher gewaltfernen respektablen (Weißen) Arbeiterkultur getragen von berufsstolzen, handwerklich geprägten und oft gewerkschaftlich gut organisierten Facharbeitern. Um die Wende zum 20. Jahrhundert wurde diese respektable und berufsstolze Kultur doppelt herausgefordert: von mechanisierten Produktionsabläufen sowie, damit verbunden, von den neu in den Betrieb kommenden angelernten Arbeitern.[37] Als Frauen in den Autofabriken beschäftigt wurden, traten die explizit sexualisierten Komponenten dieser Arbeitsplatzkultur offen zutage.[38] Meyer konstatiert: »Under the pressures of automation, de-industrialization, and de-unionization, the rough underside of manhood reared in the racist and sexist attitudes of working-class white men from the 1960s through 1980s many new changes and challenges.«[39] In diesen Jahren, so Meyer, wur-

derlegung bei Ford Köln im August 1973, Köln 2013; Peter Birke, Wilde Streiks im Wirtschaftswunder. Arbeitskämpfe, Gewerkschaften und soziale Bewegungen in der Bundesrepublik und Dänemark, Frankfurt a. M./New York 2007; Efsun Kizilay, Migration und Arbeitskämpfe. Ein Blick zurück in die Zeit der »Gastarbeiter*innen« und ihre Kämpfe in der BRD der 1970er Jahre, <https://www.rosalux.de/publikation/id/42811/migration-und-arbeitskaempfe> (25.6.2024).

34 Vgl. Günter Wallraff, Industriereportagen. Als Arbeiter in deutschen Großbetrieben, Reinbek b. Hamburg 1970; vgl. dazu Reinhard Dittmer, Günter Wallraffs Industriereportagen, Kronberg 1973; vgl. zur DDR Peter Zimmermann, Industrieliteratur in der DDR. Vom Helden der Arbeit zum Planer und Leiter, Stuttgart 1984.

35 Till Kössler, Jenseits von Brutalisierung oder Zivilisierung. Schule und Gewalt in der Bundesrepublik (1970–2000), in: Zeithistorische Forschungen, 15 (2018) 2, S. 222-249.

36 Stephen Meyer, Manhood on the Line. Working-Class Masculinities in the American Heartland, Urbana/Chicago 2016. Diese Unterschiede waren nicht spezifisch für die USA, sondern finden sich im späten 19. und frühen 20. Jahrhundert auch im Hamburger Hafen oder im Ruhrbergbau; vgl. Michael Grüttner, Arbeitswelt an der Wasserkante. Sozialgeschichte der Hamburger Hafenarbeiter 1886–1914, Göttingen 1984; Franz-Josef Brüggemeier, Leben vor Ort. Ruhrbergleute und Ruhrbergbau 1889–1919, München 1983.

37 Meyer, Manhood, 2016, S. 9.

38 Ebd., S. 10.

39 Ebd., S. 11.

de es sichtbarer denn je: »the shop floor was a man's world, and upper-level managers, local union officials, and industrial arbitrators could not understand or were indifferent to the plight of women.«[40] Meyers bisweilen ernüchternde Schilderungen zeigen die Nuancen der sexualisierten Gewalt gegen Frauen und die lange Dauer dieser als selbstverständlich hingenommenen Demütigungen.

Jeremy Milloy[41] geht davon aus, dass die Gewalt der Automobilarbeiter bei Chrysler nicht vorrangig durch individuelle psychische Dispositionen geprägt war. Vielmehr sei Gewalt ein Produkt der kapitalistischen Arbeitsbedingungen und wirke darauf zurück. Er untersucht für die Zeit zwischen etwa 1960 und 1980 mit einem ähnlichen Ansatz wie Meyer nordamerikanische Automobilarbeiter in Hamtramck (Michigan) und im kanadischen Windsor (Ontario). Für beide Standorte fragt er danach, warum, wenn auch zu unterschiedlichen Zeitpunkten, die großen gewaltsamen Streikaktionen verschwanden, warum »workers gradually moved away from collective violence [...] toward individual violence«.[42] In Detroit (bis in die frühen 1960er) und in Windsor (bis weit in die 1970er) war Gewalt eingebunden in ein kollektives System geteilter Normen, Werte und Praktiken.[43] Diese kollektive Gewalt wurde ausgeübt von betrieblich verankerten, gewerkschaftlich organisierten Arbeitern, die den Arbeitsprozess mitbestimmen wollten. An beiden Standorten gewann jedoch, wie bereits erwähnt, eine individualistisch codierte Gewalt (outsider violence) die Oberhand. Ausgeübt wurde diese Gewalt von zumeist marginalisierten, fluktuierenden PoC mit wenig ausgeprägten Machtpositionen im Arbeitsprozess. Individualisierte Arbeitsbeziehungen und individualisierte soziale Beziehungen unter den Beschäftigten förderten individuelle Gewaltakte wie Messerangriffe, Schlägereien oder Überfahren auf Parkplätzen.

Beide Studien füllen wichtige Forschungslücken und kommen zu bemerkenswerten Erkenntnissen, versäumen es jedoch, die gewaltsamen Interaktionen mikroperspektivisch zu analysieren, also genauer hinzuschauen, wer, wann, welche Gewalt gegen wen ausgeübt und welche Folgen dies alles hatte. Fraglich ist zudem, wie erklärungskräftig die Unterteilung in gelernte, an- und ungelernte Arbeiter:innen über die Jahrhunderte ist; sie wirkt ähnlich, wie die Kategorien »Insider« und »Outsider«, wie eine wenig erklärungskräftige überzeitliche Konstante.

2021 hat Milloy mit Joan Sangster einen Band herausgegeben,[44] der auch andere Branchen untersucht. Grundlegend sind die zwei Annahmen, dass Gewalt am

---

40 Ebd., S. 202.

41 Jeremy Milloy, Blood, Sweat, and Fear. Violence at Work in the North American Auto Industry, 1960–80, Urbana/Chicago 2017.

42 Ebd., S. 7.

43 Vgl. zum Folgenden ebd., S. 88 und S. 13 f.

44 Jeremy Milloy/Joan Sangster (Hg.), Violence of Work. New Essays in Canadian and US Labour History, Toronto 2021. Vgl. als Zusammenfassung, The Violence of Work. An Exchange, <https://www.lawcha.org/2021/12/13/the-violence-of-work-an-exchange/> (25.6.2024).

Arbeitsplatz weitverbreitet und eingebettet sei in einen Trend von Massengewalt zu individueller Gewalt, wobei Massengewalt trotzdem bestehen bleibe. Sexarbeiterinnen waren nicht nur mit der Gewalt von Kunden konfrontiert, sondern auch mit gewaltsamen Aktivitäten von Polizist:innen, Nachbar:innen und Zuhältern. Die zumeist weiblichen Pflegebeschäftigten sind oft mit Ansprüchen auf Unterordnung ihrer männlichen Chefs konfrontiert. Zudem bedeutet die körperliche Nähe einen Risikofaktor für gewaltsame Interaktionen. In Hotels kommt es nicht nur zu Gewalt zwischen Vorgesetzten und Untergebenen. Vielmehr treten hier auch die Gäste als weitere Akteure auf. Untersucht wird auch, was von wem wann als Gewalt und was nicht als Gewalt bezeichnet wurde (bei Unfällen, in Schulen). Leider knüpfen diese Studien nicht an bereits vorhandene Forschungsergebnisse zur Dienstleistungsarbeit an, wie sie bereits seit den 1920er-Jahren unter anderem in der Chicago School of Sociology vorliegen.[45]

In dem Sammelband von Milloy und Sangster wird der Gewaltbegriff ausgeweitet und das Spektrum der Gewalt am Arbeitsplatz reicht nun von Belästigungen über Bullying, Mobbing, bis hin zu Deindustrialisierung und Mord. Diese Ausdehnung des Gewaltbegriffs ist kein Einzelfall, sondern weitverbreitet. Auch in der US-Organisations- und Arbeitspsychologie wird ein weiter Gewaltbegriff verwendet, der aggressives Verhalten ebenso umfasst wie sexuelle Belästigung und Bullying.[46] Gerade eine interdisziplinär ausgerichtete Gewaltforschung gerät angesichts dieser unterschiedlichen Gewaltdefinitionen rasch an ihre Grenzen. Aber vielleicht ist ja schon viel gewonnen, wenn in einem ersten Schritt diese unterschiedlichen Ausgangspunkte, Erklärungsziele und Begriffsverständnisse kritisch reflektiert werden.

## 3 Zusammenfassung als Ausblick

Wie können nun die verschiedenen Forschungsrichtungen und -ergebnisse mit Blick auf das Themenfeld Gewalt am Arbeitsplatz konzeptionell gebündelt werden? Grundsätzlich handelt es sich um Gewalt, die in verschiedene formale Hierarchiesysteme eingebettet ist. Diese erstrecken sich vom einfachen Beschäftigten (in einer Fabrik, in Dienstleistungs- und Pflegeberufen) über direkte Vorgesetzte bis hin zu verschiedenen Managementpositionen. In den oben genannten angloamerikanischen

45 Als Einstieg sehr informativ Wolfgang Dunkel/Margit Weihrich, Arbeit als Interaktion, in: Fritz Böhle/G. Günter Voß/Günther Wachtler (Hg.), Handbuch Arbeitssoziologie, Bd. 1. Arbeit, Strukturen und Prozesse, Wiesbaden 2018, S. 201-230; hier: S. 205-209.

46 Ähnlich weitgefasste Gewaltbegriffe verwenden: E. Kevin Kelloway/Julian Barling/Joseph J. Hurrell (Hg.), Handbook of Workplace Violence, Thousand Oaks/London 2006; Arthur McIvor, Economic Violence, Occupational Disability, and Death. Oral Narratives of the Impact of Asbestos-Related Diseases in Britain, in: Steven C. High (Hg.), Beyond Testimony and Trauma. Oral History in the Aftermath of Mass Violence, Vancouver 2015, S. 257-284.

Forschungen bilden Arbeitsverrichtungen, Arbeitsplatz und Betrieb eine Black Box.[47] Sollen Zusammenhänge zwischen Arbeit und Gewalt diskutiert werden, greifen diese Studien deshalb auf komplexe Entitäten wie formale Qualifikationen (An-/Un-/Gelernte) oder auf den Kapitalismus zurück. Auch Begriffe wie shop-floor culture/Arbeits(platz)kultur bleiben in all diesen Beiträgen blass, werden kaum mit konkreten Inhalten gefüllt. Gewalt erscheint so dekontextualisiert, ohne ein Vorher und Nachher, also ohne Vor- und Nachgeschichte.

Drei Schritte markieren einen Weg aus diesem erkenntnistheoretischen Stillstand der Gewaltforschung, gerahmt vom Spannungsverhältnis zwischen Skandalisierungsmittel und Analysebegriff. Ziel wäre es, im Sinne einer geschichtswissenschaftlich fundierten reflexiv-kooperativen Interdisziplinarität die Erkenntnisse der neueren soziologischen Gewaltforschung (1) sowie der konfliktorientierten Arbeits- und Industriesoziologie (2) aus praxeologischer Sicht (3) zusammenzuführen.

Zum ersten Schritt: Ein weitgefasster Gewaltbegriff sollte vermieden werden. Zwar würde es eine solche Ausweitung ermöglichen, auf die als »Gewalt« kategorisierten Phänomene aufmerksam zu machen und gegebenenfalls auch Unterstützung zu mobilisieren. Jedoch verliert ein derart unspezifischer Gewaltbegriff an analytischer Präzision und damit an Erklärungspotenzial. Zudem erschwert der in verschiedenen Fachdisziplinen höchst unterschiedlich definierte Gewaltbegriff den interdisziplinären Dialog sowie das Aufgreifen der jeweiligen disziplinären Forschungsergebnisse. Als Ausgangspunkt für weitere Forschungen zu Gewalt am Arbeitsplatz oder in anderen Settings sollte stets der jeweils benutzte Gewaltbegriff präzise definiert und verdeutlicht werden, mit welchem Erklärungsziel dieser Begriff verwendet wird.

Wird Gewalt zudem im triadischen Setting von Täter – Opfer – Dritte untersucht und werden andere Begriffe wie Invektivität um das Kernelement physische Gewalt gruppiert, kann Gewalt zeitlich-räumlich und sozial-kulturell gut kontextualisiert und können die Potenziale verschiedener Fachdisziplinen genutzt werden. Diese Kontextualisierung, die auch Wandlungen im Zeitverlauf berücksichtigt, sollte drei Zeitebenen beachten, deren Übergänge fließend sind: Eine gewaltsame Interaktion (a) ist nicht nur mit räumlichen Settings verflochten, sondern auch verknüpft mit zeitlich früheren, späteren oder gleichzeitigen Praktiken sowie ihren Akteur:innen, Ausgangspunkten und Vorgeschichten (b), sondern auch mit individuellen wie gesellschaftlich-kulturellen Nachwirkungen (c). Stets wäre zu fragen, wann und warum welche Interaktionen als gewaltsam bezeichnet wurden. In diesem Dreischritt könnten auch die oft sehr schmerzlichen und lange anhaltenden körperlichen wie psychologischen

47 Vgl. zu ähnlichen Blindstellen der deutschsprachigen Labour History: Thomas Welskopp, Der Betrieb als soziales Handlungsfeld. Neuere Forschungsansätze in der Industrie- und Arbeitergeschichte, in: Geschichte und Gesellschaft, 22 (1996), S. 118-142; Klaus Weinhauer, Arbeiterklasse ohne Arbeiterhandeln?, in: 1999. Zeitschrift für Sozialgeschichte des 20. und 21. Jahrhunderts, 8 (1993) 3, S. 80-88.

Nachwirkungen (Traumata) berücksichtigt werden. Gleichzeitig wären erinnerungskulturelle Deutungskämpfe darüber zu untersuchen, wie Gewalterfahrungen von den verschiedenen Akteur:innen (Täter:innen, Opfer, Dritte) verarbeitet wurden.

Zum zweiten Schritt: Den Missing Link, um mit Blick auf Gewalt am Arbeitsplatz diese Kontextualisierung zu fördern, liefern neuere Ansätze der konfliktorientierten Arbeits- und Industriesoziologie. Diese Studien analysieren unter dem Begriff »interaktive Arbeit« die raumsensiblen gruppenbasierten Interaktionen in arbeitsplatzbezogenen Alltagskonflikten, sind nicht vorrangig auf Arbeitsbeziehungen zwischen Organisationen fokussiert.[48] Durch Einbeziehung Dritter in diese Analyse von Arbeitsplatzkonflikten sind sie anschlussfähig an die neuere Gewaltforschung, die, wie oben gezeigt, ebenfalls Gewalt auch als Kommunikationsakt in triadischen Settings betrachtet.

Zum dritten Schritt: Konzeptionell bieten mikrohistorisch ausgerichtete praxistheoretische Ansätze einen guten Ausgangspunkt, um dieses Forschungsprogramm mit den gegenseitigen Verflechtungen von Arbeit, Gewalt sowie den damit verbundenen kulturellen Codierungen (race, class, gender), zeitlich wandelbaren Zuschreibungen und Wahrnehmungen umzusetzen. Ausgangspunkt wären dezentrale Machtpraktiken, getragen von Praxisroutinen, mit ihrer Ding- und Körperlichkeit (inklusive Emotionen) sowie der Nicht-Intentionalität menschlichen Handelns mit den zahlreichen unintendierten Handlungsfolgen, die sich in Konflikten bündeln können. Eine so ausgerichtete Erforschung von Gewalt am Arbeitsplatz würde dazu beitragen, das Fundament zu liefern für eine interdisziplinäre gewaltsensible *Labour History*, die praxistheoretisch orientiert, Gewalt zeitlich-räumlich sowie sozial-kulturell einbettet in die Analyse von Arbeitsplatzkonflikten.

## 4 Quellen und Literatur

**Arendt, Hannah**, Macht und Gewalt, München 1970 (engl. Titel: On Violence, New York 1969).

**Baader, Meike Sophia/Till Kössler/Dirk Schumann (Hg.)**, Jugend – Gewalt. Erleben – Erörtern – Erinnern, Göttingen 2023.

**Baxter, Vern/Anthony Margavio**, Assaultive Violence in the U.S. Post Office, in: Work and Occupations, 23 (1996), S. 277-296.

**Birke, Peter**, Wilde Streiks im Wirtschaftswunder. Arbeitskämpfe, Gewerkschaften und soziale Bewegungen in der Bundesrepublik und Dänemark, Frankfurt a. M./New York 2007.

**Bojadžijev, Manuela**, Antirassistischer Widerstand von Migrantinnen und Migranten in der Bundesrepublik. Fragen der Geschichtsschreibung, in: 1999. Zeitschrift für Sozialgeschichte des 20. Jahrhunderts, (2002) 1, S. 125-152.

**Braun, Andreas**, Gewaltsoziologie im Wandel: Über Situationen, Prozesse und Ordnungen als Bestandteile der Erforschung von Gewalt, in: Österreichische Zeitschrift für Soziologie, 45 (2021), S. 5-21.

**Brüggemeier, Franz-Josef**, Leben vor Ort. Ruhrbergleute und Ruhrbergbau 1889–1919, München 1983.

**Budd, Tracey**, Violence at Work. Findings from the British Crime Survey, London 1999.

**Collins, Randall**, Dynamik der Gewalt. Eine mikrosoziologische Theorie, Hamburg 2011.

48 Vgl. Heiden, Arbeitskonflikte, 2014; Dunkel/Weihrich, Arbeit, in: Böhle/Voß/Wachtler (Hg.) 2018.

**Cremer-Schäfer, Helga/Heinz Steinert**, Straflust und Repression. Zur Kritik der populistischen Kriminologie, Münster 1998.

Deutsche Gesetzliche Unfallversicherung (DGUV), Gewalt und Mobbing in der Arbeitswelt, <https://www.dguv.de/de/praevention/themen-a-z/gewalt-mobbing/index.jsp?query=webcode+d69075> (25.6.2024).

DGUV Forum, 16 (2023) 2, <https://forum.dguv.de/ausgabe/3-20232> (25.6.2024).

»Deutsche Qualitätsarbeit«: Mitmachen und Eigensinn im Nationalsozialismus – Interview von Marc Buggeln und Michael Wildt mit Alf Lüdtke, in: Marc Buggeln/Michael Wildt (Hg.), Arbeit im Nationalsozialismus, München 2014, S. 373-401.

**Dimbath, Oliver**, Gewaltgedächtnisse. Theoretische Untersuchungen zu Vergangenheitsbezügen gewaltsam Über- und Unterlegener, in: Nina Leonhard/Oliver Dimbath (Hg.), Gewaltgedächtnisse. Analysen zur Präsenz vergangener Gewalt, Wiesbaden 2021, S. 17-37.

**Dittmer, Reinhard**, Günter Wallraffs Industriereportagen, Kronberg 1973.

**Dunkel, Wolfgang/Margit Weihrich**, Arbeit als Interaktion, in: Fritz Böhle/G. Günter Voß/Günther Wachtler (Hg.), Handbuch Arbeitssoziologie, Bd. 1. Arbeit, Strukturen und Prozesse, Wiesbaden 2018, S. 201-230.

**Ellerbrock, Dagmar**, Geschlecht, Gewalt und Gefühl in der Geschichtswissenschaft. Zum Forschungsstand geschlechtersensibler Gewaltforschung und neuen Perspektiven aus der Emotions- und Invektivitätsforschung, in: Eva Labouvie (Hg.), Geschlecht, Gewalt und Gesellschaft. Interdisziplinäre Perspektiven auf Geschichte und Gegenwart, Bielefeld 2023, S. 37-62.

**Ellerbrock, Dagmar**, Generation Browning. Überlegungen zu einem praxeologischen Generationenkonzept, in: Geschichte im Westen, 26 (2011), S. 7-34.

**Emsley, Clive**, Hard Men. The English and Violence since 1750, London 2005.

Factsheet 24: Gewalt bei der Arbeit. Europäische Agentur für Sicherheit und Gesundheitsschutz am Arbeitsplatz, <https://osha.europa.eu/de/publications/factsheet-24-violence-work> (25.6.2024).

**Gailus, Manfred**, Was macht eigentlich die historische Protestforschung? Rückblicke, Resümee, Perspektiven, in: Mitteilungsblatt des Instituts für soziale Bewegungen, 5 (2005) 34, S. 127-154.

**Goeke, Simon**, »Wir sind alle Fremdarbeiter!« Gewerkschaften, migrantische Kämpfe und soziale Bewegungen in der Bundesrepublik Deutschland der 1960er und 1970er Jahre, Paderborn 2020.

**Grüttner, Michael**, Arbeitswelt an der Wasserkante. Sozialgeschichte der Hamburger Hafenarbeiter 1886–1914, Göttingen 1984.

**Hall, Stuart/Charles Critcher/Tony Jefferson/John Clarke/Brian Roberts**, Policing the Crisis. Mugging, the State, and Law and Order, London 1978.

**Haney, Craig/Curtis Banks/Philip Zimbardo**, A Study of Prisoners and Guards in a Simulated Prison, in: Navel Research Reviews, 26 (1973) 9, S. 1-17.

**Heiden, Mathias**, Arbeitskonflikte. Verborgene Auseinandersetzungen um Arbeit, Überlastung und Prekarität, Berlin 2014.

**Heiden, Mathias**, Der arbeits- und industriesoziologische Konfliktbegriff und die Notwendigkeit seiner Erweiterung, in: Arbeits- und Industriesoziologische Studien, 4 (2011) 2, S. 27-44.

**Hillebrandt, Frank**, Soziologische Praxistheorien. Eine Einführung, Wiesbaden 2014.

**Hoebel, Thomas**, Aspektverluste, in: Berliner Journal für Soziologie, 31 (2021), S. 531-545.

**Hoebel, Thomas/Wolfgang Knöbl**, Gewalt erklären. Plädoyer für eine entdeckende Prozesssoziologie, Hamburg 2019.

**Hofmann, Burkard**, Unfallanalyse '85, Essen 1987.

**Huggins, Martha K./Mika Haritos-Fatouros/Philip G. Zimbardo**, Violence workers. Police torturers and murders reconstruct Brazilian atrocities, Berkeley 2002.

**Huwer, Jörg**, »Gastarbeiter« im Streik. Die Arbeitsniederlegung bei Ford Köln im August 1973, Köln 2013.

**Inhetveen, Katharina**, Gewalt in ihren Deutungen. Anmerkungen zu Kulturalität und Kulturalisierung, in: Österreichische Zeitschrift für Soziologie, 30 (2005) 3, S. 28-50.

**Jessen, Ralph**, Polizei im Industriegebiet. Modernisierung und Herrschaftspraxis im westfälischen Industriegebiet 1848–1914, Göttingen 1991.

**Joas, Hans/Wolfgang Knöbl**, Kriegsverdrängung. Ein Problem in der Geschichte der Sozialtheorie, Frankfurt a. M. 2008.

**Kelloway, E. Kevin/Julian Barling/Joseph J. Hurrell (Hg.)**, Handbook of Workplace Violence, Thousand Oaks/London 2006.

**Kizilay, Efsun**, Migration und Arbeitskämpfe. Ein Blick zurück in die Zeit der »Gastarbeiter*innen« und ihre Kämpfe in der BRD der 1970er Jahre, <https://www.rosalux.de/publikation/id/42811/migration-und-arbeitskaempfe> (25.6.2024).

**Knoll-Jung, Sebastian**, Vom Schlachtfeld der Arbeit. Aspekte von Männlichkeit in Prävention, Ursachen und Folgenbewältigung von Arbeitsunfällen in Kaiserreich und Weimarer Republik, Stuttgart 2021.

**Köhler, Thomas/Matthäus, Jürgen/Pegelow Kaplan, Thomas/Römer, Peter (Hg.)**, Polizei und Holocaust. Eine Generation nach Christopher Brownings Ordinary Men, Paderborn 2023.

**Kössler, Till**, Jenseits von Brutalisierung oder Zivilisierung. Schule und Gewalt in der Bundesrepublik (1970–2000), in: Zeithistorische Forschungen, 15 (2018) 2, S. 222-249.

**Lindenberger, Thomas**, Straßenpolitik. Zur Sozialgeschichte der öffentlichen Ordnung in Berlin 1900–1914, Bonn 1995.

**McIvor, Arthur**, Economic Violence, Occupational Disability, and Death. Oral Narratives of the Impact of Asbestos-Related Diseases in Britain, in: Steven C. High (Hg.), Beyond Testimony and Trauma. Oral History in the Aftermath of Mass Violence, Vancouver 2015, S. 257-284.

**Meuser, Michael**, »Doing Masculinity« – Zur Geschlechtslogik männlichen Gewalthandelns, in: Regina-Maria Dackweiler/Reinhild Schäfer (Hg.), Gewalt-Verhältnisse. Feministische Perspektiven auf Geschlecht und Gewalt, Frankfurt a. M. 2002, S. 53-78.

**Meyer, Stephen**, Manhood on the Line. Working-Class Masculinities in the American Heartland, Urbana/Chicago 2016.

**Milgram, Stanley**, Obedience to Authority, New York 1973.

**Milloy, Jeremy**, Blood, Sweat, and Fear. Violence at work in the North American auto industry, 1960–80, Urbana/Chicago 2017.

**Nedelmann, Birgitta**, Gewaltsoziologie am Scheideweg, in: Trutz von Trotha (Hg.), Soziologie der Gewalt, Opladen/Wiesbaden 1997, S. 59-85.

**Pettenkofer, Andreas/Christoph Liell**, Kultursoziologische Perspektiven in der Gewaltforschung, in: Christoph Liell/Andreas Pettenkofer (Hg.), Kultivierungen von Gewalt. Beiträge zur Soziologie von Gewalt und Ordnung, Würzburg 2004, S. 9-40.

**Popitz, Heinrich**, Phänomene der Macht, Tübingen 1992.

**Reichardt, Sven**, Praxeologische Geschichtswissenschaft. Eine Diskursanregung, in: Sozial.Geschichte, 22 (2007), S. 43-65.

**Rothberg, Michael**, The Implicated Subject. Beyond Victims and Perpetrators, Stanford 2019.

**Schäfer, Hilmar (Hg.)**, Praxistheorie. Ein soziologisches Forschungsprogramm, Bielefeld 2016.

**Schumann, Dirk**, Hoffnung, Skepsis, Ermahnung: Johan Galtung, in: Uffa Jensen/Bernd Weisbrod (Hg.), Klassiker modernen Denkens neu gelesen, Göttingen 2011, S. 317-325.

**Spierenburg, Pieter (Hg.)**, Men and Violence. Gender, Honor, and Rituals in Modern Europe and America, Columbus, Ohio 1998.

Übereinkommen 190 über Gewalt und Belästigung, verabschiedet auf der 108. Tagung der Allgemeinen Konferenz der Internationalen Arbeitsorganisation am 21. Juni 2019, <https://normlex.ilo.org/dyn/normlex/en/f?p=NORMLEXPUB:12100:0::NO::P12100_ILO_CODE:C190> (25.6.2024).

**van der Linden, Marcel**, Studying Attitudes to Work Worldwide, 1500–1650: Concepts, Sources, and Problems of Interpretation, in: Karin Hofmeester/Christine Moll-Murata (Hg.), The Joy and Pain of Work. Global Attitudes and Valuations, 1500–1650, Cambridge 2011, S. 25-43.

The Violence of Work. An Exchange, <https://www.lawcha.org/2021/12/13/the-violence-of-work-an-exchange/> (25.6.2024).

**von Trotha, Trutz**, Zur Soziologie der Gewalt, in: Trutz von Trotha (Hg.), Soziologie der Gewalt, Opladen/Wiesbaden 1997, S. 9-56.

**Wallraff, Günter**, Industriereportagen. Als Arbeiter in deutschen Großbetrieben, Reinbek b. Hamburg 1970.

**Walter, Dierk**, Colonial Violence. European Empires and the Use of Force, Oxford 2017.

**Weinhauer, Klaus/Jörg Requate (Hg.)**, Gewalt ohne Ausweg? Terrorismus als Kommunikationsprozeß in Europa seit dem 19. Jahrhundert, Frankfurt a. M. 2012.

**Weinhauer, Klaus/Dagmar Ellerbrock**, Perspektiven auf Gewalt in europäischen Städten seit dem 19. Jahrhundert, in: Informationen zur Modernen Stadtgeschichte [IMS], 2 (2013), S. 5-20.

**Weinhauer, Klaus**, Revolution Lost and Found. Collective Actions, Fears, and Violently Contested Space-Time Regimes in Hamburg and Seattle (c. 1916–20), in: Mara Albrecht/Alke Jenss (Hg.), The Spatiality and Temporality of Urban Violence. Histories, Rhythms and Ruptures, Manchester 2023, S. 37-59.

**Weinhauer, Klaus**, Arbeiterklasse ohne Arbeiterhandeln?, in: 1999. Zeitschrift für Sozialgeschichte des 20. und 21. Jahrhunderts, 8 (1993) 3, S. 80-88.

**Welskopp, Thomas**, Der Betrieb als soziales Handlungsfeld. Neuere Forschungsansätze in der Industrie- und Arbeitergeschichte, in: Geschichte und Gesellschaft, 22 (1996), S. 118-142.

**Zimbardo, Philip**, Der Luzifer-Effekt. Die Macht der Umstände und die Psychologie des Bösen, Berlin/Heidelberg 2008.

**Zimmermann, Peter**, Industrieliteratur in der DDR. Vom Helden der Arbeit zum Planer und Leiter, Stuttgart 1984.

*Sebastian Knoll-Jung*

# Mehr als nur Neckereien – Gewaltformen und -konstellationen in Kaiserreich und Weimarer Republik

Dieser Beitrag fragt, welche Formen von Gewalt am Arbeitsplatz es im Kaiserreich und der Weimarer Republik gab.[1] Es geht dabei vor allem, aber nicht ausschließlich, um industrielle Beschäftigte, also Fabrikarbeiter:innen. Ein Hauptaugenmerk liegt auf Täter:innen- und Opferkonstellationen. Ziel ist es, einen erweiterten und differenzierteren Blick auf arbeitsplatzbezogene Gewaltphänomene zu werfen, als dies die bisherige Forschung für diesen Zeitraum getan hat. Bisherige Untersuchungen zu Gewalt am Arbeitsplatz setzten ihren Fokus auf Klasse als Analysekategorie.[2] Sie betrachten somit vor allem hierarchische Gewalt, also solche durch Vorgesetzte oder Unternehmer. In den Mittelpunkt stellte diese Forschung soziale Gewalt durch bestehende Machtverhältnisse. Sie rückte formelle Disziplinierungssysteme vor dem Hintergrund einer zeitgenössischen Kapitalismuskritik in den Fokus. So argumentierte Machtan, das »industriekapitalistische System der Betriebsverfassung« zu Beginn des 20. Jahrhunderts lasse »sich durchaus als ein Gewaltverhältnis begreifen.«[3] Diese Sichtweise blendet die Ursachenvielfalt von Gewalt am Arbeitsplatz indes aus und wird dem vielschichtigen Phänomen nicht umfassend gerecht. Eine Ausblendung von anderen Gewaltformen war zum Teil auch durch die Quellenauswahl bedingt, zu einem nicht unwesentlichen Teil ging sie aber auch auf die damalige Ausrichtung der Forschung zurück.

Es gab neben der sicherlich schwerwiegenden hierarchischen Gewalt auch andere Gewaltformen, die durchaus verbreitet waren. Diese aufzuzeigen, ist die Absicht des Beitrags und soll vor allem anhand der Quellen der Unfallversicherung verfolgt werden, die im Folgenden vorgestellt werden.

Der Gewaltbegriff, der diesem Beitrag zugrunde liegt, bezieht sich hauptsächlich auf die verwendeten Quellen der Unfallversicherung, die Gewaltformen auf körperliche Gewalt begrenzen. Eingeschlossen sind zudem zeitgenössisch als Neckereien

---

1 Ein zeitlicher Schwerpunkt liegt in der Zeit von 1880 bis 1930, was vor allem der später ausführlich vorgestellten Quellensituation geschuldet ist.

2 Gemeint ist hier die »Arbeitergeschichte« der 1980er- und frühen 1990er-Jahre. Auf einige konkrete Beispiele wird im Abschnitt zu Neckereien (→ S. 43 ff.) genauer eingegangen.

3 Lothar Machtan, Zum Innenleben deutscher Fabriken im 19. Jahrhundert. Die formelle und die informelle Verfassung von Industriebetrieben, anhand von Beispielen aus dem Bereich der Textil- und Maschinenbauproduktion (1869–1891), in: Archiv für Sozialgeschichte [AfS], 21 (1981), S. 179-236; hier: S. 180.

bezeichnete Gewalthandlungen, die häufig auslösend für schwere Gewalttaten waren. Hier bestand ein fließender Übergang, der gesondert thematisiert wird. Dabei wird auch diskutiert, was zeitgenössisch als Gewalt wahrgenommen wurde und wie sie in neuerer Forschung rezipiert wurde.

## 1 Quellen für den Blick hinter die Fabrikmauern

Für die Geschichte der Arbeitswelten, die den Anspruch hat, auch betriebliche Perspektiven zu berücksichtigen,[4] ist der Quellenzugang eine zentrale Herausforderung. Die meisten Betriebe waren und sind nicht öffentliche Orte und Arbeitsumgebungen, aus denen nur selten Details über den Arbeitsalltag nach außen dringen. Im Fabrikalltag entstanden wenige schriftliche Zeugnisse, die Gewaltphänomene erfassten, und auch die Arbeiterschaft – besonders im Kaiserreich und in der Weimarer Republik – hinterließ kaum schriftliche Hinterlassenschaften.

Noch schwieriger gestaltet sich diese Situation bei Gewalthandlungen im Betrieb, denn Unternehmen hatten in der Regel kein Interesse daran, dass innerbetriebliche Konflikte öffentlich diskutiert wurden. Zudem gab es Tendenzen der Verharmlosung von Gewalt durch Täter:innen(-gruppen) und demgegenüber mögliches Schweigen aus Scham und Tabuisierung durch Opfer(-gruppen). Viele Einflussfaktoren bewirken also, dass die Zugänglichkeit zu Gewalt am Arbeitsplatz in den vorhandenen Quellen erschwert ist.

Trotz der schwierigen Quellenlage ermöglichen unterschiedliche Quellentypen einen Blick hinter die Fabrikmauern. Einen nicht offensichtlichen Quellenzugang zu Gewalt am Arbeitsplatz bietet das Material der Unfallversicherung. Sie wurde 1884 als Herzstück der so bezeichneten Bismarck'schen Sozialversicherungsgesetzgebung eingeführt.[5] Sie entschädigte unter Trägerschaft der selbstverwaltet organisierten Berufsgenossenschaften Folgen von Arbeitsunfällen. Als entschädigungspflichtiger Un-

---

4 Vgl. etwa Thomas Welskopp, Der Betrieb als soziales Handlungsfeld. Neuere Forschungsansätze in der Industrie- und Arbeitergeschichte, in: Geschichte und Gesellschaft, 22 (1996), S. 118-142; ders., Produktion als soziale Praxis. Praxeologische Perspektiven auf die Geschichte betrieblicher Arbeitsbeziehungen, in: Knud Andresen/Michaela Kuhnhenne/Jürgen Mittag/Johannes Platz (Hg.), Der Betrieb als sozialer und politischer Ort. Studien zu Praktiken und Diskursen in den Arbeitswelten des 20. Jahrhunderts, Bonn 2015, S. 29-52.

5 Eine Zusammenfassung zur Entstehung und Funktion der Unfallversicherung findet sich in Kap. 2 in: Sebastian Knoll-Jung, Vom Schlachtfeld der Arbeit. Aspekte von Männlichkeit in Prävention, Ursachen und Folgenbewältigung von Arbeitsunfällen in Kaiserreich und Weimarer Republik [= Medizin, Gesellschaft und Geschichte – Beihefte, Bd. 80], Stuttgart 2021. Ausführlich zeichnen die Entstehungsgeschichte und Entwicklung der Unfallversicherung die Bände Abt. I, Bd. 2, Abt. II., Bd. 2, Teil 1 und 2 sowie Abt. III, Bd. 2 der Reihe Quellensammlung zur Geschichte der deutschen Sozialpolitik 1867 bis 1914 nach, online verfügbar unter: <https://quellen-sozialpolitik-kaiserreich.de/baende/digitale-baende.html> (10.1.2025).

fall galt nach der Definition der Unfallversicherung ein zeitlich begrenztes, körperlich schädigendes Ereignis, das in innerem, also räumlichem, zeitlichem und ursächlichem, Zusammenhang mit dem Betrieb stand. Wenn diese Voraussetzungen zutrafen, konnten Unfallopfer Entschädigungen je nach Schwere der Unfallfolgen bis zur Höhe von zwei Dritteln des Jahreseinkommens erlangen. Nach diesem Kausalkonzept war irrelevant, wer den Unfall verschuldet hatte. Lediglich vorsätzlich zugefügte Verletzungen waren von der Entschädigung ausgeschlossen.[6] Diese Definition ermöglichte, dass auch gewalttätige Handlungen als Arbeitsunfall anerkannt und entschädigt werden konnten. Sie fanden so Eingang in das Aktenmaterial der Unfallversicherung und stehen als Quelle zur Verfügung.

Anzumerken ist dabei, dass sich der Unfallbegriff der Unfallversicherung seit 1884 stetig änderte und nicht auf Schädigungen physischer Natur begrenzt blieb. Mit neu entstandenen Krankheitsbildern, wie Unfallneurosen und »Rentenhysterie«[7], waren zeitweise auch psychische Folgewirkungen in ärztlichen Gutachten als entschädigungspflichtig angesehen und entsprechend begutachtet worden.[8] Die Unklarheiten des Unfallbegriffs führten in der Praxis zu einer Flut von Rechtsstreitigkeiten. Gefördert wurden diese dadurch, dass das System der sozialen Rechtsprechung in der Unfallversicherung einen kostenlosen Klageweg gegen Bescheide vorsah, den sowohl die Unfallopfer als auch die Berufsgenossenschaften als Unfallversicherungsträger rege nutzten. Dabei hatten Letztere einen großen organisatorischen Vorteil gegenüber Einzelpersonen. Politisch wurde diese Ungleichheit in der Arbeiterpresse häufig unter dem Begriff des »Rentenkampfs« thematisiert, also den häufig harten Auseinandersetzungen mit den Berufsgenossenschaften und schwierigen und langwierigen Klagewegen der Unfallopfer. Das Entschädigungsverfahren selbst wurde zum Konfliktstoff.[9] Eine aus heutiger Sicht positive Folge dieser rechtlichen Auseinandersetzungen ist die hierdurch erhaltene große Menge an Fallbeispielen in Akten und Veröffentlichungen. Diese ermöglichen einen Blick auf betrieblichen Alltag und Praktiken. Eine Besonderheit ist zudem, dass die Betroffenen in den Quellen über ihre Schmerzerfahrungen, ihre Leiden und gesundheitliche wie soziale Folgen offen sprechen, um zu Rentenleistungen zu gelangen. Gerade bei Männern lief dies sonst gängigen Männlichkeitsleitbildern wie Härte gegen sich selbst oder Schmerz- und Gefühlsunterdrückung entgegen.[10] Quellenkritisch ist zu beachten, dass hier Über- wie Untertreibungen zum Kalkül der Klagenden gehören konnten.

---

6 Vgl. Knoll-Jung, Schlachtfeld, 2021, S. 48 ff.

7 Unter diesem Namen wurden zeitweise psychische Belastungen aus dem Rentenverfahren als Unfallfolgen anerkannt und entschädigt.

8 Vgl. dazu: Sebastian Knoll-Jung, Zwischen Verfahrenslogik und ärztlichem Eigensinn. Die Praxis ärztlicher Begutachtung in der Unfallversicherung 1884–1914, in: Alexa Geisthövel/Volker Hess (Hg.), Medizinisches Gutachten. Geschichte einer neuzeitlichen Praxis, Göttingen 2017, S. 70-94.

9 Vgl. Knoll-Jung, Schlachtfeld, 2021, S. 418-467.

10 Vgl. ebd., S. 462-468.

Bestände der Unfallversicherung, die auch Fallakten umfassen, sind in kommunalen Archiven, Staatsarchiven und dem Bundesarchiv überliefert.[11] Sie stammen vor allem von den verschiedenen neu geschaffenen Spruchinstanzen der Unfallversicherung, auf unterer Ebene »Schiedsgerichte der Arbeiterversicherung«, die später zu den Oberversicherungsämtern wurden, auf höherer Ebene Landesversicherungsämter und das Reichsversicherungsamt.[12] Gerade hinsichtlich der Entscheidungen der Unfallversicherungsinstanzen bleibt zu berücksichtigen, dass diese nicht neutral gefasst wurden. Zwar war bei der Besetzung der Rechtsprechungsorgane eine Vertretung der Versicherten installiert worden, die entscheidende Stimme lag allerdings bei den aus dem Beamtenkreis ernannten Vorständen.[13]

Viele Einzelfälle finden sich zudem abgedruckt in den *Entscheidungen und Mitteilungen des Reichsversicherungsamts*, die seit 1914 veröffentlicht wurden, sowie den *Amtlichen Nachrichten des Reichsversicherungsamts*, dem seit 1885 herausgegebenen Organ zur Unfallversicherung. Beide Publikationen verfügen über Sachregister, die die Recherche vereinfachen. Allerdings wird darin der Begriff Gewalt nicht verwendet, sondern es ist die Rede von Körperverletzungen, Raufereien oder Misshandlungen. Letzteres Organ enthielt zudem eine ausführliche statistische Erfassung der Tätigkeit der Unfallversicherung.[14]

Die Auswahl der abgedruckten Beispiele verfolgte den Zweck, Musterentscheidungen bekannt zu machen, die als Beispiel für die Entschädigungspraxis dienten.

Insgesamt ist davon auszugehen, dass die im Kontext der Unfallversicherung gelisteten Fälle nur einen geringen Teil der tatsächlichen Gewalt in den Betrieben widerspiegeln, eben solche, die unter den Unfallbegriff der Unfallversicherung fielen. Letztlich sind die Beispiele nicht repräsentativ für tatsächliche Gewalt am Arbeitsplatz, denn auch wenn es die Fallgruppe »Raufereien etc.« in der Rechtsprechung gab, fehlte eine aussagekräftige quantitative Erfassung dieser speziellen Kategorie. Insgesamt unterlag die rechtliche Behandlung der Gewalt in der Unfallversicherung starken Veränderungen. Das führte aber auch dazu, dass sich immer wieder neue Präzedenzfälle in den Publikationen finden.[15]

---

11 Ein publiziertes Findbuch existiert für das Bundesarchiv: Hans-Dieter Kreikamp, Findbücher zu Beständen des Bundesarchivs (Bd. 32). Reichsversicherungsamt, Bestand R 89 Teil 2, Unfallversicherung, Koblenz 1987.

12 Detaillierte Informationen finden sich in: Knoll-Jung, Schlachtfeld, 2021, S. 48 f.

13 Vgl. ebd., S. 67 f.

14 Zur Unfallstatistik vgl. Sebastian Knoll-Jung, Unfalltote und Unfallstatistik im Deutschen Kaiserreich. Verwaltungspraxis, Verwissenschaftlichung und Politisierung, in: Nina Kreibig/Thomas Macho/Moisés Prieto (Hg.), Ordnungen des Todes. Von Listen, Statistiken und Dunkelziffern über das Sterben und die Verstorbenen, Bielefeld 2023, S. 117-136.

15 Vgl. Heinz Barta, Kausalität im Sozialrecht. Entstehung und Funktion der sogenannten Theorie der wesentlichen Bedingung. Analyse der grundlegenden Judikatur des Reichsversicherungsamtes in Unfallversicherungssachen (1884–1914), Bd. 1, Berlin 1983, S. 500-505.

Im weiteren Sinne auf die Unfallversicherung beziehungsweise die Arbeitsschutzthematik gehen weitere Quellentypen zurück, die Gewalt am Arbeitsplatz beinhalten. Dies sind die Jahresberichte der Arbeitersekretäre, also der gewerkschaftlichen Rechtsauskunftsstellen für Sozialversicherungsangelegenheiten, die besonders in Unfallsachen tätig waren.[16] Auch sie behandelten darin Fälle in Unfallversicherungssachen und bewerteten die Entscheidungen.

Als weitere Quelle mit Einblick in Arbeitswelten gelten die Berichte der Fabrik-, später Gewerbeinspektoren. Sie wurden jährlich in umfangreichen Bänden veröffentlicht und führten regelmäßig auch zu öffentlichen Debatten über Missstände, etwa im Reichstag oder in der Presse.

Die Ursachenzusammenhänge wie die Opferkonstellationen der Gewalthandlungen aus den Unfallversicherungsquellen sind sehr vielfältig. Gerade weil kaum andere Zugänge zur Thematik bestehen, sind sie wertvoll und wichtig, um mehr über zeitgenössische Wahrnehmung und die Ausprägung gewalttätiger Übergriffe zu erfahren. Sie spiegeln aber auch immer Täter:innen- und Opfernarrative im öffentlichen Diskurs wider, also Strategien der Betroffenen und ihrer rechtlichen Vertretungen durch Arbeitersekretariate sowie Entscheidungen und damit Bewertungen durch offizielle Organe der Unfallversicherung. Die Bestände der Unfallversicherung wurden von der bisherigen historischen Forschung nicht ausgewertet. Sie erweitern aber das Verständnis von zeitgenössischen Gewaltebenen und bilden damit eine wichtige Ergänzung zum Betriebsalltag.

Um das Quellenkorpus zu erweitern und die Positionierungen der Arbeiter:innenbewegung zu greifen, wurden Nachrichten zu arbeitsbezogenen Gewalttaten in der zeitgenössischen Presse ausgewertet; insbesondere in der Arbeiterpresse sowie in Verbandsorganen der Gewerkschaften. Als Quelle ermöglichen sie einen Zugang vor allem zu hierarchischer Gewalt und solcher, die auf betrieblichen und sozialen Konflikten beruhte. In der Regel waren dies nur solche Handlungen, bei denen die Gewalt von Vorgesetzten oder Unternehmer:innen ausging. Andere Gewaltformen und -konstellationen blieben weitgehend ausgeklammert, vermutlich, weil sie nicht zu den bevorzugten Themenfeldern gehörten.[17]

Ein anderer klassischer Zugang zu Lebenswelten der Arbeiter:innen in Kaiserreich und Weimarer Republik kann über deren Selbstzeugnisse erfolgen. Unveröffentlichte Tagebücher oder gedruckte »Arbeiterautobiografien« sind allerdings nur in

16 Vgl. Myoung Hoon Shin, Die Arbeitersekretariate in der deutschen Arbeiterbewegung. Eine Institution für die gewerkschaftliche Sozialpolitik in Wechselbeziehungen zur staatlichen Sozialpolitik im Kaiserreich, im Ersten Weltkrieg und in der Weimarer Republik, Tönning/Lübeck/Marburg 2007.

17 In einer Auswertung zahlreicher Jahrgänge von verschiedenen Organen der Arbeiter:innenbewegung wurden keine Beispiele dafür gefunden.

begrenztem Maß verfügbar.[18] Dennoch hat die historische Forschung sie häufig und gerne genutzt, um Einblicke in Arbeitswelten zu erhalten.[19]

Um trotz der disparaten Quellenlage Gewalt am Arbeitsplatz erfassbar zu machen und eine differenzierte Forschung zu ermöglichen, werden hier Quellen der Unfallversicherung, wie auch Quellen der Arbeiterpresse und autobiografische Schriften genutzt. Eine breitere Quellenfundierung, wie sie dieser Beitrag eröffnen möchte, lässt neue und differenziertere Forschungsansätze zu.

## 2 Konstellationen von Gewalt am Arbeitsplatz

Für das Kaiserreich und die Weimarer Republik werden aus den skizzierten Quellen unterschiedliche Formen von Gewalt am Arbeitsplatz aufgezeigt, die im Folgenden mit entsprechenden Beispielen erläutert und kategorisiert werden.[20]

Grundsätzlich kann Gewalt nach ihrer Art, nach ihrer Intensität oder nach ihren Ursachen geordnet werden. In diesem Beitrag werden als Unterscheidungsmerkmale für Gewalt am Arbeitsplatz die Täter:innen- und Opferkonstellationen verwendet: Gewalt konnte sich gegen niedergestellte oder gegen höherstehende Teile der Belegschaft richten sowie auf gleicher Ebene stattfinden. Unterschiedliche Verletzungsmacht und -offenheit und Einfluss von Hierarchisierungen sind hier ausschlaggebend.

Zunächst wird anhand des Begriffs »Neckerei« der Frage nachgegangen, was als zeitgenössische Gewalt im Kontext der Unfallversicherung wahrgenommen wurde und wie demgegenüber die Geschichtswissenschaften damit umgingen. Im Anschluss werden die verschiedenen Täter:innen- und Opferkonstellationen am Arbeitsplatz aufgezeigt.

---

18 Zwischen 1880 und 1930 entstandene ca. 250 Titel. Vgl. dazu: Gunnar Stollberg, Die Industrialisierung und die Konstruktion von Gesundheitsrisiken in deutschen Arbeiter-Autobiographien des späten 19. und frühen 20. Jahrhunderts, in: Dietrich Milles (Hg.), Gesundheitsrisiken, Industriegesellschaft und soziale Sicherungen in der Geschichte. Bremerhaven 1993, S. 455-464; hier: S. 455.

19 Vgl. dazu etwa: Wolfgang Harböck, Stand, Individuum, Klasse. Identitätskonstruktionen deutscher Unterschichten des späten 19. und frühen 20. Jahrhunderts, Münster/New York 2006. Es existiert eine umfangreiche Überblicksliteratur zu dieser Gattung: Michael Vogtmeier, Die proletarische Autobiographie 1903–1914, Frankfurt a. M./Bern/New York 1984; Georg Bollenbeck, Zur Theorie und Geschichte der frühen Arbeiterlebenserinnerungen, Kronberg 1976; Wolfgang Emmerich (Hg.), Proletarische Lebensläufe. Autobiographische Dokumente zur Entstehung der Zweiten Kultur in Deutschland. Bd. 1. u. Bd. 2, Reinbek b. Hamburg 1974 u. 1975; Alfred Kelly, The German Worker. Working-class Autobiographies from the Age of Industrialization, Berkeley 1987; Ursula Münchow, Frühe deutsche Arbeiterautobiographien, Berlin (DDR) 1973.

20 Diese Ergebnisse gehen zurück auf ausführliche Quellenrecherchen im Rahmen einer Dissertation: Knoll-Jung, Schlachtfeld, 2021.

## 2.1 Neckereien zwischen Unfall, Gewalt und Eigensinn

Der Begriff der »Neckerei« findet sich in vielen zeitgenössischen Quellen. Er beschreibt Handlungen, die sich in einem fließenden Übergang zu Misshandlungen befinden. Der Begriff wirkt aus heutiger Sicht gewaltverharmlosend: Unter heutigen Maßstäben und geltendem Gewaltverständnis scheint die Grenze zur Gewalt oft deutlich überschritten. Neckereien beschreiben zeitgenössisch in der Regel physische Kontakte, wie die folgenden Beispiele aus den *Amtlichen Nachrichten des Reichsversicherungsamts* zeigen:

> »Ein Arbeiter ließ sich während der Mittagspause mit einem gleichfalls im Betriebe beschäftigten Arbeiter in eine Neckerei ein, er stürzte aus diesem Anlass in die zum Betriebe gehörige und auf der Betriebsstätte gelegene, halb mit frisch gelöschtem Kalk gefüllte Grube und verstarb in Folge hiervon.«[21]

Was harmlos begann, hatte schwere Folgen. Doch lag hier keine Tötungsabsicht vor. Anders in folgendem Fall: Ein Drechsler wurde 1913 in einer Holzwarenfabrik mehrfach von einem Kollegen geneckt. Die Situation entwickelte sich so, dass »im Verlauf einer Neckerei von dem Mitarbeiter Johann R. mittels eines Meißels die Strecksehnen des linken Mittel-, Ring- und Kleinfingers in der Gegend des Handgelenks durchgetrennt«[22] wurden. Über den Täter wurde im Verfahren festgestellt, »dass R. ein zu Mutwillen geneigter, vorlauter Bursche ist« und dass er ohne Anlass »die Streiterei mit dem Verletzten begann.«[23] Eine Anerkennung als Arbeitsunfall durch das Reichsversicherungsamt erfolgte, weil es sich um Gefahren aus der Arbeitsgemeinschaft gehandelt habe, wie sie üblich seien bei der Zusammenarbeit »mit zahlreichen an einer Betriebsstätte vereinigten, zu Mutwillen geneigten Personen.«[24]

Die mutwillige körperliche Schädigung war kein Einzelfall: In einer Entscheidung von 1925 hieß es zu einem Täter, er sei »nach der Auskunft seines Vorgesetzten ein zu Gewalttätigkeiten neigender Mensch.«[25] Dazu stellte das Reichsversicherungsamt als unfallverursachenden Faktor lapidar fest: »Die Notwendigkeit, mit einem aufbrausenden, rohen Menschen zusammenzuarbeiten, bedeutet eine ständige Gefahr für seine Arbeitsgenossen.«[26] Auch präventiv gegen Gewalt am Arbeitsplatz vorzugehen,

21 Amtliche Nachrichten des Reichsversicherungsamts [ANRVA], 4 (1888) 4, S. 176.

22 Reichsversicherungsamt (Hg.), Entscheidungen und Mitteilungen des Reichsversicherungsamts, 6. Bd., Berlin 1916, S. 203.

23 Ebd.

24 Ebd.

25 Reichsversicherungsamt (Hg.), Entscheidungen und Mitteilungen des Reichsversicherungsamts, 18. Bd., Berlin 1926, S. 72.

26 Ebd., S. 72 f.

lag noch nicht im Selbstverständnis der Unfallversicherung und wird als Aufgabe erst in jüngster Zeit aktiv angegangen.[27]

Interessant ist, dass der Begriff der Neckerei in die Alltagsgeschichte Einzug fand, wo er durch Alf Lüdtke geprägt zur Bestätigung des Konzepts des Eigensinns diente. Er deutete im Rahmen seines Konzepts von Eigensinn Neckereien aus anderer Perspektive und definierte sie als Form des nonverbalen, auf Körperkontakten beruhenden Austauschs innerhalb des Betriebs. Zum Tragen kämen diese innerhalb sozialer Hierarchien zwischen Älteren und Jüngeren oder gegenüber Lehrlingen und Hilfsarbeitern. Zu den körperlichen Kontakten zählt Lüdtke auch Handlungen physischer Gewalt. Einerseits erwähnt er als Motiv der Neckerei das Zeigen von Handfertigkeit, Geschick und Stärke unter Kollegen auch als Ausdruck von Männlichkeit und deutet damit auf geschlechtsspezifische Analyseansätze hin.[28] Andererseits deutet er Neckereien vornehmlich als kollektives Handeln und entschärft die Taten:

> »Grundsätzlich galten jedoch gegenseitige Wertschätzung, Anerkennung und Unterstützung – konnte doch beim nächsten Mal das Opfer wieder einer der ›Spieler‹ sein. Jeder in der Werkstatt wusste, daß die Peinigung alle und nicht einzelne betraf.«[29]

An anderer Stelle spricht Lüdtke von »schmerzhaften Körperkontakten« und »Körperattacken«, die dem Lustgewinn dienten, »wenn man anderen ›eins auswischen‹ konnte«, die gleichzeitig aber auch eine »wechselseitige Wahrnehmung und Anerkennung« dargestellt hätten.[30] Neckereien beziehungsweise die in den Quellen beschriebene Gewalt gegen Kolleg:innen sind aber oft das Gegenteil. Sie markieren und verfestigen Hierarchien. Durch die unterstellte Gleichheit von Opfer- und Täter:innenstatus und die Gleichsetzung mit einem Spiel nimmt er eine Verharmlosung vor. Die Quellen der Unfallversicherung zeichnen ein differenzierteres Bild. Lüdtke selbst führt auch ein Beispiel der Opferwahrnehmung aus der Autobiografie des Metallarbeiters Moritz Bromme an. Sie enthält Schilderungen von Neckereien und wörtlich heißt es dort über die anderen Mitarbeitenden, dass Bromme sie als »wahre Teufel«

---

27 Vgl. dazu etwa die Kampagne der Deutschen Gesetzlichen Unfallversicherung, #GewaltAngehen: <https://www.dguv.de/gewalt-angehen/index.jsp> (5.3.2024).

28 Alf Lüdtke, Lohn, Pausen, Neckereien. Eigensinn und Politik bei Fabrikarbeitern in Deutschland um 1900, in: ders. (Hg.), Eigensinn. Fabrikalltag, Arbeitererfahrungen und Politik vom Kaiserreich bis in den Faschismus, Hamburg 1993, S. 120-160; hier: S. 138.

29 Ebd.

30 Alf Lüdtke, Arbeit, Arbeitserfahrungen und Arbeiterpolitik. Zum Perspektivwandel in der historischen Forschung, in: ders. (Hg.), Eigensinn. Fabrikalltag, Arbeitererfahrungen und Politik vom Kaiserreich bis in den Faschismus, Hamburg 1993, S. 351-440; hier: S. 377 f.

empfunden habe.[31] Allerdings vertieft Lüdtke dessen Sichtweise auf den Kollegenkreis nicht. Dass Eigensinn auch »menschenverachtende Züge« haben konnte und angetrieben sein konnte von der »Lust, andere leiden zu lassen«, beschreibt Lüdtke indes bei Arbeitern und Soldaten im Nationalsozialismus.[32] Deshalb müsste untersucht werden, inwieweit sich entsprechende Verhaltensmuster auch vor 1933 und nach 1945 bei gewalttätigen Konflikten am Arbeitsplatz finden lassen.

Diese eingeengte Betrachtungsweise von Gewalt am Arbeitsplatz prägte insgesamt die ältere Forschung zur »Arbeitergeschichte«. Sie beschränkte sich weitgehend auf die Differenzkategorie Klasse. Geschlechtsspezifische Aspekte sowie Binnendifferenzierungen innerhalb der Belegschaften im Kontext von Gewalt untersuchte sie kaum. Auch Rassismus oder frauenfeindliche Einstellungen am Arbeitsplatz, die Ausgangspunkt von Gewalt bilden konnten, wurden kaum thematisiert und untersucht. In Anspielung auf Alf Lüdtkes Konzept nennt Nicole Mayer-Ahuja die unsolidarischen Krisenbewältigungsstrategien die »dunkle Seite des Eigensinns.«[33] Sie beinhaltet auch Gewalt am Arbeitsplatz und ist für die hier einschlägige Forschung noch ein weitgehend offenes Feld, insbesondere für die Untersuchung von Entwicklungen und Verschiebungen des Gewaltbegriffs, der Gewaltursachen und -praktiken.

## 2.2 Gewalt »von oben« – Vorgesetzte und Unternehmer:innen als Täter

Gewalt durch betrieblich Höherstehende ist die Konstellation, der in der zeitgenössischen Arbeiterpresse und auch in der bisherigen geschichtswissenschaftlichen Forschung ein Hauptaugenmerk galt. Klassen- und Machtbeziehungen dominieren dabei die Berichterstattung und Deutungen solcher Gewalttaten. Dem Ausdruck von Machtpositionen und Willkür stehen aufseiten der Opfer meist Hilflosigkeit und Ohnmacht entgegen: Inwieweit musste man die Gewalt hinnehmen? Was passierte, wenn man sich wehrte? Welche Folgen hatten die Gewalttaten?

In einer 1908 veröffentlichten Autobiografie einer Arbeiterin, die in verschiedenen Berufen tätig war, finden sich Antworten auf diese Fragen. Die Verfasserin schrieb aus ihrer Zeit als Dienstmädchen über einen Zwischenfall, nachdem sie eine Aufgabe nicht erledigen konnte:

> »Als ich einmal von der Frau darüber zur Rede gestellt wurde, blieb es leider nicht beim Schimpfen, sondern sie schlug mich dermaßen ins Gesicht und in den Na-

---

31 Ebd., S. 377. Das Zitat stammt aus: Moritz Bromme, Lebensgeschichte eines modernen Fabrikarbeiters, Jena, Leipzig 1905 (Nachdruck Frankfurt a. M. 1971), S. 282. Dort findet sich auch ein Beispiel für Neckerei und Grobheiten durch Kollegen, etwa: S. 172.

32 Lüdtke, Arbeit, 1993, S. 410.

33 Nicole Mayer-Ahuja, »Alltägliches kollektives Handeln«. Zum Potenzial von Sekundäranalyse für die Bearbeitung arbeitssoziologischer Leerstellen, in: Felix Bluhm, Kollektives Handeln in der Krise. Betriebliche Alltagskonflikte nach dem Boom, Hamburg 2019, S. 9-19; hier: S. 10.

> cken, daß mir das Blut aus Mund und Nase strömte. In dem Haus war überhaupt das Prügeln an der Tagesordnung.«[34]

Sie beschreibt diesen Umstand als Erklärung für die Gewalt: Der Mann schlüge die Frau, diese wiederum die Kinder; in der erwähnten Gewalthandlung, dann, weil die Kinder nicht da waren, »fiel die Frau über mich her.«[35] Diese Rechtfertigung zeigt, wie Gewaltanwendung hier in diesem häuslichen Kontext als Normalität betrachtet wurde und sich auf den familiären Arbeitskontext ausdehnte. Hier bestand ein gewalttätiges Umfeld im Privaten, ausgehend von dem »Hausherrn«. Für das Dienstmädchen stellte dieser Haushalt hingegen eine gefährliche Arbeitsumgebung dar. Das Opfer schilderte den weiteren Fortgang: »Mit meinem blutenden Gesicht lief ich spornstreichs die Treppe 'runter und laut um Hilfe schreiend direkt zu meiner Mutter, die sofort einen Arzt holte, da ich im Hause ohnmächtig zusammengebrochen war.«[36] Von einer Anzeige wurde abgesehen, weil die Frau »um Verzeihung bat«, an den Pflegekosten beteiligte sie sich allerdings nicht. Die Konsequenz des Dienstmädchens war schließlich ein Arbeitswechsel in eine Papierwarenfabrik. Den Arbeitsort nach erlebter Gewalt zu wechseln, ist eine verbreitete Vermeidungsstrategie, die sich auch nach erlebten Arbeitsunfällen in Betrieben finden lässt.[37]

Die wenigen Selbstzeugnisse von Frauen sind oft der einzige Zugang zu ihrer Perspektive, gerade in prekären Arbeitsverhältnissen, etwa im Gastgewerbe oder als Dienstmädchen.[38]

Auch in der Arbeiterpresse finden sich Beispiele für Gewalt »von oben«, so im *Vorwärts*, dem Organ der Sozialdemokratie. Die Tageszeitung berichtete am 28. September 1909 über Misshandlungen durch den Besitzer einer Berliner Molkerei, ausgelöst durch fehlendes Tierfutter.

> »Dies brachte den Mann, der offenbar ostelbische Schule in Behandlung von Arbeitern genossen hatte, so in Wut, daß er in den Stall rannte und nach kurzem Wortwechsel mit einem Spaten auf den 55jährigen Stallschweizer, der die Kühe zu füttern hatte, einhieb. […] Auf sein Geheiß kam sofort auch seine Frau und hieb mit einem Ochsenzimmer auf den Arbeiter ein. Und schließlich bearbeitete auch noch der 15jährige Sohn den Schweizer mit dem umgekehrten Stiel einer Peitsche. Blutüberströmt rettete sich der Mißhandelte vor der brutalen Prügelfamilie in den

34 Kampf ums Dasein. Das Leben eines Mädchens als Fabrikarbeiterin und Kellnerin [$^{1}$1908], Düsseldorf 1987, S. 32.

35 Ebd., S. 32 f.

36 Ebd., S. 33.

37 Vgl. dazu: Knoll-Jung, Schlachtfeld, S. 104-107.

38 Vgl. dazu auch die Beiträge in diesem Band von Mareen Heying (➞ S. 77 ff.) und Mareike Witkowski (➞ S. 95 ff.).

> Hof, wo er besinnungslos zusammenbrach und ins Krankenhaus aufgenommen werden mußte.«[39]

Dieser Fall erinnert an eine lange Tradition von Gewalt gegen Untergebene im ländlichen Raum, insbesondere unter der ostelbischen Gutsherrschaft, auf die der Artikel auch anspielt. Damit nimmt er ein klassisches Feindbild der frühen Sozialdemokratie auf und rechtfertigt die Berichterstattung im überregionalen Parteiorgan.

Die Tageszeitung der KPD, die *Rote Fahne*, die durch »Arbeiterkorrespondenten« regelmäßig aus den Betrieben berichtete,[40] titelte 1925: »Ein Lehrling von seinem ›Lehrherrn‹ totgeschlagen.«[41] In einer Fleischerei war ein 17-Jähriger, weil er einen Hammel über den Boden gezogen und dabei dessen Fell beschmutzt hatte, von dem so bezeichneten »Schlächtermeister« mit einem schweren Besen so fest geschlagen worden, dass er im Krankenhaus verstarb. Zum Skandal wurde dies auch, weil der Täter zunächst keine ärztliche Hilfe gerufen und versucht hatte, die Tat zu vertuschen. Der Mutter des Verstorbenen gegenüber behauptete der Täter, ihr Sohn hätte an einer so bezeichneten »Kopfgrippe« gelitten. Die Obduktion stellte später einen Schädelbruch fest. Die *Rote Fahne* forderte: »Wir verlangen die strengste Untersuchung und Bestrafung des Totschlägers.«[42] In diesem Fall fand eine strafrechtliche Verfolgung statt. Über den weiteren Fortgang und eine etwaige Verurteilung finden sich keine weiteren Artikel. Als eine besonders vulnerable Gruppe zeigen sich hier die Lehrlinge, was an anderer Stelle noch bestätigt wird.

In betrieblichen Umfeldern mit mehreren hierarchischen Ebenen kam es häufig zu Konflikten mit den unmittelbaren Vorgesetzten. Das Berliner Arbeitersekretariat griff 1907 die Unfallsache um einen Lohnstreit auf einer Baustelle auf, zwischen dem Kolonnenführer L. und zwei Steinträgern A. und B.

> »Plötzlich gerieten A. und L. aneinander, wobei L. zu Boden geworfen und geschlagen wurde. Als L., der als gewalttätiger Mensch bekannt, sich emporgearbeitet hatte, setzte er dem B., welcher sich auf die Rüstung geflüchtet hatte, nach. Bei der Jagd stolperte B. und stürzte zu Boden. Jetzt ergriff der Verfolger L. einen Spaten und hat auf B. losgeschlagen, bis B. mit gespaltenem Schädel tot liegen blieb.«[43]

---

39 Ostelbien in Berlin, in: Vorwärts. Zentralorgan der sozialdemokratischen Partei Deutschlands, 28.9.1909.

40 Vgl. dazu: Knoll-Jung, Schlachtfeld, S. 42.

41 Ein Lehrling von seinem »Lehrherrn« totgeschlagen, in: Rote Fahne. Zentralorgan der Kommunistischen Partei Deutschlands, 3.5.1925.

42 Ebd.

43 Gewerkschaftskommission Berlin (Hg.), Zwanzigster Jahres- und Kassenbericht der Berliner Gewerkschafts-Kommission und Bericht des Arbeitersekretariats Berlin pro 1908, Berlin 1909, S. 116.

Ein erster Rentenantrag der Witwe wurde abgelehnt. Mit Unterstützung des Arbeitersekretariats errang sie vor dem Reichsversicherungsamt schließlich eine Anerkennung als Arbeitsunfall, obwohl es bereits nach Feierabend war. Begründet wurde dies damit, dass der Unfall sich im Kontext der Lohnauszahlung ereignete, die noch in Zusammenhang mit dem Betrieb stand.[44]

Ein weiterer Fall von Gewalt durch Vorgesetzte stammt ebenfalls aus dem Unfallversicherungskontext, aus einem Urteil von 1922. Er ereignete sich auf einem Rittergut beim Dreschen. Ein aufsichtführender Ökonomieverwalter hatte einem Helfer, nachdem dieser ein mitbeschäftigtes Mädchen »gehänselt« hatte, eine Ohrfeige gegeben. In der Arbeitspause verabredeten sich weitere »Burschen«, den Verwalter zu stellen. Einer wurde von dem bedrängten Vorgesetzten angegriffen. Der Verwalter »entriß ihm die Heugabel, schlug damit auf ihn ein und warf ihn zu Boden.« Als das Opfer fliehen wollte, »eilte ihm der Verwalter nach und schlug ihm noch einige Male in das Gesicht.«[45] Die Folge war unter anderem ein Armbruch. In einem Strafverfahren wurde der Verwalter wegen Notwehr freigesprochen und auch das Unfallverfahren stellte keinen entschädigungspflichtigen Unfall fest.

Neben den eigentlichen Gewalthandlungen aus Macht- und Dominanzpositionen heraus beinhaltet das letzte Beispiel eine weitere Form von Gewalt durch Vorgesetzte: die den Streit auslösende Ohrfeige. Es handelte sich um eine gesellschaftlich verbreitete Form der Disziplinierung, die am Arbeitsplatz regelmäßig Einsatz fand, vor allem gegenüber Untergebenen. Sie gehörte zum Repertoire der Strafsysteme als informelles Disziplinierungsinstrument, das von den Betriebsleitungen gedeckt und gebilligt wurde, wenn nicht sogar selbst angewendet.[46] Diese unternehmerische Disziplinierungsgewalt[47] diente dem Aufrechterhalten der Befehls- und Gehorsamsstrukturen in Betrieben und wies militärische Bezüge auf.

In die Unfallversicherungsquellen fanden die körperlichen Züchtigungen kaum Einzug, weil sie meistens keine körperlichen Folgeschädigungen nach sich zogen, die zu Rentenleistungen hätten führen können und eher im Gesichts- und Ehrverlust bestanden.

---

44 Ebd., S. 117.

45 Reichsversicherungsamt (Hg.), Entscheidungen und Mitteilungen des Reichsversicherungsamts, 15. Bd., Berlin 1924, S. 91.

46 Vgl. Machtan, Innenleben, in: AfS, 21 (1981), S. 179-236; hier: S. 205.

47 Vgl. dazu den Beitrag von Johanna Wolff in diesem Band (➞ S. 59 ff.).

## 2.3 Gewalt gegen Vorgesetzte

Eine nicht unerwähnt zu lassende Gewaltkonstellation war Gewalt gegen Vorgesetzte. Zwei Beispiele aus dem vorangegangenen Abschnitt deuten bereits darauf hin, dass Streit und Konflikt durch aggressives Verhalten der Untergebenen ausgelöst werden konnten, etwa im Lohnstreit oder bei der Bedrohung des Verwalters.

In folgendem Fall ging die Gewalt auch aufgrund von Lohnstreitigkeiten »von unten« aus: Aus einer veröffentlichten Briefsammlung eines Bergmanns aus dem Saarrevier von 1907 stammt die Aussage, dass sein Vater abends ausgesprochen habe, dass er den Steiger umbringen wolle, weil dieser ihm drei Wagenladungen »genullt« und somit dessen Entlohnung gekürzt habe.[48] Im nächsten Brief hieß es dann: »Das erste große Unglück ist eingetroffen, soeben per Extrapost, in Herrgottsfrühe heute. Vater hat den Steiger zum Krüppel geschlagen, von wegen den Wagen, die derselbe ihm verschiedentlich genullt hat. Ins Gefängnis haben sie Vater getan.«[49]

Ebenfalls aus dem Bergbaukontext stammt der Fall eines Steigers, der von einem Bergmann mit einem abgebrochenen Schippenstiel angegriffen wurde. Ursache war hier, dass der Täter einige Tage zuvor wegen Missachtung von Sicherheitsvorschriften, dem gefährlichen Benutzen eines Blindschachtes zur Seilfahrt, vom Steiger ermahnt und der Zechenleitung gemeldet worden war.[50]

Während im ersten Fall die Gewalt als Ausdruck von Wut und als gefühltes letztes Mittel in einer ausweglosen Situation gegenüber der Machtposition des Steigers betrachtet werden kann, handelt es sich im zweiten Fall um den Umgang mit beziehungsweise um die Ablehnung von Sicherheitsvorschriften. Hier zeigt sich, wie Machtkonflikte durch Gewalt zu »lösen« versucht wurde. Ob und inwieweit andere, friedliche Konfliktlösungswege hier zur Verfügung standen und eine Option gewesen wären, lässt sich nicht nachzeichnen.

Einen möglichen Erklärungsansatz für solche Gewalttaten liefert der *Jahresbericht der Badischen Fabrikinspektion* von 1899:

> »Zu den vermeidbaren Unfällen gehören auch diejenigen Vorkommnisse, die als Ausfluß des Jähzorns, des Muthwillens und der Rohheit insbesondere jüngerer Arbeiter anzusehen sind oder gewöhnlichen Raufhändeln entspringen. So schlug ein Arbeiter ohne weitere Ursache, als dass ihm sein Vorarbeiter wegen seiner Lässigkeit einen Vorwurf gemacht hatte, dem letzteren mit einem gerade daliegenden

48 W. L. Andree, Ein Bergarbeiter-Schicksal. Gesammelte Briefe eines verunglückten Bergmannes, Berlin 1907, S. 13.

49 Ebd., S. 24.

50 Der Kompaß. Amtliches Organ der Knappschafts-Berufsgenossenschaft, 41 (1926) 1, S. 3 f.

> Prügel so heftig über den Kopf, dass der Vorarbeiter eine schwere Schädelwunde davontrug.«[51]

Hier werden Jähzorn und Jugendlichkeit als Gewaltursache angeführt und dies mit einem Beispiel von Gewalt gegen einen Vorgesetzten belegt. Bringt man beide Aspekte in Verbindung, wird dies von der Forschung häufig als männliches (Risiko-) Verhalten betrachtet und analysiert.[52] Männlichkeiten als Analysekategorie heranzuziehen, bietet sich hier zur Erklärung von Gewalt am Arbeitsplatz an.[53]

## 2.4 Missbrauch und Gewalt gegen »Schwächere« und marginalisierte Arbeiter:innen

Gewalt am Arbeitsplatz richtete sich wie gezeigt häufig gegen Schwächere. Sie ging nicht nur von Vorgesetzten aus, sondern trat innerhalb der Belegschaft auf, in Konflikten zwischen Kolleg:innen. Opfer waren hier in der Binnenhierarchie Tieferstehende wie Lehrlinge oder jüngere Beschäftigte, Hilfsarbeiter:innen, konstitutionell Schwächere, Migrant:innen oder Menschen mit Behinderungen. Täter:innen konnten Facharbeiter:innen, Gesell:innen oder auch Vorarbeiter:innen sein. Über die Klassenzugehörigkeit finden sich demnach zahlreiche weitere Differenzkategorien, die intersektionale Perspektiven eröffnen. Ältere Forschung blendet diese Konfliktformen aus, wie beispielsweise Lothar Machtan: »Der qualifizierte Metallarbeiter hat es eben auch nicht nötig, die innerbetrieblichen Disziplinarhierarchien zur Austragung von Differenzen mit ›Handarbeitern‹ in Anspruch zu nehmen.«[54] Machtan bezieht sich dabei auf Paul Göhres Bericht »Drei Monate Fabrikarbeiter und Handwerksbursche«[55], den auch Lüdtke heranzog. Die historische Forschung sollte sich von solch perspektivisch einschränkenden Positionen lösen: Auch der klassenbewusste Arbeiter konnte Täter sein.

Wie vielseitig die in der bisherigen Forschung nicht verwendeten Quellen aus dem Kontext der Unfallversicherung sind, zeigt folgendes Beispiel von Gewalthandlungen gegen marginalisierte Teile der Belegschaft. Es handelt sich um einen veröffentlichten Rekursentscheid, zu dem ein ärztliches Obergutachten abgedruckt wurde. In ihm wurde das Opfer, ein Haldenarbeiter, als »stets geistesschwach« beschrieben und als

---

51 Jahresbericht der Großherzoglich Badischen Fabrikinspektion für das Jahr 1899, Karlsruhe 1900, S. 56.

52 Vgl. dazu: Jürgen Raithel, Jugendliches Risikoverhalten. Eine Einführung, Wiesbaden 2011.

53 Eine weitere neuere Studie zur Verbindung dieser Thematiken ist: Ludger Jungnitz/Hans-Joachim Lenz/Ralf Puchert/Henry Puhe/Willi Walter, Gewalt gegen Männer in der Arbeitswelt, in: Ludger Jungnitz (Hg.), Gewalt gegen Männer. Personale Gewalterfahrnisse von Männern in Deutschland, Opladen/Farmington Hills 2007, S. 226-243.

54 Machtan, Innenleben, in: AfS, 21 (1981), S. 179-236; hier: S. 195.

55 Paul Göhre, Drei Monate Fabrikarbeiter und Handwerksbursche, Leipzig 1891.

»nicht nur offensichtlich ein sehr beschränkter Mensch, sondern auch ein ausgesprochener Fall von Zwergwuchs [sei], seine Größe beträgt nur 146 cm.«[56] Darum sei er von den Kollegen »viel gehänselt« worden, bis zu folgendem Vorfall:

> »Am 12. Oktober 1899 machte der Vater dem Gendarm die Anzeige, daß sein Sohn Karl im Februar auf dem Pochwerke wiederholt mißhandelt worden sei: es solle ihm von seinen Mitarbeitern das Gesicht mit Steinkohlen eingeschmiert worden sein, auch habe man ihm das Gesicht mit Patentfett eingeschmiert; einmal sei er auch von dem Oberschlämmer K. gegen einen Triebriemen gedrückt, und schließlich sei er in einer kalten Nacht des Februars von einigen Mitarbeitern mit kaltem Wasser gescheuert worden, habe die ganze Nacht im nassen Zeuge arbeiten müssen und sei am nächsten Tage an einer schweren Gehirnerkrankung darniedergelegen, in Folge deren er seinen Verstand eingebüßt habe. […] Körperlich erholte sich der Kranke gut, wurde dick und fett, machte aber einen ganz verblödeten Eindruck und war zu einer Arbeit nicht mehr zu gebrauchen.«[57]

Das medizinische Gutachten zum Unfall ging von einer Gehirnhauterkrankung aus, die in ursächlichem Zusammenhang mit der Misshandlung während der Nachtarbeit stand. Dem Haldenarbeiter wurde eine Vollrente zugestanden, die sich allerdings an dem eher geringen Lohn bemaß.[58] Weit über eine Neckerei hinausgehend handelte es sich hierbei um schwere Misshandlungen. In vielen anderen Fällen dürften sie keine Verfolgung und damit keinen Eingang in die Quellen gefunden haben, in diesem Fall nur, weil der Vater sich um eine Unfallrente bemühte. Als neue Perspektive eröffnet sich hier ein sicherlich extremer Fall des Umgangs mit Menschen mit Behinderung im Kaiserreich, bisher ein Forschungsdesiderat.

Eine weitere, meist konstitutionell schwächere und marginalisierte Gruppe stellten die Lehrlinge dar. Sie wurden oft Opfer von Gewalt, nicht nur durch Vorgesetzte, sondern auch durch ihre Kolleg:innen Gewalthandlungen beschrieb der sozialdemokratische Gewerkschaftsfunktionär Otto Buchwitz in seinen Memoiren. Er absolvierte in den frühen 1890er-Jahren eine Lehre in einer Breslauer Metallfabrik und berichtete über »Rohheiten« eines Gesellen:

> »Als er mich sogar einmal – als ich mich nach seiner Meinung nicht genug anstrengte – mit einer Ahle in den Schenkel stach, so dass es stark blutete, ergriff ich teils aus Wut, teils aus Schmerz eine Zange und warf sie ihm an den Kopf. Es erfolgte nunmehr eine muntere Keilerei, wobei ich leider den Kürzeren zog.«[59]

56 ANRVA, 17 (1901) 8, S. 545.
57 Ebd., S. 545 f.
58 Vgl. ebd., S. 548.
59 Otto Buchwitz, 50 Jahre Funktionär der deutschen Arbeiterbewegung, Berlin (DDR) 1949, S. 23.

Die Gewalthandlung klingt in dieser anekdotischen biografischen Aufarbeitung recht harmlos, auch weil sie in diesem Fall keine schweren Folgen nach sich zog. Die Quellen der Unfallversicherung beinhalten hingegen schwerwiegendere Übergriffe. Im folgenden Fall einer Misshandlung mit tödlichen Folgen traf es einen Lehrling:

> »Durch eine unglaubliche Rohheit eines Arbeiters büßte ein Lehrling sein Leben ein. Der Arbeiter nahm einen Pressluftschlauch und führte dem Lehrling auf gewaltsame Weise durch dessen Hose Druckluft mit 7 Atm. Druck in den After ein. Infolge innerer Verletzungen brach der Lehrling zusammen; da der Dickdarm völlig durchlöchert war, konnte auch eine Operation den Lehrling nicht mehr retten. Er verstarb noch an dem selben Abend. Der Täter wurde mit Gefängnis bestraft.«[60]

Hierbei handelt es sich sicher um ein sehr extremes Beispiel von Gewalt am Arbeitsplatz, das auch Bezüge zur sexualisierten Gewalt aufweist und eine Extremform einer Männlichkeitsinszenierung darstellt. Es ist davon auszugehen, dass in solchen Fällen noch eher Mechanismen des Verschweigens und der Tabuisierung zum Tragen kamen. Dass diese Form sadistischer Gewalt dennoch veröffentlicht wurde, ist außergewöhnlich und sollte sicher abschreckende Wirkung haben und vor den Gefahren der Druckluft warnen. Denn quellenkritisch ist zu beachten, dass anders als bei den veröffentlichten Rekursentscheidungen oder Obergutachten, es sich bei dieser Publikation um einen Bericht handelt, bei dem eine bewusste Auswahl durch die Berufsgenossenschaften der vorgestellten Unfälle getroffen wurde. Dazu erhob eine zeitgenössische Rezension den Vorwurf, dass vor allem solche Betriebsunfälle erörtert worden seien, bei denen die Frage des Verschuldens bei den Verletzten selbst und nicht in den Arbeitsbedingungen lag.[61] Es ging bei der Publikation der Beispiele aber auch darum, dem Fachpublikum besondere schwere und außergewöhnliche Unfälle vorzustellen, vor dem Hintergrund präventive Ansätze zu entwickeln, die insbesondere seit der Einführung der Unfallverhütungspropaganda Mitte der 1920er-Jahre immer mehr Stellenwert erhielten.[62] Allerdings spielte die Gewaltthematik hierbei noch keine Rolle.

---

60 Reichsarbeitsministerium (Hg.), Jahresberichte der gewerblichen Berufsgenossenschaften über Unfallverhütung für 1929 [= 53. Sonderheft zum Reichsarbeitsblatt], Berlin 1930, S. 52.

61 Robert Sachs, Jahresberichte der gewerblichen Berufsgenossenschaften über Unfallverhütung für 1929. Rezension, in: Die Arbeit. Zeitschrift für Gewerkschaftspolitik und Wirtschaftskunde, 8 (1931) 9, S. 731 f, <https://library.fes.de/cgi-bin/arb_mktiff.pl?year=1931&pdfs=731x732> (12.2.2025).

62 Vgl. Sebastian Knoll-Jung, Vom Maschinenschutz zur Unfallverhütungspropaganda – Paradigmenwechsel präventiver Praktiken in der Unfallversicherung zur Zeit der Weimarer Republik, in: Sylvelyn Hähner-Rombach (Hg.), Geschichte der Prävention [= Medizin, Gesellschaft und Geschichte – Beihefte 54], Stuttgart 2015, S. 17-40.

In den meist männlich dominierten Arbeitswelten des Kaiserreichs und der Weimarer Republik herrschten starke Hierarchisierungen sowie Macht- und Dominanzverhältnisse zwischen verschiedenen Beschäftigtengruppen, die auch Ausdruck hegemonialer Männlichkeit waren.[63] Opfer waren meist marginalisierte Teile der Belegschaft, wie Jugendliche, körperlich schwächere Personen oder Kolleg:innen mit Behinderung. Hieraus eröffnen sich gerade unter geschlechtsspezifischen Aspekten neue Forschungsperspektiven.

Frauen waren eine von weiteren Opfergruppen mit besonderer Verletzungsoffenheit, insbesondere migrantische Arbeiterinnen. Denn auch verschiedene Formen von Diskriminierungen, wie Rassismus und Sexismus, führten zu Gewalt am Arbeitsplatz. Gerade hier waren Schweige- und Verdrängungsmechanismen groß. Leider finden sich dazu in den Unfallversicherungsquellen keine Beispiele, wohl auch, weil es zeitgenössisch keine verbreiteten und verwendeten Kategorien waren, aber auch diese Themen stellen wichtige, bisher kaum berührte Forschungsfelder dar.[64]

## 2.5 Gewalt unter Arbeiter:innen auf gleicher Ebene

Innerhalb des Arbeitsverhältnisses auftretende Gewalt betraf oft das nächste Arbeitsumfeld, also Kolleg:innen auf gleicher hierarchischer Ebene. Die Gewalthandlungen auf dieser Konstellation machen besonders die vielschichtigen Ursachenebenen sichtbar. Warum entstand Streit zwischen Kolleg:innen, welchen Einfluss hatten konkrete Arbeitsbedingungen und wie lassen sich diese Zusammenhänge interpretieren? Die Ursachen konnten vielfältig sein, von spontaner Wut und Frustration, die sich in Aggressivität und Gewalt entladen konnte, über persönliche Gründe, wie interne Feindschaften oder Rivalitäten, bis hin zum Streit um Nichtigkeiten, wie Arbeitsmittel oder Lohn.

In einem Streit zwischen Lehrlingen, über den 1891 entschieden wurde, ging es um Betriebsmittel:

> »Ein Formerlehrling O., welcher eines Formkastens benöthigte, um die ihm aufgetragene Arbeit auszuführen, setzte sich mit einem Arbeiter wegen Überlassung des seinigen ins Einvernehmen und verlangte demnächst von einem dritten Arbeiter C., welcher diesen Kasten hinter sich hatte, dessen Herausgabe. Es kam zum Streite, in welchem der C. zuerst den O. stieß und ihm dann mittelst eines eisernen Stampfers einen Schlag versetzte, welcher jenem das Schienbein zerschmetterte.«[65]

---

63 Vgl. Raewyn Connell, Der gemachte Mann. Konstruktion und Krise von Männlichkeit, Wiesbaden 1999.

64 Erst nach 1945 finden sich in den Quellen erste Erwähnungen und Thematisierung in Quellen, wie etwa industriesoziologischen Studien. Auch hier besteht noch weiterer Forschungsbedarf.

65 ANRVA, 7 (1891) 20, S. 262 f.

Eine Teilschuld sprach das Reichsversicherungsamt explizit dem Unternehmer zu, da dieser zu wenig Arbeitsmaterial zur Verfügung gestellt habe und die Arbeiter so auf Entgegenkommen der Kollegen angewiesen seien:

> »Daß diese Kameradschaftlichkeit und das gegenseitige pflichtgemäße Entgegenkommen gelegentlich einmal bei der Unverträglichkeit oder Gewaltthätigkeit eines Arbeiters außer Acht gelassen werden könne, stelle bei dem Verkehr zahlreicher verschieden veranlagter und dennoch mehr oder minder aufeinander angewiesenen Personen an einer und derselben Betriebsstätte [...] diejenige Betriebsgefahr dar, welcher Kläger zum Opfer gefallen sei.«[66]

Erneut wurden hier gewalttätige Handlungen unter den Arbeitenden als Betriebsgefahr festgehalten, was zeigt, dass das Phänomen weitverbreitet und bekannt war.

Auch folgende Entscheidung von 1891 gibt einen Einblick in die Vielfalt verhandelter Unfallereignisse:

> »Zwischen zwei Arbeitern einer Maschinenfabrik war während der Arbeit ein Streit ausgebrochen, in dessen Verlauf der eine Arbeiter nach dem anderen in der Absicht, ihn zu treffen, eine eiserne Zange warf. Letzterer wich dem Wurfe aber rechtzeitig aus, und so traf die Zange einen bei dem Streit nicht betheiligten, in der Nähe arbeitenden Handlanger und verletzte ihn tödtlich.«[67]

Opfer eines Streits war hier ein unbeteiligter Dritter, eine Konstellation, die öfters verhandelt werden musste. Die Ursachen waren dabei sehr vielfältig. Auch als Reaktion auf Arbeitsunfälle selbst kam es zu wütenden Gewaltausbrüchen.[68] Auf erlittenen Schmerz reagierten einige Arbeiter mit Wut und lösten weitere Gewalt aus.[69]

## 2.6 Gewalt gegen Arbeiter:innen und Angestellte »von außen«

Abgesehen von den bisher behandelten Konstellationen von Gewalt innerhalb von Arbeitsstätten und Belegschaften, bestanden Gefahren in äußeren Gewalteinwirkungen und Übergriffen Dritter. Dies stellte besonders für Berufsgruppen mit hohem Kund:innenverkehr oder auswärtiger Tätigkeit eine Gefährdung dar.

66 Ebd., S. 263.
67 ANRVA, 7 (1891) 20, S. 261.
68 Vgl. etwa: ANRVA, 4 (1888) 18, S. 289.
69 Vgl. dazu: Knoll-Jung, Schlachtfeld, S. 231-238.

So berichteten die *Amtlichen Nachrichten des Reichsversicherungsamts* 1891 über einen Streit, den vorbeigehende Arbeiter mit einem Weichensteller anfingen. Der Streit wurde als Arbeitsunfall entschädigt.[70]

Auch der öffentliche Verkehr gab immer wieder Anlass zu Aggressionen und Gewalttaten:

> »Der Kutscher einer zur Straßenreinigung der Stadt K. benutzten Kehrmaschine gerieth mit zwei vorrüberfahrenden fremden Arbeitern deshalb in Streit und Schlägerei, weil die Maschine in Folge eines Hindernisses zeitweise die Durchfahrt der Straße sperrte. Der mit der Aufsichtsführung über die Maschine und deren Arbeiter beauftragte Vorarbeiter beseitigte zunächst das Hinderniß und trat dann zwischen die Streitenden, um Ruhe zu stiften und den ihm unterstellten Kutscher zur Maschine zurückzubringen. Hierbei wurde er von letzterem durch einen mit einem schweren Instrument geführten Schlag, der den fremden Arbeitern zugedacht war, tödtlich verletzt.«[71]

Der Tod wurde als Arbeitsunfall anerkannt, weil das Opfer innerhalb seiner Betriebspflicht gehandelt habe.

In diesem Kontext findet sich auch eines der seltenen Beispiele aus den Quellen der Unfallversicherung, bei dem eine Frau Opfer von Gewalt wurde. Es handelte sich um eine Wirtschafterin, die in einem landwirtschaftlichen Betrieb Hilfskräfte mit Lebensmitteln zu versorgen hatte. Es kam dabei schon über einen längeren Zeitraum zu »Reibungen und Streitereien« über die ausgegebene Menge des Essens. Zunächst blieb es bei »Beschimpfungen«, bis es dann zu einer »Tätlichkeit« kam, die zu einer nicht näher beschriebenen Verletzung führte.[72] In der Begründung des Reichsversicherungsamts wurde anerkannt, dass die »tieferen Ursachen der Verletzung der Klägerin in ihrer Tätigkeit als Wirtschafterin« lagen und in einer »gereizten Stimmung der Hilfspersonen zu erblicken [seien].«[73] Auch Frauen waren demnach verstärkt aggressivem und gewalttätigem Verhalten ausgesetzt, wenn sie, wie in diesem Fall, männlichen Hilfsarbeitern und deren Arbeitsumgebungen ausgesetzt waren.

Die Quellen der Unfallversicherung sind gerade hinsichtlich von Frauenarbeit nicht repräsentativ, da die Unfallversicherung vor allem männliche Berufsfelder umfasste wie Bergbau und Industrie. Eine Ausdehnung auf Berufe mit höherem Frauenanteil erfolgte erst schrittweise.[74]

---

70 ANRVA, 11 (1895) 4, S. 159 f.

71 ANRVA, 7 (1891) 20, S. 261.

72 Reichsversicherungsamt (Hg.), Entscheidungen, 1926, S. 74 f.

73 Ebd., S. 75.

74 Beispielsweise wurden Pflegeberufe erst 1928 aufgenommen. Zur Ausdehnung vgl.: Knoll-Jung, Schlachtfeld, 2021, S. 59 f.

Berufsfelder, in denen Beschäftigte besonderen Gefahren von gewalttätigen Übergriffen ausgesetzt sind, weisen diese Problematik in der Regel heute immer noch auf.[75] Es lohnt sich daher, sie als Forschungsfelder auch aus historischer Perspektive auszuleuchten.

## 3 Schlussbetrachtung

Die hier vorgestellten Quellen und Konstellationen von Gewalt zeigen viele Ebenen von Gewalt am Arbeitsplatz. Durch den erweiterten Quellenzugang mittels des Quellenmaterials der Unfallversicherung konnte nachgewiesen werden, wie vielschichtig Gewaltformen im Kaiserreich und der Weimarer Republik waren, über die bisherigen Forschungsschwerpunkte zur hierarchischen Gewalt und »Klassengewalt« hinaus.

Der Gewalt »von oben«, durch Vorgesetzte oder Unternehmer:innen lässt sich zum einen auch Gewalt gegen diese, durch die Untergebenen, also »von unten« entgegensetzen, auch wenn diese wohl seltener vorkam und die betrieblichen Machtverhältnisse eindeutig erstere Konstellation beförderten. Zum anderen war auch Gewalt »nach unten« weitverbreitet. Häufig betrafen solche gewaltsame Übergriffe marginalisierte Arbeiter:innen. Abseits von Kontrolle und Disziplinierung konnte der Arbeitsplatz auch ein Ort von Gewalt auf gleicher Ebene sein. Entsprechende gewalttätige Auseinandersetzungen hatten unterschiedlichste Ursachen, wie etwa Neckereien, und trafen mit den Kolleg:innen die nahestehendste Personengruppe. Die Gefahr von Gewalt durch Dritte war indes immer gegeben, wenn Kontakt zu diesen möglich war. Wie heute noch sind es vor allem besondere Berufsfelder mit Publikumsverkehr, die hiervon betroffen sind.[76]

Es lohnt sich, bekannte wie neue Quellen zusätzlich danach zu befragen, welche innerbetrieblichen Konfliktstrukturen es gab. Neue Forschungsansätze und die Erweiterungen von Forschungsperspektiven über die Differenzkategorie Klasse hinaus liegen etwa in einer Einbindung der Analysekategorie Männlichkeit als handlungsleitendem Einfluss für gewalttätiges Verhalten im Betrieb. Diesbezüglich lassen sich auch Opfer- und Täter:innenkonstellationen neu beleuchten. Für innerbetriebliche Konfliktkonstellationen bieten sich zudem intersektionale Herangehensweisen an. Anhand der vorgestellten Fallbeispiele wurde verdeutlicht, wie dies eine wichtige Erweiterung für Erkenntnispotenziale sein kann.

Die ältere »Arbeitergeschichte« wie auch die Alltagsgeschichte lieferten zwar wichtige Erkenntnisse und erforschten die Thematik Arbeitswelt konsistent und gründlich vor dem Hintergrund ihrer Zeit und den damalig als relevant betrachteten Forschungsschwerpunkten. Einige Annahmen sollten allerdings nicht mehr

75 Vgl. dazu den Beitrag von Alisha Edwards in diesem Band (→ S. 151 ff.).
76 Vgl. dazu den Beitrag von Matthias Weber in diesem Band (→ S. 185 ff.).

einfach reproduziert werden und ein differenzierterer Blick ist angesichts neuerer Forschungserkenntnisse in vielen Fällen notwendig. Das Verdrängen und Verharmlosen von Gewalt am Arbeitsplatz, vor allem das Ignorieren von Konflikten unter Arbeiter:innen auf gleicher Ebene, schränkt analytische Potenziale ein. Quellen, die einen anderen Zugriff erlauben, sind durchaus vorhanden, wie insbesondere die vielen einschlägigen Musterentscheidungen in den Veröffentlichungen des Reichsversicherungsamts und der Berufsgenossenschaften. Neue Perspektiven auf den Gegenstand können helfen, mehr über Konstanz und Entwicklungen des Phänomens aus einer langfristigen historischen Sicht zu lernen. Nur so können Ursachenkomplexe in einer Langzeitperspektive konsistent ermittelt und erforscht werden und dadurch letztlich präventive Ansätze und aktuelle Forschung unterstützt werden.

## 4 Quellen und Literatur

### 4.1 Quellen

**Andree, W. L.**, Ein Bergarbeiter-Schicksal. Gesammelte Briefe eines verunglückten Bergmannes, Berlin 1907.

Amtliche Nachrichten des Reichsversicherungsamts [ANRVA], Jahrgänge 1888, 1891, 1895, 1900, 1901.

**Bromme, Moritz**, Lebensgeschichte eines modernen Fabrikarbeiters, Jena, Leipzig 1905 (Nachdruck Frankfurt a. M. 1971).

**Buchwitz, Otto**, 50 Jahre Funktionär der deutschen Arbeiterbewegung, Berlin (DDR) 1949.

**Der Kompaß**. Amtliches Organ der Knappschafts-Berufsgenossenschaft, Jg. 1926.

**Gewerkschaftskommission Berlin (Hg.)**, Zwanzigster Jahres- und Kassenbericht der Berliner Gewerkschafts-Kommission und Bericht des Arbeitersekretariats Berlin pro 1908, Berlin 1909.

**Göhre, Paul**, Drei Monate Fabrikarbeiter und Handwerksbursche, Leipzig 1891.

Jahresbericht der Großherzoglich Badischen Fabrikinspektion für das Jahr 1899, Karlsruhe 1900.

**o. V.**, Kampf ums Dasein. Das Leben eines Mädchens als Fabrikarbeiterin und Kellnerin [1 1908], Düsseldorf 1987.

**Reichsarbeitsministerium (Hg.)**, Jahresberichte der gewerblichen Berufsgenossenschaften über Unfallverhütung für 1929 [= 53. Sonderheft zum Reichsarbeitsblatt], Berlin 1930.

**Reichsversicherungsamt (Hg.)**, Entscheidungen und Mitteilungen des Reichsversicherungsamts, 6. Bd., Berlin 1916.

**Reichsversicherungsamt (Hg.)**, Entscheidungen und Mitteilungen des Reichsversicherungsamts, 15. Bd., Berlin 1924.

**Reichsversicherungsamt (Hg.)**, Entscheidungen und Mitteilungen des Reichsversicherungsamts, 18. Bd., Berlin 1926.

**Sachs, Robert**, Jahresberichte der gewerblichen Berufsgenossenschaften über Unfallverhütung für 1929. Rezension, in: Die Arbeit. Zeitschrift für Gewerkschaftspolitik und Wirtschaftskunde, 8 (1931) 9, S. 731 f., <https://library.fes.de/cgi-bin/arb_mktiff.pl?year=1931&pdfs=731x732> (12.2.2025).

### 4.2 Literatur

**Barta, Heinz**, Kausalität im Sozialrecht. Entstehung und Funktion der sogenannten Theorie der wesentlichen Bedingung. Analyse der grundlegenden Judikatur des Reichsversicherungsamtes in Unfallversicherungssachen (1884–1914), Bd. 1, Berlin 1983.

**Bollenbeck, Georg**, Zur Theorie und Geschichte der frühen Arbeiterlebenserinnerungen, Kronberg 1976.

**Connell, Raewyn**, Der gemachte Mann. Konstruktion und Krise von Männlichkeit, Wiesbaden 1999.

**Emmerich, Wolfgang (Hg.)**, Proletarische Lebensläufe. Autobiographische Dokumente zur Entstehung der Zweiten Kultur in Deutschland. Bd. 1. u. Bd. 2, Reinbek b. Hamburg 1974 u. 1975.

**Jungnitz, Ludger/Hans-Joachim Lenz/Ralf Puchert/Henry Puhe/Willi Walter**, Gewalt gegen Männer in der Arbeitswelt, in: Ludger Jungnitz (Hg.), Gewalt gegen Männer. Personale Gewalterfahrnisse von Männern in Deutschland, Opladen/Farmington Hills 2007, S. 226-243.

**Harböck, Wolfgang**, Stand, Individuum, Klasse. Identitätskonstruktionen deutscher Unterschichten des späten 19. und frühen 20. Jahrhunderts, Münster/New York 2006.

**Kelly, Alfred**, The German Worker. Working-class Autobiographies from the Age of Industrialization, Berkeley 1987.

**Knoll-Jung, Sebastian**, Unfalltote und Unfallstatistik im Deutschen Kaiserreich. Verwaltungspraxis, Verwissenschaftlichung und Politisierung, in: Nina Kreibig/Thomas Macho/Moisés Prieto (Hg.), Ordnungen des Todes. Von Listen, Statistiken und Dunkelziffern über das Sterben und die Verstorbenen, Bielefeld 2023, S. 117-136.

**Knoll-Jung, Sebastian**, Vom Maschinenschutz zur Unfallverhütungspropaganda – Paradigmenwechsel präventiver Praktiken in der Unfallversicherung zur Zeit der Weimarer Republik, in: Sylvelyn Hähner-Rombach (Hg.), Geschichte der Prävention [= Medizin, Gesellschaft und Geschichte – Beihefte 54], Stuttgart 2015, S. 17-40.

**Knoll-Jung, Sebastian**, Vom Schlachtfeld der Arbeit. Aspekte von Männlichkeit in Prävention, Ursachen und Folgenbewältigung von Arbeitsunfällen in Kaiserreich und Weimarer Republik [= Medizin, Gesellschaft und Geschichte – Beihefte, Bd. 80], Stuttgart 2021.

**Knoll-Jung, Sebastian**, Zwischen Verfahrenslogik und ärztlichem Eigensinn. Die Praxis ärztlicher Begutachtung in der Unfallversicherung 1884–1914, in: Alexa Geisthövel/Volker Hess (Hg.), Medizinisches Gutachten. Geschichte einer neuzeitlichen Praxis, Göttingen 2017, S. 70-94.

**Kreikamp, Hans-Dieter**, Findbücher zu Beständen des Bundesarchivs (Bd. 32). Reichsversicherungsamt Bestand R 89 Teil 2, Unfallversicherung, Koblenz 1987.

**Lüdtke, Alf**, Arbeit, Arbeitserfahrungen und Arbeiterpolitik. Zum Perspektivwandel in der historischen Forschung, in: ders. (Hg.), Eigensinn. Fabrikalltag, Arbeitererfahrungen und Politik vom Kaiserreich bis in den Faschismus, Hamburg 1993, S. 351-440.

**Lüdtke, Alf**, Die Ordnung der Fabrik. »Sozialdisziplinierung« und Eigen-Sinn bei Fabrikarbeitern im späten 19. Jahrhundert, in: Rudolf Vierhaus (Hg.), Frühe Neuzeit – Frühe Moderne? Forschungen zur Vielschichtigkeit von Übergangsprozessen, Göttingen 1992, S. 206-232.

**Lüdtke, Alf**, Lohn, Pausen, Neckereien. Eigensinn und Politik bei Fabrikarbeitern in Deutschland um 1900, in: ders. (Hg.), Eigensinn. Fabrikalltag, Arbeitererfahrungen und Politik vom Kaiserreich bis in den Faschismus, Hamburg 1993, S. 120-160.

**Machtan, Lothar**, Zum Innenleben deutscher Fabriken im 19. Jahrhundert. Die formelle und die informelle Verfassung von Industriebetrieben, anhand von Beispielen aus dem Bereich der Textil- und Maschinenbauproduktion (1869–1891), in: Archiv für Sozialgeschichte, 21 (1981), S. 179-236.

**Mayer-Ahuja, Nicole**, »Alltägliches kollektives Handeln«. Zum Potenzial von Sekundäranalyse für die Bearbeitung arbeitssoziologischer Leerstellen, in: Felix Bluhm, Kollektives Handeln in der Krise. Betriebliche Alltagskonflikte nach dem Boom, Hamburg 2019, S. 9-19.

**Münchow, Ursula**, Frühe deutsche Arbeiterautobiographien, Berlin (DDR) 1973.

**Raithel, Jürgen**, Jugendliches Risikoverhalten. Eine Einführung, Wiesbaden 2011.

**Shin, Myoung Hoon**, Die Arbeitersekretariate in der deutschen Arbeiterbewegung. Eine Institution für die gewerkschaftliche Sozialpolitik in Wechselbeziehungen zur staatlichen Sozialpolitik im Kaiserreich, im Ersten Weltkrieg und in der Weimarer Republik, Tönning/Lübeck/Marburg 2007.

**Stollberg, Gunnar**, Die Industrialisierung und die Konstruktion von Gesundheitsrisiken in deutschen Arbeiter-Autobiographien des späten 19. und frühen 20. Jahrhunderts, in: Dietrich Milles (Hg.), Gesundheitsrisiken, Industriegesellschaft und soziale Sicherungen in der Geschichte. Bremerhaven 1993, S. 455-464.

**Vogtmeier, Michael**, Die proletarische Autobiographie 1903–1914, Frankfurt a. M./Bern/New York 1984.

**Welskopp, Thomas**, Der Betrieb als soziales Handlungsfeld. Neuere Forschungsansätze in der Industrie- und Arbeitergeschichte, in: Geschichte und Gesellschaft, 22 (1996), S. 118-142.

**Welskopp, Thomas**, Produktion als soziale Praxis. Praxeologische Perspektiven auf die Geschichte betrieblicher Arbeitsbeziehungen, in: Knud Andresen/Michaela Kuhnhenne/Jürgen Mittag/Johannes Platz (Hg.), Der Betrieb als sozialer und politischer Ort. Studien zu Praktiken und Diskursen in den Arbeitswelten des 20. Jahrhunderts, Bonn 2015, S. 29-52.

*Johanna Wolf*

# Gewalt im Betrieb um 1900. Eine arbeitsrechtliche Spurensuche

Im Jahr 1897 klagte ein Arbeiter auf Schadensersatz vor dem Gewerbegericht in Gera. Der Fabrikant hatte den Arbeiter aufgrund von Ungehorsam entlassen. Das Ereignis scheint banal: Er hatte den Arbeiter zu sich gerufen, dieser war nicht gekommen. Das Gericht wies die Klage ab, denn die Arbeitsordnung der Fabrik sah vor, dass Arbeiter bei Ungehorsam gegen Vorgesetzte entlassen werden durften. In der Beschreibung des Falls war zu lesen, dass der Arbeiter sein widersetzliches Verhalten mit der Angst vor Handgreiflichkeiten des Fabrikanten erklärt habe, da dieser in der Vergangenheit seine Arbeiter geschlagen habe. Doch das Gericht ging auf dieses Argument nicht ein. Stattdessen hieß es, der Arbeiter hätte den Willen zeigen können, dem Befehl nachzukommen, indem er einen Schritt nähergetreten wäre. Dann hätte er sich »eines Ungehorsams nicht schuldig gemacht«.[1]

Wieso landete dieser Konflikt, der vermutlich in einem Gespräch hätte beigelegt werden können, vor einem Gericht? Was sagt er aus, über Recht und Unrecht, Herrschaft und Gewalt am Arbeitsplatz im ausgehenden 19. Jahrhundert? Die Gewerbegerichte waren erst kurz zuvor eingerichtet worden.[2] Sie stellten für Arbeiterinnen und Arbeiter[3] eine große Neuerung dar, da sie erfahrenes Unrecht am Arbeitsplatz nun vor Gericht einklagen konnten und erstmals selbst am Entscheidungsprozess teilhatten. Denn die Gerichte waren paritätisch aus Vertretern der Arbeitgeber und der Arbeiterschaft besetzt. Auch die Gewerkschaften sahen darin eine Stärkung der Rechte von Arbeiterinnen und Arbeitern. Zwar hatten sie einiges an der Zusammensetzung der Gerichte und ihrer Urteilsfindung auszusetzen, aber die Möglichkeit, die erfahrene Ungerechtigkeit überhaupt zur Anklage zu bringen, begrüßten sie. So bezweifelten sie die völlige Unparteilichkeit des Vorsitzenden des Gerichts aufgrund seines Lebensstils, meinten aber, ein »rechtskundiger Beamter [sei] immer noch er-

1 »Ungehorsam« als Entlassungsgrund?, in: Das Gewerbegericht, 2 (1897) 11, Sp. 115.

2 Ein umfassender Beitrag zur Entstehung im Vergleich zu englischen und französischen Gewerbe- und Arbeitsgerichten findet sich bei Ralf Rogowski/Adam Tooze, Individuelle Arbeitskonfliktlösung und liberaler Korporatismus. Gewerbe- und Arbeitsgerichte in Frankreich, Großbritannien und Deutschland im historischen Vergleich, in: Heinz Mohnhaupt/Dieter Simon (Hg.), Vorträge zur Justizforschung. Geschichte und Theorie, Bd. 1, Frankfurt a. M. 1992, S. 317-386.

3 Die Gerichte wurden sowohl von Arbeiterinnen als auch Arbeitern angerufen. Eine statistische Erhebung, wie das Verhältnis zwischen Klägerinnen und Klägern war, gibt es bislang nicht. Da in den von mir analysierten Beispielen auch der Fall einer Klägerin vorgestellt wird, verwende ich bei der Beschreibung der allgemeinen Entwicklung sowohl die männliche als auch die weibliche Form.

heblich lieber als ein bürgerlicher Rath«.[4] Die Gerichte wurden mit juristischen Laien besetzt und zunächst nicht in allen Städten etabliert. Erst ab 1901 wurden sie in Orten mit 20.000 Einwohnerinnen und Einwohnern obligatorisch.[5] Ziel dieser Sondergerichte war es, in vereinfachten und unbürokratischen Verfahren Konflikte unter Einbeziehung der Lebenswelt der Betroffenen und mit Rücksicht auf deren Interessen zügig und gütlich zu lösen.[6] Durch die Institutionalisierung der Gerichte konnten erstmals bestimmte Problemfelder verhandelt und normiert werden. Nicht selten ging es dabei auch um die Auslegung und Grenzziehung von Gewalt.

Die Einrichtung der Gewerbegerichte zog eine Reihe von Institutionalisierungsprozessen nach sich, die den Diskursraum über das Recht in der Arbeitswelt erweiterten und vielfältige Akteursgruppen einbezogen. So war der oben skizzierte Fall in der Zeitschrift *Das Gewerbegericht* abgedruckt, ein Mitteilungsblatt des Verbandes deutscher Gewerbegerichte, das 1893 gegründet worden war, um Interessierte über die Verhandlungsergebnisse der örtlichen Gerichte zu informieren.[7] Dass die Urteile auch in der Kritik standen, verdeutlicht der Kommentar, der zum Fall in Gera abgedruckt war. Hier monierte die Redaktion, dass der Begriff »Ungehorsam« so allgemein und abhängig von subjektivem Ermessen sei, dass die Entlassung des Arbeiters nicht gerechtfertigt sei. Es hätte geprüft werden müssen, ob nicht der Fabrikant willkürlich gehandelt habe, schließlich sei der »Arbeiter doch kein willenloser Sklave der Launen seines Arbeitgebers.«[8]

Doch wie die Entscheidung des Gerichts deutlich macht, galt im Normenverständnis dieser Zeit die Herrschaftsgewalt des Unternehmers noch als grundlegend. Die »legitime« Gewalt des Fabrikanten war hier als »Verfügen-dürfen« zu verstehen, wie sie auch der öffentlichen Gewalt zustand.[9] Der Unternehmer hatte als Hausherr die Entscheidungsmacht über sein Unternehmen und die darin Beschäftigten, und er

---

4 Ueber gewerbliche Schiedsgerichte, Deutsche Metallarbeiter-Zeitung, 10. Februar 1884.

5 Daneben gab es auch Kaufmannsgerichte für Konflikte im kaufmännischen Bereich, Innungsschiedsgerichte innerhalb des Handwerks und Verfahren bei Gemeindevorstehern und Amtsgerichten; Dennis Vogt, Arbeit am Konflikt. Die Lösung individueller Arbeitsstreitigkeiten im Deutschen Kaiserreich, 1890–1918, Frankfurt a. M. 2023.

6 Peter Collin, Vom Richten zum Schlichten – juristische Entscheidungssysteme im Umbruch. Außergerichtliche Konfliktlösung im späten 19. und frühen 20. Jahrhundert, in: Zeitschrift für Rechtssoziologie [ZfRS], 36 (2016) 1, S. 112-138; hier: S. 119. Ich danke Peter Collin für die hilfreichen Hinweise.

7 Die *Mittheilungen des Verbandes deutscher Gewerbegerichte* erschienen zunächst im Anhang zu den *Blättern für soziale Praxis*, ab 1896 wurden sie unter dem Haupttitel *Das Gewerbegericht* zu einer Monatsschrift umgestaltet. Sie informierten über Urteile aus den jeweiligen örtlichen Gewerbegerichten und waren nach den jeweiligen Gesetzen und deren Inhalten strukturiert. Die Urteile wurden von den Gewerbegerichten selbst eingereicht und zu dieser Zeit redaktionell von Dr. Karl Flesch, einem in Frankfurt lebenden Juristen, Sozialpolitiker und Stadtrat, betreut.

8 »Ungehorsam« als Entlassungsgrund?, in: Das Gewerbegericht, 2 (1897) 11, Sp. 115.

9 Dieter Grimm, Das staatliche Gewaltmonopol, in: Wilhelm Heitmeyer/John Hagan (Hg.), Internationales Handbuch der Gewaltforschung, Wiesbaden 2002, S. 1297-1313, hier: S. 1297.

war frei, zur Disziplinierung seiner Arbeiterinnen und Arbeiter entsprechende Regeln zu erlassen, die er in sogenannten Arbeitsordnungen festhielt. Die Arbeiterschaft konnte lediglich mit ihrer Unterschrift bestätigen, dass sie Kenntnis davon hatte, eine Mitsprache gab es zu dieser Zeit nicht.[10] Wie der Kommentar aus *Das Gewerbegericht* deutlich macht, stand diese einseitige Regulierung zunehmend in der Kritik. Vor allem der sehr umfangreiche Strafenkatalog der Arbeitsordnungen führte unter Arbeitersekretären[11], die sich in dieser Zeit als Rechtsberater etablierten, zur Debatte.

Im Rahmen dieser Verrechtlichungs- und Institutionalisierungsprozesse begann eine Aushandlung über (unternehmerische) Gewalt, an der verschiedene Akteurinnen und Akteure beteiligt waren.[12] Am Beispiel der Herausbildung des Arbeitsrechts im Kaiserreich zeige ich im Folgenden, welche Personen und Institutionen involviert waren und wie sie über Gewalt diskutierten. Dabei arbeite ich heraus, wann Gewalt als Norm und wann sie als illegitim galt.[13] Mit dem Einblick in die Urteile der Gewerbegerichte und Publikationen der juristischen Sachverständigen bietet sich ein vielschichtiges Quellenmaterial, das für die historische Analyse von Gewalt am Arbeitsplatz fruchtbar gemacht werden kann.

Gewalt im Kaiserreich ist in der Rechtsgeschichte vor allem im Zusammenhang mit dem Strafrecht thematisiert worden, Auseinandersetzungen zur Gewalt am Arbeitsplatz eher selten.[14] Sie tauchen aber dort auf, wo sich die Arbeiten mit der Herausbildung von Gewerbegerichten und fristlosen Kündigungen aufgrund von Gewalt beschäftigen.[15] Die Sozialgeschichte hat hingegen einige Arbeiten zur kritischen Einordnung der unternehmerischen Disziplinierung während des Kaiserreichs geliefert und in jüngster Zeit auch Publikationen über Gewalt am Arbeitsplatz hervorgebracht.[16]

---

10 Mit der Novelle der Gewerbeordnung von 1891 war es möglich, dass der im Zuge von Betriebskassen eingerichtete Arbeiterausschuss auch Einsicht in die Arbeitsordnung erhielt, Gerhard A. Ritter/Klaus Tenfelde, Arbeiter im Deutschen Kaiserreich 1871 bis 1914, Bonn 1992, S. 423.

11 In der Literatur zu Arbeitersekretären ist keine umfassende Übersicht über alle damals tätigen Arbeitersekretäre zu finden. Vor 1900 dürften sie aber ausschließlich männlich gewesen sein. Eine bekannte Arbeitersekretärin war Gertrud Hanna, die seit 1909 das »Arbeiterinnen-Sekretariat der Gewerkschaft« leitete, Klaus Tenfelde, Arbeitersekretäre. Karrieren in der deutschen Arbeiterbewegung vor 1914, Heidelberg 1993, S. 32.

12 Siehe auch die Einführung zu Gewaltdiskursen im 20. Jahrhundert in Svenja Goltermann, Gewaltwahrnehmung. Für eine andere Geschichte der Gewalt im 20. Jahrhundert, in: Mittelweg 36, 29 (2020) 2, S. 23-46; hier: S. 29.

13 Thomas Lindenberger/Alf Lüdtke, Einleitung. Physische Gewalt – eine Kontinuität der Moderne, in: dies. (Hg.), Physische Gewalt. Studien zur Geschichte der Neuzeit, Frankfurt a. M. 1995, S. 7-38; hier: S. 16.

14 Siehe den Forschungsüberblick von Karl Härter, Gewaltgeschichten, in: Rechtsgeschichte, 21 (2013), S. 230-232.

15 Vogt, Arbeit, 2023.

16 Lothar Machtan, Zum Innenleben deutscher Fabriken im 19. Jahrhundert. Die formelle und die informelle Verfassung von Industriebetrieben anhand von Beispielen aus dem Bereich der Tex-

## 1 Zeitgenössische Definitionsversuche von Gewalt in Rechtstexten

Im Kaiserreich verstand man Gewalt überwiegend als väterliche Verfügungsgewalt, die im Kontext von Arbeit dem Unternehmer alle Herrschafts- und Handlungsmacht zubilligte. Da es um diese Form der Gewaltausübung hier nicht gehen soll, sondern um körperliche Übergriffe, nutze ich im Folgenden den Begriff »Tätlichkeit«, denn alles, was den Angriff auf die körperliche Unversehrtheit betraf – die sowohl vom Arbeitgeber als auch von der Arbeiterschaft ausgehen konnte –, wurde unter diesem Begriff zusammengefasst. Eine theoretische Diskussion über die Auslegung dieses schon damals als umstritten geltenden Begriffs fand vor allem im Zusammenhang mit dem Strafrecht statt.[17] Ich beginne meine Spurensuche deshalb hier, bei den Kommentaren zum Reichsstrafgesetzbuch,[18] wo in verschiedenen Paragrafen Tätlichkeit angesprochen wurde.[19] In § 94 fügte Friedrich Christian Oppenhoff, ein zeitgenössisch bedeutsamer Kommentator des Strafgesetzbuches und Oberstaatsanwalt des Königlich Preußischen Obertribunals in Berlin, folgenden Kommentar hinzu:

> »Thätlichkeit ist eine unberechtigte körperliche Einwirkung auf den Leib eines Anderen. Sie unterscheidet sich von der Mißhandlung (§ 223) dadurch, daß zu dieser die Hervorrufung eines unangenehmen körperlichen Gefühls in dem Betroffenen gehört, während jene auch solche Handlungen umfaßt, welche zwar nicht die Störung des körperlichen Wohlbefindens, wohl aber einen störenden geistigen

til- und Maschinenbauproduktion (1869–1891), in: Archiv für Sozialgeschichte [AfS], 21 (1981), S. 179-236; Bernd Flohr, Arbeiter nach Maß. Die Disziplinierung der Fabrikarbeiterschaft während der Industrialisierung Deutschlands im Spiegel von Arbeitsordnungen, Frankfurt a. M. 1981; Sebastian Knoll-Jung, Vom Schlachtfeld der Arbeit. Aspekte von Männlichkeit in Prävention, Ursachen und Folgenbewältigung von Arbeitsunfällen in Kaiserreich und Weimarer Republik, Stuttgart 2021; siehe auch den Beitrag von Mareen Heying in diesem Band, Die »Kellnerinnenfrage« als Gewaltfrage (➞ S. 77 ff.).

17 Adolf Sarauw, Die Tätlichkeit als Begriff und als strafrechtlicher Tatbestand, Zürich/Leipzig 1913, S. 11.

18 Gesetzeskommentare dienen in der Rechtswissenschaft und -praxis der kritischen Auslegung und Erklärung von Gesetzen. Sie sind seit Mitte des 19. Jahrhunderts Teil juristischer Kommunikation und Diskurspraxis. Für die Erläuterungen werden Begründungen für den Erlass dieser Gesetze herangezogen wie auch Entscheidungen aus der Rechtsprechung. Sie werden sowohl von Wissenschaftlerinnen und Wissenschaftlern als auch Personen aus der Praxis verfasst, Thomas Henne, Die Prägung des Juristen durch die Kommentarliteratur. Zu Form und Methode einer juristischen Diskursmethode, ergänztes und erweitertes Manuskript des Vortrages auf der Tagung »Welche Juristen braucht die Demokratie?«, Berlin, 2. Juni 2006, <https://web.archive.org/web/20150924011848/http://www.fes-forumberlin.de/pdf_2006/d_6_6_01_henne.pdf> (23.1.2025).

19 Die §§ 94, 96, 98 und 100 legten fest, wie Tätlichkeiten gegen Repräsentanten der Regierung bestraft wurden, den Kaiser, den Landesherren oder Regenten. Die §§ 113, 116, 117 regelten die Bestrafung von Tätlichkeiten gegen Beamte.

Eindruck zurücklassen, z. B. eine mittelst einer Körperberührung zugefügte Beleidigung.«[20]

Diese Definition eröffnete großen Interpretationsspielraum, worauf bereits der Jurist Ludwig F. Helmke in seiner Arbeit aus dem Jahr 1895 verwies.[21] Laut seiner Analyse stand im Mittelpunkt der Diskussionen von Rechtsexperten, ob Tätlichkeit von einem Vorsatz getragen sein müsse, die körperliche Berührung impliziere oder auch den bloßen Versuch. Eine weitere Frage sei, ob Tätlichkeit gegen Sachen ähnlich zu bewerten sei wie die gegen den menschlichen Körper. Eindeutig war, dass Tätlichkeit als jegliche Form des Angriffs auf körperliche Unversehrtheit zu verstehen war. Doch auch hier meinte Helmke, dass es nicht unbedingt zu einer körperlichen Berührung kommen müsse, schon eine Kraftaufwendung in Richtung eines anderen gelte als Tätlichkeit:

»Eine Thätlichkeit ist auch vorhanden, wenn die körperliche Kraftaufwendung noch kein Objekt getroffen hat, wenn dieses sich nur in nächster und unmittelbarer Gefahr befand, getroffen zu werden, z. B. Ausholen mit dem Arm in der Absicht, den Beamten zu schlagen, gleichgültig, ob das Treffen des Körpers des Beamten abgewendet wurde – sei es durch eigenes Ausweichen oder Dazwischentreten eines dritten – oder nicht.«[22]

Eine Grenzziehung zwischen der Ausübung eines körperlichen Übergriffs oder einer Drohung dessen schien also schwierig. Der Begriff sei eben nicht »scharf begrenzt«, gestand Helmke ein. Es sei einfacher, argumentierte er, die Tätlichkeit der Beleidigung gegenüberzustellen. Sie sei eine vorsätzliche, die Kränkung der Ehre eines anderen enthaltende, rechtswidrige Kundgebung. Sie sei Angriff auf die Ehre, und zwar durch Worte oder Handlungen.

Trotz der hier von Helmke erwähnten Abgrenzung zwischen Tätlichkeit und Beleidigung wurden in der Gewerbeordnung beide Begriffe zusammengeführt und als Grund für eine Entlassung aus dem Betrieb angegeben. In den Urteilen, die unter dem entsprechenden Paragrafen der außerordentlichen Kündigung in der Zeitschrift *Das Gewerbegericht* aufgelistet wurden, fanden sich dementsprechend sowohl Fälle, in denen körperliche Übergriffe als auch Beleidigungen Gegenstand des Konflikts waren. Doch dass ich mich im Folgenden mit beiden Aspekten beschäftige, hat nicht nur einen quellenpraktischen Grund. Vielmehr sehe ich hier bereits Ansätze einer Auseinandersetzung über den Umgang mit psychischer Gewalt, wie sie erst in der

20 Das Strafgesetzbuch für das Deutsche Reich, nebst den Einführungs-Gesetzen vom 31. Mai 1870, dem Einführungs-Gesetze und den Einführungs-Verordnungen zum Preußischen Strafgesetzbuche und dem Einführungs-Gesetze für Elsaß-Lothringen vom 30. August 1871, erläutert durch Friedrich Christian Oppenhoff, dritte verb. und ber. Ausgabe, Berlin 1873, § 94, 1, S. 198.

21 Ludwig F. Helmke, Der Begriff der Gewalt im Reichsstrafrecht, Breslau 1895, S. 60-66.

22 Ebd.

zweiten Hälfte des 20. Jahrhunderts gesellschaftlich breiter diskutiert wurde.[23] Zwar meinte Beleidigung damals vor allem Ehrverletzungen gegenüber dem Vorgesetzten. Doch dass vor den Gewerbegerichten auch Fälle verhandelt wurden, in denen Arbeiterinnen und Arbeiter über Beleidigungen vonseiten des Arbeitgebers klagten, macht deutlich, dass eine Debatte über die Grenzen verbaler Übergriffe begonnen hatte, wenn auch nur zögerlich und ohne die Macht- und Herrschaftsverhältnisse grundsätzlich infrage zu stellen.

In § 111 der Gewerbeordnung von 1869 hieß es, dass Gesellen und Gehilfen »vor Ablauf der vertragsmäßigen Arbeitszeit und ohne vorhergegangene Aufkündigung« entlassen werden können, »wenn sie sich Thätlichkeiten oder grobe Ehrverletzungen gegen den Arbeitgeber oder die Mitglieder seiner Familie zu Schulden kommen lassen.«[24] In der Novelle der Reichsgewerbeordnung von 1891 wurden die »Ehrverletzungen« dann durch »grobe Beleidigungen« ersetzt.[25]

Auch Arbeiterinnen und Arbeitern war es laut § 112 der Gewerbeordnung (seit 1891 § 124) möglich, die Arbeit bei Tätlichkeit und Ehrverletzung (seit 1891 grobe Beleidigung) des Arbeitgebers vor Ablauf der vertragsmäßigen Zeit und ohne vorhergehende Aufkündigung zu verlassen.[26] Dies war im Übrigen kein Phänomen des späten 19. Jahrhunderts. Schon im Allgemeinen Landrecht von 1794 durfte ein Geselle sofort die Arbeit verlassen, wenn der Meister sich ohne Veranlassung an dem Gesellen tätlich vergriff.[27] Diese Regelung galt auch im Handwerk des frühen 19. Jahrhunderts.[28] Neu war, dass Arbeiterinnen und Arbeiter jetzt vor Gericht ziehen konnten, um ihr Recht auf sofortige Kündigung beziehungsweise Entschädigung einzuklagen.

Als Entscheidungsgrundlage vor den Gerichten galten aber nicht nur die Gewerbeordnung, sondern auch betriebliche Arbeitsordnungen, die zwar Teile der Gewerbeordnung übernahmen, je nach Fabrik aber ganz eigene Regeln festhielten. Sie waren im Zuge der Industrialisierung von Unternehmern erlassen worden, um die Arbeit in

23 Goltermann, Gewaltwahrnehmung, in: Mittelweg 36, 29 (2020) 2, S. 23-46; hier: S. 27.

24 Gewerbeordnung für das Deutsche Reich vom 21. Juni 1869. Mit Anmerkungen, Inhaltsangabe am Rande und alphabetischem Sachregister von Karl Weber, Erlangen 1872, § 111, S. 71.

25 Gewerbeordnung für das Deutsche Reich: In der Fassung des Reichsgesetzes vom 1. Juni 1891 über den Arbeiterschutz nebst den neuen Vollzugsvorschriften für das Deutsche Reich und das Königreich Bayern. Handausgabe mit Erläuterungen von Rudolf Schreiber, München 1892, § 123, S. 142.

26 Gewerbeordnung für das Deutsche Reich, § 124, S. 143.

27 Allgemeines Landrecht für die Preußischen Staaten von 1794, Zweyter Theil, Achter Titel: Vom Bürgerstande, Dritter Abschnitt. Von Handwerkern und Zünften, § 388.

28 Gesetz vom 15. Mai 1821 über die Innungen und Zünfte, Sammlung Großherzoglichen Sachsen-Weimar-Eisenachischer Gesetze, Verordnungen und Circularbefehle in chronologischer Ordnung, hg. von Ferdinand von Göckel, 2. Theil, 2. Abteilung, 1820–1827, Eisenach 1830, S. 872-940, §§ 89, nach Jürgen Brand, Das geleugnete Erbe. Ancien Régime, modernes Arbeitsrecht und Gewerkschaftsbewegung, in: Joachim Rückert (Hg.), Arbeit und Recht seit 1800. Historisch und vergleichend, europäisch und global, Köln/Weimar/Wien 2014, S. 133-176; hier: S. 163.

ihren Fabriken zu disziplinieren und einen reibungslosen und geordneten Arbeitsalltag zu etablieren. Grund für diese Disziplinierungsmaßnahmen war aber nicht nur die Notwendigkeit der Anpassung an eine maschinelle Produktion, wie häufig argumentiert wurde, sondern vor allem der Anspruch kapitalistischer Herrschaft und Lenkung.[29] Die auch unter Namen wie Haus-, Dienst-, Fabrik- und Werkstattordnung, Reglement oder Regulativ firmierenden Texte waren bis ins späte 19. Jahrhundert von einem autoritären Gestus geprägt. Mit der Novelle der Gewerbeordnung von 1891 fand erstmals eine Homogenisierung dieser betrieblichen Regulierungen statt. Nicht nur wurde der Begriff »Arbeitsordnung« als rechtsverbindlich eingeführt, auch der Inhalt dieser Texte wurde vereinheitlicht. Sie mussten Bestimmungen zu Arbeitszeit, Lohnzahlung, Kündigung und Strafen enthalten.[30] Dem Fabrikbesitzer blieb es aber überlassen, noch weitere als die in der Gewerbeordnung vorgegebenen Bestimmungen aufzunehmen. Dies betraf allerdings nicht die fristlose Kündigung. Hier verlangte die Gewerbeordnung, dass keine anderen Gründe als die im § 123 vorgesehenen zur Entlassung vereinbart werden durften, woran sich viele Unternehmer allerdings nicht hielten.[31]

Friedrich Kleeis, Arbeitersekretär in Halle an der Saale, der 1914 rund 2.000 Arbeitsordnungen analysierte, monierte, dass durch diese zusätzlichen Bestimmungen ein Ungleichgewicht zuungunsten der Arbeiterschaft entstehen würde.[32] In seiner Publikation dokumentierte er die zusätzlich aufgenommenen, aber zum Teil unrechtmäßigen Kündigungsgründe, die er in den verschiedenen Arbeitsordnungen fand: »achtungswidriges Verhalten«, »beleidigendes Benehmen«, »Ungehorsam gegen Vorgesetzte« sowie »fortwährende Unverträglichkeit mit den Mitarbeitern«. Auch »Widersetzlichkeit gegen das Wächterpersonal«, Streitigkeiten oder Schreien waren nicht erlaubt und konnten zu einer fristlosen Kündigung führen. Noch umfassender waren die Gründe für eine Kündigung bei jugendlichen Arbeiterinnen und Arbeitern, bei denen »rohes Benehmen«, »Körperverletzungen gegen Mitarbeiter« oder »Tierquälerei« aufgelistet waren.[33] Kleeis stellte auch fest, dass § 124 – der festlegte, unter

29 Machtan, Innenleben, in: AfS, 21 (1981), S. 179-236; hier: S. 196.

30 In der Novelle der Gewerbeordnung von 1891 war festgehalten, dass in Fabriken ab 20 Beschäftigten eine Arbeitsordnung erlassen werden musste. Vor Erlass der Arbeitsordnung musste der Arbeiterausschuss gehört werden, Hans-Jürgen Teuteberg, Geschichte der industriellen Mitbestimmung in Deutschland. Ursprung und Entwicklung ihrer Vorläufer im Denken und in der Wirklichkeit des 19. Jahrhunderts, Tübingen 1961, S. 377.

31 Neben Tätlichkeit und grober Beleidigung waren das: Fälschung von Zeugnissen, Diebstahl, Betrug oder »liederlicher Lebenswandel«, unbefugtes Verlassen der Arbeit oder Verweigerung der Arbeit sowie Sachbeschädigung und »unsittliches Verhalten« gegenüber Familienangehörigen des Arbeitgebers, seiner Vertreter oder Mitarbeiter. Auch bei Unfähigkeit, die Arbeit fortsetzen zu können, oder »abschreckender Krankheit« war eine sofortige Kündigung zulässig.

32 Friedrich Kleeis, Die Arbeitsordnung in den gewerblichen Betrieben Deutschlands, Stuttgart 1914, S. 98.

33 Ebd., S. 100-102.

welchen Umständen eine Arbeiterin oder ein Arbeiter kündigen durfte – in vielen Arbeitsordnungen einfach weggelassen wurde, und kritisierte dieses Vorgehen scharf: Der Unternehmer sei verpflichtet, die Arbeiterschaft über ihre Rechte aufzuklären.

Arbeiterinnen und Arbeiter hatten im 19. Jahrhundert nur unzureichende Kenntnisse über ihre Rechte am Arbeitsplatz. Vielen war trotz einer formell vorgesehenen Unterzeichnung bei Beginn des Arbeitsvertrages und einem Aushängen der Arbeitsordnung im Betrieb der Inhalt dieser Arbeitsordnungen nicht bekannt, geschweige denn die entsprechenden Paragrafen der Gewerbeordnung. Um Abhilfe zu schaffen, gründeten sich in den 1890er-Jahren Arbeitersekretariate als Interessen- und Beratungsstellen der Arbeiterschaft.[34] Neben der Rechtshilfe in der Sozialversicherung unterstützten sie Arbeiterinnen und Arbeiter auch bei Konflikten im Arbeitsverhältnis. Sie halfen ihnen bei der Verfolgung von Rechtsansprüchen und waren als Vertreter der Arbeiterschaft bei der Rechtsprechung aktiv.[35] Seit Ende des 19. Jahrhunderts wurde die Kritik an den Arbeitsordnungen lauter. Sie reichte von Reformvorschlägen der Sozialdemokraten im Reichstag bis zu Protestschreiben in der Gewerkschaftspresse.[36] Im Fokus standen vor allem die meist sehr langen Strafenkataloge, zu denen Kleeis schrieb: »Die ›Bestrafung‹ des Arbeiters durch den Unternehmer ist eigentlich mit dem ›freien‹ Arbeitsvertrag unvereinbar und ein Rückfall in die Zeit der Hörigkeit. Jedenfalls gibt es Mittel, die Ordnung im Betrieb auch ohne solche Gewaltmaßnahmen aufrechtzuerhalten.«[37]

Deutlich wird, dass der Staat seit Ende des 19. Jahrhunderts an den Stellschrauben der Arbeitsregulierung zu drehen begann. Den Wildwuchs von Arbeitsordnungen versuchte er durch die Gewerbeordnungsnovelle von 1891 einzuhegen. Durch die Einrichtung von Gewerbegerichten machte er möglich, dass Arbeitskonflikte vor unabhängigen Stellen verhandelt werden konnten. Parallel zu diesen staatlichen Institutionalisierungsprozessen entwickelte sich ein gesellschaftlicher Diskurs über die Grenzen von Herrschaftsgewalt anhand von körperlichen Übergriffen und Beleidigungen.

Interessant ist nun, wie Tätlichkeit und Beleidigung vor den Gewerbegerichten ausgelegt wurden.[38] Konflikte gab es natürlich nicht nur über fristlose Kündigun-

---

34 Myoung-Hoon Shin, Die Arbeitersekretariate in der deutschen Arbeiterbewegung, Tönning/Lübeck/Marburg 2007.

35 Ebd., S. 122.

36 Ritter/Tenfelde, Arbeiter, 1992, S. 399. Für die Gewerkschaftspresse siehe zum Beispiel: An den Pranger!, in: Deutsche Metallarbeiter-Zeitung, 17.10.1885.

37 Kleeis, Die Arbeitsordnung, 1914, S. 83.

38 Basis der folgenden Analyse ist die stichprobenartige Durchsicht der Zeitschriften *Das Gewerbegericht* (1896–1905) und *Das Gewerbe- und Kaufmannsgericht* (1905–1925), die Monatsschriften des Verbandes Deutscher Gewerbe- und Kaufmannsgerichte. Hilfreich war außerdem die Arbeit von Hartwig Maier, Die württembergische Gewerbe- und Kaufmannsgerichtsbarkeit und insbesondere deren Rechtsprechung zur fristlosen Kündigung, aus wichtigem Grund, Regenstauf 2015. Maier zieht hierbei auch Fälle aus der Weimarer Republik heran, die ich in der Analyse aufgreife. Es müsste noch genauer analysiert werden, inwiefern das Betriebsrätegesetz von 1920, die Einrichtung des

gen, sondern auch über ausstehenden Lohn oder den Inhalt von Arbeitszeugnissen.[39] Für die sehr komplexen Arbeitsstreitigkeiten standen auch nicht immer gesetzliche Lösungsvorschläge zur Verfügung, weshalb man auf Ortsgebräuche und »Billigkeitserwägungen sozialer oder ökonomischer Provenienz« zurückgriff.[40] Im Folgenden beschreibe ich zunächst die Fälle, in denen Arbeiterinnen oder Arbeiter vor Gericht gingen, weil sie die fristlose Kündigung des Arbeitgebers, der sie wegen Tätlichkeit oder Beleidigung gekündigt hatte, als ungerechtfertigt ansahen. Im zweiten Abschnitt gehe ich auf die Konfliktfälle ein, in denen Arbeiterinnen oder Arbeiter ihr Recht einklagten, außerordentlich kündigen zu dürfen, weil der Unternehmer tätlich oder beleidigend gewesen war.

## 2 Auslegung von Gewalt vor Gericht

### 2.1 Gewalt der Arbeiterschaft

Wie im Eingangsbeispiel schon deutlich wurde, waren die Fälle, die vor den Gewerbegerichten verhandelt wurden, nicht leicht zu bewerten. Das Gericht musste entscheiden, ob die Kündigung gerechtfertigt war und ob das Verhalten der Arbeiterin oder des Arbeiters tatsächlich eine Tätlichkeit oder grobe Beleidigung darstellte. War dies nicht der Fall, konnten die Kläger mit einer Entschädigung oder Wiedereinstellung rechnen. So musste ein Meister nach dem Urteil des Gewerbegerichts in Nürtingen bei Stuttgart seine fristlose Kündigung gegenüber einem Gesellen zurückziehen. Auf dem gemeinsamen Heimweg von Meister und Geselle war es zu einer »barschen Auseinandersetzung« gekommen, bei der der Geselle dem Meister den Weg versperrt und sich aus Angst vor einem tätlichen Angriff des Meisters in Abwehrhaltung begeben hatte. Dabei war es aber nicht zu einer »konkreten Tätlichkeit« gekommen. Das Gewerbegericht in Nürtingen sah in diesem Vorgang zwar ein sehr unpassendes Verhalten des Gesellen gegenüber dem Meister, aber keinen Grund für eine fristlose Entlassung.[41] Auch in einem anderen Fall entschied ein Gewerbegericht, dass eine bloße Androhung einer Tätlichkeit nicht zur Kündigung des Arbeiters führen dürfe.[42]

---

Betriebsrats und dessen Mitspracherecht in der Ausgestaltung von Arbeitsordnungen Einfluss auf die Rechtsprechung hatte. Ebenso gilt zu fragen, ob sich mit der Einführung der Arbeitsgerichte ab 1926 ein Wandel in der Auslegung von Tätlichkeit und Beleidigung vollzog.

39 Jürgen Brand, Untersuchung zur Entstehung der Arbeitsgerichtsbarkeit in Deutschland. Die Rechtsprechung der rheinischen Gewerbegerichte von 1840 bis 1891 unter besonderer Berücksichtigung des Gewerbegerichts in Elberfeld, Bd. 3, Frankfurt a. M. 2008; Vogt, Arbeit, 2023.

40 Collin, Vom Richten, in: ZfRS, 36 (2016) 1, S. 112-138; hier: S. 119.

41 Gewerbegericht Nürtingen vom 23.6.1926 (Nr. 8 aus 1926), Stadtarchiv Nürtingen, NA (632), nach: Maier, Gewerbe- und Kaufmannsgerichtsbarkeit, 2015, S. 114.

42 Gewerbegericht Meißen vom 14.7.1926, in: Das Arbeitsrecht in der Praxis, Bd. V, S. 237, nach: ebd.

Zur Aushandlung vor Gericht stand ebenso die Frage, ob nur die Tätlichkeit zur Kündigung führen dürfe, die sich auf dem Fabrikgelände ereignete, oder ob auch jenseits des Arbeitsplatzes eine Tätlichkeit eine Kündigung rechtfertige. Dass eine Urteilsfindung nicht immer einhellig war und die Umstände eines Falls zu unterschiedlichen Bewertungen führen konnten, zeigt ein Urteil des Gewerbegerichts in Chemnitz in dieser Sache, das später vom Landgericht Chemnitz revidiert wurde.[43] Dieser Fall ist insofern interessant, als die Ursache des Streits nicht auf einen Konflikt im Arbeitsverhältnis zurückging, sondern auf einem Erbstreit beruhte, bei dem es zwischen einem Bruder und seiner Schwester zu handgreiflichen Auseinandersetzungen gekommen war. Da aber der Ehemann der Schwester gleichzeitig Arbeitgeber des Bruders und in den Streit verwickelt worden war, war es zum Verfahren vor dem Gewerbegericht gekommen. Der Kläger, Bruder und Arbeitnehmer, hatte den Beklagten, Ehemann und Arbeitgeber, ins Gesicht geschlagen, woraufhin es zu gegenseitigen körperlichen Übergriffen kam und der Kläger fristlos entlassen worden war. Dieser klagte gegen die Entlassung vor dem Gewerbegericht in Chemnitz und argumentierte, dass eine rein private Auseinandersetzung kein Grund für eine Entlassung sein dürfe. Das Gewerbegericht gab der Klage statt. Anders aber urteilte das Landgericht Chemnitz, das durch erneute Beweisaufnahme ein Jahr später feststellte, dass es für die Beurteilung des Falles wenig von Belang sei, ob der Kläger oder seine Schwester die Tätlichkeit begonnen hätten. Von Bedeutung sei vielmehr gewesen, dass der Kläger durch sein »schroffes Vorgehen« den Vorfall erst herbeigeführt und in dessen Verlauf »seinen Arbeitsherrn ohne begründeten Anlass tätlich angegriffen« habe.[44]

Die Arbeitsbeziehungen und das damit einhergehende soziale Gefüge zwischen Unternehmer und Beschäftigten endeten also nicht am Werkstor. Die Fälle zeigen, dass ein Aufeinandertreffen jenseits der Fabrik möglich und manchmal sogar unumgänglich war. Dabei blieb die durch das Arbeitsverhältnis definierte soziale Hierarchie bestehen. Die Herrschaftsgewalt des Fabrikanten reichte bis in das Private hinein. Wurde die Arbeiterin oder der Arbeiter in diesem Kontext tätlich – dies konnte auch eine Schlägerei aufgrund politischer Differenzen oder persönlicher Konflikte sein – konnte das Arbeitsverhältnis beendet werden. Für die Arbeiterschaft hatte das erhebliche Konsequenzen. Auf körperliche Übergriffe gegen den Unternehmer, egal in welchem Kontext und aus welchen Gründen, sollten sie besser verzichten, auch wenn sie Tätlichkeit vonseiten des Unternehmers zu befürchten hatten. Uneindeutiger war es, wenn sich die Arbeiterin oder der Arbeiter verbal zur Wehr setzte.

---

43 Berechtigt auch eine außerdienstliche tätliche Beleidigung zur sofortigen Entlassung? Wie ist die Sachlage bei gegenseitigen Tätlichkeiten zu beurteilen? (GG. u. LG. Chemnitz), in: Gewerbe- und Kaufmannsgericht. Monatsschrift des Verbandes deutscher Gewerbe- und Kaufmannsgerichte, 28 (1923) 4, Sp. 70 f.

44 Ebd.

So bekam in einem Fall ein Arbeiter Recht, der seinem Arbeitgeber – der ihn aufgefordert hatte, das Biertrinken im Betrieb einzustellen – erwiderte, es gehe ihn einen Dreck an, er würde kein Wasser saufen.[45] In einem anderen Fall beriet ein Gericht darüber, ob es einen Einfluss auf die Bewertung der Beleidigung habe, wenn der Arbeitgeber zuvor ungerechtfertigt gehandelt habe. Der Arbeitgeber hatte zwei seiner Beschäftigten aufgefordert, eine zuvor schlecht gefertigte Arbeit außerhalb ihrer Arbeitszeit umzuändern. Als sich die Beschäftigten weigerten, die Arbeit auszuführen, und der Arbeitgeber mit Kündigung drohte, beschimpfte ihn einer der beiden Arbeiter, woraufhin er den Arbeiter entließ. Dagegen klagte dieser und bekam eine Lohnentschädigung in der Höhe der Hälfte des Schadens. Das Gericht begründete, es sei zwar gerechtfertigt gewesen, den Arbeiter wegen grober Beleidigung zu kündigen, doch sei die Forderung des Nacharbeitens unrechtmäßig gewesen, weshalb sich der Kläger bereits in einer »gereizten Stimmung« befunden hätte.[46] Hier wurde also zumindest der Grund seines widersetzlichen Verhaltens berücksichtigt, wenn auch die verbalen Äußerungen, die wir in ihrem tatsächlichen Wortlaut nicht kennen, nicht als gerechtfertigt angesehen wurden. Im Grunde wurde also auch hier die Herrschaftsgewalt des Arbeitgebers nicht angetastet.

Äußerten sich die Arbeiterinnen und Arbeiter kritisch gegenüber ihrem Arbeitgeber in der Öffentlichkeit, konnte dies für eine Kündigung noch stärker ins Gewicht fallen. Besonders streng wurde vor allem dann geurteilt, wenn der oder die Beschäftigte behauptete, der Arbeitgeber würde das Gehalt unpünktlich oder nicht in der ausgemachten Höhe zahlen. In mehreren Urteilen kamen die Gerichte zu dem Schluss, dass eine solche Behauptung eine Ehrverletzung darstelle und die fristlose Kündigung rechtfertige.[47] In einem Fall hatte ein Arbeiter in einer öffentlichen Versammlung seinen Arbeitgeber als Streikbrecher bezeichnet. Das Gericht bewertete diese Äußerung als »Verrath an der eigenen Sache« und »ehrlose Handlung« und sah es als besonders schwerwiegend an, dass er sich öffentlich geäußert hatte.[48]

Aus den Fällen wird deutlich, wie vielfältig das Konfliktpotenzial in Bezug auf Gewalt innerhalb der Arbeitsbeziehungen war. Die Gewerbegerichte hatten über sehr individuelle Streitfälle, die bis in das Private hineingingen, zu entscheiden und dabei zu beurteilen, wie schwer die jeweilige (eben auch sehr unterschiedliche) Tätlichkeit

45 Gewerbegericht Biberach vom 21.9.1912 (Nr. 13 aus 1912), Stadtarchiv Biberach, E Bü. 3304, nach: Maier, Gewerbe- und Kaufmannsgerichtsbarkeit, 2015, S. 115.

46 Haben ungerechtfertigte Handlungen des Arbeitgebers auf die Beurtheilung nachfolgender beleidigender Aeußerungen des Arbeiters Einfluß? Berechnung der Entschädigung wegen kündigungsloser Entlassung nach badischem Landrecht (Urtheile des Gewerbegerichts Karlsruhe, Vorsitzender Rechtsanwalt Boeckh), in: Das Gewerbegericht, 2 (1896) 3, Sp. 21.

47 Maier, Gewerbe- und Kaufmannsgerichtsbarkeit, 2015, S. 115 f.

48 Ist es eine grobe Beleidigung im Sinne des §. 123 Nr. 4, wenn ein Arbeiter einen Vertreter des Arbeitgebers als Streikbrecher bezeichnet? (Urtheil des Gewerbegerichts Frankfurt a. M. Vorsitzender Gerichtsassessor Pohlmann.), in: Das Gewerbegericht, 1 (1896) 3, Sp. 29.

und Beleidigung wog. Die Urteile fielen vor allem dann zuungunsten der Arbeiterinnen und Arbeiter aus, wenn sie sich außerhalb der Fabrik und in der Öffentlichkeit abspielten und die Herrschaftsgewalt und Ehre des Arbeitgebers infrage stellten. Jeglicher körperlicher Übergriff wurde sofort geahndet. Dies galt auch für den Arbeitgeber.

## 2.2 Gewalt der Arbeitgeber

Laut Gewerbeordnung § 124 Art. 2 war es Arbeiterinnen und Arbeitern im Fall von Tätlichkeit oder grober Beleidigung des Arbeitgebers möglich, das Unternehmen sofort zu verlassen. Eindeutig war die Urteilsfindung, wenn der Arbeitgeber körperlich übergriffig wurde. Hier musste der Klägerin oder dem Kläger in jedem Fall recht gegeben werden. Vor dem Gewerbegericht in Görlitz wurde 1901 beispielsweise ein Konflikt verhandelt, bei dem ein sogenanntes Herdmädchen – eine Arbeiterin, die in einem Restaurant als Küchenhilfe angestellt war – von ihrem Arbeitgeber nach einem Wortwechsel einen Schlag ins Gesicht bekommen und daraufhin den Dienst verlassen hatte. Das Gericht musste zunächst prüfen, ob der Fall unter die Gesindeordnung fiel und ob ein Gesindedienstverhältnis vorgelegen habe. Laut Gesindeordnung hätte dem Arbeitgeber das Züchtigungsrecht zugestanden, das körperliche Übergriffe nur im Fall der Gefährdung des Lebens der zu züchtigenden Person untersagte.[49] Aufgrund des Gewerbebetriebes, in dem die Arbeiterin beschäftigt war, konnte dies aber ausgeschlossen werden. Dies kam ihr in der Bewertung des Falles zugute: »Ob die Tätlichkeit nur eine mäßige Züchtigung darstellte oder ob sie durch ›patziges‹ Verhalten der Kl. [Klägerin] veranlaßt war, ist gleichgültig«.[50] Der Arbeitgeber hätte sie zurechtweisen, gegebenenfalls auch entlassen können (wofür das Gericht allerdings keinen Anlass sah), zur Züchtigung war er aber in keinem Fall berechtigt. Deutlich wird hier, dass auch innerhalb der Arbeiterschaft Hierarchien existierten. Das sogenannte Gesinde, wie Dienstbotinnen und -boten, Mägde oder Landarbeiter und -arbeiterinnen, war vor der Tätlichkeit ihres Dienstherrn nicht geschützt. Das betraf auch Lehrlinge in den Fabriken, die aufgrund des Züchtigungsrechts körper-

49 Im Text wird hier auf die Preußische Gesindeordnung § 77 verwiesen: »Reizt das Gesinde die Herrschaft durch ungebührliches Betragen zum Zorn und wird in selbigem von ihr mit Scheltworten oder geringen Thätlichkeiten behandelt, so kann es dafür keine gerichtliche Genugthuung fordern.«, Gesinde-Ordnung für sämtliche Provinzen der Preußischen Monarchie vom 8. November 1810, § 77.

50 Ist das GG. zuständig für Herdmädchen eines Restaurants? Unterwerfen sie die Parteien stillschweigend allen Bestimmungen der Gesindeordnung, wenn sie die Kündigungsfrist derselben vereinbaren? Kann das Herdmädchen den Dienst ohne Kündigung verlassen, wegen einer Mißhandlung, zu der sie den Dienstherrn gereizt hat? (Urteil des GG. Görlitz v. 3. Juli 1901, eingesandt vom Vorsitzenden Stadtrat Görlitz), in: Das Gewerbegericht, 8 (1903) 10, Sp. 188-189.

liche Übergriffe wie Ohrfeigen – »auch wenn sie ziemlich heftig waren« – über sich ergehen lassen mussten.[51]

Während die Beschäftigten mit Ausnahme der Lehrlinge in den Fabriken also weitgehend vor der Tätlichkeit des Arbeitgebers geschützt waren, sah dies im Fall der Beleidigung, die bis zur Gewaltandrohung gehen konnte, anders aus. In den meisten Fällen wurden sie nicht als Kündigungsgrund anerkannt. Die Arbeiterinnen und Arbeiter wurden als »Schweinehund«, »Lump« oder »Lausbuben« bezeichnet. In einem Fall entschied das Gewerbegericht in Geislingen, dass die Bezeichnung der Arbeiter als »Kerle« nicht ausreiche, um die Arbeit verlassen zu dürfen.[52] Auch Gewaltandrohungen wie »Halten Sie die Schnauze, sonst schmeiße ich Ihnen das Eisen aufs Kreuz« waren kein Grund zur sofortigen Auflösung des Arbeitsverhältnisses.[53] In anderen Fällen wurde beschrieben, den Arbeiterinnen oder Arbeitern sei an die Kehle gefasst worden, es sei mit einem Besen auf sie losgegangen worden oder sie seien mit dem Messer bedroht worden.[54]

In den Begründungen der Urteile wird deutlich, dass die Gerichte häufig auch die Begleitumstände des Konfliktfalls in ihre Entscheidungsfindungen einbezogen, allerdings vor allem zugunsten der Unternehmer. In einem Fall hatte die verklagte Firma der Arbeiterschaft verkündet, ihren Betrieb an einen anderen Ort verlegen zu wollen. Die Beschäftigten vermuteten dahinter die Suche nach billigeren Arbeitskräften und äußerten ihren Unmut gegenüber dem Arbeitgeber. Daraufhin hatte der Arbeitgeber den Kläger mit den Worten »Rotznase« und »Rotzlöffel« beschimpft und ein Arbeiter hatte aufgrund grober Beleidigung gekündigt. Das Gericht lehnte die Auflösung des Arbeitsverhältnisses ab. In der Begründung hieß es, der Kläger habe den ganzen Tag wegen der Verlegung des Fabrikbetriebs gestichelt und den Firmeninhaber geärgert. Argumentiert wurde außerdem, dass der Arbeitgeber ursprünglich aus dem »Arbeiterstande« komme, wo »solche oder ähnliche Ausdrücke keine Seltenheit« seien.[55] Hier wurde also auf bestimmte Gewohnheiten innerhalb der Arbeiterklasse abgestellt. Die durchaus berechtigte Sorge, durch die Verlegung des Betriebes den Arbeitsplatz verlieren zu können, wurde vom Gericht nicht berücksichtigt.

Anders war es in einem Fall, bei dem sich das Gericht bei der Urteilsfindung auf die Umstände in der Fabrik berief. In diesem Fall hatten zwei Beschäftigte die Arbeit

---

51 Sind Ohrfeigen Mißbrauch des Züchtigungsrechts? (Urteil des Oberlandesgerichts Hamburg vom 30. November 1901, eingesandt von Landrichter Dr. Wittich), in: Das Gewerbegericht, 7 (1902) 8, Sp. 178.

52 Gewerbegericht Geislingen vom 1.2.1904 (Nr. 1 aus 1904) und Gewerbegericht Geislingen vom 24.7.1919 (Nr. 1 & 2 aus 1923), Stadtarchiv Geislingen, G 190, nach: Maier, Gewerbe- und Kaufmannsgerichtsbarkeit, 2015, S. 123.

53 Sind Schimpfworte unter allen Umständen Grund zum sofortigen Austritt, in: Gewerbe- und Kaufmannsgericht, 18 (1913) 6, Sp. 129.

54 Vogt, Arbeit, 2023, S. 270; Maier, Gewerbe- und Kaufmannsgerichtsbarkeit, 2015, S. 123.

55 Sind Schimpfworte unter allen Umständen Grund zum sofortigen Austritt, in: Gewerbe- und Kaufmannsgericht, 18 (1913) 6, Sp. 129.

aufgrund von Beleidigung des Arbeitgebers verlassen. Sie seien von ihm mit den Worten »Sie wären wert, daß sie ein paar Schellen erhielten« beleidigt worden.[56] In der Beweisführung erläuterte das Gericht, dass einer der Beschäftigten gegenüber einem Dritten falsche Angaben über seinen Lohn gemacht habe. Dass dem Arbeitgeber seine Worte nicht als Beleidigung ausgelegt wurden, wurde nicht nur mit der Ehrverletzung des Klägers, sondern auch mit seiner ökonomischen Situation begründet. Seine Fabrik befinde sich in schwierigen Verhältnissen, da der eigentliche Inhaber dieser Fabrik im Krieg sei und sein stiller Teilhaber die Geschäfte führe. Durch die gute Beschäftigungslage sei auch eine Anwerbung von Arbeitskräften schwer, weil die Fabrik nicht im Zentrum der Stadt liege. »Alle diese dem K. [Kläger] bekannten Tatsachen machen den Unwillen des Arbeitgebers erklärlich und entschuldbar. [...] Es würde zu unhaltbaren Zuständen führen, wenn in Fällen wie in dem hier vorliegenden eine sofortige Kündigung als berechtigt anerkannt würde.«[57]

Die Urteile der Gewerbegerichte machen deutlich, dass tätliche Übergriffe des Arbeitgebers immer geahndet und als Recht zur Kündigung akzeptiert wurden – mit Ausnahme von Beschäftigten in Dienst- oder Lehrverhältnissen. Dies war anders im Fall von grober Beleidigung. Die Herrschaftsgewalt des Unternehmers wurde hier generell nicht angetastet. Zur Begründung wurden bestimmte Verhaltensweisen der Arbeiterklasse oder wirtschaftliche Umstände des Unternehmers herangezogen. Selbst Gewaltandrohungen wurden nicht als Kündigungsgrund akzeptiert.

## 3 Fazit

Durch die Einrichtung der Gewerbegerichte bildete sich erstmals ein Diskursraum heraus, in dem über Gewalt und ihre verschiedenen Formen der Ausübung – Herrschaft, körperlicher Übergriff und Beleidigung bis hin zur Drohung – diskutiert wurde. An der Diskussion nahmen verschiedene Akteurinnen und Akteure teil: juristische Sachverständige, Arbeitersekretäre und Gewerbegerichte, die die Sozialpolitik des Kaiserreichs zu interpretieren versuchten. Mit den Vorgaben der Gewerbeordnung zur fristlosen Kündigung wie auch der Ausgestaltung von Arbeitsordnungen in Betrieben begann der Staat in die unternehmerische Willkür betrieblicher Regulierung einzugreifen und ihr Grenzen zu setzen. Erst durch diese Vorgaben wurde die Unterschiedlichkeit der Arbeitsordnungen sichtbar und konnten unrechtmäßige Regulierungen aufgezeigt werden. Dies löste vor allem dann Diskussionen aus, wenn die Arbeiterschaft ihre Rechte durch die Gewerbegerichte einklagte. Wie am Beispiel der fristlosen Kündigungen deutlich wurde, berieten und urteilten diese Gerichte über

56 Gilt ein Schimpfwort, das einem jugendlichen Arbeiter gegenüber gebraucht wird, ohne weiteres als »grobe Beleidigung«?, in: Gewerbe- und Kaufmannsgericht, 20 (1915) 9, Sp. 249-251.
57 Ebd.

die unterschiedlichen Formen der Gewalt. Körperliche Übergriffe wurden stets geahndet, egal von wem ausgeübt, und hatten die sofortige Kündigung zur Folge, es sei denn, es betraf Gesinde oder Lehrlinge, die von diesem Recht ausgeschlossen waren und körperliche Züchtigung erleiden mussten.

Im Fall von Beleidigungen waren die Urteile wesentlich disparater. Gerade wenn die Ehre des Arbeitgebers durch Anschuldigungen verletzt und seine Herrschaftsgewalt hinterfragt wurde, wurde den Klagen der Arbeiterinnen und Arbeiter nicht stattgegeben. Dies konnte auch den außerbetrieblichen Raum betreffen. Das Machtverhältnis wirkte über den Arbeitsort hinaus und hatte zur Folge, dass sich Arbeiterinnen und Arbeiter auch im Privaten nicht negativ über ihren Arbeitgeber äußern durften. Für den Arbeitgeber traf dies nicht zu. Da die Gerichte von einem rauen Umgangston in der Arbeiterschaft ausgingen und die Herrschaftsgewalt des Unternehmers nicht anzweifelten, wurden Beleidigungen bis hin zu Gewaltandrohungen, die vom Arbeitgeber ausgingen, nicht als Kündigungsgrund anerkannt. Vielmehr wurden wirtschaftliche oder andere Gründe des Unternehmers als mildernde Umstände berücksichtigt und dem Unternehmer damit viel größere Freiheiten im Umgang mit seinen Arbeiterinnen und Arbeitern eingeräumt. Von der Anerkennung oder gar Thematisierung der Androhung körperlicher Übergriffe als psychischer Gewalt war man um 1900 also noch weit entfernt. Dennoch war durch die Gewerbegerichte nun erst mal ein Ort der Aushandlung über Gewalt geschaffen worden, die sich im 20. Jahrhundert in den Arbeitsgerichten fortsetzen sollte.

## 4 Quellen und Literatur

### 4.1 Quellen

Allgemeines Landrecht für die Preußischen Staaten von 1794, Zweyter Theil, Achter Titel: Vom Bürgerstande, Dritter Abschnitt. Von Handwerkern und Zünften.

Berechtigt auch eine außerdienstliche tätliche Beleidigung zur sofortigen Entlassung? Wie ist die Sachlage bei gegenseitigen Tätlichkeiten zu beurteilen? (GG. u. LG. Chemnitz), in: Gewerbe- und Kaufmannsgericht. Monatsschrift des Verbandes deutscher Gewerbe- und Kaufmannsgerichte, 28 (1923) 4, Sp. 70 f.

Das Strafgesetzbuch für das Deutsche Reich, nebst den Einführungs-Gesetzen vom 31. Mai 1870, dem Einführungs-Gesetze und den Einführungs-Verordnungen zum Preußischen Strafgesetzbuche und dem Einführungs-Gesetze für Elsaß-Lothringen vom 30. August 1871, erläutert durch Friedrich Christian Oppenhoff, Dritte verbesserte und bereicherte Ausgabe, Berlin 1873.

Die Gesinde-Ordnung für sämmtliche Provinzen der Preußischen Monarchie vom 8. November 1810.

Gesetz vom 15. Mai 1821 über die Innungen und Zünfte, Sammlung Großherzoglichen Sachsen-Weimar-Eisenachischer Gesetze, Verordnungen und Circularbefehle in chronologischer Ordnung, hg. von Ferdinand von Göckel, 2. Theil, 2. Abteilung, 1820–1827, Eisenach 1830.

Gewerbeordnung für das Deutsche Reich: In der Fassung des Reichsgesetzes vom 1. Juni 1891 über den Arbeiterschutz nebst den neuen Vollzugsvorschriften für das Deutsche Reich und das Königreich Bayern. Handausgabe mit Erläuterungen von Rudolf Schreiber, München 1892.

Gewerbeordnung für das Deutsche Reich vom 21. Juni 1869. Mit Anmerkungen, Inhaltsangabe am Rande und alphabetischem Sachregister von Karl Weber, Erlangen 1872.

Gilt ein Schimpfwort, das einem jugendlichen Arbeiter gegenüber gebraucht wird, ohne weiteres als »grobe Beleidigung«?, in: Gewerbe- und Kaufmannsgericht, 20 (1915) 9, Sp. 249-251.

Haben ungerechtfertigte Handlungen des Arbeitgebers auf die Beurtheilung nachfolgender beleidigender Aeußerungen des Arbeiters Einfluß? Berechnung der Entschädigung wegen kündigungsloser Entlassung nach badischem Landrecht (Urtheile des Gewerbegerichts Karlsruhe, Vorsitzender Rechtsanwalt Boeckh), in: Das Gewerbegericht, 2 (1896) 3, Sp. 21.

**Helmke, Ludwig F.**, Der Begriff der Gewalt im Reichsstrafrecht, Breslau 1895.

Ist das GG. zuständig für Herdmädchen eines Restaurants? Unterwerfen sie die Parteien stillschweigend allen Bestimmungen der Gesindeordnung, wenn sie die Kündigungsfrist derselben vereinbaren? Kann das Herdmädchen den Dienst ohne Kündigung verlassen, wegen einer Mißhandlung, zu der sie den Dienstherrn gereizt hat? (Urteil des GG. Görlitz v. 3. Juli 1901, eingesandt vom Vorsitzenden Stadtrat Görlitz), in: Das Gewerbegericht, 8 (1903) 10, Sp. 188-189.

Ist es eine grobe Beleidigung im Sinne des § 123 Nr. 4, wenn ein Arbeiter einen Vertreter des Arbeitgebers als Streikbrecher bezeichnet? (Urtheil des Gewerbegerichts Frankfurt a. M., Vorsitzender Gerichtsassessor Pohlmann.), in: Das Gewerbegericht, 1 (1896) 3, Sp. 29.

**Kleeis, Friedrich**, Die Arbeitsordnung in den gewerblichen Betrieben Deutschlands, Stuttgart 1914.

**Sarauw, Adolf**, Die Tätlichkeit als Begriff und als strafrechtlicher Tatbestand, Zürich/Leipzig 1913.

Sind Ohrfeigen Mißbrauch des Züchtigungsrechts? (Urteil des Oberlandesgerichts Hamburg vom 30. November 1901, eingesandt von Landrichter Dr. Wittich), in: Das Gewerbegericht, 7 (1902) 8, Sp. 178.

Sind Schimpfworte unter allen Umständen Grund zum sofortigen Austritt, in: Gewerbe- und Kaufmannsgericht, 18 (1913) 6, Sp. 129.

Wie ist die Sachlage bei gegenseitigen Tätlichkeiten zu beurteilen? (GG. u. LG. Chemnitz), in: Gewerbe- und Kaufmannsgericht. Monatsschrift des Verbandes deutscher Gewerbe- und Kaufmannsgerichte, 28 (1923) 4, Sp. 70 f.

»Ungehorsam« als Entlassungsgrund? (Urtheil des Gewerbegerichts zu Gera), in: Das Gewerbegericht, 2 (1897) 11, Sp. 115.

## 4.2 Literatur

**Brand, Jürgen**, Untersuchung zur Entstehung der Arbeitsgerichtsbarkeit in Deutschland. Die Rechtsprechung der rheinischen Gewerbegerichte von 1840 bis 1891 unter besonderer Berücksichtigung des Gewerbegerichts in Elberfeld, Bd. 3, Frankfurt a. M. 2008.

**Brand, Jürgen**, Das geleugnete Erbe. Ancien Régime, modernes Arbeitsrecht und Gewerkschaftsbewegung, in: Joachim Rückert, Arbeit und Recht seit 1800. Historisch und vergleichend, europäisch und global, Köln/Weimar/Wien 2014, S. 133-176.

**Collin, Peter**, Vom Richten zum Schlichten – juristische Entscheidungssysteme im Umbruch. Außergerichtliche Konfliktlösung im späten 19. und frühen 20. Jahrhundert, in: Zeitschrift für Rechtssoziologie, 36 (2016) 1, S. 112-138.

**Flohr, Bernd**, Arbeiter nach Maß. Die Disziplinierung der Fabrikarbeiterschaft während der Industrialisierung Deutschlands im Spiegel von Arbeitsordnungen, Frankfurt a. M. 1981.

**Grimm, Dieter**, Das staatliche Gewaltmonopol, in: Wilhelm Heitmeyer/John Hagan (Hg.), Internationales Handbuch der Gewaltforschung, Wiesbaden 2002, S. 1297-1313.

**Goltermann, Svenja**, Gewaltwahrnehmung. Für eine andere Geschichte der Gewalt im 20. Jahrhundert, in: Mittelweg 36, 29 (2020) 2, S. 23-46.

**Härter, Karl**, Gewaltgeschichten, in: Rechtsgeschichte, 21 (2013), S. 230-232.

**Henne, Thomas**, Die Prägung des Juristen durch die Kommentarliteratur. Zu Form und Methode einer juristischen Diskursmethode, ergänztes und erweitertes Manuskript des Vortrages auf der Tagung »Welche Juristen braucht die Demokratie?«, Berlin, 2. Juni 2006, <https://web.archive.org/web/20150924011848/http://www.fes-forumberlin.de/pdf_2006/d_6_6_01_henne.pdf> (23.1.2025).

**Knoll-Jung, Sebastian**, Vom Schlachtfeld der Arbeit. Aspekte von Männlichkeit in Prävention, Ursachen und Folgenbewältigung von Arbeitsunfällen in Kaiserreich und Weimarer Republik, Stuttgart 2021.

**Lindenberger, Thomas/Alf Lüdtke**, Einleitung. Physische Gewalt – eine Kontinuität der Moderne, in: dies. (Hg.), Physische Gewalt. Studien zur Geschichte der Neuzeit, Frankfurt a. M. 1995, S. 7-38.

**Machtan, Lothar**, Zum Innenleben deutscher Fabriken im 19. Jahrhundert. Die formelle und die informelle Verfassung von Industriebetrieben anhand von Beispielen aus dem Bereich der Textil- und Maschinenbauproduktion (1869–1891), in: Archiv für Sozialgeschichte, 21 (1981), S. 179-236.

**Maier, Hartwig**, Die württembergische Gewerbe- und Kaufmannsgerichtsbarkeit und insbesondere deren Rechtsprechung zur fristlosen Kündigung, aus wichtigem Grund, Regenstauf 2015.

**Ritter, Gerhard A./Klaus Tenfelde**, Arbeiter im Deutschen Kaiserreich 1871 bis 1914, Bonn 1992.

**Rogowski, Ralf/Adam Tooze**, Individuelle Arbeitskonfliktlösung und liberaler Korporatismus. Gewerbe- und Arbeitsgerichte in Frankreich, Großbritannien und Deutschland im historischen Vergleich, in: Heinz Mohnhaupt/Dieter Simon (Hg.), Vorträge zur Justizforschung. Geschichte und Theorie, Bd. 1, Frankfurt a. M. 1992, S. 317-386.

**Shin, Myoung-Hoon**, Die Arbeitersekretariate in der deutschen Arbeiterbewegung, Tönning/Lübeck/Marburg 2007.

**Teuteberg, Hans-Jürgen**, Geschichte der industriellen Mitbestimmung in Deutschland. Ursprung und Entwicklung ihrer Vorläufer im Denken und in der Wirklichkeit des 19. Jahrhunderts, Tübingen 1961.

**Tenfelde, Klaus**, Arbeitersekretäre. Karrieren in der deutschen Arbeiterbewegung vor 1914, Heidelberg 1993.

**Vogt, Dennis**, Arbeit am Konflikt. Die Lösung individueller Arbeitsstreitigkeiten im Deutschen Kaiserreich, 1890–1918, Frankfurt a. M. 2023.

*Mareen Heying*

# Die »Kellnerinnenfrage« als Gewaltfrage

Die »Kellnerinnenfrage« war um 1900 Synonym für den Diskurs über den Umgang mit weiblichen Bedingungen im Gastgewerbe. »Sittliche Gefahren« für und durch Kellnerinnen sowie ausbeuterische Arbeitsbedingungen wurden von verschiedenen Personen und Organisationen thematisiert. Erste Publikationen entstanden ab 1888.[1] Seit 1900 haben Teile der bürgerlichen Frauenbewegung sich mit den Arbeitsbedingungen von Frauen im Gasthaus befasst. Wie die »Kellnerinnenfrage« um 1900 diskutiert wurde, zeigt der Artikel auf. Dabei frage ich, wie der Arbeitsalltag durch Machtebenen und Abhängigkeiten geprägt war und welche verschiedenen Formen von offener und versteckter Gewalt Kellnerinnen an ihren Arbeitsplätzen erlebten.

Zunächst stelle ich die Arbeitsbedingungen vor und zeige Hierarchieebenen im Arbeitsalltag auf. Daraus ergeben sich Abhängigkeiten gegenüber Stellenvermittlern[2], Wirten[3] und Gästen, die ich daraufhin analysiere. Im Anschluss zeige ich auf, wie und durch wen die Kellnerin objektiviert wurde. Gewerkschaftliche Organisierungsversuche zur Verbesserung der Arbeitsbedingungen sind abschließend Thema. Angelehnt an Svenja Goltermann arbeite ich mit einem breiten Gewaltbegriff, um die verschiedenen Facetten von Gewalt im Arbeitsalltag der Kellnerin sichtbar zu machen: »Anders als noch zu Beginn des 20. Jahrhunderts wird Gewalt heute vielerorts nicht mehr nur als körperliche gedacht, sondern auch als psychische, emotionale, strukturelle, symbolische oder sprachliche.«[4] Goltermann regt dazu an, bei der historischen Analyse von Gewaltwahrnehmungen unsichtbarer privater Gewalt stärker nachzuspüren, besonders »interpersonale[r] Gewalt im privaten und halb-öffentlichen Kontext«, wozu der Arbeitsplatz zählt.[5] Beatrix Beneder bestimmt das Gasthaus als »Schnittstelle zwischen Öffentlichkeit und Privatheit«, als »öffentlichen Ort«, doch

---

1 Die erste Studie zum Themenfeld hat 1888 Edmund Pentzhorn (Pseudonym M. Etis) über Kellnerinnen in Berlin verfasst auf Basis von »eigener aufmerksamer Beobachtung und durch Nachforschung«. Siehe: Edmund Pentzhorn [M. Etis], Die Kellnerinnen in Berlin. Eine sociale Frage, Berlin 1888, S. 8 f.

2 Die Quellen nutzen die männliche Form, »Stellenvermittler« oder »Agenten«, daher wird sie hier auch genutzt. Nur einmal wurde eine Vermittlerin genannt.

3 Auch Wirtsehepaare haben Betriebe zusammen geleitet, zum Teil auch Wirtinnen alleine. Da die Quellen von »Wirten« sprechen und die Mehrzahl männlich war, wird die männliche Form im Artikel genutzt.

4 Svenja Goltermann, Gewaltwahrnehmung. Für eine andere Geschichte der Gewalt im 20. Jahrhundert, in: Mittelweg 36, 29 (2020) 2, S. 23-46; hier: 24 f.

5 Ebd.

in »privater« Runde.[6] Zudem ist es ein Raum, in dem Geschlecht verhandelt wird.[7] An Goltermann und Beneder anschließend begreife ich die Gaststätte als »halb-öffentlichen Kontext« und spüre dort interpersoneller Gewalt am Arbeitsplatz nach, also der Gewalt, zwischen der Kellnerin und den Personen, mit denen sie agierte: Wirten und Gästen.

1893 Jahr erschien *Das Kellnerinnen-Elend in Berlin* des anarchistischen Schriftstellers und Publizisten Karl Schneidt. Schneidt versandte hierfür 3.000 Fragebögen an Kellnerinnen, 1.108 Bögen kamen ausgefüllt zurück, auf deren Basis er die »Kellnerinnenfrage« analysierte.[8] Doris Wege war sieben Jahre lang als Kellnerin tätig, als sie 1896 *Der soziale Notstand des Kellnerinnen-Berufs. Ein Hilferuf aus langjährigen Erfahrungen* publizierte.[9] Die Schriften von Schneidt und Wege zeigen die Perspektiven von Kellnerinnen direkt, daher habe ich sie besonders in die Analyse einbezogen. Ausgewertet habe ich zudem die ab 1908 monatlich erscheinende Zeitschrift *Die Deutsche Kellnerin*, von 1911 bis 1913 unter dem Namen *Die Gastwirtsgehilfin*.[10] Die Zeitschrift war das »Organ der Vereine zur Fürsorge für Gasthofsgehilfinnen«, die besonders in Heidelberg und Stuttgart vertreten waren. Ottilie Duvernoy aus Stuttgart, Vorsitzende der Vereine zur Fürsorge für Kellnerinnen, war bis zu ihrem Tod 1912 verantwortliche Redakteurin. Wichtig war dem Medium die »Hebung des Standes« der Kellnerin.[11] Die Zeitschrift sollte zu Informationszwecken an Kellnerinnen ausgegeben werden.[12] Manchmal schrieben sie darin selbst Beiträge. Damit sind in den untersuchten Quellen Stimmen der Kellnerinnen versammelt, und solche, die der Kellnerin prinzipiell wohlwollend gegenüberstanden, wenn auch zum Teil paternalistisch. Die Perspektive derer, von denen Gewalt ausging – Wirte, Gäste und Stellenvermittler –, findet sich in den von mir untersuchten Quellen nicht. Aussagen der Gäste und Stellenvermittler über die »Kellnerinnenfrage« sind – soweit mir bekannt – nicht überliefert. Wirte tauschten sich aus in der *Deutschen Wirths-Zeitung*

---

6 Beatrix Beneder, Männerort Gasthaus? Öffentlichkeit als sexualisierter Raum, Frankfurt a. M./New York 1997, S. 13.

7 Ebd., S. 8.

8 Karl Schneidt, Das Kellnerinnen-Elend in Berlin, Berlin 1893, S. 9 f. Im selben Jahr erschien auf männliche Angestellte in Gasthäusern ausgerichtet: Karl Oldenberg, Der Kellnerberuf. Eine sociale Studie, Leipzig 1893.

9 Doris Wege, Der soziale Notstand des Kellnerinnen-Berufs. Ein Hilferuf aus langjährigen Erfahrungen, Leipzig 1896, S. 3.

10 Von 1905 bis 1907 erschien die Vorgängerzeitschrift *Die Kellnerin*, die sich auf Gasthofgehilfinnen in Stuttgart konzentrierte. Die Jahrgänge 1908 bis 1913 der bundesweiten Ausgabe wurden komplett eingesehen. Sie trug den Untertitel *Zeitung für die Interessen der deutschen Kellnerin* bzw. *Zeitung für die Interessen der weiblichen Angestellten im Gastgewerbe*. Die beiden letzten Ausgaben, November und Dezember 1913, hießen *Deutsche Rundschau* und behandelten Themen, die über die »Kellnerinnenfragen« hinausgingen. Die Artikel sind meist nicht namentlich gekennzeichnet, auf die Angabe »o. V.« wurde dann verzichtet.

11 Vertrauen!, in: Die Deutsche Kellnerin, Januar 1908, S. 1.

12 Mitteilungen, in: Die Deutsche Kellnerin, April 1908, S. 15.

(1895–1914) wie auch in Wirte-Zeitungen einzelner Städte und Regionen. Darin berichten sie über ihren Arbeitsalltag, gesetzliche Regelungen, die Entwicklungen ihrer Gasthäuser und über ihre Kundschaft. Die »Kellnerinnenfrage« ist darin kein relevantes Thema. Ihre Perspektive bleibt daher auch offen.

## 1 Arbeitsbedingungen

1882 gab es in Preußen 78.300 Kellnerinnen und 57.778 Kellner.[13] Die Zahl der Gaststätten stieg und damit auch die der dort tätigen Personen. 1907 waren es rund 110.000 Kellnerinnen.[14] Im Untersuchungszeitraum waren immer mehr Kellnerinnen tätig als Kellner.[15] Besonders war die Situation in Bayern. Dort war es eine »Volkssitte«, dass Frauen bedienen, in anderen Regionen nicht.[16]

Die Umfrage unter Kellnerinnen von Karl Schneidt ergab, dass etwa 66 Prozent der Kellnerinnen aus den unteren Schichten kamen. Die anderen kamen aus dem mittleren Bürgerstand und aus dem Beamtentum.[17] 60 bis 70 Prozent der Kellnerinnen waren zuvor Dienstmädchen.[18] Der Grund für den Wechsel des Arbeitsplatzes lag oft darin begründet, dass die Frauen vom Hausherrn oder seinem Sohn sexuell bedrängt wurden. Einige wurden sogar vergewaltigt, und wenn sie schwanger wurden, hatten sie ein Kind zu versorgen.[19] Doch auch die Frauen des Hauses behandelten Dienst-

---

13 Oldenberg, Kellnerberuf, 1893, S. 2.

14 Bund Deutscher Frauenvereine. Kommission zur Vorbereitung von Vorschlägen für die Reform des Kellnerinnenberufes, Flugblatt, ohne Datum, etwa 1908, Bestand: Archiv der deutschen Frauenbewegung, im Folgenden AddF, Signatur: NL-K-16, H-444; Patricia Van Den Eeckhout, Waiters, Waitresses, and their Tips in Western Europe before World War I, in: International Review of Social History [IRSH], 60 (2015) 3, S. 349-378; hier: S. 374.

15 Gertrud Bäumer, Prinzipielles zur Sperrung des Kellnerinnenberufs, in: Neue Bahnen. Organ des Allgemeinen Deutschen Frauenvereins, Nr. 19, 1. Oktober 1909, S. 145-148; hier: S. 146, Bestand: AddF, Signatur: NL-K-16, H-444; Anneliese Durst, Bedienen zwischen dienen und verdienen. Eine berufssoziologische empirische Untersuchung zur Dienstleistungsarbeit im Gastgewerbe, Bielefeld 1993, S. 120.

16 Laut Gertrud Bäumer waren die Arbeitsbedingungen der Kellnerinnen in Bayern zum Teil andere als im restlichen Kaiserreich und ihnen sei mehr Respekt entgegengebracht worden. Gertrud Bäumer, Prinzipielles zur Sperrung des Kellnerinnenberufs, in: Neue Bahnen. Organ des Allgemeinen Deutschen Frauenvereins, Nr. 19, 1.10.1909, S. 145-148; hier: S. 146, Bestand: AddF, Signatur: NL-K-16, H-444; Eeckhout, Waiters, in: IRSH, 60 (2015) 3, S. 354. *Die Deutsche Kellnerin* berichtete jedoch, in Süddeutschland gäbe es dieselben Missstände, »wie nördlich der Mainlinie«, Kellnerinnenelend, in: Die Deutsche Kellnerin, Februar 1908, S. 1 f.

17 Durst, Bedienen, 1993, S. 134; Schneidt, Kellnerinnen-Elend, 1893, S. 12.

18 Pentzhorn, Kellnerinnen, 1888, S. 9.

19 Wie sich sexualisierte Gewalt am Arbeitsplatz von Haushaltsgehilfinnen im 20. Jahrhundert zeigte, verdeutlicht der Beitrag von Mareike Witkowski in diesem Band (➞ S. 95 ff.).

mädchen oft schlecht.[20] Erlebte Gewalt konnte demnach für Frauen ein Grund sein, als Kellnerin zu arbeiten. Eine Altersgrenze nach unten existierte für Kellnerinnen nicht.[21] Eine Ausbildung war nicht nötig, Zeugnisse nicht gefragt.[22] Erst ab 1941 gab es den dreijährigen Ausbildungsberuf »Gaststättengehilfin«.[23] Ein Arbeitseinstieg war damit einfach möglich.

Mit der Bundesratsverordnung vom 23. Januar 1902 wurden das erste Mal reichsweit die Arbeitsverhältnisse im Gastgewerbe gesetzlich geregelt. Diese Verordnung erstreckte sich »auf das höhere Personal«, sie fand für Kellnerinnen nicht immer Anwendung.[24] Fortan gab es eine 14-tägige Kündigungsfrist, vorher konnte Kellnerinnen und Kellnern stündlich gekündigt werden.[25] Im Mai 1910 wurden die Regelungen erweitert: Jede Woche sollte »ein ganzer freier Tag« gewährt werden. Die maximale Arbeitszeit am Tag lag bei 12 Stunden.[26] De facto arbeiteten laut Martha Stern (Mitbegründerin des Mannheimer Vereins für Mutterschutz) und Liska Gerken-Leitgebel (Aktivistin der Antialkoholbewegung) Kellnerinnen 14 bis 18 Stunden am Tag und durften nur alle 14 Tage einen Tag Ruhe nehmen. Diesen Tag nähmen sie jedoch oft nicht aus Sorge, dass sie im Anschluss nicht wieder eingestellt würden.[27] Es gab in einigen Städten und Kommunen ergänzende Polizeiverordnungen betreffend Gast- und Schankwirtschaften mit weiblicher Bedienung. Diese bestimmten etwa, dass Kellnerinnen sittenpolizeilich nicht als Prostituierte gemeldet sein durften,

---

20 Rettet die Barmädchen, in: Die Fackel, 29.10.1910, S. 3, Bestand: AddF, Signatur: NL-K-16, H-444.

21 Camilla Jellinek, Kellnerinnenelend, in: Archiv für Sozialwissenschaft und Sozialpolitik [AfS], 24 (1907), S. 613-629; hier: S. 614.

22 Durst, Bedienen, 1993, S. 116.

23 Beatrix Beneder, Mädchenbedienung im Männerort. Geschlechter-Inszenierungen im Wirtshaus, in: Ulrike Spring/Wolfgang Kos/Wolfgang Freitag (Hg.), Im Wirtshaus. Eine Geschichte der Wiener Geselligkeit, Wien 2007, S. 242-247; hier: S. 246.

24 Georg Eiben, Die Berufsverhältnisse der deutschen Gasthaus-Angestellten und deren soziale und wirtschaftliche Förderung durch ihre Berufsorganisationen und die Gesetzgebung, eine Aufklärungsschrift für Berufsangehörige, Volksvertreter, Gesetzgeber und Sozialpolitiker, Oldenburg 1910, S. 1-3. Georg Eiben verfasste auf Basis einer Gewerbezählung vom 12. Juni 1907 seine Studie.

25 Pentzhorn, Kellnerinnen, 1888, S. 13; Schneidt, Kellnerinnen-Elend, 1893, S. 27. Wie aus der 1893 gegründeten Zeitschrift *Das Gewerbegericht* hervorging, begannen Kellnerinnen ihre Rechte auch vor den neu geschaffenen Gewerbegerichten einzuklagen. Im Fall von Gewalt oder Beleidigungen vonseiten des Arbeitgebers war es ihnen beispielsweise möglich, ihre Arbeit sofort und ohne Rücksicht auf entsprechende Fristen zu kündigen. Wurde dies vom Arbeitgeber nicht akzeptiert, konnten sie besagte Gewerbegerichte anrufen, die um 1900 in vielen größeren deutschen Städten eingerichtet wurden. Entwicklung und Funktion des Gewerbegerichtes stellt Johanna Wolf in diesem Band (➞ S. 59 ff.) vor.

26 Dieter Schuster, Chronologie der deutschen Gewerkschaftsbewegung von den Anfängen bis 1918, <https://library.fes.de/fulltext/bibliothek/tit00148/0014803c.htm#LOCE9E361> (5.1.2025).

27 Martha Stern: Noch etwas zur Kellnerinnenfrage, in: Die Gastwirtsgehilfin, Dezember 1911, S. 42; Frau L. Gerken-Leitgebel, Die rote Laterne, in: Die Gastwirtsgehilfin, Januar 1912, S. 1.

welche Kleidung sie zu tragen hatten und dass sie nicht aufdringlich die Gäste zum Trinken animieren sollten.[28] Neben klassischen Gast- und Schankwirtschaften gab es Animierkneipen; »Wirtschaften mit Frauenbedienung, als Ausübungsorte der heimlichen Prostitution.«[29] Diese spielen im Artikel eine untergeordnete Rolle, auch wenn »Grenzen zwischen Animierkneipe und gewöhnlicher Wirtschaft häufig schwer zu ziehen sind.«[30]

Den Arbeitsalltag im Gasthaus stellte eine weibliche Bedienung in *Die Deutsche Kellnerin* 1909 vor: Das »Angebot« an Kellnerinnen sei höher als die Nachfrage, was eine starke Konkurrenzsituation hervorbrächte. Die Kellnerin erhalte oft keinen Lohn und sei auf die Trinkgelder der Gäste angewiesen, was »demoralisierend« wirke.[31] Sie ließe sich »die unerhörtesten Dinge bieten«, was zum Teil in die Prostitution münde. Der Beruf sei damit, darauf wiesen die Quellen immer wieder hin, vielerorts eine »Vorstufe zur Prostitution«.[32] Manchmal hatten sie einige Prozente des Trinkgeldes an den Wirt abzugeben.[33] Zudem waren Bruch- (wenn dem Gast oder der Kellnerin Geschirr zerbrach) und Putzgeld von 25 bis 80 Pfennig an den Arbeitgeber zu zahlen.[34] Laut Gerken-Leitgebel kamen 50 Pfennig für das tägliche Spülen der Gläser, 15 Pfennig für das Benutzen der Toilette und Kosten für das Essen vor Ort dazu. Manchmal erhielt die Kellnerin fünf bis zehn Mark monatliches Gehalt.[35] Kellnerinnen waren im Kaiserreich dabei nicht die Einzigen, die vor allem auf Trinkgeld angewiesen waren und zeitgleich Gebühren zahlen mussten, um zu arbeiten. Dies galt auch für andere Dienstleistungen.[36]

Oft hatten Kellnerinnen wegen des stressigen Arbeitsalltags keine Zeit, ihr zugewiesenes Essen zu verspeisen. Die Autorin in *Die Deutsche Kellnerin* führte dazu

---

28 Siehe etwa: Polizeiverordnung betreffend Gast- und Schankwirtschaften mit weiblicher Bedienung, Weimar, 8. Februar 1908, Bestand: AddF, Signatur: NL-K-16, H-444; Soziale Rundschau. In Hamburg wurde eine Polizeiverordnung erlassen über Wirtschaften mit weiblichem Personal, in: Die Deutsche Kellnerin, Juni 1909, S. 23.

29 Heike Mauer, Intersektionalität und Gouvernementalität. Die Regierung von Prostitution in Luxemburg, Opladen/Berlin/Toronto 2018, S. 177. Mauer analysiert die Animierkneipe in Luxemburg ausführlich (S. 177-215). Zur Animierkneipe in Deutschland siehe: Ulrich Linse, »Animierkneipen« um 1900, Arbeitersexualität und bürgerliche Sittenreform, in: Dagmar Kift (Hg.), Kirmes, Kneipe, Kino. Arbeiterkultur im Ruhrgebiet zwischen Kommerz und Kontrolle (1850–1914), Paderborn 1992, S. 83-118.

30 Eingesandt, in: Die Deutsche Kellnerin, Mai 1908, S. 17.

31 A. H., Unser Arbeitsverhältnis, in: Die Deutsche Kellnerin, September 1909, S. 33; siehe auch: Durst, Bedienen, 1993, S. 117. Die erste Studie über das Trinkgeld entstand 1889 von Rudolf von Jhering.

32 Kellnerinnenelend, in: Die Deutsche Kellnerin, Februar 1908, S. 1 f.

33 Jellinek, Kellnerinnenelend, in: AfS, 24 (1907), S. 616.

34 A H., Unser Arbeitsverhältnis, in: Die Deutsche Kellnerin, September 1909, S. 33.

35 Frau L. Gerken-Leitgebel, Die rote Laterne, in: Die Gastwirtsgehilfin, Januar 1912, S. 1; Jellinek, Kellnerinnenelend, in: AfS, 24 (1907), S. 616.

36 So etwa »hair-dressers, coachmen, concierges, postmen, couriers, porters, and removers«, siehe: Eeckhout, Waiters, in: IRSH, 60 (2015) 3, S. 350, auch: S. 357-360.

aus: »Ist das der Fall in Betrieben, in welchen die Kost noch einwandfrei bezeichnet werden kann, so ist es umso schlimmer bestellt da, wo das Mittagsmahl der Kellnerinnen aus abservierten Resten aus dem Wirtschaftsbetrieb zusammengeworfen ist.«[37] Dies wurde umgangssprachlich »Kellnergoulasch« genannt.[38] Sie gab an, Kolleginnen würden sich gegen die Umstände nicht wehren, weil sie »den Kürzeren ziehen« würden. Wer sich unliebsam verhalte, würde auf die Straße gesetzt.[39] Kellnerinnen bekamen in vielen Gasthäusern Geld, wenn Gäste ihnen Getränke spendierten. Je mehr sie tranken, desto mehr verdienten sie.[40] Da dies auch den Umsatz ankurbelte, bekamen einige Kellnerinnen von den Wirten stark gesalzene Speisen vorgesetzt, die Durst machten.[41] Viele Frauen klagten laut *Die Gastwirtsgehilfin* über Magenkrankheiten, »verursacht durch das viele Trinken«.[42] Schlecht für die Gesundheit sei zudem die Luft in der Kneipe gewesen; oft voller Rauch und stickig.[43] Nicht selten wohnten Kellnerinnen im Haus des Wirtes, manchmal mussten sie sich dort ein Zimmer mit anderen »Mädchen« teilen.[44]

## 2 Abhängigkeiten

Der Arbeitsplatz war komplex organisiert: Nur wer von einem Agenten einer privaten Stellenvermittlung in eine Gastwirtschaft oder Kneipe geschickt wurde, bekam einen Arbeitsplatz – der Agent im Gegenzug eine Provision. Wirte und Agenten arbeiteten zum Teil zusammen. Insgesamt kostete die Vermittlung je nach Stadt, Etablissement und Jahreszeit zwischen vier und zehn Mark. Da die Gäste von immer neuen Kellnerinnen bedient werden wollten, war eine Entlassung aus einem Betrieb nach einer gewissen Zeit üblich.[45] Wenn ein Stammgast ein neues Gesicht sehen wolle, würden die Frauen anlasslos auf die Straße gesetzt, berichtete eine Kellnerin.[46] Die Agenten

37 A. H., Unser Arbeitsverhältnis, in: Die Deutsche Kellnerin, September 1909, S. 33.

38 Eeckhout, Waiters, in: IRSH, 60 (2015) 3, S. 364.

39 A. H., Unser Arbeitsverhältnis, in: Die Deutsche Kellnerin, September 1909, S. 33; Jellinek, Kellnerinnenelend, in: AfS, 24 (1907), S. 617.

40 Wege, Notstand, 1896, S. 6.

41 Schneidt, Kellnerinnen-Elend, 1893, S. 21.

42 Eine Kundgebung gegen das Animierkneipenwesen, in: Die Gastwirtsgehilfin, Januar 1911, S. 2.

43 Pentzhorn, Kellnerinnen, 1888, S. 16.

44 Frau L. Gerken-Leitgebel, Die rote Laterne, in: Die Gastwirtsgehilfin, Januar 1912, S. 1. Die Arbeitsbedingungen waren in anderen europäischen Ländern ähnlich. Eeckhout, Waiters, in: IRSH, 60 (2015) 3, S. 364.

45 Henning, Denkschrift, 1898, S. 7; Pentzhorn, Kellnerinnen, 1888, S. 12; Schneidt, Kellnerinnen-Elend, 1893, S. 25-28; Wege, Notstand, 1896, S. 9.

46 A. H., Unser Arbeitsverhältnis, in: Die Deutsche Kellnerin, September 1909, S. 33.

wiesen dafür den Wirten regelmäßig neue »Mädchen« zu.[47] Die Frauen wechselten oft den Arbeitsort, einige bis zu 30-mal im Jahr.[48]

Die Ausbeutung durch die Vermittler war zum Teil sehr perfide. Darauf wies *Die Deutsche Kellnerin* immer wieder hin: Als in Heidelberg ein neuer Pächter eine Gaststätte übernahm, versprach er den dort tätigen Kellnerinnen, sie könnten ihren Arbeitsplatz behalten, wenn sie dem Stellenvermittler 15 Mark zahlten. Nicht alle gingen darauf ein. Sie wandten sich an einen anderen Wirt, der Personal suchte. Doch auch dieser forderte, 15 Mark an den Vermittler zu entrichten.[49] In einem weiteren Fall schrieb eine Vermittlerin aus Königsberg einem Wirt, sie habe gehört, dass eine Stelle bei ihm frei werde, sie könne eine »junge, hübsche, gewandte Kellnerin« vermitteln, die noch nicht in der Gegend gearbeitet habe. Damit wurde der Wirt in den Glauben versetzt, seine aktuelle Kellnerin wolle kündigen. Er stellte daraufhin eine neue ein und die alte verlor ihren Arbeitsplatz.[50] Andernorts gingen die Stellenvermittler als Gäste in Gaststätten und beklagten sich im Anschluss über »die Mädchen«, sodass sie entlassen wurden und neue vermittelt werden konnten.[51] Daher wurden immer wieder Forderungen zur Abschaffung des privaten Vermittlungswesens in *Die Deutsche Kellnerin* laut.[52] Wenn es einer Frau in einer Stellung gefiel, zahlte sie von Zeit zu Zeit freiwillig eine bestimmte Summe an den Agenten, damit er nichts gegen sie unternahm.[53] 1910 wurde das Stellenvermittlungsgesetz dahingehend geändert, dass Arbeitgeber:innen und Arbeitnehmer:innen je die Hälfte der Vermittlungsgebühr zu zahlen hatten und diese von den lokalen Behörden festgelegt wurde, nicht mehr privat.[54]

Hauptausbeuter der Kellnerinnen war der Wirt, wie Doris Wege und Karl Schneidt angaben.[55] Eine Kellnerin beklagte, die Wirte seien den Kellnerinnen gegenüber anstandslos,

> »auch ein großer Teil der Gäste meint, uns als Menschen minderer Qualität betrachten und ihre Mißachtung unseres Standes fühlbar Ausdruck verleihen zu müssen. Gegen Rüpeleien der Gäste haben wir meist keinen Schutz beim Arbeit-

47 Pentzhorn, Kellnerinnen, 1888, S. 13.

48 Schneidt, Kellnerinnen-Elend, 1893, S. 30; Student und Kellnerin (Teil 1), in: Die Gastwirtsgehilfin, Juli–August 1911, S. 25.

49 Ueber das gewerbsmässige Stellenvermittlungswesen bei den Kellnerinnen, in: Die Deutsche Kellnerin, Juni 1909, S. 21.

50 Soziale Rundschau. Auszug aus Der Gastwirtshilfe, in: Die Deutsche Kellnerin, März 1909, S. 11.

51 Frau L. Gerken-Leitgebel, Die rote Laterne, in: Die Gastwirtsgehilfin, Januar 1912, S. 1.

52 Siehe etwa: Vereinsnachrichten. Stuttgart, in: Die Deutsche Kellnerin, August 1909, S. 31.

53 Schneidt, Kellnerinnen-Elend, 1893, S. 29.

54 Das neue Stellenvermittlungsgesetz, in: Die Deutsche Kellnerin, November 1910, S. 43 f; hier: S. 43.

55 Schneidt, Kellnerinnen-Elend, 1893, S. 24.

geber, da dem Wirt mehr an der Erhaltung eines Stammgastes als an einer Kellnerin gelegen ist.«[56]

Aus Berichten der Sittlichkeitsvereine lasse sich laut Adolf Henning (aktiv in der »Sittlichkeits-Bewegung«) sagen, dass »kein Stand in sittlicher Beziehung so vielen Gefahren und Versuchungen ausgesetzt sei, wie der Stand der Kellnerinnen.«[57] Während der Arbeit und danach, wenn die Frauen schon alkoholisiert waren, machten einige Gäste ihnen sexuelle Avancen.[58] Dass die Frauen vom Trinkgeld abhängig waren, wussten die Männer, woraus Schneidt folgerte: »Sie muß kokettieren und stimulieren und darf weder zimperlich thun, noch auch nur halbwegs anständig bleiben, falls der Gast das Gegenteil wünscht.«[59] Wege berichtete, mit »Widerwillen« ließen sich einige auf die Gäste ein, um nicht entlassen zu werden.[60] Zum Teil erwarteten die Wirte, dass die Kellnerinnen in Nebenzimmern mit den Gästen Sex hatten, wenn diese das wünschten.[61] Ob für den Sex bezahlt wurde und an wen, dazu schweigen die Quellen. Schneidt bewertet, dass in einem Nebenzimmer eine Kellnerin »der brutalen Willkür des Gastes preisgegeben« sei. Wenn sie sich sträubte, drohten ihr vom Wirt und dessen Frau »körperliche Mißhandlungen«.[62] Die Frauen der Wirte würden sich, wie der Autor Edmund Pentzhorn angab, über die Kellnerinnen stellen und sie »in Form von Sklaven« behandeln.[63]

Viele Kellnerinnen waren empört über die Rohheit einiger Gäste, vor allem der »reichen und gebildeten Herren«, die sich »fast sportmäßig einer besonderen Brutalität im Verkehr mit ihnen befleißigen«, während die Arbeiter »durchweg viel anständiger« seien. Dies hatten die Fragebögen von Schneidt ergeben. Er schlussfolgerte, der Arbeiter stelle sich auf eine Stufe mit der Kellnerin, was der »gebildete Herr« nicht tue und die Frauen daher herablassender behandele.[64] Auch Wege gab an, vor allem Studenten würden glauben, ungezogen sein zu dürfen, weil sie »nur eine Kellnerin« sei.[65] Der Student »versündigt« sich »am meisten an den Kellnerinnen auf sittlichem Gebiete«.[66] Hier spielen Hierarchien eine bedeutende Rolle. Liska Gerken-Leitgebel hingegen sorgte sich vor allem um die männliche Jugend und das »deutsche Volk«, wenn

---

56 A. H., Unser Arbeitsverhältnis, in: Die Deutsche Kellnerin, September 1909, Nr. 9, S. 33.

57 Adolf Henning, Denkschrift über das Kellnerinnen-Wesen, Berlin 1898, 8. Hennings Studie basierte auf einer 1894 durchgeführten Umfrage der Konferenz der deutschen Sittlichkeitsvereine und auf Berichten badischer Sittlichkeitsvereine vom Dezember 1895.

58 Henning, Denkschrift, 1898, S. 9.

59 Schneidt, Kellnerinnen-Elend, 1893, S. 19.

60 Wege, Notstand, 1896, S. 9.

61 Henning, Denkschrift, 1898, S. 5; Schneidt, Kellnerinnen-Elend, 1893, S. 23.

62 Schneidt, Kellnerinnen-Elend, 1893, S. 20.

63 Pentzhorn, Kellnerinnen, 1888, S. 22.

64 Schneidt, Kellnerinnen-Elend, 1893, S. 49; Wege, Notstand, 1896, S. 14.

65 Student und Kellnerin (Teil 1), in: Die Gastwirtsgehilfin, Juli–August 1911, S. 25.

66 Paul Krug, Zur Kellnerinnenfrage, in: Die Deutsche Kellnerin, Juli 1910, S. 25 f.; hier: S. 25.

diese mit Kellnerinnen in Kontakt kämen. Denn die »Mädchen« seien oft »anormal, erblich belastet«, weshalb »unser Volk an ihnen nicht viel verliert«. Sie führt weiter aus: »Ihre Zahl wächst erschreckend, und auch bei kurzer Lebensdauer bringen sie unübersehbares Unheil unserer männlichen Jugend, leider auch den Ehemännern, dadurch der Ehefrau, dem Kinde – dem Volke!«[67] Derartige Argumente von Aktivistinnen der bürgerlichen Frauenbewegung standen nicht für sich. Sie waren eingebettet in gesellschaftliche Euthanasie-Diskurse über einen gesunden »Volkskörper«. Gerken-Leitgebel führte weiter aus, die Kellnerinnen würden »Hunderttausende von jungen und älteren Männern zugrunde richten«.[68] Angesichts der Klagen der Kellnerinnen über die Unverschämtheiten der männlichen Gäste zeigt sich hier ein klares Wahrnehmungsgefälle von Gerken-Leitgebel und eine Verschleierung der geschlechtsspezifischen und klassistischen Gewalt, die in körperlicher Gewalt münden konnte.

Druck auf die Kellnerinnen konnten Vermittler, Wirte und Gäste aufgrund des bestehenden Hierarchiegefälles ausüben. Dadurch wurden Abhängigkeiten geschürt, die nicht reglementiert waren. Hier wird ein Zusammenwirken von sichtbarer Gewalt (durch die Gäste in den Kneipen) und unsichtbarer Gewalt (durch den Druck, die Arbeitsstelle nicht zu verlieren) deutlich.

## 3 Objektivierung

Die Kellnerin Doris Wege plädierte dafür, »nicht so hart [zu] urteilen, ohne vorher genau geprüft zu haben.«[69] Sie litt vor allem unter der »öffentlichen Meinung«, besonders durch Frauen »aus besseren Familien«, die Glück in ihrem Leben hatten. Diese »brechen am schnellsten den Stab über uns«.[70] Laut *Die Gastwirtsgehilfin* wurde die Kellnerin durch ihre Arbeit »gebrandmarkt« und als »Freiwild« angesehen.[71] Diese Zuschreibungen werden an einigen Positionen der bürgerlichen Aktivistinnen deutlich: Camilla Jellinek (Mitglied der Rechtskommission des Bundes Deutscher Frauenvereine) schreibt, dass »auf das Wild Jagd gemacht« wird, wenn die Gasthäuser abends schließen, und meinte damit die Kellnerinnen auf ihrem Heimweg, sofern sie nicht am Arbeitsplatz wohnten.[72] Frauenvereine aus Frankfurt am Main sahen 1910

67 Liska Gerken-Leitgebel, Vorschläge zur Neuordnung der Schankwirtschaften mit weiblicher Bedienung, in: Sonderabdruck aus »Die Alkoholfrage«, Heft 1, Jg. XIV (1918), S. 1-3; hier: S. 2, Bestand: AddF, Signatur: NL-K-16, H-440.

68 Ebd.; ähnlich hier: Bund Deutscher Frauenvereine. Kommission zur Vorbereitung von Vorschlägen für die Reform des Kellnerinnenberufes, Flugblatt, ohne Datum, etwa 1908, Bestand: AddF, Signatur: NL-K-16, H-444.

69 Wege, Notstand, 1896, S. 4.

70 Ebd., S. 12.

71 Martha Stern, Noch etwas zur Kellnerinnenfrage, in: Die Gastwirtsgehilfin, Dezember 1911, S. 42.

72 Jellinek, Kellnerinnenelend, in: AfS, 24 (1907), S. 618.

in Nachtcafés »sog. Fleischmärkte«.[73] Die satirische Zeitschrift *Die Fackel* kritisierte die paternalistischen Frauen Frankfurts, besonders als sie eine Kundgebung »gegen das Unwesen der Animierkneipen und der Bars« abhielten. Die Frauen würden Kellnerinnen retten wollen, »obgleich nicht eine einzige dieser kriegerischen Frauen und Jungfrauen bei den Bardamen angefragt hat, ob sie überhaupt gerettet sein wollen. – Auf jede Anfrage wäre ein Nein erfolgt.«[74] Ein ähnliches Verhalten zeigt die Kommission zur Vorbereitung von Vorschlägen für die Reform des Kellnerinnen-Berufes. Diese erstellte 1912 zwei Fragebögen, um ein »klares und anschauliches Bild der Arbeits- und Lebensverhältnisse der Kellnerinnen« zu erhalten. Die Bögen sollten von den Mitarbeitenden der Kommission ausgefüllt werden, nicht von den Kellnerinnen selbst »auf Grund eingehender Orientierung [...] um irrige und widerspruchsvolle Aussagen zu vermeiden.«[75] Die Aussage verdeutlicht: Die Kellnerin wurde als autonome Person von der Kommission nicht ernst genommen. Dass eine Umfrage auf Grundlage der von Kellnerinnen selbst ausgefüllten Bögen möglich war, zeigt hingegen die Studie von Karl Schneidt. Stattdessen reproduzierten die Frauenvereine das stereotype Bild der unmündigen Kellnerin. Genau gegen derartige Vorannahmen richtete sich die Kritik von Doris Wege, die die Autonomie der Frauen unterstrich: »Wir sind einmal darauf angewiesen, selbstständig unser Brod [sic] zu verdienen, wir haben diesen Weg dazu gewählt oder wählen müssen, so wollen wir ihn auch behaupten.«[76] Eine Aktivistin des Katholischen Frauenbundes hielt im Dezember 1910 in einem Heim für Gasthofsgehilfinnen einen Vortrag über die Berufsmöglichkeiten von Mädchen in den Kolonien. »Angesichts der Ueberfüllung im Kellnerinnenstande in allen Städten Deutschlands, wäre es für charakterfeste, tüchtige und nicht ganz junge Mädchen« aussichtsreich, in die deutschen Kolonien zu gehen. Gerade im Bereich der Hauswirtschaft würden Frauen gesucht.[77] Auch Jellinek empfahl den Beruf des Dienstmädchens als Alternative.[78] Dieser Ratschlag kann nur als völlige Ignoranz der Arbeitsrealitäten von Kellnerinnen und besonders der Dienstmädchen bewertet werden. Denn wie oben ausgeführt, zogen es viele Frauen vor, als Kellnerin zu arbeiten, da sie zuvor als Dienstmädchen verschiedene Gewaltformen erfahren hatten.

---

73 Der einberufene Ausschuss der Kundgebung vom 3. Nov. ds. Js. im Namen der sämtlichen Frankfurter Frauenvereine an den Herrn Königl. Polizeipräsidenten zu Frankfurt a. M., betrifft: Bitte der Frankfurter Frauenvereine um Nichtgewährung der verlängerten Polizeistunde an Cabaretkneipen und übel berüchtigte Cafés, Frankfurt a. M., Dezember 1910, Bestand: AddF, Signatur: NL-K-16, H-444.

74 Rettet die Barmädchen, in: Die Fackel, 29.10.1910, S. 3, Bestand: AddF, Signatur: NL-K-16, H-444.

75 Kommission zur Vorbereitung von Vorschlägen für die Reform des Kellnerinnen-Berufes des Bundes Deutscher Frauenvereine, Anschreiben nebst Fragebogen A und Fragebogen B, o. O., 1912, Bestand: AddF, Signatur: NL-K-16, H-444.

76 Wege, Notstand, 1896, S. 18.

77 Berichte. München, in: Die Gastwirtsgehilfin, Januar 1911.

78 Beneder, Mädchenbedienung, in: Spring/Kos/Freitag (Hg.) 2007, S. 246.

Die Vereine zur Fürsorge für Gasthofsgehilfinnen, die *Die Deutsche Kellnerin* und *Die Gastwirtsgehilfin* herausgaben, waren sich uneins über den Umgang mit der »Kellnerinnenfrage«. Die »Stuttgarter Richtung« wollte durch Selbsthilfe und Staatshilfe die Gefahren des Berufes bekämpfen. Die »Heidelberger Richtung« sah die Gefahren des Berufes nicht als Begleiterscheinungen, sondern sie seien »im Beruf selbst enthalten«. Daher gab es für sie keine praktische Gegenwartsstrategie zur Lösung der »Kellnerinnenfrage«.[79] Ähnlich der »Stuttgarter Richtung« richteten sich die Forderungen des Bundes Deutscher Frauenvereine (BDF) und des Deutsch-Evangelischen Frauenbundes (DEF) klar gegen Animierkneipen, nicht gegen alle Gaststätten.[80] Der BDF wollte für die »Erstarkung und Gesundung des anständigen Kellnerinnengewerbes« eintreten, denn der Beruf der Kellnerin sei ein »dem weiblichen Geschlecht durchaus angemessener Erwerbszweig«.[81] Der Allgemeine Deutsche Frauenverein hat sich 1909 der »Heidelberger Richtung« angeschlossen und mit einer Petition dafür starkgemacht, den Beruf der Kellnerin zu beseitigen.[82] Gertrud Bäumer präzisierte die Forderung:

> »Wenn man alle in einer Reform zugänglichen Schäden des Kellnerinnenberufs – die private Stellenvermittlung, die Wohnungsmißstände, die überlange Arbeitszeit, die Lohnverhältnisse – änderte, so würde immer noch eins bleiben, dem zunächst nicht beizukommen ist: die Tatsache, daß die Mädchen unter Bedingungen, die die sexuelle Spannung notwendig steigern, Männer zu bedienen haben, von denen sie zugleich, da ihr Gehalt zum großen Teil in Trinkgeldern besteht, wirtschaftlich abhängig sind, – oder die, selbst eine auskömmliche Bezahlung vorausgesetzt, ihnen doch wirtschaftliche Vorteile zuwenden können.«[83]

Dies werde »den Kellnerinnenberuf stets und trotz aller äußeren Verbesserungen ›zu einer Quelle der Prostitution machen‹.« Der Wirt werde immer erwarten, dass die Kellnerin den Gästen gefalle. Es könne daher nicht erwartet werden, »daß die Mehrzahl der Mädchen bei diesen an sie gestellten Ansprüchen moralisch intakt bleibt.« Daher war für Bäumer die Forderung, den Kellnerinnenberuf zu beseitigen, folge-

---

79 Versammlungen und Vorträge. Stuttgart, in: Die Deutsche Kellnerin, Dezember 1909, S. 47; Zur Kellnerinnenfrage, in: Die Deutsche Kellnerin, Juli 1910, S. 25.

80 Bund Deutscher Frauenvereine. Kommission zur Vorbereitung von Vorschlägen für die Reform des Kellnerinnenberufes, Flugblatt, ohne Datum, etwa 1908, Bestand: AddF, Signatur: NL-K-16, H-444; Deutsch-Evangelischer Frauenbund an das Reichsamt des Inneren, Hannover, 18.2.1913, Bestand: AddF, Signatur: NL-K-16; A-325.

81 Bund Deutscher Frauenvereine, ebd.

82 Neue Bahnen. Organ des Allgemeinen Deutschen Frauenvereins, 1.10.1909, S. 145, Bestand: AddF, Signatur: NL-K-16, H-444.

83 Gertrud Bäumer, Prinzipielles zur Sperrung des Kellnerinnenberufs, in: Neue Bahnen. Organ des Allgemeinen Deutschen Frauenvereins, Nr. 19, 1.10.1909, S. 145-148; hier: S. 145, Bestand: AddF, Signatur: NL-K-16, H-444.

richtig.[84] Auch Camilla Jellinek »verlangte ein Verbot der Beschäftigung von weiblichen Personen in Wirtschaften«, außer in kleinen Orten sowie Bade- und Kurorten.[85] Eine dies fordernde Petition wurde 1910 dem Reichstag überreicht, unterschrieben von 125.000 Frauen.[86] Sie fand keinen Anklang. Zeitgleich zur »Kellnerinnenfrage« befasste sich die bürgerliche Frauenbewegung mit Prostitution und wollte auch diese verbieten.[87] Das Sprechen über Prostituierte und Kellnerinnen war sehr ähnlich, die Zuschreibungen fast identisch. So wurden beide Gruppen durch Teile der bürgerlichen Frauenbewegung abwertend als Krankheiten verbreitende Frauen beschrieben.[88]

Ob dem Beruf strukturell Gewalt innewohnte oder Gewalt durch die Arbeitsumstände entstand, darüber herrschte keine Einigkeit. Die bürgerlichen Frauen werteten stattdessen paternalistisch über die »Fleischmärkte« und erzeugten damit eine unsichtbare Form von Gewalt. Denn durch das verächtliche Sprechen über die Kellnerin wurde sie herabgesetzt und ein diskursiver Raum geschaffen, der Gewaltverhältnisse verschleierte. Damit wurde Gewalt gegen Kellnerinnen legitimiert, wie sie etwa durch Gäste erfolgte.

## 4 Organisierung

Der Deutsche Kellner-Bund wurde am 15. Oktober 1878 in Erfurt gegründet und stand nur Männern offen.[89] Sein Zweck bestand in der gegenseitigen Unterstützung »sowie sittlicher und materieller Hebung ihrer Mitglieder« und berufsbezogener Kompetenzen.[90] Die Kellner waren oft christlich-konservativ, sie lehnten Kellnerinnen ab, »weil sie keine Ausbildung hätten, den Preis drückten, durch Schwangerschaften zusätzliche Krankenkassenkosten verursachten und für den sittlichen Verfall

84 Alle Zitate ebd.

85 Eine Kundgebung gegen das Animierkneipenwesen, in: Die Gastwirtsgehilfin, Januar 1911, S. 2. Siehe auch: Durst, Bedienen, 1993, S. 132 f.

86 Animierkneipen. Leitsätze von Dr. jur. H. Eggers, Bremen, Vertreter des Deutschen Vereins für Gasthaus-Reform, aufgestellt im November 1910, Bestand: AddF, Signatur: NL-K-16, H-444; Student und Kellnerin (Teil 1), in: Die Gastwirtsgehilfin, Juli–August 1911, S. 25.

87 Kerstin Wolff, »Es gibt nur eine Moral!« – Die bürgerliche Frauenbewegung und ihre Debatten um Prostitution (1880 bis 1933), in: Digitales Deutsches Frauenarchiv, <https://www.digitales-deutsches-frauenarchiv.de/themen/es-gibt-nur-eine-moral-die-buergerliche-frauenbewegung-und-ihre-debatten-um-prostitution> (15.1.2025).

88 Auch andere Zuschreibungen ähneln dem Diskurs über Prostitution, siehe: Regina Schulte, Sperrbezirke. Tugendhaftigkeit und Prostitution in der bürgerlichen Welt, Frankfurt a. M. 1979.

89 1805 gab es eine erste Berufsvereinigung in München. Durst, Bedienen, 1993, S. 115.

90 § 1 und § 4 der Satzung; Deutscher Kellnerbund Union Ganymed, Satzungen der Vereinigung Angestellter im Gastwirts-Gewerbe Deutscher Kellner-Bund Union Ganymed, Leipzig 1901, S. 1-3, Bestand: Archiv der sozialen Demokratie Bonn, Signatur A 97-508.

verantwortlich seien«.[91] Einige der Bezirks-Vereine gingen gegen »das Unwesen der weiblichen Bedienung« vor, sie wollten nicht, dass diese sich als »Kellner« bezeichnen. Der Vorstoß blieb erfolglos.[92] Uwe Fuhrmann problematisierte die Haltung:

> »Die für das Kneipenpersonal zuständige Gewerkschaft thematisierte lieber einen tatsächlichen oder vermeintlichen fließenden Übergang von der Kellnerin zur Sexarbeiterin, als sich für die Rechte der Kolleginnen stark zu machen – und versuchte, weibliches Personal aus den Schankwirtschaften herauszuhalten.«[93]

Auch da die Wirte Kellnerinnen in ihren Betrieben arbeiten lassen wollten, seien die Versuche der Kellner gescheitert, argumentiert Anneliese Durst.[94] Eine Abgrenzung von Kolleginnen war keine Spezifik des Deutschen Kellner-Bundes. Dies taten auch Kellner-Gewerkschaften in anderen westeuropäischen Ländern.[95] Und auch andere Gewerkschaften betrachteten sich als exklusiv männlich.[96]

In der Folge kamen die Frauen separat zu Kellnerinnen-Versammlungen zusammen. Die Treffen der aufkommenden Kellnerinnenbewegung wurden zum Teil von Männern blockiert, etwa, wie Schneidt berichtet, »wenn die sittlich verkommenen Muttersöhnchen aus der Bourgeoisie in frivoler Weise die Versammlungen der Kellnerinnen störten«.[97] 1907 tagte eine Konferenz der Vereine zur Fürsorge für Kellnerinnen. Zur »Hebung des Kellnerinnenstandes« sei überlegt worden, so die Vorsitzende Ottilie Duvernoy, ob »eine Berufsorganisation der Kellnerinnen geschaffen werden könne«, die sich einer größeren Organisation, wie den christlichen Gewerkschaften, anschließen könne.[98] Die Deutsche Kellnerinnen-Union entstand im selben Jahr.[99] Am 1. Januar 1910 wurde die christlich-nationale Zentralorganisation der Gastwirtsgehilfinnen gegründet. Sechs Monate später bewertete *Die Deutsche Kellnerin*, dass seither von einer »wirklichen Organisationsarbeit unter den Gastwirtsgehilfinnen« gesprochen werden könne.[100] Immer wieder appellierten *Die Deutsche Kellnerin* beziehungsweise *Die Gastwirtsgehilfin* an die Arbeiterinnen im Gastwirtsgewerbe, sich

---

91 Beneder, Mädchenbedienung, in: Spring/Kos/Freitag (Hg.) 2007, S. 246; Uwe Fuhrmann, Feminismus in der frühen Gewerkschaftsbewegung (1890–1914). Die Strategien der Buchdruckerei-HilfsarbeiterInnen um Paula Thiede, Bielefeld 2021, S. 29.

92 Eiben, Berufsverhältnisse, 1910, S. 174.

93 Fuhrmann, Feminismus, 2021, S. 39.

94 Durst, Bedienen, 1993, S. 141.

95 Eeckhout, Waiters, in: IRSH, 60 (2015) 3, S. 355.

96 Fuhrmann, Feminismus, 2021, S. 122.

97 Schneidt, Kellnerinnen-Elend, 1893, S. 4.

98 Protokoll. Erste Konferenz der Vereine zur Fürsorge für Kellnerinnen, Stuttgart, 6.12.1907, Bestand: AddF, Signatur: NL-K-16, H-444.

99 Vereinsnachrichten. Leipzig, in: Die Deutsche Kellnerin, März 1908, S. 10.

100 Paul Krug, Zur Kellnerinnenfrage, in: Die Deutsche Kellnerin, Juli 1910, S. 25 f.

zu organisieren und Verbänden beizutreten.[101] Auf die Gründungen lokaler Vereine und Ortsgruppen für Kellnerinnen wurde in den Zeitschriften stets hingewiesen. Dennoch beklagte Liska Gerken-Leitgebel 1918, es sei bisher nicht gelungen, »die Kellnerinnen zu organisieren, und es werde auch nie gelingen. Schon aus dem Grunde nicht, weil die Tätigkeit der Kellnerin kein Lebensberuf, sondern nur ein Übergang ist.«[102] Das Argument, der Beruf sei nur ein »Durchgangsstadium«, wurde auch in *Die Deutsche Kellnerin* für ein Scheitern der Organisierung vorgebracht.[103] Zudem sei das »Wanderleben« der Kellnerin einer Organisierung hinderlich gewesen, bedingt durch die häufigen Kündigungen – die vor allem durch die Stellenvermittlung hervorgerufen wurden. Berufsversammlungen würden nicht gut angenommen, die Kellnerinnen würden sie ablehnen mit den Worten »Es hat ja doch keinen Wert!«[104]

Erfolgreiche Arbeitskämpfe der Kellnerinnen gab es auch ohne gewerkschaftliche Organisierung: In einer Gaststätte in Karlsruhe sollten die zum Servieren eingeteilten Frauen auch Putzarbeiten übernehmen. Die Kellnerinnen drohten allesamt zu streiken, sobald das Haus zum Frühschoppen öffnete. Der Druck wirkte und sie mussten nicht putzen.[105] Andernorts hatte ein Wirtsehepaar die Kasse manipuliert, an der die Kellnerinnen bonierten, was diese ahnten. Sie überprüften dann mit einem Monteur den Kontrollstreifen der Kasse, glichen ihre tatsächlichen Ausgaben ab und stellten fest, dass jeder Frau pro Tag eine Mark zu viel berechnet wurde.[106] Diese beiden Beispiele der Arbeiterinnensolidarität zeigen, wie sich die Kellnerinnen gemeinsam gegen ihre Arbeitsbedingungen stark machten.

## 5 Fazit

Die Kellnerin erfuhr durch ihre Arbeitsbedingungen verschiedene Formen von interpersoneller Gewalt; intern durch Wirte, Stellenvermittler und Gäste und extern in Form von Abgrenzungen durch Teile der bürgerlichen Frauenbewegungen und Kellner. Die Gewalt begann schon vor Beginn der Tätigkeit. Viele der Frauen hatten zuvor bereits Gewalt als Dienstmädchen erfahren und dann bewusst den Arbeitsort gewechselt. Um als Kellnerin tätig sein zu können, mussten sie Vermittlungsgebühren zahlen und wurden durch Stellenvermittler ausgebeutet. Sie erlebten Gewalt am halb-

101 An die weiblichen Angestellten im Gastwirtsgewerbe!, in: Die Gastwirtsgehilfin. September 1911, S. 29; A. H., Unser Arbeitsverhältnis, in: Die Deutsche Kellnerin, September 1909, S. 33.

102 Liska Gerken-Leitgebel, Vorschläge zur Neuordnung der Schankwirtschaften mit weiblicher Bedienung, in: Sonderabdruck aus »Die Alkoholfrage«, 1 (1918) XIV, S. 1-3; hier: S. 2, Bestand: AddF, Signatur: NL-K-16, H-440.

103 Frau L. Gerken-Leitgebel, Die rote Laterne, in: Die Gastwirtsgehilfin, Januar 1912, S. 1.

104 Versammlungen und Vorträge, in: Die Deutsche Kellnerin, Juni 1909, S. 22.

105 Ein Kellnerinnenstreik, in: Die Gastwirtsgehilfin, Juni 1911, S. 22.

106 Kellnerinnenelend, in: Deutsche Rundschau, Dezember 1913, S. 37.

öffentlichen Arbeitsplatz der Gaststätte, bestimmt durch Macht- und Hierarchieebenen, Unsicherheiten und materielle Abhängigkeiten: Anzüglichen Gästen gegenüber mussten Kellnerinnen gefügig sein, um nicht Gefahr zu laufen, den Arbeitsplatz zu verlieren. Dies machte sie vulnerabel, auch körperliche Gewalt zu erfahren. Die Gewalt durch Gäste war sexualisiert und betraf herrschende Hierarchiedifferenzen zwischen den Geschlechtern. Zugleich war sie klassistisch, da sich zum Beispiel die Studenten über die Kellnerinnen stellten. Auch bürgerliche Frauen stellten sich über die Kellnerinnen.

Die »Kellnerinnenfrage« wurde zeitgenössisch paternalistisch diskutiert und die Kellnerin als autonome Frau nicht ernst genommen. Die »Kellnerinnenfrage« entstand laut Martha Stern dort, »wo der Alkohol und ein größtenteils aus Männern zusammengesetztes Publikum mit der Frau im Gasthausgewerbe zusammentrifft«.[107] Tatsächlich spielte der Alkohol nur eine kleine Rolle im Diskurs über den Umgang mit weiblichen Bedingungen im Gastgewerbe. Betrunkene oder angetrunkene Gäste waren zum Teil zwar hemmungsloser, die Gewalt in Form von Ausbeutung und Herabwürdigung fand aber auch ohne Alkohol statt.

Zeitgenössisch war von Gefahren im Arbeitsalltag die Rede, nicht von Gewalt. Mit heutigen Bestimmungen kann von geschlechtlich begründeter Gewalt gesprochen werden. Die Kellnerinnen erfuhren Gewalt, weil sie Frauen waren.[108] Zudem greift das seit 1970 bestehende Konzept des Mobbings, da der Arbeitsplatz Gasthaus sich durch Machtmissbrauch, körperliche Belästigung, Schikanierung und Herabsetzung auszeichnete.[109] Sexuelle Belästigung am Arbeitsplatz wurde erst in den 1980er-Jahren Thema innerhalb des DGB.[110] Das Verhalten der Gäste im Gasthaus um 1900 kann als »sexuelle Belästigung« begriffen werden.

Das Beispiel der Kellnerin verdeutlicht, wie leicht Ausbeutung in nicht reglementierten Arbeitsfeldern stattfinden kann und inwiefern Klasse und Geschlecht hilfreiche Analysekategorien sind, um Gewaltebenen auszumachen. Die Kategorie Geschlecht zeigt sich dabei vor allem im Umgang mit Männern im Berufsalltag (Wirten, Gästen, Stellenvermittlern, Kellnern). Ob sich dies an anderen Arbeitsorten ebenso zeigt, die weniger sexuell aufgeladen sind als die Gaststätte, ist aufgrund weiterer Ungleichbehandlungen von Frauen anzunehmen. Klasse gewinnt bei den Diskussionen

107 Martha Stern, Noch etwas zur Kellnerinnenfrage, in: Die Gastwirtsgehilfin, Dezember 1911, S. 42.

108 Das Konzept der »gender based violence« wurde erst Ende der 1980er bestimmt. Goltermann, Gewaltwahrnehmung, in: Mittelweg 36, 29 (2020) 2, S. 35.

109 Ebd., S. 41, S. 43.

110 Sibylle Plogstedt/Klaus Bertelsmann, Sexuelle Belästigung am Arbeitsplatz. Frauen wehren sich, hg. durch den Deutschen Gewerkschaftsbund, Bundesvorstand, Düsseldorf 1988. Das Konzept der sexualisierten Gewalt führt Sophia Kuhnle in diesem Band (➞ S. 167 ff.) genauer aus, konkret anhand der Frage, wie die autonome Frauenbewegung um 1980 sexualisierte Gewalt am Arbeitsplatz thematisierte.

der bürgerlichen Frauenbewegung an Bedeutung: Die Kellnerinnen sollten »gerettet« werden, zugleich schauten einige der Aktivistinnen herablassend auf die Frauen der Arbeiterklasse. Inwieweit sich diese Zuschreibungen geändert haben, wäre eine gewinnbringende Untersuchung – vor allem mit Blick auf andere Arbeitsfelder im reproduktiven Bereich, in denen die Kategorie »race«/Migration oft hinzukommt. Ebenso ist die Frage interessant, worin der Rettungsgedanke bestand und besteht und was mit einer »Rettung« bezweckt wird, wenn den zu rettenden Subjekten so wenig Respekt entgegengebracht wird.

## 6 Quellen und Literatur

### 6.1 Quellen

**Eiben, Georg**, Die Berufsverhältnisse der deutschen Gasthaus-Angestellten und deren soziale und wirtschaftliche Förderung durch ihre Berufsorganisationen und die Gesetzgebung: eine Aufklärungsschrift für Berufsangehörige, Volksvertreter, Gesetzgeber und Sozialpolitiker, Oldenburg 1910.

**Henning, Adolf**, Denkschrift über das Kellnerinnen-Wesen, Berlin 1898.

**Jellinek, Camilla**, Kellnerinnenelend, in: Archiv für Sozialwissenschaft und Sozialpolitik [AfS], 24 (1907), S. 613-629.

**Oldenberg, Karl**, Der Kellnerberuf. Eine sociale Studie, Leipzig 1893.

**Pentzhorn, Edmund [Pseudonym Etis, M.]**, Die Kellnerinnen in Berlin. Eine sociale Frage, Berlin 1888.

**Plogstedt, Sibylle/Klaus Bertelsmann**, Sexuelle Belästigung am Arbeitsplatz. Frauen wehren sich, hg. durch den Deutschen Gewerkschaftsbund, Bundesvorstand, Düsseldorf 1988.

**Schneidt, Karl**, Das Kellnerinnen-Elend in Berlin, Berlin 1893.

**Wege, Doris**, Der soziale Notstand des Kellnerinnen-Berufs. Ein Hilferuf aus langjährigen Erfahrungen, Leipzig 1896.

### 6.2 Literatur

**Beneder, Beatrix**, Männerort Gasthaus? Öffentlichkeit als sexualisierter Raum, Frankfurt a. M./New York 1997.

**Beneder, Beatrix**, Mädchenbedienung im Männerort. Geschlechter-Inszenierungen im Wirtshaus, in: Ulrike Spring/Wolfgang Kos/Wolfgang Freitag (Hg.), Im Wirtshaus. Eine Geschichte der Wiener Geselligkeit, Wien 2007, S. 242-247.

**Durst, Anneliese**, Bedienen zwischen dienen und verdienen. Eine berufssoziologische empirische Untersuchung zur Dienstleistungsarbeit im Gastgewerbe, Bielefeld 1993.

**Eeckhout, Patricia Van Den**, Waiters, Waitresses, and their Tips in Western Europe before World War I, in: International Review of Social History [IRSH], 60 (2015) 3, S. 349-378.

**Fuhrmann, Uwe**, Feminismus in der frühen Gewerkschaftsbewegung (1890–1914). Die Strategien der Buchdruckerei-HilfsarbeiterInnen um Paula Thiede, Bielefeld 2021.

**Goltermann, Svenja**, Gewaltwahrnehmung. Für eine andere Geschichte der Gewalt im 20. Jahrhundert, in: Mittelweg 36, 29 (2020) 2, S. 23-46.

**Linse, Ulrich**, »Animierkneipen« um 1900, Arbeitersexualität und bürgerliche Sittenreform, in: Dagmar Kift (Hg.), Kirmes, Kneipe, Kino. Arbeiterkultur im Ruhrgebiet zwischen Kommerz und Kontrolle (1850–1914), Paderborn 1992, S. 83-118.

**Mauer, Heike**, Intersektionalität und Gouvernementalität. Die Regierung von Prostitution in Luxemburg, Opladen/Berlin/Toronto 2018.

**Schulte, Regina**, Sperrbezirke. Tugendhaftigkeit und Prostitution in der bürgerlichen Welt, Frankfurt a. M. 1979.

**Schuster, Dieter**, Chronologie der deutschen Gewerkschaftsbewegung von den Anfängen bis 1918, <https://library.fes.de/fulltext/bibliothek/tit00148/0014803c.htm#LOCE9E36> (15.1.2025).

**Wolff, Kerstin,** »Es gibt nur eine Moral!« – Die bürgerliche Frauenbewegung und ihre Debatten um Prostitution (1880 bis 1933), in: Digitales Deutsches Frauenarchiv, <https://www.digitales-deutsches-frauenarchiv.de/themen/es-gibt-nur-eine-moral-die-buergerliche-frauenbewegung-und-ihre-debatten-um-prostitution> (15.1.2025).

*Mareike Witkowski*

# »Hölle mit verteilten Rollen?« Gewalt am Arbeitsplatz Privathaushalt

Im Jahr 1967 machten gleich zwei Skandale um misshandelte Hausgehilfinnen in der Bundesrepublik Schlagzeilen. Im Januar wurde die 19-jährige Adele Jäger unterernährt und mit zahlreichen blauen Flecken übersät aus dem Haus ihres Frankfurter Arbeitgeberehepaars befreit.[1] Ihre fünfjährige Tätigkeit als Hausgehilfin glich einer »Hölle mit verteilten Rollen«, wie die *Frankfurter Allgemeine Zeitung* titelte. Wenige Wochen später wurde ein weiteres Arbeitgeberehepaar ebenfalls wegen der Misshandlung seiner 16-jährigen Hausgehilfin verhaftet. Die Nachbarschaft gab im Fall der Minderjährigen an, schon zuvor beobachtet zu haben, wie die Arbeitgeberin die Hausgehilfin geschlagen habe, doch unternommen hatten sie nichts.[2] Diese beiden Fälle werfen ein Schlaglicht auf das Thema »Gewalt am Arbeitsplatz Privathaushalt«, dem ich im vorliegenden Aufsatz für das 20. Jahrhundert nachgehen möchte.

Die Berufsgruppe der Dienstmädchen beziehungsweise Hausangestellten oder Hausgehilfinnen[3] war besonders durch drei Charakteristika gekennzeichnet, die sie stärker als andere für Gewalterfahrungen prädestinierte: Hausgehilfin war ein »typischer« Frauenberuf, die im Privathaushalt Tätigen waren zumeist jung und standen in einem besonderen Abhängigkeitsverhältnis zu ihren Arbeitgebern. Das Abhängigkeitsverhältnis resultierte vor allem aus der klassenbedingten Kluft zwischen den zumeist bürgerlichen Arbeitgebern und Arbeitgeberinnen und den häufig aus prekären Verhältnissen kommenden Hausangestellten sowie aus dem bis weit ins 20. Jahrhundert hinein üblichen Leben der Angestellten im Arbeitgeberhaushalt. Diese Charakteristika der Berufsgruppe werden im ersten Abschnitt erläutert, bevor dann die Gewalt gegen Hausangestellte im Mittelpunkt steht.

Gewalt wird hier zunächst als Angriff auf die körperliche Integrität verstanden. Dieser eng gefasste Gewaltbegriff wird um die verbale Gewalt erweitert. Der

---

1 Über den Fall und die spätere Gerichtsverhandlung berichteten zahlreiche Zeitungen, unter anderem die *Frankfurter Allgemeine Zeitung*: Verschimmeltes Brot für die Hausangestellte, in: Frankfurter Allgemeine Zeitung, 13.1.1967, S. 8; Hölle mit verteilten Rollen?, in: Frankfurter Allgemeine Zeitung, 23.5.1969, S. 44. Über das Schicksal von Adele Jäger berichteten auch die Zeitungen der DDR. Hier wurde der Fall genutzt, um auf die ausbeuterischen, »neonazistischen Praktiken« in der Bundesrepublik hinzuweisen. Die Arbeitgeberin von Adele Jäger wurde dabei mit der KZ-Aufseherin Ilse Koch verglichen: Folter und Mord, in: Neues Deutschland, 22.1.1967, S. 12.

2 Versagen die Nachbarn oder die Ämter?, in: Frankfurter Allgemeine Zeitung, 4.2.1967, S. 17.

3 Ab 1918 wurde zumeist von Hausgehilfinnen oder Hausangestellten gesprochen. In diesem Aufsatz werden die Begriffe synonym verwendet.

Blick auf die verbale Gewalt ermöglicht es, die klassenbedingten Ungleichheiten im Privathaushalt in den Blick zu nehmen. Indirekt lässt sich hier über die verbale Gewalt der von Johan Galtung eingeführte Begriff der »strukturellen Gewalt« einbeziehen, bei der jede Form von Benachteiligung und Einschränkung unter die Kategorie Gewalt fällt.[4] Im Beitrag wird daher verbaler, körperlicher und sexualisierter Gewalt nachgegangen, wobei sexualisierte Gewalt mit körperlicher einhergeht. Da die Berufsgruppe der Hausgehilfinnen fast ausschließlich weiblich war, wird hier auch eine geschlechterspezifische Perspektive einbezogen. Die häufig aufgemachte Dichotomie, dass die Gewalt von Männern ausgeht und Frauen diese ertragen, geht bei den im Privathaushalt Tätigen nicht auf.[5] Häufig waren es die Arbeitgeberinnen, die gewalttätig wurden.[6]

Ob und inwieweit Gewaltanwendung sowohl juristisch als auch gesellschaftlich als legitim angesehen wurde, unterlag einem ständigen Aushandlungsprozess. Während sexuelle Gewalt im gesamten Untersuchungszeitraum als illegitim betrachtet wurde, sah dies bei der körperlichen Züchtigung anders aus. »Leichte« Gewalt, wie Ohrfeigen, galt lange als zulässig. Nur hiermit, so die unter den Arbeitgebern und Arbeitgeberinnen weitverbreitete Meinung, ließen sich geordnete Verhältnisse sicherstellen und die Hierarchie wahren.[7] Gewaltexzesse, wie im Fall von Adele Jäger, wurden hingegen allgemein verurteilt. Dieser historisch-kulturelle Wandel der Betrachtung von Gewalt wird hier am Beispiel der Berufsgruppe der Hausgehilfinnen vom 19. bis ins 20. Jahrhundert nachgezeichnet.

Die Untersuchung von Gewaltformen im Privathaushalt wird durch die sehr lückenhafte Quellenlage erheblich erschwert.[8] Das Arbeitsverhältnis im Privathaushalt

---

4 Johan Galtung, Strukturelle Gewalt. Beiträge zur Friedens- und Konfliktforschung, Reinbek b. Hamburg 1975.

5 Der Dualismus wurde verstärkt seit den 1990er-Jahren in der NS-Forschung aufgebrochen, bei der zunehmend Frauen als Täterinnen Eingang in die Untersuchungen fanden. Vgl. hierzu: Eva Labouvie, Zur Einführung: Gewaltkulturen in Geschichte und Gegenwart, in: dies. (Hg.), Geschlecht, Gewalt und Gesellschaft. Interdisziplinäre Perspektiven auf Geschichte und Gegenwart, Bielefeld 2023, S. 13-34; hier: S. 22.

6 Nicht in den Blick genommen wird in diesem Beitrag die Gewaltanwendung von Hausgehilfinnen, die es besonders gegenüber den Kindern der Arbeitgeber und gegenüber älteren Personen gegeben hat.

7 Renate Dürr, »Der Dienstbote ist kein Tagelöhner …« Zum Gesinderecht (16.–19. Jahrhundert), in: Ute Gerhard (Hg.), Frauen in der Geschichte des Rechts. Von der Frühen Neuzeit bis zur Gegenwart, München 1997, S. 115-139; hier: S. 125.

8 Für die Zeit, in der noch das Gesinderecht galt, sah dies etwas besser aus, da es in einigen Regionen eine gesonderte Gesindepolizei gab. Teile der Akten dieser Einheiten sind überliefert. Es handelt sich hierbei aber vor allem um Fälle aus ländlichen Regionen, in denen zum Teil das Gesinde vor Gericht stand und nicht die Arbeitgeber und Arbeitgeberinnen. Sie fanden sich vor dem Richter, weil sie zumeist ihre Arbeitsstelle unerlaubt verlassen hatten. In anderen Fällen klagten die Mägde ihr Dienstbuch ein. Vor Gericht berichteten sie dann unter anderem über die Gründe für ihr Weglaufen, die häufig auch in Gewalterfahrungen durch die Arbeitgeber und Arbeitgeberinnen lagen. Siehe hierzu: Elizabeth Bright Jones, Girls in Court. Mägde versus Their Employers in Saxony,

ist durch eine starke Hierarchie geprägt. Gewalt wurde von den Hausgehilfinnen häufig erduldet oder sie wechselten den Arbeitsplatz, Anzeige erstatteten sie nur in den seltensten Fällen. Fand ein Prozess statt, dann sind die dabei erstellten Akten zumeist nicht überliefert und archiviert, da sie als nicht bedeutend angesehen wurden.[9] Für den vorliegenden Beitrag wurde vor allem auf die sozialdemokratische Presse zurückgegriffen, beispielsweise auf die Verbandszeitung des Zentralverbandes der Hausangestellten. Die konservativ ausgerichteten Parteien und die konfessionellen Berufsverbände strebten einen Ausgleich zwischen den Dienstgebern und Dienstgeberinnen und den Hausgehilfinnen und ein harmonisches Miteinander an, was in der Realität dann häufig zulasten der Angestellten ausging. Die Sozialdemokraten sahen hingegen im häuslichen Dienstverhältnis einen Klassenkampf in nuce: Auf der einen Seite die Arbeitgeber und auf der anderen Seite die unterdrückte und ausgebeutete Arbeiterschaft. Daher finden sich gerade in der sozialdemokratischen Presse zahlreiche Berichte über Gewalt gegen Hausgehilfinnen.[10] Die Berichte wurden zumeist von den Verbandsfunktionärinnen verfasst und richteten sich an die Organisierten.

## 1 Charakteristika der Berufsgruppe[11]

Jürgen Kocka charakterisierte das 19. Jahrhundert mit Recht als das »Jahrhundert des Dienstmädchens«[12]. Auch im 20. Jahrhundert waren die als Hausgehilfinnen oder Hausangestellte bezeichneten Beschäftigten im Privathaushalt von größerer Bedeutung, als bisher in der Forschung angenommen wurde. Im Jahr 1895 arbeiteten 1,3 Millionen Mädchen und Frauen im Privathaushalt, was ungefähr einem Fünftel aller weiblichen Erwerbstätigen entsprach.[13] Die Zahl der Hausgehilfinnen blieb lange Zeit auf diesem Niveau und sank über die Jahrzehnte nur langsam. Bei der Berufszählung im Jahr 1925 gaben noch über eine Million Frauen an, ihren Lebensunterhalt

---

1880–1914, in: Mary Jo Maynes/Birgitte Søland/Christina Benninghaus (Hg.), Secret Gardens, Satanic Mills. Placing Girls in European History, 1750–1960, Bloomington 2005, S. 224-238.

9 Deutlich höher ist die Zahl der im Archiv überlieferten Fälle, in denen Hausgehilfinnen beispielsweise wegen Diebstahls oder Unterschlagung vor Gericht standen.

10 In der ersten Hälfte des 20. Jahrhunderts werden in den Zeitungen die vollen Namen von den Angeklagten und den Klägerinnen angegeben. Versuche, mithilfe dieser Namen und der Gerichtsorte noch Akten aufzufinden, schlugen aber fehl. Die Fälle lassen sich aber zum Teil in verschiedenen Zeitungen finden, daher werden diese als glaubwürdig eingestuft.

11 Hierzu ausführlich: Mareike Witkowski, Arbeitsplatz Privathaushalt. Städtische Hausgehilfinnen im 20. Jahrhundert, Göttingen 2023.

12 Jürgen Kocka, Arbeitsverhältnisse und Arbeiterexistenzen. Grundlagen der Klassenbildung im 19. Jahrhundert [= Geschichte der Arbeiter und der Arbeiterbewegung in Deutschland seit dem Ende des 18. Jahrhunderts, Bd. 2], Bonn 1990, S. 109.

13 Berufs- und Erwerbszählung vom 14. Juni 1895. Die berufliche und soziale Gliederung des deutschen Volkes, Berlin 1899, S. 176 f.

als Hausgehilfin zu verdienen.[14] Bis zur nächsten Zählung 1933 sank die Zahl knapp unter die Millionengrenze.[15] Noch bis in die 1960er-Jahre hinein stellten die Hausgehilfinnen die größte oder eine der größten weiblichen Berufsgruppen dar.

Vor allem drei Charakteristika der Berufsgruppe führten dazu, dass Hausgehilfinnen besonders stark von Ausbeutung und Gewalterfahrungen am Arbeitsplatz betroffen waren. Zunächst war die Arbeit im Haushalt ein Frauenberuf par excellence. Männer machten im Untersuchungszeitraum maximal ein bis zwei Prozent der Berufsgruppe aus. Der Tätigkeit im Privathaushalt wohnte eine hohe Geschlechtskonformität inne. Hausgehilfinnen waren im Haushalt auf ihrem vermeintlich wesenseigenen Gebiet tätig – ein Gebiet, das den Frauen »von Natur aus« läge und daher keinerlei besondere Fähigkeiten bedürfe. Dies wirkte sich direkt auf das Ansehen und auch auf die Bezahlung der Berufsgruppe aus.[16] Einzig die Köchinnen, die mit Spezialkenntnissen aufwarten konnten, genossen mehr Prestige im Privathaushalt und ihr Verdienst war entsprechend höher. Das Gros der Hausgehilfinnen war aber mit einfachen Arbeiten beschäftigt, vor allem mit denjenigen, die die Hausfrauen ungern verrichten wollten. Hierzu gehörten in erster Linie das Waschen der Wäsche und die Reinigung der Wohnung.

Angreifbar waren die Hausgehilfinnen auch, weil es ihnen in vielen Fällen an einem Rückzugsort fehlte. Bis weit in die Mitte des 20. Jahrhunderts lebten die meisten im Privathaushalt Tätigen im Arbeitgeberhaushalt. Im Jahr 1925 wohnten 78 Prozent aller Hausgehilfinnen unter einem Dach mit der Herrschaft.[17] Dies hing eng damit zusammen, dass vor allem im 19., aber auch zu Beginn des 20. Jahrhunderts viele der Hausgehilfinnen als Mädchen oder junge Frauen vom Land kamen und für den Dienst in die Stadt gezogen waren. Erst die Zerstörungen während des Zweiten Weltkrieges und die Vertreibungen in der Folge desselben bewirkten größere Veränderungen. Arbeitsplatz und Wohnort fielen mehr und mehr nicht mehr in eins. 1946 lebten aber nach wie vor noch knapp 60 Prozent aller Hausgehilfinnen im Arbeitgeberhaushalt.[18]

14 Volks-, Berufs- und Betriebszählung vom 16. Juni 1925, Berufszählung. Die berufliche und soziale Gliederung der Bevölkerung des Deutschen Reiches [= Statistik des Deutschen Reiches, Bd. 45, Heft 3], Berlin 1929, S. 433.

15 Volks-, Berufs- und Betriebszählung vom 16. Juni 1933, Berufszählung. Die berufliche und soziale Gliederung der Bevölkerung des Deutschen Reiches [= Statistik des Deutschen Reiches, Bd. 453, Heft 2], Berlin 1936, Tabelle 2b, S. 196.

16 Ähnliche Arbeitsbedingungen betrafen die Kellnerinnen im Kaiserreich, die Mareen Heying in diesem Band (➞ S. 77 ff.) analysiert.

17 Volks-, Berufs- und Betriebszählung vom 16. Juni 1925, Berufszählung. Die berufliche und soziale Gliederung der Bevölkerung des Deutschen Reiches [= Statistik des Deutschen Reiches, Bd. 402, Heft 3], Berlin 1929, S. 433. Es lebten 1.016.022 Hausangestellte im Arbeitgeberhaushalt und 294.417 Hausgehilfinnen kamen zur Arbeit.

18 Ausschuss der deutschen Statistiker für die Volks- und Berufszählung 1946 (Hg.), Volks- und Berufszählung vom 29. Oktober 1946 in den vier Besatzungszonen und Groß-Berlin, Tabellenteil, Heft 2, Berlin 1950, S. 51.

Für die Jahre danach wurden keine Zahlen mehr erhoben, ob die im Privathaushalt Tätigen auch dort lebten oder aus dem Elternhaus beziehungsweise dem eigenen Zuhause zur Arbeit kamen. Ein Großteil der Hausgehilfinnen hatte damit sowohl im 19. Jahrhundert als auch in der ersten Hälfte des 20. Jahrhunderts keinen geschützten Raum. Im 20. Jahrhundert mussten die Hausangestellten zwar nicht mehr mit Hängeböden vorliebnehmen, wie es zuvor üblich war, aber viele hatten nach wie vor kein eigenes abschließbares Zimmer.

Die Mehrheit der Hausgehilfinnen war sowohl im 19. als auch im 20. Jahrhundert als »Alleinmädchen« oder sogenanntes »Mädchen für alles« beschäftigt und hatte keine direkte Kollegin.[19] Die überlangen Arbeitszeiten führten darüber hinaus dazu, dass wenig Freizeit und damit kaum Gelegenheiten zum privaten Austausch blieben. Dies beförderte die Abhängigkeit von der Arbeitgeberfamilie und zugleich war es schwer, sich im Krisenfall jemandem anzuvertrauen, zumal wenn die Familie, wie in vielen Fällen, weiter weg wohnte.

Neben dem hohen Frauenanteil in der Berufsgruppe und dem Leben im Arbeitgeberhaushalt machte auch die Altersstruktur die Berufsgruppe besonders anfällig für verbale, körperliche und sexualisierte Gewalt. Kaum ein anderer Beruf lässt sich so deutlich als Jugend- und Durchgangsberuf charakterisieren wie der der Hausgehilfin. Sowohl im ausgehenden 19. als auch im 20. Jahrhundert waren circa 75 Prozent aller Hausangestellten jünger als 30 Jahre, jede dritte Hausgehilfin war minderjährig. Viele Hausfrauen beziehungsweise Arbeitgeber sahen daher im Arbeitsverhältnis auch ein Erziehungsverhältnis. Gewalt, zum Beispiel in Form von Ohrfeigen, wurde ähnlich wie die körperliche Gewalt gegen Kinder bis in die 1970er-Jahre häufig nicht als problematisch angesehen und wird daher in den Quellen zumeist nur am Rande erwähnt.[20]

## 2 Rechtlicher Rahmen

Bis zur Aufhebung im Jahr 1918 regelte im 19. Jahrhundert das Gesinderecht das Gesindewesen.[21] Dies fand auch Anwendung auf Haushaltsgehilfinnen. Es enthielt zahlreiche strafrechtlich relevante Bestimmungen, die Hausangestellte im Vergleich zu anderen Arbeitenden deutlich schlechter stellte und sie vor allem gegenüber ihren Arbeitgebern und Arbeitgeberinnen stark benachteiligten. Kaum ein Rechtsbereich

19 Dorothee Wierling, Mädchen für alles. Arbeitsalltag und Lebensgeschichte städtischer Dienstmädchen um die Jahrhundertwende, Berlin/Bonn 1987, S. 160.

20 Zur Parallele von Gewalt gegen Kinder und gegen das Gesinde siehe für die Frühe Neuzeit: Heide Wunder, Geschlechter und Gewaltanwendung in der »Kinderzucht« der Frühen Neuzeit, in: Eva Labouvie (Hg.), Geschlecht, Gewalt und Gesellschaft. Interdisziplinäre Perspektiven auf Geschichte und Gegenwart, Bielefeld 2023, S. 79-103; hier: S. 97-99.

21 Vgl. zum Gesinderecht: Thomas Vormbaum, Politik und Gesinderecht im 19. Jahrhundert (vornehmlich Preußen 1810–1918) [= Schriften zur Rechtsgeschichte, Bd. 21], Berlin 1980; Thomas

war so zersplittert wie das Gesinderecht, so gab es im Deutschen Reich 44 verschiedene Gesindeordnungen. Der am heftigsten diskutierte Punkt war über die Jahrzehnte hinweg die in den Ordnungen festgelegten Bestimmungen zur Züchtigung. Diese waren in den verschiedenen Landesteilen unterschiedlich geregelt. Die Preußische Gesindeordnung beispielsweise hielt fest, dass das Gesinde nicht gegen seine Herrschaft bei »geringer« Gewaltanwendung vor Gericht ziehen durfte, wenn diesem ein »ungebührliches Betragen« seitens der Dienstboten vorausgegangen war. Konkret heißt es: »Reizt das Gesinde die Herrschaft durch ungebührliches Betragen zum Zorn, und wird im selbigen von ihr mit Scheltworten oder geringen Tätlichkeiten behandelt, so kann es dafür keine gerichtliche Genugtuung fordern.«[22] Ob sich hieraus ein Züchtigungsrecht ableiten ließ, war unter Juristen stark umstritten. Ebenfalls umstritten war die in den Gesindeordnungen festgehaltene Bestimmung zum Notwehrrecht. Diese sah vor, dass sich das Gesinde nur dann gegen die Herrschaft zur Wehr setzen durfte, wenn das »Leben oder die Gesundheit des Dienstboten durch Mißhandlungen der Herrschaft in gegenwärtige oder unvermeidliche Gefahr gerät«[23]. Dieser Paragraf trug dazu bei, dass ein gerichtlicher Widerstand gegen erfahrene körperliche Gewalt von den Dienstmädchen nur sehr selten angestrebt wurde. Noch seltener geschah dies im Falle von Beleidigungen. Um diese verfolgen zu können, musste die Beleidigung öffentlich erfolgt sein, und es musste dem Arbeitgeber oder der Arbeitgeberin nachgewiesen werden, dass diese in ehrabschneidender Weise und mit Absicht gebraucht wurde.[24] Diesen Nachweis zu führen, war für das Gesinde fast unmöglich. Im *Praktischen Ratgeber für Dienstherrschaften* aus dem Jahr 1909 wurde explizit darauf hingewiesen, dass Mäßigung geboten sei, »hauptsächlich aber ist dafür zu sorgen, daß, wenn ein Dienstbote von ihr [der Herrschaft] mit Strenge zurechtgewiesen wird, die Szene ohne Augen- und Ohrenzeugen stattfindet [...].«[25]

Die nächstliegende Möglichkeit bei Beschimpfungen und Gewalterfahrungen, den Dienst einfach zu verlassen, wurde den Dienstmädchen durch das Gesinderecht ebenfalls verwehrt. Ohne offizielle Aufkündigung des Dienstes und ohne Einhaltung der Kündigungsfristen war dies allein im Falle von Lebensgefahr oder akuter Gesundheitsgefährdung gestattet.[26] Wer »unberechtigt« den Arbeitsplatz verließ, konnte von der Polizei an diesen zurückgebracht werden.

---

Pierson, Das Gesinde und die Herausbildung moderner Privatrechtsprinzipien, Frankfurt a. M. 2016.

22 Bestimmungen der Preußischen Gesetze über die Rechte und Pflichten der Herrschaft und des Gesindes nach der Gesindeordnung vom 8. November 1810, dem Gesetze vom 24. April 1854, dem allgemeinem Landrecht und der Gerichtsordnung, Breslau 1854, § 77, S. 10.

23 Ebd., § 79, S. 11.

24 Vormbaum, Gesinderecht, 1980, S. 94-96.

25 H. Grieben, Praktischer Ratgeber für Dienstherrschaften, Berlin 1909, S. 27.

26 Vormbaum, Gesinderecht, 1980, S. 94.

Für die Dienstmädchen waren die juristischen Streitigkeiten um das Gesinderecht in ihrem Alltag sicher nicht von Belang. Die Gesindeordnungen waren noch von dem Verständnis geprägt, dass die Beziehung der Dienstherrschaft zu den Bediensteten in Analogie zur Beziehung von Eltern zu ihren Kindern zu setzen sei.[27] Hierzu gehörten die in allen Gesindeordnungen festgehaltene Gehorsamspflicht, das Recht des Arbeitgebers, über das Verlassen des Hauses zu bestimmen, und auch die körperliche Züchtigung. Die Analogie zur Beziehung mit den Kindern lässt sich auch daran ablesen, dass gegen Ende des 19. Jahrhunderts das Züchtigungsrecht in immer mehr Ordnungen gestrichen wurde, jedoch häufig weiterhin für Dienstboten unter 16 oder 17 Jahren galt. Das vermeintliche Erziehungsverhältnis sollte zumindest für die Jüngeren aufrechterhalten werden.

Die Abschaffung der Gesindeordnung war eine lange Forderung der Sozialdemokraten und des 1909 gegründeten Zentralverbandes der Hausangestellten, der der Sozialdemokratie nahestand. Daher war es eine der ersten Amtshandlungen des »Rates der Volksbeauftragten« im November 1918, alle Gesindeordnungen abzuschaffen. Auf der juristischen Ebene stellte das Jahr 1918 damit einen Einschnitt für die im Privathaushalt Beschäftigten dar. Im Alltag vieler Dienstmädchen beziehungsweise Hausangestellter änderte sich aber zunächst wenig. Gültig war nun das Bürgerliche Gesetzbuch, das aber in vielen Bereichen für die Berufsgruppe unzureichend war. Ein Hausangestellten-Gesetz wurde während der 1920er-Jahre vor allem von Berufsverbänden der Hausgehilfinnen und den Hausfrauenorganisationen immer wieder diskutiert und in die Politik getragen, aber im Reichstag nie verabschiedet. Auch wenn die Gesindeordnungen offiziell nicht mehr in Kraft waren, bedeutete dies keineswegs, dass sich auch zugleich das Verhältnis von den Arbeitgebern und Arbeitgeberinnen zu ihrem Personal änderte.

## 3 Verbale und körperliche Gewalt gegen Hausgehilfinnen

Das Ausmaß verbaler und körperlicher Gewalt seitens der Arbeitgeber und Arbeitgeberinnen lässt sich nur schwer ermitteln. Zahlreiche Berichte zeugen jedoch davon, dass dieses Thema zumindest in der linken Presse breit diskutiert wurde, was auf eine Verbreitung der Gewalt schließen lässt. Verbale Gewalt lässt sich in den Quellen nur sehr schwer finden, da diese zumeist hingenommen und nicht weiter thematisiert wurde. Anders sah dies aus, wenn der verbalen Gewalt körperliche folgte, von der dann wiederum berichtet wurde.

27 Vgl. hierzu auch: Andrea Purpus, Frauenarbeit in den Unterschichten. Lebens- und Arbeitswelt Hamburger Dienstmädchen und Arbeiterinnen um 1900 unter besonderer Berücksichtigung der häuslichen und gewerblichen Ausbildung, Hamburg 2000, S. 84.

Verbale Gewalt war häufig die Vorstufe zu körperlicher Gewalt. Dies lässt sich beispielhaft am Fall einer Dresdner Hausgehilfin aus dem Jahr 1910 zeigen, von dem das *Zentralorgan*, die Verbandszeitschrift des sozialdemokratisch orientierten Verbandes der Hausangestellten Deutschlands, berichtete. »Ärgste Schimpfereien«[28] waren an der Tagesordnung und hatten die Angestellte dazu bewogen zu kündigen. Bis zum Ende der Vertragslaufzeit war sie jedoch verpflichtet, bei ihren Arbeitgebern weiterzuarbeiten. Neben ihren Haushaltsaufgaben musste sie nachts in der Gastwirtschaft der Arbeitgeber aushelfen. Unabhängig von der Länge der Nacht begann ihr Dienst morgens um sechs Uhr. Als sie einmal wegen der Arbeit erst um halb vier Uhr morgens ins Bett kam und verschlief, beschimpfte sie der Hausherr als »faul« und »verdorben«. Dies verbat sie sich und erhielt hierfür einen Schlag in den Nacken. Als sie daraufhin sofort den Dienst verlassen wollte, ging er noch einen Schritt weiter und schloss sie ein. Später gelang es ihr, das Haus zu verlassen, und sie zeigte den Arbeitgeber an, um ihren ausstehenden Lohn zu erhalten. Während die Beschimpfungen und die Freiheitsberaubung vor Gericht keine Rolle spielten, führte der Schlag dazu, dass der Arbeitgeber den restlichen Lohn von acht Mark nachzahlen musste. Der Verfasser des Artikels nutzte den Fall, um darauf zu verweisen, dass nur ein Eintritt in den Zentralverband als Interessenorganisation der Hausgehilfinnen helfen könne, den »mittelalterlichen Geist der Gesindeordnungen«[29] abzuschaffen.

Während Beschimpfungen seitens der Arbeitgeber oder Arbeitgeberinnen zumeist keine Konsequenzen nach sich zogen, sah dies für die Hausangestellten anders aus. Eine Berliner Hausgehilfin, die ihrer Arbeitgeberin gesagt hatte »[q]uatschen Sie doch nicht«, erhielt von deren Ehemann dafür Ohrfeigen und wurde fristlos ohne Zahlung des ausstehenden Lohns gekündigt. Vor Gericht konnte die Arbeitnehmerin den ausstehenden Lohn erkämpfen, da das Wort »quatschen« in der Berliner Umgangssprache nicht so scharf wie anderswo sei. Das Gericht stellte jedoch fest, dass die Hausgehilfin sich mit ihrem Ausspruch dicht an der Grenze zu einer fristlosen Kündigung ohne weitere Zahlung bewegt habe.[30]

Die geschlechts- und klassenbedingten Benachteiligungen von Hausgehilfinnen im Arbeitsverhältnis setzten sich vor Gericht fast immer fort. So musste die Hausgehilfin in den beschriebenen Fällen um ihren Lohn streiten, hingegen die Gewalt

---

28 Der »Dienstherr« vor Gericht in Dresden, in: Zentralorgan des Verbandes der Hausangestellten Deutschlands, 2. Jg., Oktober 1910, Nr. 10, S. 75. Zu den Dienstbotenzeitungen und auch der in den Zeitungen berichteten Gewalt gegen Hausgehilfinnen s. Ruth Goebel, Dienstbotenzeitungen. Die »Dienstbotenfrage« und Erzählungen für Dienstmädchen in deutschen Dienstbotenzeitungen zwischen 1898 und 1932, Frankfurt a. M. 1994, S. 69-71.

29 Der »Dienstherr« vor Gericht in Dresden, in: Zentralorgan des Verbandes der Hausangestellten Deutschlands, 2. Jg., Oktober 1910, Nr. 10, S. 75.

30 Ein anderes Urteil, in: Zentralorgan des Verbandes der Hausangestellten Deutschlands, 2. Jg., Juni 1910, Nr. 6, S. 43.

des Arbeitgebers keinerlei Konsequenzen hatte. Die strukturelle Gewalt zog in den beschriebenen Fällen verbale und körperliche Gewalt nach sich.

Gerade wenn eine verbale Auseinandersetzung das Vorspiel für körperliche Gewalt war, konnte dies vor Gericht zum Nachteil der klagenden Dienstmädchen ausgelegt werden, wie ein im *Vorwärts* geschilderter Fall aus dem Jahr 1913 zeigt.[31] Das Dienstmädchen war nach ihrem Ausgang bei der verspäteten Heimkehr von der Hausfrau gefragt worden, ob sie wieder »herumgehurt« habe. Die Gegenfrage der Angestellten, ob die Hausfrau dies früher immer so gemacht habe, führte dazu, dass diese ihren Mann holte, der das Mädchen ohrfeigte. Die Gewalt ging, genau wie in dem zuvor geschilderten Fall der Berliner Hausgehilfin, hier vom Mann aus, der auf Betreiben seiner Frau hin agierte. Die Szene spiegelt die vorherrschende Geschlechterhierarchie wider, bei der die Gewaltanwendung den Männern zugeordnet wird. Der *Vorwärts* zitierte das Freispruch-Urteil folgendermaßen: »Der Angeklagte habe sich der einfachen Körperverletzung schuldig gemacht, dies sei durch das Attest des Arztes und durch die eigenen Angaben des Angeklagten erwiesen. Der Angeklagte sei aber freizusprechen, weil er eine ›Beleidigung‹, die ihm das Mädchen zugefügt habe, auf der Stelle erwidert habe, und zwar durch die Ohrfeigen.«[32] In Juristenkreisen war umstritten, ob das Züchtigungsrecht nach grober Beleidigung nach der Gesindeordnung greifen würde oder das Züchtigungsverbot des Bürgerlichen Gesetzbuches schwerer wiege. Das Gericht entschied hier im Sinne der Gesindeordnung gegen die Hausangestellte.

Die Gewalt konnte vom Arbeitgeber ausgehen, häufiger ging sie jedoch von der Arbeitgeberin aus. Im Jahr 1913 stand eine Kieler Hausfrau vor Gericht, da sie ihre Hausangestellte geschlagen hatte. Erschwerend kam für sie hinzu, dass sie versucht hatte, den herbeigerufenen Polizisten mit 100 Mark zu bestechen, wenn dieser die Sache nicht weiter verfolge. Vor allem aufgrund des Bestechungsversuches fiel das Urteil mit einem Jahr und einem Monat Gefängnis ungewöhnlich hart aus. In der Berufungsverhandlung berief sie sich auf ihre »leichte Erregbarkeit«[33] und führte dies als Erklärung für ihre Gewaltausbrüche an. Sie konnte das Urteil deutlich auf eine Gefängnisstrafe von zwei Monaten mildern. Die unter Umständen als irritierend empfundene weibliche Gewalttätigkeit wurde hier durch die Frauen zugeschriebene erhöhte Emotionalität erklärt. Ein Umstand, den sich die Angeklagte zunutze machte.

Auch nachdem die Gesindeordnungen 1918 abgeschafft wurden, griffen Arbeitgeber und Gerichte in ihren Argumentationsweisen auf diese ohne explizite Nennung zurück. Im Oktober 1924 informierte die *Hausangestellten-Zeitung* über das »Marty-

31 Gerichts-Zeitung, in: Vorwärts, 14.8.1913.

32 Ebd.

33 Dienstbotenmißhandlung, in: Vorwärts, 8.6.1913.

rium einer Hausangestellten«.[34] In dem geschilderten Fall kam es zu schweren Misshandlungen, die dazu führten, dass die Hausgehilfin durch Faustschläge auf einem Auge erblindete und weitere dauerhafte körperliche Schäden davontrug. Die beklagte Arbeitgeberin argumentierte, dass es sich lediglich um gerechtfertigte »Klapse« handele, da sich die Hausgehilfin »unbotmäßig« verhalten habe. In diesem Fall bekam die Hausgehilfin Recht, in deutlich mehr Fällen unterlagen ihre Kolleginnen jedoch vor Gericht. So klagte ebenfalls 1924 eine Kollegin vor der Kammer des 44. Arbeitsgerichts in Berlin auf Schadensersatz, da sie zuvor fristlos gekündigt worden war. Die Kündigung erfolgte, weil die Hausgehilfin ihre Arbeitsstelle verließ, nachdem sie von ihrer Arbeitgeberin zwei Ohrfeigen erhalten hatte. Das Gericht folgte der Ansicht der Arbeitgeberseite: »Die Ohrfeigen waren nicht von so erheblicher Bedeutung, daß die Klägerin berechtigt gewesen wäre, die Arbeit zu verlassen.«[35]

Gerade im Fall von Ohrfeigen wiesen die Gerichte häufig die Klagen ab oder kamen zu milden Urteilen. In fast allen in den Zeitungen überlieferten Gerichtsverfahren waren die Hausgehilfinnen im jugendlichen oder sehr jungen Erwachsenenalter. Dies lässt sich damit erklären, dass in der Berufsgruppe Mädchen und junge Frauen insgesamt dominierten. Hieraus lässt sich aber auch der vorsichtige Schluss ziehen, dass sich die Gewalt vor allem gegen jüngere Angestellte richtete, da hier die Hemmschwelle niedriger war. »Leichte« Schläge wurden als ähnlich harmlos angesehen wie die körperliche Züchtigung von Kindern und Jugendlichen. Beispielhaft lässt sich dies an einem der wenigen archivalisch überlieferten Fälle von Gewalt gegen Hausgehilfinnen aus dem Jahr 1928 zeigen: Für die jugendliche Waise Elise Hagen war der Pastor der örtlichen Gemeinde zum Vormund bestimmt worden. Bei diesem beklagte sie sich über die viele »Schelte« und Schläge durch ihre Arbeitgeber. Der Vormund sah darin kein »Unglück«, da es sich seiner Meinung nach nur um »Klapse« gehandelt habe. Weiter führte er aus: »Ich habe sie ermuntert, sich selbst für das zu halten, was sie wirklich ist: unwissend und sehr erziehungsbedürftig.«[36] Der Fall zeigt deutlich, dass das Arbeitsverhältnis zugleich auch als Erziehungsverhältnis betrachtet wurde. Die Arbeitnehmerinnen wurden infantilisiert, was die Gewaltanwendung legitimieren sollte.

Für die zweite Hälfte des 20. Jahrhunderts finden sich vor allem Berichte über schwere Gewalt, wie der eingangs geschilderte Fall von Adele Jäger. Da es an Statistiken fehlt, lässt sich nur vermuten, dass die Selbstverständlichkeit, mit der Gewalt am Arbeitsplatz Privathaushalt ausgeteilt und eingesteckt wurde, langsam abnahm. Es lässt sich ein, wenn auch langsamer, Wandel erkennen, dass körperliche Gewalt in

34 Das Martyrium einer Hausangestellten, in: Hausangestellten-Zeitung, 1. Jg., Oktober 1924, Nr. 7, S. 26 f.

35 Zit. in: Stefan Bajohr, Die Hälfte der Fabrik. Geschichte der Frauenarbeit in Deutschland 1914 bis 1945, Marburg 1984, S. 207.

36 Bericht über Elise Hagen. geb. 1929 bei Rittergutsbesitzer Heinicken in Hölpin, Landeskirchliches Archiv Schwerin, 05.01 Crivitz Nr. 146.

Form von vermeintlich leichten Gewaltanwendungen wie Ohrfeigen mehr und mehr als illegitim angesehen wurde. Hierfür sprechen auch überlieferte Berufsschulaufsätze aus den 1950er-Jahren. Das Pädagogen-Ehepaar Rößler ließ fast 76.000 Schulaufsätze im gesamten Bundesgebiet schreiben. Sie knüpften hiermit an eine Vorgehensweise von Berufsforschern und Berufsforscherinnen in den 1920er- und zu Beginn der 1930er-Jahre an. Die Aufsätze aus den 1950er-Jahren reichen thematisch von der familiären Situation, der Freizeitgestaltung, dem Arbeitsplatz, Vorstellungen von Gleichberechtigung bis hin zu den Erinnerungen an den Krieg.[37] Beispielhaft sei hier eine Aachener Hausgehilfinnen-Klasse herangezogen, die im Januar 1956 gebeten wurde, anonym über die »Licht- und Schattenseiten« der Berufsausbildung als Hausgehilfin in einem Aufsatz zu schreiben. Von Schlägen berichtete keine der Schülerinnen, vier jedoch vom »Schimpfen«. So hielt eine Aachener Jugendliche fest: »Oft schimpft einen die Hausfrau den ganzen Tag aus, daß man das Gegrotze[38] bald nicht mehr hören kann.«[39] Eine Klassenkameradin vermerkte: »Ich brauche nur eine Kleinigkeit zu übersehen, dann wird tagelang geschimpft.«[40] Und eine weitere Berufsschülerin beschwerte sich darüber, dass ihre »Scheffin« häufig schlechte Laune habe und diese dann an den Lehrmädchen auslassen würde.[41] Eine Vierte nahm das Schimpfen so mit, dass »wenn sie so ein böses gesicht macht da zittere ich am ganzen körper.«[42]

Bis in die 1950er-Jahre hinein und in zahlreichen Fällen auch noch darüber hinaus gehörte es zum Alltag der Hausgehilfinnen, dass die Arbeitgeberinnen und Arbeitgeber für sich das Recht reklamierten, ihre Angestellten zurechtzuweisen und auch beschimpfen zu dürfen. Die Angestellten hingegen konnten sich nicht in gleicher Weise verhalten, wollten sie nicht eine Kündigung oder sogar Klage riskieren. Aufgrund fehlender Statistiken lässt sich nur auf der Grundlage von Indizien die Akzeptanz beziehungsweise Nichtakzeptanz von verbaler und körperlicher Gewalt beschreiben. Während körperliche Gewalt – ähnlich wie die sonstige Gewalt gegen Jugendliche zum Beispiel in Schulen[43] – in der zweiten Hälfte des 20. Jahrhunderts zunehmend kritisch gesehen wurde und langsam abnahm, war verbale Gewalt weiterhin akzeptiert.

---

37 Die Aufsätze liegen heute im Archiv »Deutsches Gedächtnis« der FernUniversität in Hagen. Die originale Rechtschreibung wurde beibehalten.

38 Es handelt sich hierbei unter Umständen um einen regionalen Ausdruck, der sich nicht mehr nachvollziehen ließ.

39 Mädchenberufsschule der Stadt Aachen, »Meine Berufsausbildung – Licht- und Schattenseiten«, 18.1.1956, Archiv Dt. Gedächtnis Hagen.

40 Ebd.

41 Ebd.

42 Mädchenberufsschule der Stadt Aachen, »Meine Berufsausbildung – Licht- und Schattenseiten«, 26.1.1956, Archiv Dt. Gedächtnis Hagen.

43 Vgl. hierzu: Sarina Hoff, Der lange Abschied von der Prügelstrafe. Körperliche Schulstrafen im Wertewandel 1870–1980, Berlin/Boston 2023.

## 4 Sexualisierte Gewalt am Arbeitsplatz Privathaushalt

In der Presse wurde die sexualisierte Gewalt vor allem in der ersten Hälfte des 20. Jahrhunderts meist als »Zudringlichkeit« durch den Hausherrn thematisiert oder es war von »nicht einwandfreiem« Verhalten des Arbeitgebers die Rede. Ein Beispiel hierfür ist der Arbeitgeber des »Dienstmädchens Kringel«, über dessen Situation der *Vorwärts* 1910 berichtete. Das Dienstmädchen war bei einem Schlachter in Friedenau in den Dienst getreten und musste sich schon nach kurzer Zeit dessen »Zudringlichkeiten« erwehren:

> »Die K. hatte sich gerade in ihrer Kammer zur Ruhe gelegt, als ihr Dienstherr im Nachtgewande erschien und sie in unsittlicher Weise zu berühren versuchte. Das Mädchen sprang entrüstet auf und ergriff die Flucht, worauf der Angeklagte sich schimpfend entfernte. Am nächsten Abend wiederholte sich derselbe Vorgang, als die K. schon schlief. Als Kunze schließlich merkte, daß das Mädchen gewillt war, seinen gemeinen Angriffen heftigen Widerstand entgegenzusetzen, rächte er sich für die Abweisung in anderer Weise. Als die K. von einem Gange wenige Minuten zu spät kam, packte sie der Angeklagte und versetzte ihr drei schallende Ohrfeigen.«[44]

Das Dienstmädchen hatte schon nach dem ersten Übergriff den Plan gefasst, den Dienst zu verlassen. Da sie aber so schnell keine Unterkunft finden und auch bezahlen konnte, musste sie zunächst noch im Arbeitgeberhaus verbleiben. Das für die Berufsgruppe typische Leben im Arbeitgeberhaushalt führte hier zu einer besonders vulnerablen Situation für die Angestellte.

Fast immer gingen die Angestellten wegen des ihnen noch zustehenden Lohnes vor Gericht, der wegen des Verlassens des Dienstes nicht mehr gezahlt wurde. Wie im Falle des Dienstmädchens Kringel zeigten auch andere Angestellte die Arbeitgeber nicht wegen sexueller Nötigung oder Vergewaltigung an. Dies zeigt auch ein im Oktober 1912 vor dem Potsdamer Gewerbegericht verhandelter Fall, von dem ebenfalls im *Vorwärts* berichtet wurde. Das »Hausmädchen Anna M.« hatte ihre Arbeitsstelle verlassen, nachdem des Nachts der Sohn des Arbeitgebers und ein Freund von diesem in die Mädchenstube eingedrungen waren. Sie seien, so die zeittypische Beschreibung für eine versuchte Vergewaltigung, »zudringlich« geworden. Anna M. konnte sich wehren und verließ den Dienst. Vor Gericht wurde ihr negativ ausgelegt, dass ihre Tür nicht verschlossen gewesen sei, was dahingehend interpretiert wurde, dass sie gegen »solche Besuche« des Sohnes keine Einwände gehabt habe. In vielen Fällen unterlagen die Hausgehilfinnen vor Gericht, weil Aussage gegen Aussage stand.[45]

---

44 Dienstbotenschicksal, in: Vorwärts, 22.1.1910.

Das Leben im Arbeitgeberhaushalt hatte zur Folge, dass den Hausgehilfinnen, wie oben bereits ausgeführt, kein geschützter Rückzugsraum zur Verfügung stand. Anfang der 1920er-Jahre, dies zeigen mehrere Studien aus diesem Zeitraum, war ein Großteil der Hausgehilfinnen in einer Bodenkammer untergebracht.[46] Diese waren aber oftmals nicht abschließbar. Den Angestellten fehlte damit zum einen ein geschützter Raum und zum anderen waren sie nicht in unmittelbarer Nähe anderer Hausbewohner und -bewohnerinnen untergebracht. Die strukturelle Gewalt – hier in Form von Benachteiligung bei der Qualität des Wohnraums – machte die Berufsgruppe besonders vulnerabel für körperliche und sexualisierte Gewalt. Zudem hatten die Hausgehilfinnen – vor allem, wenn sie aus dem Ländlichen kamen und sich in einer für sie fremden Stadt befanden – oft nur die Arbeitgeberin als Ansprechpartnerin. Bei Übergriffen durch deren Sohn oder Ehemann fiel diese als Vertrauensperson aus. Da es keine Zahlen zur sexualisierten Gewalt gegen Hausangestellte gibt, lassen sich nur Indizien für deren Verbreitung heranziehen. So verweist das Jugendmagazin des *Vorwärts* auf die besonderen Gefahren, denen jugendliche Hausgehilfinnen ausgesetzt seien: »Bekannt sind auch die Gefahren, die den weiblichen Hausangestellten von den erwachsenen Söhnen, nicht selten auch vom Hausherrn, drohen. Hierüber brauche ich nichts zu sagen.«[47] Gerade der letzte Satz impliziert, dass hierüber ein allgemeines Wissen bestand und die Situation mit einer gewissen Resignation betrachtet wurde.

Die in der gewerkschaftlichen und sozialdemokratischen Presse berichteten Fälle von sexualisierter Gewalt verweisen nicht nur auf geschlechtsbedingte Ungleichheiten, sondern auch auf klassenbedingte Zuschreibungen, wie der folgende Fall aus dem Jahr 1928 zeigt, von dem die *Hausangestellten-Zeitung* berichtete: »Eine Kollegin trat am 1. August eine neue Stelle an. Schon in den ersten Tagen versuchte der ›gnädige‹ Herr recht zutraulich zu werden. Unsere Kollegin verbat sich die schamlosen Zumutungen und drohte, im Wiederholungsfall die Stelle sofort zu verlassen.«[48] Nachdem der Arbeitgeber sie weiter belästigte, kündigte sie fristlos und forderte den ausstehenden Lohn vor dem Münchner Arbeitsgericht ein. Vor Gericht drückte der Beklagte deutlich sein Unverständnis über den Prozess aus, es sei »doch nicht so viel dabei«, wenn man einem »Dienstmädchen« zu nahekäme. Sein Verhalten gegenüber der Hausangestellten sah er als legitim an, gegenüber Frauen aus dem Bürgertum, so lassen sich seine Bemerkungen deuten, jedoch nicht.

---

45 Vorort-Nachrichten, in: Vorwärts, 17.10.1912. Mona Rudolph zeigt in diesem Band (→ S. 111 ff.), dass sexualisierte Gewalt gegen Prostituierte zum Teil auf dieselbe Art legitimiert wurde.

46 Die größte Studie führte Gertrud Israel 1926 durch. Sie befragte knapp 4.000 Hausgehilfinnen zu ihrer Arbeits- und Lebenssituation. Vgl. Gertrud Israel, Arbeitsverhältnisse der Hausgehilfinnen. Erhebung, veranstaltet vom Reichsarbeitsministerium in Verbindung mit den Verbänden der Hausfrauen und der Hausgehilfinnen, Berlin 1929, S. 42-44.

47 Die Not der arbeitslosen Jugend, in: Jugend-Vorwärts, 8.10.1925.

48 Aus dem Arbeitsgericht, in: Hausangestellten-Zeitung, 6. Jg., November 1929, Nr. 11, S. 91.

In Zeiten allgemeiner wirtschaftlicher Not stieg die Gefahr für Übergriffe. Ein Wechsel der Arbeitsstelle, um Gewalt zu entgehen, war deutlich erschwert. Dies galt auch für Hildegard K., von der die *Hausangestellten-Zeitung* 1929 berichtete.[49] Sie musste sich ihres Arbeitgebers erwehren, der nachts zu ihr ins Bett gestiegen war. Vor Gericht gab er an, optimistisch gewesen zu sein, dass seine Annäherungsversuche positiv aufgenommen werden würden. In seinen Aussagen klingen Topoi an, die sich häufig in den Quellen finden lassen. Dienstmädchen beziehungsweise Hausangestellte galten als leicht verführbar, willig und durch ihre Herkunft aus der Unterschicht vermeintlich loseren Sexualvorstellungen gegenüber nicht abgeneigt. Auch in zahlreichen Witzen aus ganz unterschiedlichen Zeiten und unterschiedlichen Medien werden diese Topoi deutlich. Witze lassen sich auch als Mechanismen verstehen, um mit gesellschaftlichen Problemen einen Umgang zu finden beziehungsweise verweisen auf Verhaltensweisen, die sonst nicht thematisiert werden oder tabuisiert sind.

- »Muttchen, komm mal schnell in die Küche, da ist ein ganz fremder Mann, der unsere Minna küßt.« Die Mutter (herbeieilend): »Das ist doch ...« – »Ha Muttchen, angeführt – es ist ja bloß der Papa!«[50]
- Freundin: »Meinen Mann überraschte ich gestern dabei, wie er das Dienstmädchen küßte: der Spaß ist ihm aber teuer zu stehen gekommen, denn zur Buße hat er mir ein neues Kleid kaufen müssen!« »Das Mädchen haben Sie natürlich sofort hinausgeworfen?« Freundin: »Noch nicht; ich brauche doch auch noch einen neuen Hut!«[51]
- Alter Schwede! Gattin: »Also, was muß ich sehen! Du charmirst mit dem Dienstmädchen!« Gatte: »Du lieber Himmel, – wenn ich die kleine Ratte ein wenig um die Taille fasse, ihr die Backen klopfe aus väterlichem Wohlwollen und ihr dabei einen kleinen Kuß zukommen lasse – das nennst Du gleich charmiren!«[52]
- Schlimm. »Ich habe gestern meinen Mann mit unserem Dienstmädchen erwischt!« »Schrecklich! Wo man heutzutage so schwer Dienstmädchen findet.«[53]

Für die zweite Hälfte des 20. Jahrhunderts lassen sich zunehmend weniger Witze über das Verhältnis der Hausgehilfin zum Arbeitgeber oder des Sohnes finden. Daraus ließe sich der Schluss ziehen, dass dies zumindest öffentlich nicht mehr als akzeptabel und in einen Witz gemünzt akzeptiert wurde.

Die Vielzahl an Witzen und die umfangreiche Literatur, in der sexuelle Kontakte, einvernehmliche und gewaltsame, beschrieben werden, lassen darauf schließen, dass

49 Unsittlich belästigt, in: Hausangestellten-Zeitung, 5. Jg., Mai 1928, Nr. 5, S. 29.
50 Humor, in: Hausangestellten-Zeitung, 8. Jg., Januar 1931, Nr. 1, S. 11.
51 Einige gelungene Scherze, in: Der Mittag. Westdeutsche Tageszeitung für Sport/Verkehr/Politik/Kunst, 27.3.1925.
52 Humoristisches, in: Lippische Tageszeitung, 26.6.1897.
53 Lachende Welt, in: Dortmunder Zeitung, 2.10.1927.

sexualisierte Übergriffe sehr häufig stattfanden.[54] Jedoch sind diese quellenmäßig nur sehr schwer zu fassen. Spärliche Hinweise lassen sich in den Fällen finden, in denen Hausangestellte wegen Abtreibung oder Kindstötung vor Gericht standen. Für das Gericht war jedoch der Hintergrund der Tat zweitrangig und wurde zumeist nicht weiter beleuchtet. Beispielhaft zeigt dies ein Fall aus Oldenburg aus dem Jahr 1936. Angeklagt war die 20-jährige Hausgehilfin wegen des Vergehens der Abtreibung. Vater des Kindes war ihr Arbeitgeber. In den Akten ist aber nur zu erfahren, dass sie beim ersten Geschlechtsverkehr betrunken gewesen sei, ansonsten wird die Beziehung als einvernehmlich beschrieben.[55] Die strukturelle Gewalt, der die Hausgehilfinnen unterlagen und die sie schneller zu Opfern von verbaler, körperlicher oder sexualisierter Gewalt machte, wurde im zeitgenössischen Diskurs kaum thematisiert.

## 5 Schluss

Die Berufsgruppe der Dienstmädchen beziehungsweise Hausangestellten war aufgrund ihres jugendlichen Alters und des mangelnden Schutzes vor Übergriffen am Arbeitsplatz besonders gefährdet, Opfer verbaler, körperlicher oder sexualisierter Gewalt zu werden. Körperliche Gewalt wurde ähnlich wie Gewalt gegenüber Kindern sowohl von den Arbeitgebern und Arbeitgeberinnen als auch von den Gerichten zumeist als normal und häufig auch als notwendig angesehen. Entsprechend hoch war im 19. und in der ersten Hälfte des 20. Jahrhunderts die gesellschaftliche Akzeptanz. Vor Gericht kamen diese Fälle nur, wenn das allgemein akzeptierte Maß an Gewalt überschritten wurde oder die Gewalt willkürlich, eher aus sadistischen Motiven gespeist, erfolgte. Während in der Literatur und in Witzen sexuelle Beziehungen oder sexualisierte Gewalt breit dargestellt werden, ist diese in anderen Quellen nur schwer zu fassen. Es lässt sich daher nur im Umkehrschluss von den unzähligen Berichten aus populären Medien auf die tatsächlich hohe Anzahl an Übergriffen schließen. Die Hausgehilfin traf bei Gewalterfahrungen immer eine doppelte Härte: Sie musste die gewalttätige Situation durchstehen und erhielt im Nachgang selten Unterstützung. Eine Thematisierung der Gewalt führte häufig zu der Anschuldigung der Verleumdung und einer Kündigung. Mögliche Folgen, wie der Verlust des Arbeitsplatzes oder eine ungewollte Schwangerschaft, mussten die Hausangestellten alleine tragen. Die ungleiche Klassen- und Geschlechterordnung wirkte sich sowohl auf die Gewaltformen als auch auf die Gewalterfahrungen der Hausgehilfinnen an ihrem Arbeitsplatz aus.

---

54 Zur Darstellung in der Literatur vgl. Eva Eßlinger, Das Dienstmädchen, die Familie und der Sex. Zur Geschichte einer irregulären Beziehung in der europäischen Literatur, München/Paderborn 2013.

55 Niedersächsisches Landesarchiv, Standort Oldenburg, Rep 947 OL Best 145-1 Nr. 14.

# 6 Quellen und Literatur

## 6.1 Quellen


Ausschuss der deutschen Statistiker für die Volks- und Berufszählung 1946 (Hg.), Volks- und Berufszählung vom 29. Oktober 1946 in den vier Besatzungszonen und Groß-Berlin, Tabellenteil, H. 2, Berlin 1950.

Berufs- und Erwerbszählung vom 14. Juni 1895. Die berufliche und soziale Gliederung des deutschen Volkes, Berlin 1899.

Bestimmungen der Preußischen Gesetze über die Rechte und Pflichten der Herrschaft und des Gesindes nach der Gesindeordnung vom 8. November 1810, dem Gesetze vom 24. April 1854, dem allgemeinem Landrecht und der Gerichtsordnung, Breslau 1854.

**Grieben, H.**, Praktischer Ratgeber für Dienstherrschaften, Berlin 1909.

Volks-, Berufs- und Betriebszählung vom 16. Juni 1925, Berufszählung. Die berufliche und soziale Gliederung der Bevölkerung des Deutschen Reiches [= Statistik des Deutschen Reiches, Bd. 405, H. 3], Berlin 1929.

Volks-, Berufs- und Betriebszählung vom 16. Juni 1933, Berufszählung. Die berufliche und soziale Gliederung der Bevölkerung des Deutschen Reiches [= Statistik des Deutschen Reiches, Bd. 453, H. 2], Berlin 1936.


## 6.2 Literatur


**Bajohr, Stefan**, Die Hälfte der Fabrik. Geschichte der Frauenarbeit in Deutschland 1914 bis 1945, 2. verbesserte Auflage, Marburg 1984.

**Bright Jones, Elizabeth**, Girls in Court: Mägde versus Their Employers in Saxony,1880–1914, in: Mary Jo Maynes/ Brigitte Søland/Christina Benninghaus (Hg.), Secret Gardens, Satanic Mills. Placing Girls in European History, 1750–1960, Bloomington 2005, S. 224-238.

**Dürr, Renate**, »Der Dienstbote ist kein Tagelöhner …« Zum Gesinderecht (16.–19. Jahrhundert), in: Ute Gerhard (Hg.), Frauen in der Geschichte des Rechts. Von der Frühen Neuzeit bis zur Gegenwart, München 1997, S. 115-139.

**Eßlinger, Eva**, Das Dienstmädchen, die Familie und der Sex. Zur Geschichte einer irregulären Beziehung in der europäischen Literatur, München/Paderborn 2013.

**Galtung, Johan**, Strukturelle Gewalt. Beiträge zur Friedens- und Konfliktforschung, Reinbek b. Hamburg 1975.

**Goebel, Ruth**, Dienstbotenzeitungen. Die »Dienstbotenfrage« und Erzählungen für Dienstmädchen in deutschen Dienstbotenzeitungen zwischen 1898 und 1932, Frankfurt a. M. 1994.

**Hoff, Sarina**, Der lange Abschied von der Prügelstrafe. Körperliche Schulstrafen im Wertewandel 1870–1980, Berlin/Boston 2023.

**Kocka, Jürgen**, Arbeitsverhältnisse und Arbeiterexistenzen. Grundlagen der Klassenbildung im 19. Jahrhundert [= Geschichte der Arbeiter und der Arbeiterbewegung in Deutschland seit dem Ende des 18. Jahrhunderts, Bd. 2], Bonn 1990.

**Labouvie, Eva**, Zur Einführung: Gewaltkulturen in Geschichte und Gegenwart, in: Eva Labouvie (Hg.), Geschlecht, Gewalt und Gesellschaft. Interdisziplinäre Perspektiven auf Geschichte und Gegenwart, Bielefeld 2023, S. 13-34.

**Pierson, Thomas**, Das Gesinde und die Herausbildung moderner Privatrechtsprinzipien, Frankfurt a. M. 2016.

**Purpus, Andrea**, Frauenarbeit in den Unterschichten. Lebens- und Arbeitswelt Hamburger Dienstmädchen und Arbeiterinnen um 1900 unter besonderer Berücksichtigung der häuslichen und gewerblichen Ausbildung, Hamburg 2000.

**Vormbaum, Thomas**, Politik und Gesinderecht im 19. Jahrhundert (vornehmlich Preußen 1810–1918) [= Schriften zur Rechtsgeschichte, Bd. 21], Berlin 1980.

**Wierling, Dorothee**, Mädchen für alles. Arbeitsalltag und Lebensgeschichte städtischer Dienstmädchen um die Jahrhundertwende, Berlin/Bonn 1987.

**Witkowski, Mareike**, Arbeitsplatz Privathaushalt. Städtische Hausgehilfinnen im 20. Jahrhundert, Göttingen 2023.

**Wunder, Heide**, Geschlechter und Gewaltanwendung in der »Kinderzucht« der Frühen Neuzeit, in: Eva Labouvie (Hg.), Geschlecht, Gewalt und Gesellschaft. Interdisziplinäre Perspektiven auf Geschichte und Gegenwart, Bielefeld 2023, S. 79-103.

Mona Rudolph

# Ein zwangsläufig gefährliches Gewerbe? Rosemarie Nitribitt und die Frage der Gewalt in der Prostitution der 1950er-Jahre

Wie so oft wollte sich Rosemarie Nitribitt auch am letzten Dienstag im Oktober 1957 in der Frankfurter Innenstadt auf die Suche nach Kunden begeben. Dafür fuhr sie üblicherweise mit ihrem schwarzen Mercedes die Kaiserstraße entlang oder besuchte eine der vielen Bars, Gaststätten oder Tanzcafés in Frankfurt. Jedes Mal, wenn Nitribitt ihre Wohnung verließ, machte sie sich aufwändig zurecht – so auch am 29. Oktober 1957.[1] Drei Tage später wurde ihre Leiche in ihrem Apartment entdeckt.[2] An ihrem Körper waren zahlreiche Spuren äußerer Gewalteinwirkung erkennbar, darunter eine Platzwunde am Kopf und Würgemale am Hals. Nach Nitribitts Tod lieferten sich die Medien einen regelrechten Überbietungswettbewerb um den reißerischsten Artikel zum Tod der stadtbekannten Prostituierten.[3] Während die Illustrierte *Revue* pathetisch »Rosemarie kann nicht sterben« titelte, charakterisierte der *Stern* Nitribitt abfällig als »billiges Flittchen wie tausend andere [...] kaum attraktiv, ärmlich gekleidet und schäbig aufgeputzt«.[4] Das Magazin *Quick* ging noch weiter und suchte in einer mehrteiligen Serie »den Mörder der Nitribitt« und lobte für »zweckdienliche Mitteilungen« 50.000 DM Belohnung aus.[5] Neben dem in der Berichterstattung zu Nitribitts Tod deutlich zutage tretenden Voyeurismus zeugen die Presseartikel auch von der gesellschaftlichen Stigmatisierung, der Prostituierte im Allgemeinen und Nitribitt im Speziellen ausgesetzt waren. Frauen, die nach dem Krieg sexuelle Handlungen gegen Bezahlung anboten, galten in vielerlei Hinsicht und in weiten Bevölkerungskreisen als unerwünscht, wurden als »Schande« betrachtet oder gar als »schwache, haltlose Menschen«.[6]

Während Voyeurismus, Stigmatisierung und Diskriminierung in den Archivquellen zur Prostitution gut dokumentiert sind, erweist sich der Nachweis von Gewalt und Gewalterfahrungen bei Prostituierten empirisch als schwierig. Das liegt einerseits daran, dass Prostituierte auch heute noch selten Anzeige erstatten, wenn sie

1 Hessisches Hauptstaatsarchiv Wiesbaden (HHStAW), 544/1392, Tatortskizze und Spurenmaterial, Konrad an Bundeskriminalamt, 12.11.1957.

2 Ebd.

3 Institut für Stadtgeschichte Frankfurt (ISG FFM), S 6b-38, Nr. 526; ISG FFM, S 6b-38, Nr. 528.

4 ISG FFM, S 6b-38, Nr. 526, Revue Nr. 27/1959, Revue packt heißes Eisen an; ISG FFM, S 6b-38, Nr. 526, Stern, Ein billiges Flittchen, S. 10.

5 ISG FFM, S 6b-38, Nr. 526, Quick, Quick sucht den Mörder der Nitribitt, S. 6.

6 Bundesarchiv Koblenz (BArch), B/141/82163, Bl. 6.

in Ausübung ihres Berufs Gewalt erfahren – aus Angst vor Repressionen, sozialer Ausgrenzung oder Diskreditierung. Andererseits wurden entsprechende Unterlagen häufig mit Verweis auf die darin enthaltenen sensiblen Informationen rasch vernichtet und somit gar nicht erst in staatliche Archive überführt.[7] Der Aktenbestand zu Rosemarie Nitribitt stellt jedoch eine Ausnahme dar: Die Frankfurter Kriminalpolizei stellte umfangreiche Ermittlungen an,[8] wovon die rund 120 Akten zeugen, die im Hauptstaatsarchiv Wiesbaden aufbewahrt werden; hinzu kommen weitere Dokumente im Stadtarchiv Frankfurt am Main.[9] Diese Quellen sind von besonderem Wert, da sie angesichts der prekären Quellenlage seltene und ungewöhnlich detaillierte Einblicke in das Prostitutionsgewerbe, den Alltag einer Prostituierten und ihre Gewalterfahrungen ermöglichen.

Im vorliegenden Beitrag wird die Figur Rosemarie Nitribitt als Fallbeispiel herangezogen, um die Frage der Gewalt in der Prostitution der 1950er-Jahre zu beleuchten. Die Untersuchung basiert größtenteils auf umfangreichen Archivmaterialien aus Wiesbaden und Frankfurt am Main und leistet damit Pionierarbeit, da bisher keine wissenschaftliche Studie diese umfassend in den Blick genommen hat.[10] Diese Dokumente eröffnen einerseits die Möglichkeit, Aspekte herauszuarbeiten, die in der bestehenden Literatur kaum Beachtung gefunden haben, und andererseits den Forschungsdiskurs um einen stärker empirischen Zugang zu bereichern. Während die historische Forschung Gewaltphänomene bereits intensiv untersucht hat – insbesondere im Kontext des Nationalsozialismus, von Kriegen und ähnlichen Themen –, blieb die spezifische Analyse von Gewalt am Arbeitsplatz, insbesondere im Bereich der Prostitution, weitgehend ein Randaspekt.[11] Andere Disziplinen haben sich diesem Themenkomplex zum Teil intensiver gewidmet;[12] im angloamerikanischen Raum

7 Timothy Gilfoyle, Prostitutes in the Archives. Problems and Possibilities in Documenting the History of Sexuality, in: The American Archivist, 57 (1994) 3, S. 514-527; hier: S. 524.

8 HHStAW, 544/1392, Tatortskizze und Spurenmaterial, Konrad an Bundeskriminalamt, 12.11.1957.

9 Exemplarisch: HHStAW, 461/33233, Nr. 1-69; ISG FFM, S 6b -38, Nr. 526; ISG FFM, S 6b-38, Nr. 526; ISG FFM, S 6b-38, Nr. 528.

10 Jedoch existieren populärwissenschaftliche Arbeiten sowie belletristische Werke zu dem Thema: Erich Kuby, Das Mädchen Rosemarie. Liebe, Leben und Tod des Callgirls Rosemarie Nitribitt, Reinbek b. Hamburg 1998; Helfried Spitra, Die großen Kriminalfälle. Deutschland im Spiegel berühmter Verbrechen, Frankfurt a. M. 2001, S. 36-59.

11 Geschichtswissenschaftliche Forschungsarbeiten, die Gewalt im Kontext der Prostitution thematisieren: Steffi Brüning, Prostitution in der DDR. Eine Untersuchung am Beispiel der Städte Rostock, Berlin und Leipzig von 1968 bis 1989, Berlin 2020; Sonja Dolinsek/Siobhán Hearne (Hg.), Prostitution in Twentieth Century Europe, Oxfordshire 2023; Mareen Heying, Huren in Bewegung, Kämpfe von Sexarbeiterinnen in Deutschland und Italien, 1980 bis 2001, Essen 2019.

12 Ursula Probst, Gewalt in der Sexarbeit, in: Katja von Auer/Christiane Micus-Loos/Stella Schäfer/Kathrin Schrader (Hg.), Intersektionalität und Gewalt. Verwundbarkeit von marginalisierten Gruppen und Personen sichtbar machen, Münster 2023, S. 105-116; Jacob Drobnik, Folgewirkungen der Prostitutionsgesetzgebung in Deutschland, in: ders./Elke Mack/Ulrich Rommelfan-

liegen zudem mehr Forschungsarbeiten vor.[13] Neben der wissenschaftlichen Literatur existiert zudem eine populärwissenschaftliche Betrachtung der Prostitution, die der Forschung oft diametral entgegensteht: Von sich als »Abolitionist:innen« bezeichnenden Aktivist:innen wird Prostitution untrennbar mit Zwang, Abhängigkeit und Gewalt assoziiert, was die Möglichkeit freiwilliger Prostitution weitgehend ausschließt.[14] Die wissenschaftliche Forschung plädiert hingegen für eine differenzierte Betrachtung, die eine klare Unterscheidung zwischen Menschenhandel zur sexuellen Ausbeutung beziehungsweise gewaltgeprägten Formen kommerzieller Sexualität und selbstbestimmter Prostitution beziehungsweise Sexarbeit fordert.[15]

Der vorliegende Beitrag nutzt die unterschiedlichen Betrachtungsweisen als Ausgangspunkt, um die komplexen Verflechtungen von Gewalt und Prostitution anhand des Fallbeispiels Nitribitt empirisch zu untersuchen, jedoch ist eine nahtlose Anknüpfung an den Forschungsdiskurs aufgrund der Subjektivität der Gewalterfahrungen Nitribitts und der Spezifizität der Archivquellen nur bedingt möglich. Ziel der Analyse ist es deshalb, empirisch fundierte Formen von Gewalt im Kontext der Prostitution aufzuspüren, ohne jedoch Gewalt pauschal als unvermeidlichen Bestandteil der Prostitution vorauszusetzen. Ganz konkret sollen am Beispiel Rosemarie Nitribitts exemplarisch die Fragen nach der Verwundbarkeit von Prostituierten und spezifischen Gewaltformen gegenüber Prostituierten in der Bundesrepublik (BRD) der 1950er-Jahre gestellt werden. Der Zeitraum der 1950er-Jahre wurde gewählt, da

---

ger (Hg.), Sexkauf: Eine rechtliche und rechtsethische Untersuchung der Prostitution, Baden-Baden 2023, S. 95-218; hier: S. 173-181, 189-199; Roland Girtler, Der Strich. Soziologie eines Milieus, Wien 2004, S. 127-134; Margarete Gräfin von Galen, Rechtsfragen der Prostitution und seine Auswirkungen. Das ProstG und seine Auswirkungen, München 2004.

13 Exemplarisch: Catherine Phipps, Histories of Sex Work around the World, London 2024; Rebecca Hewer, Sex-Work, Prostitution and Policy: A Feminist Discourse Analysis, Basingstoke 2021.

14 Tobias Singelnstein/Karl-Ludwig Kunz, Kriminologie. Eine Grundlegung, Bern 2021, S. 133, 145. Eine ähnliche Perspektive findet sich in zahlreichen Publikationen, die im Zuge der Neuen Frauenbewegung entstanden sind. Hier wird Prostitution überwiegend als Ausdruck patriarchaler Unterdrückung, als antifeministisch und entwürdigend für Frauen interpretiert. Elizabeth Bernstein, Introduction. Sexual Economies and the New Regimes of Governance, in: Social Politics, 21 (2014) 3, S. 345-354; hier: S. 346 f.; Christina Karrer/Regula Turtschi/Maritza Le Breton-Baumgartner, Entschieden im Abseits. Frauen in der Migration, Zürich 1996; Udo Gerheim, Die Produktion des Freiers. Macht im Feld der Prostitution. Eine soziologische Studie, Bielefeld 2012, S. 79; Amia Srinivasan, Das Recht auf Sex. Feminismus im 21. Jahrhundert, Stuttgart 2022, S. 220-238; Silvia Kontos, Öffnung der Sperrbezirke. Zum Wandel von Theorien und Politik der Prostitution [= Unterschiede – Diversity, Bd. 8], Königstein i. Ts. 2009, S. 151-157. Alice Schwarzer zählt zu den bekanntesten Vertreterinnen dieser prostitutionskritischen Haltung: Alice Schwarzer, Prostitution. Ein deutscher Skandal. Wie konnten wir zum Paradies der Frauenhändler werden?, Köln 2013.

15 Prostituiertenprojekt Hydra (Hg.), Beruf: Hure, Hamburg 1988; Veronika Ott, Soziale Arbeit, Sexarbeit, Menschenhandel. Ambivalenzen im Feld der Fachberatungsstellen, Hamburg 2017; Pieke Biermann, Wir sind Frauen wie andere auch. Prostituierte und ihre Kämpfe, Reinbek b. Hamburg 1982.

er durch spezifische gesellschaftliche Bedingungen geprägt war, die die Situation von Frauen und insbesondere von Prostituierten in der BRD stark beeinflussten: Das Nachkriegsdeutschland war zwar eine Ära des Wiederaufbaus und des »Wirtschaftswunders«, gleichzeitig dominierten jedoch konservative Geschlechterrollen und eine rigide Moralvorstellung, wodurch Prostitution als gesellschaftliches Tabu betrachtet und nur bedingt toleriert wurde – sofern sie im Verborgenen blieb.

Im Folgenden wird Gewalt vorrangig im engeren Sinne als interpersonale, körperliche Gewalt definiert. Dieses präzise Verständnis des Gewaltbegriffs ermöglicht eine fokussierte Analyse, ohne den Begriff bis zur Konturlosigkeit zu erweitern. Vor allem aber verhindert dieses Gewaltverständnis, dass jede Handlung und Äußerung als Gewalt interpretiert wird, wodurch das durch abolitionistische Aktivist:innen häufig zitierte Narrativ einer pauschalen Gleichsetzung von Gewalt und Prostitution unkritisch reproduziert wird. Gleichzeitig wird aber auch deutlich werden, dass sich die Gewalterfahrungen von Nitribitt nicht nur auf direkte physische Gewalt reduzierten. Vielmehr gingen in ihrem Fall psychische und verbale Gewalt oft Hand in Hand. Beleidigungen und verbale Beschimpfungen waren somit eine konstante Begleiterscheinung ihrer körperlichen Gewalterfahrungen.

## 1 Rosemarie Nitribitt und Prostitution im Nachkriegsdeutschland

Die Archivquellen aus Wiesbaden bieten nur lückenhafte Einblicke in die Biografie Nitribitts. Gesichert ist, dass Nitribitt am 1. Februar 1933 in Düsseldorf als Rosalie Maria Auguste Nitribitt geboren wurde.[16] Sie war das uneheliche Kind eines Kaufmanns und einer Prostituierten. Im Alter von fünf Jahren kam sie zusammen mit ihrer zwei Jahre jüngeren Halbschwester in ein Kinderheim und wurde 1939 schließlich von Pflegeeltern in Koblenz aufgenommen.[17] Mit 17 Jahren verließ Rosemarie Nitribitt ihre Pflegefamilie, zog nach Frankfurt am Main und brach den Kontakt zu ihren Pflegeeltern ab. Ihren Lebensunterhalt verdiente sie fortan als Bardame in der »Künstlerklause«, einem Varieté-Theater mit angeschlossener Bar und Restaurant.[18] Später versuchte sie als Mannequin Fuß zu fassen, indem sie rund vier Jahre lang ein Mannequinstudio besuchte und Privatunterricht nahm.[19] Es ist anzunehmen, dass sie bereits zu dieser Zeit zumindest gelegentlich der Prostitution nachging, um ihren Lebensunterhalt zu sichern. Ab 1954 bis zu ihrem gewaltsamen Tod im Jahr 1957 arbeitete Nitribitt dann hauptberuflich als Prostituierte.

16 HHStAW, 461/33233, Nr. 69, Bl. 2.
17 HHStAW, 461/33233, Nr. 91.
18 HHStAW, 461/33233, Nr. 8, Bl. 40.
19 HHStAW, 461/33233, Nr. 7, Bl. 2.

Nitribitts Tätigkeit war emblematisch für die Lebensrealität einiger Frauen, die in den 1950er-Jahren ihren Lebensunterhalt durch Prostitution verdienten. Mit der Gründung der Bundesrepublik 1949 kam es in den Großstädten der westlichen Besatzungszonen zu einem deutlichen Anstieg der öffentlich sichtbaren Prostitution.[20] Während die westlichen Besatzungsmächte eine relativ liberale Haltung gegenüber dieser zunehmenden Prostitution einnahmen, versuchten die deutschen Polizeibehörden, das öffentlich sichtbare Prostitutionsgewerbe konsequent einzudämmen. Besonders auf den Militärbasen in der US-amerikanischen Besatzungszone bestand eine hohe Nachfrage nach deutschen Prostituierten, die allerdings als »Amiflittchen« stigmatisiert wurden.[21] Frauen, die sich für Nylonstrümpfe, Zigaretten oder Alkohol auf den US-amerikanischen Militärbasen prostituierten, galten als Inbegriff des »Werte- und Sittenverfalls«.[22] Diese gesellschaftliche Stigmatisierung resultierte aber weniger aus der Tatsache, dass die Frauen der Prostitution nachgingen, sondern vielmehr aus ihrer Fraternisierung mit den ehemaligen Feinden, den US-Amerikanern.[23]

Schätzungen zufolge bewegte sich die Anzahl der Prostituierten in Westdeutschland Anfang der 1950er-Jahre zwischen 100.000 und 150.000, während allein in den Großstädten etwa 21.000 Prostituierte registriert wurden.[24] Dass die Prostitution gerade in den westdeutschen Großstädten florierte, lässt sich in erster Linie auf die besseren Verdienstmöglichkeiten zurückführen: Die Nachfrage in den Städten war deutlich höher als auf dem Land, sodass Frauen in den Metropolen höhere Preise verlangen konnten, zudem erleichterte die Anonymität der Großstadt den Frauen die Ausübung ihres Gewerbes. In Frankfurt waren vor allem die Altstadt und das Bahnhofsviertel,[25] später auch das Westend, Gegenden, in denen Frauen bevorzugt sexuelle Dienstleistungen anboten. Auch die Kaiserstraße in Frankfurt, tagsüber eine belebte Einkaufsmeile, verwandelte sich nachts in einen bekannten Straßenstrich.[26] Einige Prostituierte, die es sich leisten konnten, fuhren in den Abendstunden in ihrem eigenen Auto die Kaiserstraße entlang, um Ausschau nach Kunden zu halten; Nitribitt war eine von ihnen.[27] Zu sexuellen Handlungen zwischen ihr und ihren Kunden kam

20 Helga Hirsch, Endlich wieder leben. Die fünfziger Jahre im Rückblick von Frauen, München 2012, S. 70; Michaela Freund-Widder, Frauen unter Kontrolle. Prostitution und ihre staatliche Bekämpfung in Hamburg vom Ende des Kaiserreichs bis zu den Anfängen der Bundesrepublik [= Geschlecht – Kultur – Gesellschaft, Bd. 8], Münster 2003, S. 70; Andreas Ziemann, Das Bordell. Historische und soziologische Betrachtungen, Weilerswist 2017, S. 102-107.

21 Hirsch, Endlich, 2012, S. 70.

22 Ebd., S. 70 f.

23 Ebd., S. 71; Freund-Widder, Frauen, 2003, S. 181.

24 ISG FFM, S 6b-38 Nr. 557, Deutsche Woche München, Die Prostitution – eine wachsende Seuche, 3.6.1953.

25 ISG FFM, S 6b-38, Nr. 557, Münchner Illustrierte, Das war das Tollste, was ich sah, 7.3.1959.

26 Ebd.

27 Elmar Erhardt, Deutsche Kriminalgeschichte. Verbrechen und Strafe als Spiegel der Gesellschaft, Stuttgart 2019, S. 93; HHStAW, 461/33233, Nr. 10, Bl. 139.

es fast ausschließlich in ihrer Wohnung oder seltener in einem angemieteten Apartment. Darüber hinaus nutzte sie Einkäufe oder Erledigungen, um Kunden anzusprechen, sei es in der Reinigung, beim Autohändler oder im Bekleidungsgeschäft.[28]

Die gesellschaftliche Stigmatisierung und Marginalisierung von Prostituierten in den 1950er-Jahren kann kaum überschätzt werden. In einem Bericht des Hessischen Innenministeriums aus dem Jahr 1952 wurden Prostituierte als »asoziale, arbeitsscheue und sexuell haltlose Personen« bezeichnet.[29] Ähnlich äußerte sich das Innenministerium in Kiel, das im Kontext des Prostitutionsgewerbes von »asozialen Kreisen« sprach.[30] Diese Charakterisierung von Prostituierten als »asozial« offenbart die Kontinuität diskriminierender Zuschreibungen von der Zeit des Nationalsozialismus bis in die frühen Jahre der BRD:[31] Während der NS-Zeit wurden Personen, die als »lebensunwert« oder der »Volksgemeinschaft« nicht zugehörig galten, als »asozial« gebrandmarkt. Dies schloss auch Prostituierte mit ein.[32] Dass Prostituierte auch nach dem Ende des Zweiten Weltkriegs zu »Asozialen« erklärt wurden, war neben personellen Kontinuitäten dem Fortwirken gesellschaftlicher Zuschreibungen und Wahrnehmungen geschuldet.

## 2 Begünstigungsfaktoren der Gewalt und relevante Akteure

In der alten BRD waren Prostituierte im Vergleich zu vielen anderen Berufsgruppen besonders gefährdet, Opfer einer Gewalttat zu werden oder in Ausübung ihres Berufs Gewalt zu erleben, denn sie gehörten zu einer marginalisierten, stigmatisierten und teilweise kriminalisierten gesellschaftlichen Minderheit. Im Falle Nitribitts lassen sich einige Begünstigungsfaktoren identifizieren, die auf das Gefahren- und Gewaltpotenzial in der Prostitution stabilisierend wirkten. Hierzu zählten erstens die deutsche Gesetzgebung und die daraus resultierende teilweise Kriminalisierung von Prostituierten. Dies führte unter anderem zweitens dazu, dass Prostituierte einer recht rigiden Kontrolle und Aufsicht der Gesundheitsämter und Polizeibehörden unterworfen

28 Ebd., Bl. 67; HHStAW, 461/33233, Nr. 7, Bl. 56.

29 BArch, B 106/17303, Hessischer Minister des Innern an Bundesminister des Innern, 2.9.1957.

30 BArch, B 106/17303, Innenminister Schleswig-Holstein an Bundesminister des Innern, 20.8.1957.

31 Annalisa Martin, Managing Commercial Sex in West Germany. 1950s–1980s, London 2022, S. 23; Christa Schikorra, Kontinuitäten der Ausgrenzung: »Asoziale« Häftlinge im Frauen-Konzentrationslager Ravensbrück, Berlin 2001, S. 224; Christa Paul, Zwangsprostitution. Staatlich errichtete Bordelle im Nationalsozialismus, Berlin 1994; Wolfgang Ayaß, »Asoziale« im Nationalsozialismus, Stuttgart 1995; Martin, Sex, 2022, S. 150; Herwig Czech, Venereal Disease, Prostitution, and the Control of Sexuality in World War II Vienna, in: East Central Europe, 38 (2011) 1, S. 64-78; Julia Hörath, Zuhälter im Visier der Kriminalpolizei. »Vorbeugende Verbrechensbekämpfung« im Reich und in Bremen 1933 bis 1938, in: Vierteljahrshefte für Zeitgeschichte, 68 (2020) 3, S. 375-406.

32 Martin, Sex, 2022, S. 23.

waren. Hinzu kam, dass es für Prostituierte aufgrund der spezifischen rechtlichen Bestimmungen kaum Anlaufstellen gab, an die sie sich bei Gewalterfahrungen wenden konnten. Auch Gewerkschaften konnten und wollten sich aufgrund der damals geltenden Gesetzgebung nicht für Prostituierte als Arbeitnehmerinnen einsetzen.[33] Und drittens waren Prostituierte aufgrund der patriarchalen Machtstrukturen und der gesellschaftlichen Stigmatisierung besonders vulnerabel, Gewalterfahrungen zu machen. Zuletzt lässt sich noch hinzufügen, dass die gesellschaftliche Stigmatisierung von Prostituierten in den 1950er-Jahren in den Medien resonierte, so verstärkt und perpetuiert wurde.

Gemäß den in den 1950er-Jahren geltenden Gesetzen durfte der Prostitution in Westdeutschland zwar legal nachgegangen werden, allerdings handelte es sich um eine sitten- und sozialwidrige Tätigkeit.[34] Dadurch wurde Prostitution nicht als Beruf anerkannt, was mit weitreichenden Konsequenzen für Prostituierte einherging: So mussten sie sich beispielsweise selbst krankenversichern, hatten kein Anrecht auf staatliche Sozialleistungen oder Rentenversicherungsbeiträge, konnten sich das Geld für ihre Dienstleistungen nicht einklagen, wodurch die Kunden von Prostituierten vor der Strafverfolgung geschützt waren.[35]

In den 1950er- und 1960er-Jahren gingen die Polizeibehörden in Westdeutschland äußerst rigoros gegen Prostituierte vor und überschritten dabei nicht selten ihre rechtlichen Befugnisse, indem sie geltende Gesetze missachteten.[36] Diese polizeiliche Repression entsprach jedoch weitgehend den Interessen staatlicher Behörden auf Landesebene, Tugendwächtern sowie breiter Bevölkerungsschichten, die Prostitution häufig als ein »Übel« betrachteten, das aus dem Stadtbild verdrängt werden sollte. In regelmäßigen Abständen kontrollierte die Polizei daher stadtbekannte Prostitutionsviertel, nahm die Frauen erkennungsdienstlich auf, untersagte ihnen bei geringfügigen Verstößen die Ausübung ihrer Tätigkeit oder nahm sie sogar zeitweilig in Gewahrsam.[37] Mit der Novellierung des Gesetzes zur Bekämpfung der Geschlechtskrankheiten im Jahr 1953 wurden der Polizei und den Gesundheitsämtern noch weitergehende Befugnisse eingeräumt. Polizisten war es erlaubt, Personen auch gegen ihren Willen dem Gesundheitsamt zuzuführen und diese untersuchen zu lassen, wenn der Verdacht auf eine Geschlechtskrankheit bestand.[38] Dieses Gesetz wurde vor allem

33 Nele Bastian, Prostitution als notwendiges Übel. Analyse einer Dienstleistung im Spannungsfeld von Stigmatisierung und Selbstermächtigung, Marburg 2010, S. 148.

34 von Galen, Rechtsfragen, 2004, S. 2.

35 Ebd., S. 12 f.; Eva-Maria Euchner, Prostitutionspolitik in Deutschland. Entwicklung im Kontext europäischer Trends, Wiesbaden 2015, S. 13 f.

36 StAHH, 136-1, 4614, Justizamt, Vermerk 8.2.1968.

37 StAHH, 136-1, 4614, Rechtsabteilung, »Inverwahrnahme von Prostituierten«, Hamburg 15.12.1967.

38 ISG FFM, A. 51.02, Nr. 45, Fürsorgeamt, Bericht über die bei der Abteilung Gesundheitsschutz des Stadtgesundheitsamts durchgeführte Prüfung, 22.9.1952.

gegenüber Prostituierten angewendet, obwohl evidenzbasierte Studien belegten, dass Prostituierte keine Bevölkerungsgruppe darstellten, die überproportional zur Verbreitung von Geschlechtskrankheiten beitrug.

Einmal polizeilich erfasst, verloren Prostituierte die Möglichkeit, anonym zu arbeiten, und mussten bei erneuten Kontrollen mit weiteren repressiven Maßnahmen rechnen. Anzunehmen ist, dass Nitribitt auch deshalb großen Wert darauflegte, in der Öffentlichkeit nicht als Prostituierte erkannt zu werden und deshalb gegenüber Familienmitgliedern und engen Bekannten ihre Profession verschwieg. Obwohl polizeiliche Kontrollen oder gynäkologische Untersuchungen des Gesundheitsamtes in diesem Beitrag nicht im engeren Sinne als Gewalt verstanden werden, führten die gesetzlichen Vorgaben zu systematischer Einschränkung in der Berufsausübung. Prostituierte wurden dadurch gezwungen, vermehrt Gefahren auf sich zu nehmen, was die Wahrscheinlichkeit einer Gewalttat erhöhte.

Prostituierte waren außerdem gesetzlich dazu gezwungen, ihrem Beruf als Selbstständige nachzugehen, da Kuppelei beziehungsweise Zuhälterei strafbar waren.[39] Damit konnten sich Gewerkschaften nicht für ihre Rechte einsetzen, da selbstständig tätige Prostituierte keine Akteursgruppe darstellten, die im Blickfeld der Gewerkschaften stand, obwohl ihre Lebens- und Arbeitsbedingungen häufig prekär waren.[40] Zugleich führte der ambivalente Rechtsstatus der Prostitution dazu, dass Gewerkschaften nicht als Fürsprecher von Prostituierten aktiv werden konnten. Dadurch verschärften sich wiederum die prekären Arbeitsbedingungen in der Prostitution, da die Frauen keine Möglichkeit besaßen, ihre Rechte und Interessen gewerkschaftlich vertreten zu lassen.

## 3 Der Arbeitsalltag Nitribitts: Gefahren, Gewalt und Abhängigkeitsverhältnisse

Während ihrer Tätigkeit als Prostituierte war Nitribitt vielfältigen Gewaltformen ausgesetzt. Wie bereits erwähnt, soll Gewalt hier primär als physisches Phänomen verstanden werden, also als eine absichtsvolle, gegen den Körper gerichtete Handlung.[41] Darüber hinaus wird danach gefragt, inwiefern physische Gewalt mit Begleiterscheinungen wie Bedrohungen und Belästigungen einherging. In diesem Kontext wird außerdem untersucht, wer der oder die Täter:innen waren und welche Sicherheitsvorkehrungen Nitribitt gegen diese Begleiterscheinungen oder gegen die physische Gewalt selbst ergriff. Zuletzt soll dieser Beitrag den von Francisca Loetz vorgebrachten

39 Euchner, Prostitutionspolitik, 2015, S. 15.

40 Bastian, Prostitution, 2010, S. 148.

41 Teresa Koloma Beck/Klaus Schlichte, Theorien der Gewalt zur Einführung, Hamburg 2014, S. 36.

Anspruch einlösen, nicht ausschließlich nach den Intentionen hinter gewalttätigen Handlungen zu fahnden, sondern vielmehr die gesellschaftlichen Deutungen dieser Handlungen in den Vordergrund zu stellen.[42] Mit anderen Worten soll danach gefragt werden, wie Außenstehende auf Gewaltakte reagierten, wenn sie Zeug:innen des Geschehens wurden und ob sie das Geschehene überhaupt als Gewalt wahrnahmen.

Nitribitt wurde wiederholt Opfer gewalttätiger Handlungen.[43] Nach ihrem Tod berichteten Nachbar:innen und andere Zeug:innen von lautstarken Auseinandersetzungen zwischen ihr und unbekannten Männern auf offener Straße.[44] Regelmäßige Schreie und dumpfe Geräusche aus ihrer Wohnung seien an der »Tagesordnung« gewesen.[45] Zwei Zeugen gaben übereinstimmend an, dass sie beobachtet hätten, wie Nitribitt auf dem Gehsteig von einem Mann am Arm gepackt und gegen ihren Willen weggezerrt worden sei. Vor ihrem Apartmentkomplex soll ihr zudem gelegentlich ein Mann aufgelauert haben,[46] vor dem sich Nitribitt fürchtete, wie sie ihrer Hausangestellten anvertraute. Kunden sollen Nitribitt des Öfteren beleidigt haben und einem sei es sogar gelungen, sich unerlaubten Zutritt zu ihrer Wohnung zu verschaffen.[47] Obwohl sich bei diesen Vorfällen nicht immer zweifelsfrei belegen lässt, dass es sich um direkte Fälle physischer Gewalt handelte, deuten Schreie und dumpfe Geräusche aus Nitribitts Wohnung zumindest darauf hin, dass es zu Handlungen körperlicher Gewalt kam. Außerdem wird deutlich, dass Zeug:innen dieser Vorfälle häufig nicht eingriffen oder die Polizei alarmierten, was die Isolation und Vulnerabilität Nitribitts zusätzlich verstärkte.

Bis zu ihrem Tod hatte Nitribitt nie eine der Tätlichkeiten, Bedrohungen oder Belästigungen bei der Polizei angezeigt. Dieser Befund ist repräsentativ für viele Prostituierte, die auch heute noch selten Anzeige erstatten, wenn sie Opfer einer Gewalttat werden.[48] Hierfür gibt es mehrere Erklärungen: Erstens meiden viele Prostituierte aus Angst vor Schikanen oder Stigmatisierung den Kontakt mit der Polizei.[49] Noch häufiger jedoch fürchteten sie Repressalien und eine langfristige polizeiliche Überwachung, da die Gesetze der Polizei erheblichen Ermessensspielraum einräumten. In Nitribitts Fall spielte aber noch ein weiterer Aspekt eine gewichtige Rolle, den auch schon Annalisa Martin hervorhob: In heterosexuellen Partnerschaften und Ehen kam es immer wieder zu häuslicher Gewalt, ohne notwendigerweise als solche wahrge-

42 Francisca Loetz, Sexualisierte Gewalt 1500–1800. Plädoyer für eine historische Gewaltforschung, Frankfurt a. M./New York 2012, S. 18.

43 HHStAW, 461/33233, Nr. 11, Bl. 107.

44 HHStAW, 461/33233, Nr. 10, Bl. 10.

45 Ebd.

46 HHStAW, 461/33233, Nr. 8, Bl. 15.

47 HHStAW, 461/33233, Nr. 7, Bl. 115.

48 Rebecca Pates/Daniel Schmidt, Die Verwaltung der Prostitution. Eine vergleichende Studie am Beispiel deutscher, polnischer und tschechischer Kommunen, Bielefeld 2009, S. 83 f.

49 Gerheim, Produktion, 2012, S. 81.

nommen zu werden.[50] Mit anderen Worten: Häusliche Gewalt wurde in Partnerschaften oft bagatellisiert oder gar romantisiert. Diese Tendenz galt auch für Übergriffe gegenüber Prostituierten, die aufgrund der als deviant wahrgenommenen Profession als weniger schwerwiegend angesehen wurden.

Fragen nach Gewaltausübung und Gewalterfahrungen schließen auch Überlegungen mit ein, in welchen Situationen solche Gewalt nicht vorhanden war. Nitribitts Gewalterfahrungen lassen sich aufgrund der Spezifizität der Quellen jedoch nicht quantifizieren. Zahlreiche Zeug:innen bemühten sich in den polizeilichen Verhören merklich darum, sich nicht selbst zu belasten – sei es, weil sie Kunden von Nitribitt waren, ihr gegenüber Gewalt ausgeübt hatten oder Handgreiflichkeiten beobachtet, aber nicht eingegriffen hatten.[51] Mehrere Personen machten deshalb erst nach wiederholten Nachfragen explizite Angaben oder räumten schließlich den Vorwurf der Belästigung oder Tätlichkeit ein.

Die Spezifität der Quellen ist auch der Grund dafür, dass zu einigen Formen von Gewalt im Fall Nitribitts keine Aussagen getroffen werden können. Dies gilt insbesondere für sexualisierte Gewalt. Ausnahmslos alle befragten Kunden von Nitribitt betonten – sofern sie sexuelle Handlungen mit ihr überhaupt zugaben –, dass diese einvernehmlich und auf »normale« Weise stattgefunden hätten, womit sie vaginalen Geschlechtsverkehr meinten.[52] Zudem beschrieben die Zeugen den sexuellen Akt stets als kurz, wenig lustvoll und beinahe mechanisch in der Ausführung.[53] Diese Aussagen verdeutlichen, dass die Kunden in den Verhören merklich bemüht waren, die zeitgenössische Wahrnehmung von Sexualität als unanständig und anrüchig zu reproduzieren. Sexuelle Handlungen jenseits der Fortpflanzung, die zur »egoistischen Triebbefriedigung« oder dem Lustgewinn dienten, galten in weiten Teilen der westdeutschen Gesellschaft in den 1950er-Jahren noch als inakzeptabel.[54] Noch stärker moralisch verurteilt wurden Praktiken wie Sadomasochismus, Oral- oder Analverkehr, also zeitgenössisch als besonders deviant wahrgenommenes sexuelles Verhalten.

Wer gegenüber Nitribitt gewalttätig wurde oder sie bedrohte, ob Männer oder Frauen, lässt sich hingegen auf empirischer Grundlage beantworten. Nitribitt wurde Opfer geschlechterübergreifender Gewalt, da sie sowohl von Frauen als auch von Männern belästigt, gedemütigt oder physisch angegriffen wurde.[55] Den polizeilichen Protokollen ließ sich entnehmen, dass sie »zwischen 30–40 Anrufe am Tag« erhielt,

---

50 Annalisa Martin, »The Chronicle must tell how it once was«. Commercial Sex and Pimping in the Chronicle of Hamburg's Postwar Vice Police, in: German History, 41 (2023) 2, S. 270 f.

51 HHStAW, 461/33233, Nr. 8, Bl. 15 f., 114 ff.; HHStAW, 461/33233, Nr. 7, Bl. 196.

52 HHStAW, 461/33233, Nr. 8, Bl. 119; HHStAW, 461/33233, Nr. 11, Bl. 181.

53 Ebd.

54 Dagmar Herzog, Sexuality, Memory, Morality, in: History and Memory, 17 (2005) 1-2, S. 238-266; hier: S. 253.

55 HHStAW, 461/33233, Nr. 7, Bl. 116.

darunter »vielfach Frauen, die die Rosemarie am Telefon ausschimpften«.[56] Neben diesen Beschimpfungen musste sie auch immer wieder Scherzanrufe über sich ergehen lassen.[57] Laut ihrer Hausangestellten fühlte sich Nitribitt durch diese Anrufe zunehmend belästigt und bedroht. Mehrere Zeug:innen berichteten nach ihrem Tod unabhängig voneinander, dass Nitribitt sehr ängstlich gewesen sei und befürchtet habe, jemand könne »ihr was antuen, oder sie hintergehen«.[58] Ihre Reinigungskraft gab zu Protokoll, dass Nitribitt wegen der Anrufe, die auch nachts stattfanden, »ständig unter Angstzuständen gelitten [habe]«.[59] Diese Angstzustände hätten sich nach Angaben der Reinigungskraft im Februar 1957 »maßlos« verschärft, insbesondere nachdem sich ein Mann unbefugt Zutritt zu ihrer Wohnung verschafft hatte.[60]

In den 1950er-Jahren hatten Prostituierte kaum nennenswerte Möglichkeiten, sich bei Belästigungen, Misshandlungen oder Gewalterfahrungen an Beratungs- oder Meldestellen zu wenden. Staatliche Antidiskriminierungsstellen oder Ombudschaften existierten zu dieser Zeit nur vereinzelt und, falls sie vorhanden waren, standen sie Prostituierten nicht offen. Frauen, die der Prostitution nachgingen, konnten sich grundsätzlich nur an die Polizei wenden und Anzeige erstatten. Diese Option stellte allerdings für die meisten Prostituierten keine realistische Möglichkeit dar. Somit waren Prostituierte in den 1950er-Jahren weitgehend schutzlos gegenüber Übergriffen und Gewalt, da es an umfassenden Beratungs- und Unterstützungsstrukturen für diese Berufsgruppe fehlte.

Um das Gefahren- und Gewaltpotenzial zu minimieren, dem Prostituierte bei der Ausübung ihres Berufs ausgesetzt waren, entwickelten viele ein eigenes Codesystem für ihre Kunden. Auch Nitribitt griff auf ein solches System zurück, um sich frühzeitig vor potenziell gewalttätigen oder übergriffigen Kunden zu schützen. Sie bediente sich dabei mehrerer Pseudonyme. Kunden, vor denen sie sich fürchtete oder die sie noch nie getroffen hatte, bat sie, sie mit dem Namen »Rebecca« anzusprechen.[61] Kunden, die sie selbst angeworben hatte, die jedoch noch nie bei ihr gewesen waren, nannten sie »Becci«. Für Stammkunden oder Freunde verwendete sie den Namen »Rosi«.[62] Darüber hinaus vereinbarte Nitribitt Treffen grundsätzlich nur mit Männern, die bereit waren, ihren vollständigen Namen und teilweise auch ihre Adresse preiszugeben. Kunden, die sie nicht wiedererkannte oder die keine Angaben zum letzten Telefonat oder zu einem vorherigen Treffen machen konnten, wies sie ab oder bat darum, zu einem späteren Zeitpunkt wiederzukommen.[63] Auf diese Weise verschaffte sie sich

56 HHStAW, 461/33233, Nr. 8, Bl. 89.
57 HHStAW, 461/33233, Nr. 7, Bl. 116, 196.
58 HHStAW, 461/33233, Nr. 10, Bl. 62, 76; HHStAW, 461/33233, Nr. 7, Bl. 60, 116.
59 HHStAW, 461/33233, Nr. 7, Bl. 116.
60 HHStAW, 461/33233, Nr. 7, Bl. 115-117.
61 HHStAW, 461/33233, Nr. 8, Bl. 10.
62 HHStAW, 461/33233, Nr. 11, Bl. 179.
63 HHStAW, 461/33233, Nr. 7, Bl. 116.

Zeit, Bekannte oder ihre Nachbarin und Hausangestellte in ihre Wohnung zu bitten, um dort gemeinsam auf den Kunden zu warten.

Nitribitt legte zeitlebens großen Wert darauf, wohlhabend zu wirken. Den Angaben ihrer Reinigungskraft zufolge gab sie deshalb beträchtliche Summen für exklusive Kleidungsstücke wie Pelzmäntel, hochwertige Schuhe und teuren Schmuck aus.[64] Den meisten Kunden wird Nitribitt allerdings wegen ihres Wagens, einem schwarzen Mercedes-Benz 190 SL Cabrio, aufgefallen sein. Mithilfe ihres Mercedes inszenierte sich Nitribitt gewissermaßen gezielt als exklusives »Luxusprodukt«.[65] Diese Selbstinszenierung verfolgte zwei Ziele: Zum einen wollte sie die Nachfrage nach ihren Dienstleistungen steigern, zum anderen versuchte sie dadurch, das Interesse besonders wohlhabender Kunden zu wecken, die bereit waren, höhere Preise zu zahlen.[66] Diese Strategie und der Besitz ihres teuren Wagens trugen entscheidend zum sozialen Konstrukt und Nitribitts Ruf als »Edelprostituierter« oder »Edelhure« bei, ein Image, das maßgeblich auf (medialer) Inszenierung beruhte und bis in die Gegenwart nachwirkt.[67] Entgegen der weitverbreiteten Annahme, dass Nitribitt über erheblichen Wohlstand verfügte und aus ihrer beruflichen Tätigkeit beträchtliche Einkünfte erzielte, waren ihre finanziellen Mittel zum Zeitpunkt ihres Todes aber vergleichsweise bescheiden. Zwar stellte die Polizei im Zuge der Ermittlungen fest, dass aus Nitribitts Wohnung rund 18.000 Mark entwendet worden waren,[68] allerdings besaß sie darüber hinaus kaum nennenswerte Rücklagen. Die meisten Möbelstücke in ihrer Wohnung sowie Schmuck und andere Wertgegenstände waren Geschenke von Kunden. Auch ihre Fahrzeuge – zunächst ein Opel Kapitän und später ein Mercedes SL – waren Präsente von Freiern. Zudem unterstützten einige ihrer Kunden sie regelmäßig oder gelegentlich finanziell, indem sie etwa ihre Tankrechnungen übernahmen oder ihr höhere Summen Bargeld zukommen ließen.

Wie viel Nitribitt für sexuelle Handlungen verlangen konnte, variierte abhängig von dem jeweiligen Kunden und der Situation. In Zeiten geringer Nachfrage akzeptierte sie niedrigere Preise; Gleiches galt für Männer, die deutlich weniger wohlhabend waren, als sie zunächst schienen. Gelegentlich erhielt sie von einzelnen Freiern bis zu 250 Mark, doch insgesamt betrachtet waren nur wenige in der Lage oder bereit dazu, solche Summen aufzuwenden.[69] Oft akzeptierte Nitribitt deshalb 50 Mark, wenn

64 HHStAW, 461/33233, Nr. 8, Bl. 88.

65 Jonathan Voges, Ein Luxus(fremd)körper in der »nivellierten Mittelstandsgesellschaft«. Rosemarie Nitribitt und Gesellschaft der Bundesrepublik Deutschland der 1950er Jahre, in: ders./Elisabetta Lupi (Hg.), Luxus. Perspektiven von der Antike bis zur Neuzeit, Stuttgart 2022, S. 81-102; hier: S. 89.

66 HHStAW, 461/33233, Nr. 7, Bl. 208.

67 Erich Kuby, Rosemarie. Des deutschen Wunders liebstes Kind, Hamburg 1996.

68 HHStAW, 461/33233, Nr. 8, Bl. 230.

69 HHStAW, 461/33233, Nr. 8, Bl. 105; HHStAW 461/33233, Nr. 7, Bl. 64; HHStAW 461/33233, Nr. 8, Bl. 8.

Kunden erklärten, dass sie die geforderte Summe nicht aufbringen konnten.[70] Durch diese variable Preisgestaltung konnte sie besser auf ausbleibende Kunden reagieren, war aber dennoch in der Lage, finanziell von ihrer Dienstleistung in Zeiten nachlassender oder schwacher Nachfrage zu profitieren. Gleichzeitig verdeutlicht die variable Preisgestaltung, dass Nitribitt aufgrund ihrer Profession als Prostituierte besonders vulnerabel war, mit prekarisierten Lebens- und Arbeitsbedingungen konfrontiert zu werden.[71] Hinzu kam ein hohes Verarmungsrisiko, insbesondere im Alter.

Nitribitt war eine selbstständig arbeitende Frau, was in den 1950er-Jahren noch einigermaßen ungewöhnlich war, denn Frauen blieb zu dieser Zeit der Zugang zum Arbeitsmarkt weitgehend verwehrt. Neben diesem Umstand spiegelte auch das Bürgerliche Gesetzbuch die dominanten patriarchalen Strukturen jener Zeit wider: Frauen benötigten die Zustimmung ihres Ehemannes, um einer Erwerbstätigkeit nachzugehen, ein Bankkonto zu eröffnen oder über Erziehungsfragen zu entscheiden – in all diesen Belangen hatte der Ehemann das letzte Wort.[72] Als Prostituierte stellte Nitribitt diese patriarchalen Machtverhältnisse und geschlechtsspezifischen Normen auf mehrfacher Ebene infrage.[73] Sie war eine berufstätige Frau, die selbstständig arbeitete und an manchen Tagen mehr verdiente als ein berufstätiger Mann in Festanstellung. Anders als viele Frauen der 1950er-Jahre war sie folglich weder beruflich noch ökonomisch von einem Mann abhängig.[74] Darüber hinaus war Nitribitt auch in sexueller Hinsicht selbstbestimmt und bei der Ausübung des Geschlechtsverkehrs nicht auf einen Ehemann angewiesen. Durch ihre wirtschaftliche Unabhängigkeit und sexuelle Selbstbestimmung widersprach Nitribitt nicht nur den patriarchalen Machtstrukturen ihrer Zeit, sondern auch den geschlechtsspezifischen Stereotypen, die Frauen tendenziell eher als finanziell und sexuell abhängig, passiv und unselbstständig darstellten.

Vor diesem Hintergrund erfüllte die körperliche Gewalt, die Nitribitt in Ausübung ihres Berufs erfuhr, mehrere Funktionen: Erstens diente sie der gezielten Ab-

70 HHStAW, 461/33233, Nr. 8, Bl. 8.

71 Ursula Probst, Prekäre Freizügigkeiten. Sexarbeit im Kontext von mobilen Lebenswelten osteuropäischer Migrant*innen in Berlin, Bielefeld 2022, S. 225; Gerheim, Produktion, 2012, S. 81.

72 Bpb, Gleichberechtigung wird Gesetz, 27.6.2018, <https://www.bpb.de/kurz-knapp/hintergrund-aktuell/271712/gleichberechtigung-wird-gesetz/> (11.9.2024); Delphine Gardey, Ein Blick zurück. Zur Geschichte der Frauenarbeit, in: Beate Krais/Margaret Maruani (Hg.), Frauenarbeit – Männerarbeit: neue Muster der Ungleichheit auf dem europäischen Arbeitsmarkt, Frankfurt a. M. 2001, S. 36-58.

73 Ursula Probst, Gewalt, in: von Auer/Micus-Loos/Schäfer/Schrader (Hg.), Intersektionalität, 2023, S. 105-116; hier: S. 105; Norbert Pötzl, Lüstern und spießig. Der Mordfall Nitribitt und seine vertuschten Verbindungen ins Promi-Milieu, in: Georg Bönisch/Klaus Wiegrefe (Hg.), Die 50er Jahre. Vom Trümmerland zum Wirtschaftswunder, München/Hamburg 2006, S. 260-263; hier: S. 260.

74 Helfried Spitra, Die großen Kriminalfälle. Deutschland im Spiegel berühmter Verbrechen, Frankfurt a. M. 2001, S. 37; Katie Sutton, Sexuality in Modern German History, London 2023, S. 166.

wertung der Prostituierten, denn den Tätern ging es nicht nur darum, Nitribitt zu unterdrücken, sondern auch darum, ihr bewusst Angst und Schmerz zuzufügen und sie leiden zu lassen. Zweitens sollte die Gewalt nach außen hin die Macht des Täters demonstrieren und seine Fähigkeit verdeutlichen, Nitribitt seinen Willen aufzuzwingen. Eng damit verknüpft war die Frage der Machtverhältnisse: Nitribitts Tätigkeit als Prostituierte in einer Zeit strenger Sexualmoral und dominierender patriarchaler Strukturen kann als Ausdruck von Emanzipation verstanden werden. Die Gewalt, die sie durch ihre Kunden erfuhr, lässt sich somit als Versuch deuten, die patriarchalen Machtverhältnisse, gegen die sich Nitribitt auflehnte, wiederherzustellen.

Am 1. November 1957 wurde Nitribitt von zwei Streifenpolizisten gegen 16:30 Uhr leblos in ihrer Wohnung gefunden. Ihr Leichnam wies unverkennbare Anzeichen von äußerer Gewalteinwirkung auf: Würgemale am Hals, eine Platzwunde am Hinterkopf und Hautabschürfungen an der rechten Stirn.[75] Die Ermittler schlossen aus den vielen umgestürzten Gegenständen in ihrer Wohnung und den darauf befindlichen Blutflecken, dass »dem Tode ein längerer, erbitterter Kampf vorausgegangen sein musste, in dessen Verlauf die Ermordete zunächst mit einem stumpfen Gegenstand einen nicht tödlich wirkenden Schlag auf den Hinterkopf erhalten hatte.«[76] Anschließend war Nitribitt erwürgt worden. Die Ermordung Nitribitts ist sowohl repräsentativ für die Gewalt gegen Prostituierte als auch eine Ausnahme: In Westdeutschland war Mord ein relativ seltenes Delikt mit einer üblicherweise hohen Aufklärungsquote. Prostituierte waren jedoch – und sind bis heute – überproportional häufig Opfer von Kapitalverbrechen, bei denen die Aufklärungsquote unterdurchschnittlich bleibt.[77] Hierfür lassen sich mehrere Erklärungen finden: Der Kreis der Verdächtigen ist oft groß, die Mordmotive bleiben häufig, wie auch im Fall Nitribitts, unklar und die Ermittlungen gestalten sich schwierig, da Zeug:innen nur selten mit der Polizei kooperieren.[78] Darüber hinaus erschwerten die gesellschaftliche Marginalisierung und Stigmatisierung von Prostituierten oft eine lückenlose Aufarbeitung solcher Fälle. Prostitution wurde gemeinhin als gefährliche Tätigkeit angesehen, und schwere Gewalttaten galten als »Berufsrisiko«. Entgegen der landläufigen Meinung wurde nach Nitribitts Ermordung akribisch und mit großem Aufwand ermittelt, wenngleich für die Ermordung der 24-Jährigen nie jemand rechtskräftig verurteilt wurde, sodass der Mordfall bis heute als ungeklärt gilt.

---

75 Ebd., Bl. 4.

76 HHStAW, 461/33233, Nr. 69, Bl. 6.

77 Bundesministerium des Innern und für Heimat, Polizeiliche Kriminalstatistik 2023. Ausgewählte Zahlen im Überblick, Berlin 2024, S. 14 f.; Gabrielle Salfati/Alison James/Lynn Ferguson, Prostitute Homicides: a Descriptive Study, in: Journal of Interpersonal Violence, 23 (2008) 4, S. 505-543.

78 Fraglich blieb, ob Nitribitt aus Habgier getötet wurde, wie das aus ihrer Wohnung entwendete Bargeld nahelegte, oder ob es sich um eine Tötung im Affekt, aus Wut oder sogar Eifersucht gehandelt hatte. HHStAW, 461/33233, Nr. 69, Bl. 4.

## 4 Schluss

Am Beispiel Rosemarie Nitribitts zeigt sich, dass Gewalterfahrungen einen zentralen, aber oft unsichtbaren Bestandteil des Arbeitsalltags von Prostituierten in den 1950er-Jahren in der BRD darstellen konnten. Nitribitts Erfahrungen verdeutlichten zudem, dass physische und verbale Gewalt gegen Prostituierte in der westdeutschen Nachkriegsgesellschaft weitgehend akzeptiert oder ignoriert wurde, selbst wenn sie im öffentlichen Raum stattfand. Bemerkenswert war die geschlechterübergreifende Dimension der Gewalt: Männer neigten eher zu physischer Gewalt, während Frauen sich vorwiegend verbaler Aggression gegenüber Nitribitt bedienten. Gleichzeitig verdeutlicht Nitribitts Versuch, sich durch Pseudonyme und Codesysteme zu schützen, die begrenzten Möglichkeiten, die Prostituierten in jener Zeit zur Verfügung standen, um sich gegen Übergriffe zu wehren. Diese Schutzmechanismen waren jedoch nur bedingt wirksam, da es an struktureller Unterstützung und gesellschaftlichen Fürsprechern mangelte. Die fehlenden Anlaufstellen für Prostituierte, die weitverbreitete gesellschaftliche Stigmatisierung und die oft repressive polizeiliche Kontrolle schränkten ihre Möglichkeiten zusätzlich ein, sich gegen Gewalt zu wehren.

Anhand der geschichtswissenschaftlichen Untersuchung des Themas Gewalt im Kontext der Prostitution zeigte sich außerdem, dass es sich um ein vielschichtiges und empirisch herausforderndes Forschungsfeld handelt. Das Thema Gewalt im Kontext des Arbeitsplatzes in der Prostitution spiegelt ein Geflecht aus unterschiedlichen Akteuren, Interessen und gesellschaftlichen Normen wider, das sich nur teilweise aus den Quellen rekonstruieren lässt. Denn im Fall von Nitribitt bleibt vieles unklar: Die genauen Umstände ihrer Ermordung, die Identität der Täter und die Motivation hinter den Gewalttaten bleiben aufgrund der lückenhaften beziehungsweise spezifischen Quellen im Dunkeln. Der Fall Rosemarie Nitribitt zeigt somit exemplarisch, wie komplex und vielschichtig die Analyse von Gewalt in der Geschichte ist und wie sehr sie von den Grenzen der überlieferten Quellen geprägt wird.

## 5 Quellen und Literatur

**Ayaß, Wolfgang**, »Asoziale« im Nationalsozialismus, Stuttgart 1995.

**Bastian, Nele**, Prostitution als notwendiges Übel? Analyse einer Dienstleistung im Spannungsfeld von Stigmatisierung und Selbstermächtigung, Marburg 2010.

**Bernstein, Elizabeth**, Introduction. Sexual Economies and the New Regimes of Governance, in: Social Politics, 21 (2014) 3, 2014, S. 345-354.

**Biermann, Pieke**, »Wir sind Frauen wie andere auch!« Prostituierte und ihre Kämpfe, Reinbek b. Hamburg 1982.

**BpB**, Gleichberechtigung wird Gesetz, 27.6.2018, <https://www.bpb.de/kurz-knapp/hintergrund-aktuell/271712/gleichberechtigung-wird-gesetz/> (11.9.2024).

**Brüning, Steffi**, Prostitution in der DDR. Eine Untersuchung am Beispiel der Städte Rostock, Berlin und Leipzig von 1968 bis 1989, Berlin 2020.

**Bundesministerium des Innern und für Heimat**, Polizeiliche Kriminalstatistik 2023. Ausgewählte Zahlen im Überblick, Berlin 2024.

**Czech, Herwig**, Venereal Disease, Prostitution, and the Control of Sexuality in World War II Vienna, in: East Central Europe, 38 (2011) 1, S. 64-78.

**Dolinsek, Sonja/Siobhán Hearne (Hg.)**, Prostitution in Twentieth Century Europe, Oxfordshire 2023.

**Drobnik, Jacob**, Folgewirkungen der Prostitutionsgesetzgebung in Deutschland, in: ders./Elke Mack/Ulrich Rommelfanger (Hg.), Sexkauf: Eine rechtliche und rechtsethische Untersuchung der Prostitution, Baden-Baden 2023, S. 95-218.

**Erhardt, Elmar**, Deutsche Kriminalgeschichte. Verbrechen und Strafe als Spiegel der Gesellschaft, Stuttgart 2019.

**Euchner, Eva-Maria**, Prostitutionspolitik in Deutschland. Entwicklung im Kontext europäischer Trends, Wiesbaden 2015.

**Freund-Widder, Michaela**, Frauen unter Kontrolle. Prostitution und ihre staatliche Bekämpfung in Hamburg vom Ende des Kaiserreichs bis zu den Anfängen der Bundesrepublik [= Geschlecht – Kultur – Gesellschaft, Bd. 8], Münster 2003.

**Gardey, Delphine**, Ein Blick zurück. Zur Geschichte der Frauenarbeit, in: Beate Krais/Margaret Maruani (Hg.), Frauenarbeit – Männerarbeit: neue Muster der Ungleichheit auf dem europäischen Arbeitsmarkt, Frankfurt a. M. 2001, S. 36-58.

**Gerheim, Udo**, Die Produktion des Freiers. Macht im Feld der Prostitution. Eine soziologische Studie, Bielefeld 2012.

**Gilfoyle, Timothy**, Prostitutes in the Archives. Problems and Possibilities in Documenting the History of Sexuality, in: The American Archivist, 57 (1994) 3, S. 514-527.

**Girtler, Roland**, Der Strich. Soziologie eines Milieus, Wien 2004.

**Herzog, Dagmar**, Sexuality, Memory, Morality, in: History and Memory, 17 (2005) 1-2, S. 238-266.

**Hewer, Rebecca**, Sex-Work, Prostitution and Policy: A Feminist Discourse Analysis, Basingstoke 2021.

**Heying, Mareen**, Huren in Bewegung, Kämpfe von Sexarbeiterinnen in Deutschland und Italien, 1980 bis 2001, Essen 2019.

**Hirsch, Helga**, Endlich wieder leben. Die fünfziger Jahre im Rückblick von Frauen, München 2012.

**Hörath, Julia**, Zuhälter im Visier der Kriminalpolizei. »Vorbeugende Verbrechensbekämpfung« im Reich und in Bremen 1933 bis 1938, in: Vierteljahrshefte für Zeitgeschichte, 68 (2020) 3, S. 375-406.

**Karrer, Christina/Regula Turtschi/Maritza Le Breton-Baumgartner**, Entschieden im Abseits. Frauen in der Migration, Zürich 1996.

**Koloma Beck, Teresa/Klaus Schlichte**, Theorien der Gewalt zur Einführung, Hamburg 2014.

**Kontos, Silvia**, Öffnung der Sperrbezirke. Zum Wandel von Theorien und Politik der Prostitution [= Unterschiede – Diversity, Bd. 8], Königstein i. Ts. 2009.

**Kuby, Erich**, Rosemarie. Des deutschen Wunders liebstes Kind, Hamburg 1996.

**Kuby, Erich**, Das Mädchen Rosemarie. Liebe, Leben und Tod des Callgirls Rosemarie Nitribitt, Reinbek b. Hamburg 1998.

**Kunz, Karl-Ludwig/Tobias Singelnstein**, Kriminologie. Eine Grundlegung, Bern 2021.

**Loetz, Francisca**, Sexualisierte Gewalt 1500–1800. Plädoyer für eine historische Gewaltforschung, Frankfurt a. M./New York 2012.

**Martin, Annalisa**, Managing Commerical Sex in West Germany. 1950s–1980s, London 2022.

**Martin, Annalisa**, »The Chronicle must tell how it once was«. Commercial Sex and Pimping in the Chronicle of Hamburg's Postwar Vice Police, in: German History, 41 (2023) 2, S. 252-278.

**Ott, Veronika**, Soziale Arbeit, Sexarbeit, Menschenhandel. Ambivalenzen im Feld der Fachberatungsstellen, Hamburg 2017.

**Pates, Rebecca/Daniel Schmidt**, Die Verwaltung der Prostitution. Eine vergleichende Studie am Beispiel deutscher, polnischer und tschechischer Kommunen, Bielefeld 2009.

**Paul, Christa**, Zwangsprostitution: Staatlich errichtete Bordelle im Nationalsozialismus, Berlin 1994.

**Phipps, Catherine**, Histories of Sex Work around the World, London 2024.

**Pötzl, Norbert**, Lüstern und spießig. Der Mordfall Nitribitt und seine vertuschten Verbindungen ins Promi-Milieu, in: Georg Bönisch/Klaus Wiegrefe (Hg.), Die 50er Jahre. Vom Trümmerland zum Wirtschaftswunder, München/Hamburg 2006, S. 260-263.

**Probst, Ursula**, Prekäre Freizügigkeiten. Sexarbeit im Kontext von mobilen Lebenswelten osteuropäischer Migrant*innen in Berlin, Bielefeld 2022.

**Probst, Ursula**, Gewalt in der Sexarbeit: Zur Notwendigkeit intersektionaler Perspektiven auf ein umkämpftes Themenfeld, in: Katja von Auer/Christiane Micus-Loos/Stella Schäfer/Kathrin Schrader (Hg.), Intersektionalität und Gewalt. Verwundbarkeiten von marginalisierten Gruppen und Personen sichtbar machen, Münster 2023, S. 105-116.

Prostituiertenprojekt Hydra (Hg.), Beruf: Hure, Hamburg 1988.

**Salfati, Gabrielle/Alison James/Lynn Ferguson**, Prostitute Homicides: a Descriptive Study, in: Journal of Interpersonal Violence, 23 (2008) 4, S. 505-543.

**Schikorra, Christa**, Kontinuitäten der Ausgrenzung: »Asoziale« Häftlinge im Frauen-Konzentrationslager Ravensbrück, Berlin 2001.

**Schwarzer, Alice**, Prostitution. Ein deutscher Skandal. Wie konnten wir zum Paradies der Frauenhändler werden?, Köln 2013.

**Singelnstein, Tobias/Karl-Ludwig Kunz**, Kriminologie. Eine Grundlegung, Bern 2021.

**Spitra, Helfried**, Die großen Kriminalfälle. Deutschland im Spiegel berühmter Verbrechen, Frankfurt a. M. 2001.

**Srinivasan, Amia**, Das Recht auf Sex. Feminismus im 21. Jahrhundert, Stuttgart 2022.

**Sutton, Katie**, Sexuality in Modern German History, London 2023.

**Voges, Jonathan**, Ein Luxus(fremd)körper in der »nivellierten Mittelstandsgesellschaft«? Rosemarie Nitribitt und die Gesellschaft der Bundesrepublik Deutschland der 1950er Jahre, in: Elisabetta Lupi/ders. (Hg.), Luxus. Perspektiven von der Antike bis zur Neuzeit, Stuttgart 2022, S. 81-102.

**von Galen, Margarete Gräfin**, Rechtsfragen der Prostitution. Das Prostitutionsgesetz und seine Auswirkungen, München 2004.

**Ziemann, Andreas**, Das Bordell. Historische und soziologische Betrachtungen, Weilerswist 2017.

*Jacopo Ciammariconi*

# »Una battaglia politica ed ideale«: Gewerkschaftliche Strategien gegen die betriebliche Gewalt im Italien der 1970er-Jahre

Nach den Ereignissen des »Heißen Herbstes«[1] aus dem Jahr 1969 war das folgende Jahrzehnt in Italien durch anhaltende und weitverbreitete betriebliche Konflikte gezeichnet, die durch gewalttätige Aktionen bewaffneter Gruppen weiter angeheizt wurden.[2] Die italienischen Gewerkschaften bemühten sich, sowohl mit den Konflikten innerhalb der Betriebe als auch mit der politisch motivierten Gewalt umzugehen. Sie versuchten dabei, sich als wichtigste Vertretung der Arbeiterschaft zu positionieren und der Verankerung bewaffneter Gruppen in den Betrieben im Namen der betrieblichen Demokratie entgegenzuwirken. In dem folgenden Beitrag wird analysiert, wie italienische Gewerkschaften die verschiedenen Gewaltformen interpretiert und welche Strategien sie entwickelt haben, um ihnen zu begegnen. Besonderes Augenmerk wird dabei auf die katholisch geprägte Gewerkschaft FIM-CISL (im Folgenden FIM)[3] aufgrund ihrer speziellen Positionierung in Bezug auf den Umgang mit Gewalt gelegt. Die FIM vertrat nämlich die Auffassung, dass es notwendig sei, Gewalt politisch zu bekämpfen, und konzentrierte sich deshalb vor allem auf die Bekämpfung der politisch motivierten Gewalt in der Fabrik. Damit sind die gewalttätigen Aktionen bewaffneter Gruppen gemeint, die das politische Ziel verfolgen, als Vorhut der Arbei-

1 Der Begriff »Heißer Herbst« bezeichnet die Phase intensiver Arbeitskämpfe, die im Herbst 1969 stattfand und zu bedeutenden gewerkschaftlichen Errungenschaften führte, darunter das Arbeiterstatut, durch das erstmals die Rechte der Arbeiter:innen in den Fabriken offiziell anerkannt wurden.

2 Guido Crainz, Il paese mancato. Dal miracolo economico agli anni Ottanta, Roma, 2005.

3 FIM-CISL ist ein Akronym für »Federazione italiana metalmeccanici« (FIM), der Confederazione italiana sindacati lavoratori (CISL). Das italienische Gewerkschaftsmodell ist durch einen Gewerkschaftspluralismus gekennzeichnet. Es gibt drei große Gewerkschaftsbünde: CGIL, CISL, UIL. Dies ist das Ergebnis der Spaltung der Einheitsgewerkschaft CGIL, die zuvor am Ende des Zweiten Weltkriegs gegründet wurde. Aus den internen Strömungen der Einheitsgewerkschaft sind die drei zuvor dargestellten Konföderationen entstanden. Jede Konföderation vereint dabei die Spartenverbände (Metallarbeiter:innen, Chemiker:innen, Elektroarbeiter:innen, öffentlicher Dienst usw.). Jeder Gewerkschaftsbund vertritt also die Interessen der einzelnen Arbeitnehmer:innensparten und versucht, diese auf der Ebene des jeweiligen Gewerkschaftsbundes zu bündeln. Jeder Gewerkschaftsbund hat auch eine andere politische Ausrichtung: Die CGIL stand immer der Kommunistischen Partei nahe, die CISL den Christdemokraten und dem katholischen Milieu, die UIL der Sozialistischen Partei und der Republikanischen Partei. Dies hat dazu geführt, dass die Beziehungen zwischen den drei Gewerkschaften entweder konfliktreich oder kooperativ waren, je nach historischem Moment und den Themen, die sie vertraten.

terklasse zu agieren und eine politische und soziale Revolution in Italien anzustoßen. Ihre Strategie bestand also darin, die von linken und rechten Gruppen ausgeübte Gewalt zu bekämpfen, die in der gesamten italienischen Gesellschaft in Form von Anschlägen, Beinschüssen, Entführungen, Morden und Massakern seinerzeit verbreitet war. Die FIM setzte es sich dabei zum Ziel, »einen politischen und ideellen Kampf«[4] (»battaglia politica ed ideale«)[5] gegen diese Gewalt zu führen, indem sie die Ursachen dieses Phänomens analysierte und in einen Dialog mit den Arbeiter:innen eintrat, anstatt ausschließlich auf repressive Maßnahmen zurückzugreifen. Die FIM betonte in dem Zusammenhang fortwährend die Unterscheidung zwischen »Konflikt« und »Gewalt«: Während Ersterer die traditionellen und aus der Sicht der Gewerkschaft legitimen Massenkämpfe der Arbeiterbewegung umfasste, sollte Letztere bekämpft werden.[6] Die Analyse der Turiner FIM-CISL ermöglicht in diesem Zusammenhang eine eingehende Auseinandersetzung mit der Bedeutung dieser beiden Kategorien für die Geschichte der Arbeit. Darüber hinaus ermöglicht diese Analyse auch die Schließung einer Forschungslücke. Denn, wie die Historikerin Chiara Zampieri betont, gibt es bislang nur wenige systematische Studien über die Rolle der Gewerkschaften im Hinblick auf die politisch motivierte Gewalt.[7]

Der Fall der FIM ist zudem relevant für die Untersuchung der Radikalisierung eines Teils des katholischen Milieus im Anschluss an die 1960er-Jahre und der daraus resultierenden Beziehung zwischen Katholik:innen und Gewalt.[8] Im vorliegenden Beitrag liegt der Fokus nun auf der FIM-CISL in Turin, wo die Fabrik von Mirafiori[9] die Rolle des »Laboratoriums des Klassenkampfs« übernahm.[10] Turin war in der damaligen historischen Phase überdies auch die symbolische Stadt des Fordismus in Italien, was insbesondere auch auf die Präsenz des Automobilherstellers Fiat und die vielen großen Industriebetriebe, wie zum Beispiel die Fabrik von Lancia in Chivasso

4 Mario Laveto, Una lettera della Fim-CISL veneta sul terrorismo, in: L'Unità, 7.2.1980, S. 6.

5 Zitate aus italienischen Quellen wurden vom Autor des Artikels ins Deutsche übersetzt.

6 Es ist zu bedenken, dass diese Unterscheidung etwas willkürlich und funktional für den kulturpolitischen Kampf gegen Gewalt war, da Massenkämpfe nicht per se gewaltfrei sind.

7 Chiara Zampieri, La CISL di fronte ai terrorismi e alle trame eversive degli anni Settanta, in: Riccardo Brizzi/Giovanni Mario Ceci/Michele Marchi/Guido Panvini/Ermanno Taviani (Hg.), L'Italia del terrorismo: partiti, istituzioni e società, Rom 2021, S. 293-307; hier: S. 293. Zu den wenigen Werken zu diesem Thema gehören Francescopaolo Palaia, Una democrazia in pericolo. Il lavoro contro il terrorismo (1969–1980), Genua 2019 und Chiara Zampieri, La Federazione CGIL-CISL-UIL negli anni del terrorismo, in: Fabrizio Lotito (Hg.), L'unita possibile. La Federazione CGIL, CISL, UIL 1972–1974, Rom 2021, S. 213-249.

8 Guido Panvini, Cattolici e violenza politica: l'altro album di famiglia del terrorismo italiano, Venedig 2014.

9 Die Fabrik Mirafiori wurde 1939 erbaut und war die größte Fabrik Italiens. Von der Fabrik stammen die Namen zweier Stadtteile in Turin: Mirafiori Sud und Mirafiori Nord.

10 Dietmar Lange, Aufstand in der Fabrik. Arbeitsverhältnisse und Arbeitskämpfe bei FIAT-Mirafiori 1962 bis 1973, Köln 2021, S. 14.

zurückzuführen ist. Diese Betriebe standen oftmals im Mittelpunkt der Arbeitskämpfe in den 1960er- und 1970er-Jahren.

Der vorliegende Beitrag konzentriert sich insbesondere auf die Formen politisch motivierter Gewalt, die von linksgerichteten bewaffneten Gruppen in Italien in den 1970er-Jahren ausgeübt wurden. Es handelte sich dabei um gewaltsame Aktionen in Form von Verletzungen, Entführungen, Verstümmelungen und Morden. Insbesondere liegt der Fokus auf den Formen der Gewalt, die innerhalb der Fabriken ausgeübt wurden, da dies die Orte sind, an denen die Gewerkschaften direkten Einfluss ausübten. In dem Beitrag wird die politische Gewalt nicht unmittelbar analysiert, sondern so dargestellt, wie sie von den italienischen Gewerkschaften, insbesondere der FIM-CISL in Turin, gesehen, wahrgenommen, analysiert und bekämpft wurde. Ein wesentlicher Aspekt ist hervorzuheben: Der vorliegende Artikel analysiert Gewalt aus der Perspektive eines Akteurs, der sich aktiv gegen sie positionierte und sie ablehnte. Diese Betrachtungsweise ist zwangsläufig eingeschränkt, da sie weder die Motivationen und Handlungsentscheidungen derjenigen, die Gewalt am Arbeitsplatz ausübten, noch die Perspektive der Opfer, die unter dieser Gewalt litten, systematisch berücksichtigt. Um diese Perspektive zu verstehen, wurden hauptsächlich archivarische Quellen der FIM verwendet sowie journalistische Materialien der damaligen Zeit. Die kombinierte Nutzung dieser Quellen ermöglicht es, die Dimension der Wahrnehmung von politischer Gewalt am Arbeitsplatz in den 1970er-Jahren zu erschließen und das in den Fabriken (aber auch allgemein in der italienischen Gesellschaft) herrschende Spannungsklima aus der Perspektive eines grundlegenden Akteurs wie der Gewerkschaft zu verstehen.

Das Thema der Gewalt prägte die italienische Gesellschaft der 1970er-Jahre in besonderer Weise, schließlich ist das Jahrzehnt als »bleierne Jahre« in das kollektive Gedächtnis der Italiener:innen eingegangen, da es mit einer hohen Anzahl gewaltsamer Vorfälle einherging, an denen sowohl linksgerichtete als auch rechtsgerichtete Gruppen beteiligt waren. Der vorliegende Beitrag konzentriert sich auf die linken Organisationen, weil sie vor allem in den Arbeitsstätten, insbesondere in den Fabriken, aktiv waren. Aufgrund ihrer Zusammensetzung aus Arbeiter:innen und ihrer kommunistischen Prägung wurde der soziale Wandel vor allem dem Konflikt zwischen Kapital und Arbeit zugeschrieben.

Vorweg ist jedoch noch eine kurze methodologische Betrachtung erforderlich. Gruppen wie die Brigate Rosse oder Prima Linea wurden und werden auch heute noch als »Terrorist:innen« bezeichnet. Die Debatte über die Definition der Natur politischer Gewalt ist allerdings breit und komplex[11] und kann im Rahmen des vorliegenden Beitrags nicht hinreichend tiefgreifend behandelt werden. In diesem Beitrag werden diese Gruppen deshalb als bewaffnete Gruppen bezeichnet, um ihre Natur als Akteure politisch motivierter Gewalt durch den Einsatz von Waffen in dem von ihnen

11 Isabelle Sommier, La violence politique et son deuil, Rennes 1998.

selbst als »bewaffneter Kampf« mit dem Ziel einer Revolution des Staates und der Gesellschaft[12] bezeichneten Kontext zu unterstreichen. Dies stellt weder eine Rechtfertigung noch eine Verharmlosung der Schwere ihrer Gewalttaten dar, sondern zielt darauf ab, ihre Handlungen und Motive in einem bestimmten historischen Zeitraum und innerhalb eines politischen Klimas zu kontextualisieren. In diesem gesellschaftspolitischen Klima erlangte die Idee des »bewaffneten Kampfes« in bestimmten politischen Kreisen für eine gewisse Zeit eine hohe Bedeutung und Akzeptanz. Deshalb lässt sich die Gewalt nicht auf die Dimension des Terrors beschränken, ohne ihre politische Dimension und das Verständnis jener Jahre zu berücksichtigen.

## 1 Italien nach dem Boom: Konflikte in den Fabriken und in der Gesellschaft

Ab den 1960er-Jahren nahmen in Italien die Arbeitskonflikte kontinuierlich zu. Sie manifestierten sich seit dieser Phase manchmal in Form von gewerkschaftlich organisierten Kämpfen für Lohnerhöhungen, bessere Arbeitsbedingungen und mehr Raum für Demokratie am Arbeitsplatz, während sie in anderen Fällen spontan und gewaltsam außerhalb der gewerkschaftlichen Hemisphäre ausgetragen wurden.

Die Kämpfe der Arbeiter:innen entwickelten sich zunächst außerhalb der Fabriken, wie die gewalttätigen Zusammenstöße mit der Polizei auf der Piazza Statuto in Turin 1962 und auf dem Corso Traiano 1969 zeigen, die in der italienischen Geschichte rückblickend seither einen hohen Stellenwert einnehmen. Es ist in diesem Zusammenhang kein Zufall, dass die beiden genannten Aktionen in Turin stattfanden. Nach dem »Heißen Herbst« wurden in den 1970er-Jahren in Italien ständige und weitverbreitete betriebliche Konflikte sowohl in Form von Streiks als auch in Form von spontanen Kämpfen einer neuen Generation von Arbeiter:innen gekennzeichnet, die die bestehenden Hierarchien im Betrieb und die Arbeitsbedingungen ablehnten.[13]

Das hohe Maß an sozialen Konflikten war das Ergebnis einer Anhäufung von Spannungen, ungelösten Problemen und Widersprüchen des vorhergegangenen Wirtschaftsbooms, die am Arbeitsplatz mit einem hierarchischen und autoritären Modell der Arbeitsbeziehungen im Zusammenhang standen. Diese konfliktbehaftete Kombination stellte dabei eine ernsthafte Herausforderung für die italienischen Gewerkschaften dar, insbesondere seit der Institutionalisierung neuer Formen der betrieblichen Interessenvertretung wie Betriebsräten (consigli di fabbrica) und Delegierten (delegati di fabbrica). Diese neuen gewerkschaftlichen Strukturen markierten einen wichtigen Schritt in Richtung einer stärkeren Demokratisierung der Arbeitsplätze,

---

12 Isabelle Sommier, La violenza rivoluzionaria. Le esperienze di lotta armata in Francia, Germania, Giappone, Italia e Stati uniti, Rom 2009, S. 20.

13 Stefano Musso, Storia del lavoro in Italia. Dall'unità a oggi, Venedig 2011, S. 229-240.

brachten jedoch auch die Möglichkeit für andere Akteur:innen wie Parteien oder Gruppen der Neuen Linken mit sich, außerhalb der Gewerkschaftsbewegung Einfluss auf die Arbeiter:innen zu nehmen. Die Arbeiter:innen entwickelten in dieser historischen Phase überdies die Idee, das alte Gewerkschaftsmodell auf der Grundlage von Betriebsräten und Delegierten zu erneuern, um bestehende interne Spaltungen innerhalb der Gewerkschaftsverbände zu überwinden und eine neue Einheitsgewerkschaft zu schaffen. Insbesondere die drei Metallarbeiterverbände FIOM, FIM und UILM gingen in diesem Prozess der Gewerkschaftsvereinigung vorweg und gründeten im Jahr 1973 einen neuen Einheitsverband, die FLM (Federazione dei lavoratori metalmeccanici).[14]

Seit den 1970er-Jahren ging die historische Entwicklung dieser Bewegung dahingehend weiter, dass die Aktionen bewaffneter linker Gruppen, wie die Brigate Rosse und die Prima Linea, in gewaltsame Angriffe auf Manager und Unternehmensführer übergingen. Sie übten eine Art von Gewalt aus, die sie vonseiten der Gesellschaft und der Wirtschaft als »bewaffnete« Kritik an der Arbeitsorganisation und den Umstrukturierungsprozessen in jenen Jahren verstanden wissen wollten.[15] Diese bewaffneten Gruppen entstanden insbesondere in den Fabriken[16] und aus den damaligen Arbeiterkämpfen heraus. Jedoch können sie nicht nur als Folge des Arbeitskonflikts betrachtet werden. Tatsächlich begannen viele Parteien und Gruppen der Neuen Linken nach dem von einer neofaschistischen Gruppe verübten Bombenanschlag auf der Piazza Fontana in Mailand 1969, über die Notwendigkeit des bewaffneten Kampfes angesichts der möglichen Bedrohung eines faschistischen Putsches nachzudenken.[17]

Die Phase politischer Gewalt durch linke Gruppen begann in Turin entgegen der Vorstellung später als in anderen Regionen. So erfolgten die ersten Aktionen der Brigate Rosse dort im Jahre 1972. Dabei richteten sich die ersten Angriffe und Entführungen gegen Fabrikmanager wie Ettore Amerio, den Personalleiter bei Fiat, sowie gegen rechte Arbeitnehmerrepräsentanten wie den Sekretär der rechten Gewerkschaft CISNAL[18], Bruno Labate. Die politische Gewalt der Brigate Rosse vollzog sich gegen

14 Nino De Amicis, La difficile utopia del possibile. La Federazione lavoratori metalmeccanici nel »decennio operaio« (1968–1984), Rom 2010.

15 Giorgio Delvecchio, Critica delle armi e questione del lavoro in Prima Linea. La violenza politica dentro la crisi degli anni Settanta, in: Domenico Guzzo (Hg.), Da »non garantiti« a precari. Il movimento del '77 e la crisi del lavoro nell'Italia post-fordista [= Sociologia del lavoro, Bd. 1529.139], Mailand 2019, S. 184-195.

16 Neben den Fabriken waren die Gruppen der Neuen Linken wie Lotta Continua und Potere Operaio eine weitere Wurzel der bewaffneten Gruppen. Nach der Krise und Auflösung dieser Gruppen schlossen sich viele politische Aktivisten den bewaffneten Gruppen an. Dies gilt insbesondere für Prima Linea, die direkt aus der Krise von Lotta Continua hervorgegangen ist. Andrea Tanturli, L'altra lotta armata (1974–1981). Bd. 1, Roma 2018.

17 Simone Neri Serneri (Hg.), Verso la lotta armata. La politica della violenza nella sinistra radicale degli anni Settanta [= Percorsi], Bologna 2012.

18 Die Abkürzung steht für Confederazione Italiana Sindacati Nazionali dei Lavoratori.

die Fabrikhierarchien und wurde stets im Namen des Antifaschismus ausgeübt. In der zweiten Hälfte der 1970er-Jahre nahmen die gewalttätigen Aktionen gegen Unternehmensleiter in Fabriken zu und verschärften sich zunehmend mit dem Erstarken neuer bewaffneter Gruppen wie Prima Linea. Dies führte dazu, dass Turin zu einer der am stärksten von politischer Gewalt betroffenen Städte wurde. Ein Bericht aus dem Jahr 1981 über gewalttätige Aktionen im vorangegangenen Jahrzehnt zählt für die Stadt Turin insgesamt 1.035 Straftaten auf, darunter 694 Gewaltakte gegen Eigentum, 24 Morde, 48 Verletzte und 269 subversive Gewaltakte.[19]

## 2 Eine anomale Gewerkschaft: Die Geschichte der FIM-CISL

Die FIM-CISL wurde im Jahr 1950 innerhalb des katholisch geprägten Gewerkschaftsverbandes CISL gegründet, welcher wiederum der christdemokratischen Partei DC nahestand. In den 1950er-Jahren war die gewerkschaftliche Kultur der FIM von einer Mäßigung der Arbeitnehmer:innen und einer Zusammenarbeit mit den Arbeitgebern geprägt. Ab den 1960er-Jahren begann sich die FIM aufgrund einer neuen Generation junger Katholik:innen umzustrukturieren und in dem Zuge zu radikalisieren. Diese neu ausgerichtete Gewerkschaftsbewegung lehnte den traditionellen Katholizismus ab und brachte neue Ansprüche und Erwartungen in die Gewerkschaftsarbeit ein. Geprägt durch die dynamische Nachkonzilszeit und eine klassenkämpferische Sichtweise, setzten sie sich nun für eine gerechtere, demokratischere Gesellschaft ein.[20] Diese neue Generation sah in den Gewerkschaften einen Weg zur Lösung sozialer Konflikte und zur Schaffung einer besseren Gesellschaft. Die FIM-CISL bezeichnete diesen Wandel als Übergang »von der Vereinigung zur Klasse«, wobei der Fokus von der Mitgliedervertretung hin zur Repräsentation aller Arbeiter:innen als einheitliche Klasse verschoben wurde.[21]

In den 1960er-Jahren traten junge Gewerkschafter:innen der Turiner FIM bei und erneuerten die Organisation, die sich zunehmend für die Einheitsgewerkschaft starkmachte. Die fortschrittliche FIM Turin löste sich später auf und ging in der FLM auf. Der Aufbruch im katholischen Milieu nach dem Zweiten Vatikanischen Konzil 1962–1965 trug maßgeblich zu dieser Entwicklung bei und ermutigte viele junge Menschen, die FIM als Plattform für ihre Forderungen nach Gerechtigkeit und sozialem Wandel zu wählen.[22] Diese Entwicklungen trugen entscheidend zu einem

19 Marco Gallieni, Rapporto sul terrorismo, Mailand 1981, S. 134.

20 Dazu: Alessandro Santagata, La contestazione cattolica. Movimenti, cultura e politica dal Vaticano II al '68, Rom 2016.

21 Gian Primo Cella/Bruno Manghi/Paola Piva, Un sindacato italiano negli anni Sessanta. LA FIM-CISL dall'associazione alla classe, Bari 1972.

22 Bruno Manghi, La Fim-CISL: apologia di un processo di liberazione, in: Lorenzo Bedeschi u. a. (Hg.), I cristiani nella sinistra. Dalla Resistenza ad oggi, Rom 1976, S. 220-223.

Prozess der »Politisierung des Glaubens« und zu einer Aufwertung des sozialen und politischen Konflikts bei, was zu einer Offenheit gegenüber dem Marxismus und den Konzepten des Klassenkampfes und der Revolution sowie zu einem »katholischen Operaismus«[23] führte. Im Rahmen dieses Prozesses vollzog sich eine tiefgreifende Reflexion einiger katholischer Blickrichtungen in Bezug auf die Legitimität von Gewalt. Sie erfolgte aus einer Perspektive heraus, die zwischen »Kraft« und »Gewalt« unterschied.[24] Aus diesem Blickwinkel heraus wurde Gewalt nicht von vornherein verurteilt, sondern im Rahmen einer Abwägung des Verhältnisses zwischen Glauben und Militanz betrachtet. Je nach den Gründen, aus denen heraus sie ausgeübt wurde, konnte Gewalt dadurch auch eine potenziell ethische Bedeutung haben.[25]

Aber vor allem die Auseinandersetzung mit der fordistischen Fabrik und der Welt der Arbeiter:innen markierte den gewerkschaftlichen Übergang von einem sozialen zu einem eher politischen Engagement, wie zum Beispiel der Gewerkschafter Alberto Tridente unterstrich: »In der Fabrik erkannte ich die Unzulänglichkeit eines gewissen katholischen sozialen Engagements. An einem bestimmten Punkt erkannte ich, dass der Antikommunismus des Chefs in Wirklichkeit eine undifferenzierte Feindseligkeit gegenüber Gewerkschaften war.«[26] In der Tat führte die Erkenntnis der Widersprüche und Probleme in den Fabriken dazu, dass die FIM-CISL eine klassenkämpferische Auffassung der Gesellschaft und vor allem die Vorstellung von der zentralen Bedeutung des Konflikts zwischen dem Besitzstand und den Arbeiter:innen in kapitalistischen Gesellschaften entwickelte.[27]

All diese Entwicklungen sind bei Fiat in Turin und in der Turiner FIM deutlich sichtbar. Dort traf nämlich der Radikalisierungsprozess eines Teils der katholischen Welt auf die Fabrikarbeiter:innen, von denen viele ebenfalls einen katholischen Hintergrund hatten.

23 Panvini, Cattolici, 2014, S. 262-272 und 278.

24 Diese Unterscheidung zeigt, dass im katholischen Milieu ein Prozess der Reflexion über die Rolle von Gewalt und Konflikten im Gange war. Obwohl es sich nicht um dieselben Begriffe handelt, kann man hier den Versuch erkennen, zwischen Gewalt und Konflikt zu unterscheiden, der in der FIM stattfindet. Siehe dazu Bartolomeo Sorge, Il cristiano, la rivoluzione e la violenza, in: La Civiltà cattolica, 119 (1968) 2843, 7 dicembre 1968, S. 436-450.

25 Es ist interessant festzustellen, wie dies eine wichtige Rolle bei der politischen Entscheidung für den bewaffneten Kampf vieler Aktivist:innen bewaffneter Gruppen wie der Brigate Rosse und Prima Linea spielte, aus deren Biografien ein starker katholischer Einfluss erkennbar ist. Hervorzuheben ist auch, dass katholische Vereinigungen eine wichtige Rolle bei ihrer Wiedereingliederung spielten, sobald diese aus dem Gefängnis entlassen worden waren. Siehe dazu: Panvini, Cattolici, 2014, S. 11-16 und 309-317.

26 Pasqaule Armrocida/Giuseppe Magliano/Aldo Salassa (Hg.), Chiesa e mondo cattolico nel post concilio: il caso torinese, Turin 1986.

27 Ragioni e obbiettivi del dibattito, Turin 1975, in: Archivio Fondazione Nocentini, Archivio Fim, A II, 1, b. 1727.

Eine wichtige Rolle in den Fabriken spielte auch die Radikalität bestimmter katholischer Vereinigungen wie die »comunità di base«[28] und Acli,[29] die Ende der 1960er-Jahre unter der Führung von Livio Labor[30] offen ihre sozialistische Wende und ihre Anerkennung des Klassenkampfes erklärt hatten.[31]

## 3 Gewerkschaftliche Strategien gegen Gewalt in Fabriken

In der italienischen Gesellschaft und in den Fabriken herrschte damals ein Klima der Angst und des Misstrauens. Diese Situation erschwerte das Handeln der Gewerkschaften in einer Zeit, in der die Wirtschaftskrise und die Umstrukturierung der Produktion ohnehin ihre Rolle schwächten.[32] In der zweiten Hälfte der 1970er-Jahre sah sich die italienische Gewerkschaftsbewegung deshalb gezwungen, mit der Regierung und den Unternehmen zu verhandeln und gleichzeitig auch gegen die Gewalt bewaffneter Gruppen einzutreten. Dies geschah sowohl aus Überzeugung als auch, um den gesellschaftlichen Vorwurf zu entkräften, sie unterstützten bewaffnete Gruppen. Das Risiko, als Mitverantwortliche für Gewalt am Arbeitsplatz zu gelten, zwang die Gewerkschaften dazu, den Inhalt und die Methoden ihrer Auseinandersetzungen sorgfältig zu prüfen, um nicht für jegliche Gewalt verantwortlich gemacht zu werden. Anfangs wurde dieses Thema vonseiten der Gewerkschaften teilweise unterschätzt und in einigen Fällen falsch interpretiert.[33] So zirkulierte zeitweise in kommunistischen Kreisen die Vorstellung, dass die bewaffneten Gruppen faschistische Provokateur:innen seien. Insbesondere die FIM und die CISL konzentrierten sich im Namen des Antifaschismus und der Verteidigung der Demokratie auf die Gewalt rechter subversiver Gruppen. Dies bedeutete, dass bei der FIM sowohl eine systematische Reflexion

---

28 Comunità di base waren spontan entstandene organisatorische Strukturen, die nach dem Zweiten Vatikanischen Konzil von Katholik:innen entwickelt wurden. Sie kritisierten kirchliche Institutionen und stellten sich mit ihrem Glauben direkt an die Seite der Schwächsten der Gesellschaft.

29 Acli ist ein Akronym für »Associazione cristiane lavoratori italiane«. Sie wurde 1944 mit dem Ziel der sozialen Förderung und der materiellen und geistlichen Unterstützung der Arbeiter:innen gegründet.

30 Livio Labor war ein italienischer katholischer Politiker. Zunächst war er in der Christlich-Demokratischen Partei (DC) aktiv und dann in der ACLI, deren Vorsitzender er von 1961 bis 1969 war. Im Jahr 1969 verließ er die ACLI und gründete mit anderen Katholiken das Movimento Politico dei Lavoratori (MPL), das jedoch wenig Wahlerfolg hatte. Später trat er der Sozialistischen Partei Italiens (PSI) bei.

31 Zum Beispiel Maria Cristina Sermanni, Le Acli. Alla prova della politica. 1961–1972, Neapel 1986.

32 Stefano Gallo/Fabrizio Loreto, Storia del lavoro nell'Italia contemporanea, Bologna 2023, S. 285-314.

33 Marica Tolomelli, Italia anni '70: nemico di Stato vs. Stato nemico, in: Storicamente, 1 (2005) 9, <https://storicamente.org/sites/default/images/articles/media/89/1Tolomelli.pdf> (26.2.2025).

als auch eine klare Strategie gegen linke Gruppen fehlten.[34] Gleichzeitig herrschte in den Fabriken anfangs eine Art Gleichgültigkeit seitens der Arbeiter:innen vor, die oft Argumente anführten, die bewaffnete Gruppen unterstützten oder zumindest nicht komplett ablehnten.[35] Der Moment, der diese Haltung radikal veränderte, war die Ermordung des FIOM-CGIL-Gewerkschafters Guido Rossa durch die Brigate Rosse im Jahr 1979. Erstmals richtete sich die Gewalt gegen einen Arbeitnehmer und einen Gewerkschafter, anstatt ausschließlich die Arbeitgeber zu treffen. Dies rief eine starke Reaktion innerhalb der Arbeiter:innenklasse hervor. Die italienischen Gewerkschaften setzten sich daraufhin stärker mit den Konflikten in den Betrieben und der Gewalt der bewaffneten Gruppen auseinander. Sie positionierten sich als wichtigste Ansprechpartner für die Vertretung der Arbeiter:innen und bekämpften die Verankerung der bewaffneten Gruppen in den Betrieben im Namen der Verteidigung der betrieblichen Demokratie.

## 3.1 »Una battaglia politica ed ideale«: die Strategie der FIM-CISL

Der Kampf gegen die gewalttätigen Aktionen bewaffneter Gruppen sowohl am Arbeitsplatz als auch jenseits der Betriebe betraf kollektiv alle Gewerkschaften, aber die FIM und die CISL von Turin hoben sich von den anderen Gewerkschaften und politischen Kräften ab, da sie sich dafür entschieden hatten, den Kampf nicht ausschließlich auf einer repressiven und juristischen Ebene zu führen. Für die FIM ging es nicht darum, Gewalt zu rechtfertigen oder zu beschönigen, sondern darum, ihre Ursache zu verstehen. Diese Haltung war für die FIM in Turin bis zu den Gewerkschaftskämpfen der 1960er-Jahre charakteristisch, sodass sich der Provinzsekretär Alberto Tridente zu den Arbeiterkämpfen im Jahre 1969 wie folgt äußerte:

> »Natürlich besteht die Gefahr von Provokation und Gewalt. Die FIM ist sich jedoch bewusst, dass wir nicht nur ›Feuerwehrmänner‹ sein sollten. Die Arbeiter zur Selbstbeherrschung aufzufordern, bedeutet, sie zu einem Bewusstsein ihrer eigenen Stärke zurückzurufen, das in anderen und wirksameren Formen zum Ausdruck kommen kann als das Einschlagen von Fensterscheiben oder das Schlagen auf die Polizei. Diese Reaktionen sind Ausdruck der Verzweiflung, der wir ausgesetzt sind«.[36]

---

34 Chiara Zampieri, La CISL e la Fim di fronte ai terrorismi e alle trame eversive, in: Sindacalismo, 38 (2018), S. 63-90; hier: S. 65-72.

35 Zur Wahrnehmung der bewaffneten Gruppen durch die Arbeiter:innenklasse siehe Massimo Cavallini, Il terrorismo in fabbrica, Interviste con gli operai della FIAT, Sit-Siemens, Magneti Marelli, Alfa Romeo, Rom, 1978 und Brunello Mantelli/Marco Revelli, Operai senza politica, Rom 1979.

36 Fim-CISL, La Lega Fim, N. 17 lotta contrattuale. Nota per i quadri di fabbrica, 11.11.1969, in: Archivio Flm Piemonte.

Diese Einschätzung kann als repräsentativ für die neue Linie der FIM betrachtet werden, da er mit breiter Zustimmung, insbesondere seitens der jüngeren Gewerkschafter:innen, die ihn konsequent unterstützten, zum Provinzsekretär gewählt wurde. Die gewalttätigen Vorfälle wurden also nicht moralisch verurteilt, sondern als Folge eines einseitigen und repressiven Modells der Arbeitsbeziehungen angesehen. Diese Position der FIM zog allerdings oftmals den Vorwurf nach sich, das Problem der katholischen Metallarbeiter:innen zu flankieren oder zu unterschätzen,[37] weshalb es zu zahlreichen politischen Zusammenstößen, insbesondere mit der Kommunistischen Partei (PCI) und der ihr nahestehenden CGIL kam.[38]

Anfang 1979 verfasste die PCI in Turin einen Fragebogen zum Thema »Gewalt«[39], um das Bewusstsein der Belegschaft für diese Thematik zu schärfen. Jedoch bestand gleichzeitig auch die Absicht darin, die Bürger:innen zu ermutigen, potenzielle Täter:innen in den Betrieben zu identifizieren und jeden Verdacht zu melden. Der Provinzsekretär von FIM Adriano Serafino äußerte sich daraufhin sehr kritisch zu dem Fragebogen.[40] Schließlich war es für ihn offensichtlich, dass die Gefahr bestand, er könnte zu einem Instrument der Denunziation werden, um persönliche Rachefeldzüge zu verfolgen oder offene Rechnungen innerhalb der Betriebe zu begleichen. Dies trug dazu bei, das Klima des Misstrauens zu verschärfen, anstatt es zu mildern. Die Turiner Gewerkschaften entwickelten daraufhin einen alternativen Fragebogen auf Bundesebene, der als Massenbefragung ihrer Mitglieder konzipiert war. Das Ziel dieser Umfrage bestand darin, alle Arbeiter:innen kollektiv einzubeziehen und zur aktiven Teilnahme zu ermutigen, anstatt anonyme Denunziationen durch Kollegen zu fördern.[41] In dieser alternativen Konzeption war jedoch auch viel vom Ansatz der FIM enthalten, wonach sich die Gewerkschaft nicht der reinen juristischen Repression beugen, sondern den Terrorismus auf dem Terrain der Massenaktionen und der Beteiligung der Arbeiter:innen bekämpfen sollte. Außerdem musste die bislang praktizierte Vorstellung überwunden werden, weder mit dem Staat noch mit den Brigate Rosse zu kooperieren. Zunehmend gewann die Idee an Bedeutung, sich nicht nur auf eine einfache Verteidigung der Institutionen zu beschränken, sondern darauf hinzuarbeiten, den Staat in einem demokratischen, egalitären und partizipativen Sinne zu verändern. So betonte Adriano Serafino in diesem Zusammenhang: »Das bedeutet, dass es nicht ausreicht, nur gegen die Brigate Rosse zu sein; man muss den Staat

---

37 Mario Dellacqua, Cesare Delpiano e la missione incompiuta: dagli anni torinesi alla segreteria confederale della CISL (1965–1983), Rom 1997, S. 272 f.

38 Zur Position der Kommunistischen Partei siehe Ermanno Taviani, Il PCI e le »miancce alla democrazia«, in: Riccardo Brizzi/Giovanni Mario Ceci/Michele Marchi/Guido Panvini/Ermanno Taviani (Hg.), L'Italia del terrorismo: partiti, istituzioni e società, Rom 2021, S. 47-62.

39 Der Begriff Terrorismus wird hier und im Folgenden so übernommen, wie er in den Quellen verwendet wird.

40 Altri pareri sul questionario »Torino contro il terrorismo«, in: La Stampa, 9.3.1979, S. 8.

41 De Amicis, La difficile utopia, 2010, S. 191 f.

unterstützen, aber gleichzeitig auch vehement darauf drängen, dass er sich verändert.«[42] Aus diesem Grund wurde daraufhin zum Abschluss der fünften provinzialen Organisationsversammlung der FIM in Turin nachfolgender Grundsatz festgehalten:

> »Wir bekräftigen unsere klare Ablehnung des Terrorismus. […] Der Terrorismus behindert die soziale Auseinandersetzung, und seine kriminellen Aktivitäten machen ihn zu einem unverzichtbaren Feind der Arbeiterklasse, der isoliert und besiegt werden muss. Parallel zu diesem grundlegenden Kampf müssen wir uns ebenso entschlossen den Ursachen zuwenden, die ihn nähren und seine Existenz ermöglichen. Wir richten unser Augenmerk auf die wirtschaftlich-soziale und moralische Krise der italienischen Gesellschaft.«[43]

Für die FIM in Turin ging es abschließend betrachtet also darum, dem Projekt der gewaltsamen Transformation der Gesellschaft ein Projekt ihrer Transformation durch Demokratie und Partizipation entgegenzusetzen.

Adriano Serafino war fest davon überzeugt, dass die Betriebsräte als ein Raum für die Beteiligung der Arbeiter:innen gesehen und verteidigt werden sollten, anstatt sie als Nährboden für Terrorist:innen zu verteufeln. Für ihn war es daher wichtig, dass die Gewerkschaft »die Überzeugung vertritt, dass der Massenkampf der eigentliche Gegner der Gewalt ist, genauso wie die Gewalt der primäre Gegner des Massenkampfes ist.« Diese Überzeugung wollte er deshalb bei den Arbeiter:innen vertiefen.[44] Für den FIM-Sekretär bot der von den Gewerkschaften ausgearbeitete Fragebogen somit die Möglichkeit, mehr als nur ein Instrument der Denunziation zu sein. Serafino wollte damit allerdings nicht erreichen, dass sich die Gewerkschaft von verdächtigen Vorfällen abwendet; ganz im Gegenteil: Seiner Ansicht nach sollte die Rolle der Gewerkschaft darin bestehen, verdächtige Vorfälle oder Personen zu melden, jedoch nur dann, wenn präzise und konkrete Beweise vorliegen. Für Serafino standen nämlich Anonymität und Misstrauen im Widerspruch zum Konzept der partizipativen Demokratie, das die FIM in Turin vertrat. Sie folgte damit der Linie der bundesweiten FIM und der italienischen CISL, die jede Form von Sonder- und Notmaßnahmen ablehnten, die den Rechtsstaat und die demokratischen Freiheiten hätten untergraben können.[45]

In der Fabrik förderte die FIM intensiv innerbetriebliche Diskussionen, um die Beziehung zu den Arbeiter:innen zu stärken und ihre Unterstützung für bewaffnete Gruppen zu verhindern. Diese offenen Dialoge sollten die Neutralität oder still-

---

42 Reazione consapevole del sindacato »delatore«, in: La Stampa, 20.4.1978, S. 6.

43 Documento conclusivo della 5° Assemblea organizzativa Fim-CISL Torino 12–13 novembre 1979, riportato in Raccolta dei documenti conclusivi delle assemblee organizzative della Fim e della CISL, Turin 1980, S. 16.

44 Adriano Serafino, I nemici del terrore, in: Il Manifesto, 1.4.1979, S. 2.

45 Zampieri, La CISL, in: Brizzi/Ceci/Marchi/Panvini/Taviani (Hg.), 2021, S. 299.

schweigende Zustimmung der Beschäftigten gegenüber dem bewaffneten Kampf verhindern und die Verbindung zwischen externen Gewerkschaftsvertreter:innen und internen Delegierten festigen. So sollten der Einfluss bewaffneter Gruppen in den Fabriken und ihre Unterstützung durch die Belegschaft unterbunden werden.

Es war im Nachklang betrachtet ein regelrechter Kulturkampf, der sowohl innerhalb als auch außerhalb der Fabrik geführt werden musste. Viele Konferenzen wurden auch in Zusammenarbeit mit Intellektuellen, der Justiz und der Polizei organisiert, um die Arbeiter:innen für die Schattenseiten des Terrorismus zu sensibilisieren und die Analysen sowie Vorschläge der gemäßigten Gewerkschaften zu untermauern. Ein Beispiel hierfür ist eine spezielle Ausgabe von *Il Consiglione* aus dem Jahr 1978, dem Mitteilungsblatt der Delegierten von Mirafiori. Diese Sonderausgabe entstand in Zusammenarbeit mit der Polizei und der Staatsanwaltschaft und analysierte die soziale und wirtschaftliche Krise, die der Terrorismus hervorgerufen hatte. Die Gewerkschaft musste, um sich abzugrenzen, ein alternatives Modell zur Umgestaltung der Gesellschaft im Gegensatz zu den bewaffneten Gruppen vorschlagen. Dabei strebte die FIM ebenfalls eine tiefgreifende Transformation der Gesellschaft an, jedoch auf einem anderen und gegensätzlichen Weg im Vergleich zu den Brigate Rosse, wie die nachfolgende Programmatik verdeutlicht:

> »Die Gewerkschaftsbewegung betrachtet die Grundlage der Demokratie nicht nur als unverzichtbar für den Wandel, sondern als absoluten Wert. Die Beteiligung der Massen ist der einzige akzeptable Weg für Veränderungen. Der Ursprung des Terrorismus liegt jedoch in der Missachtung dieser Grundwerte.«[46]

Die Strategie der Gewerkschaft umfasste zwar die Zusammenarbeit mit Polizei und Justiz, doch das allein genügte nicht.

Die FIM-CISL vertrat die Ansicht, dass bewaffnete Gruppen nur nachhaltig bekämpft werden könnten, wenn grundlegende gesellschaftliche Veränderungen vorgenommen würden, da ihre Wurzeln in den tiefen sozialen Ungleichheiten der italienischen Gesellschaft lägen.[47] Im Gegensatz zu den Arbeitskämpfen, die durch Massenbeteiligung, Offenheit gegenüber verschiedenen Themen und Gruppen sowie transparente Strukturen geprägt waren, agierte der Terrorismus im Verborgenen. Die Demokratisierung und Verbesserung der Arbeitsbedingungen in den Jahren zuvor – wie der Schutz vor Entlassungen, Arbeitszeitverkürzungen und die Verringerung gesundheitsschädlicher Arbeitsumgebungen – wurden durch den neuen Aktivismus der Arbeiter:innen erreicht. Dieser Aktivismus baute auf einer oft konfliktgeladenen,

46 Serafino, I nemici, 1979, S. 7.

47 È possibile tagliare le radici del fascismo del terrorismo, trasformare la società e lo stato, estendere la democrazia, in: Il Consiglione. Bollettino dei delegati della Mirafiori, 1978, S. 10.

aber direkten Auseinandersetzung mit den Arbeitgebern auf, ohne die Kämpfe an eine avantgardistische Gruppe zu delegieren.

In der Tat ist es den bewaffneten Gruppen gelungen, ihre Präsenz in den Fabriken auch aufgrund eines anfänglichen Klimas der Sympathie und Unterstützung vonseiten der Arbeiter:innen zu etablieren, indem sie sich in den Reihen der Delegierten verankerten, ohne ihre Zugehörigkeit zum bewaffneten Kampf offen zu zeigen. Insbesondere die FIM sah sich einer Vielzahl von Infiltrationen durch Aktivist:innen von bewaffneten Gruppen gegenüber. Der bekannteste Fall ist der von Lorenzo Betassa, einem FIM-Delegierten und Brigadisten, der am 28. März 1980 bei einer Razzia der Carabinieri in Genua getötet wurde. Interne Ermittlungen der FIM, die nach Polizeieinsätzen gegen die Brigate Rosse eingeleitet wurden, führten zur Identifizierung weiterer Personen wie Luca Nicolotti, Piero Panciarelli und Vittorio Alfieri als Mitglieder von Brigate Rosse. Bei einer Razzia in Biella im Jahr 1980 wurden zudem drei Mitglieder der Gewerkschaft CISL festgenommen, darunter auch eine Frau, die zuvor als Aktivistin der katholischen Laienorganisation *Azione Cattolica* aktiv gewesen war.[48]

## 3.2 Interne Debatten und Streitigkeiten über das Problem der Gewalt

Unter den FIM-Delegierten gab es eine sehr radikal ausgerichtete Gruppe, die sowohl in Bezug auf die Art des Kampfes als auch auf die verwendete Sprache einen schmalen Grat beschritt. Diese Gruppe war der Ansicht, dass es notwendig sei, jede Form des Kampfes zu unterstützen, die aus den Reihen der Arbeiter:innen hervorging. Dies führte zu intensiven Debatten innerhalb der Organisation, die einerseits einen klaren Kampf gegen die Gewalt der bewaffneten Gruppen führen wollte, um die Ausbreitung des bewaffneten Kampfes zu verhindern, und andererseits darauf abzielte, gesellschaftliche Veränderungen durch demokratische Mittel herbeizuführen. Die radikalen Positionen einiger Mitglieder führten allerdings gelegentlich zu Widersprüchen, Missverständnissen und Meinungsverschiedenheiten, selbst mit Personen, die nicht im Verdacht standen, mit extremistischen Ansichten zu sympathisieren.

Ein interessantes Beispiel ist der Schlagabtausch zwischen Carlo Carlevaris, einem ehemaligen Priester und FIM-Gewerkschafter, und den Delegierten von Lancia in Chivasso im Frühjahr 1979.[49] Carlo Carlevaris entschied sich dafür, einen Brief an die Provinzsekretariate der FIM und der CISL zu schreiben, um eine offizielle Stellungnahme der Gewerkschaft zu einem Vorfall bei Lancia in Chivasso zu erhalten. Er ereignete sich während eines zweistündigen Streiks, bei dem sich 350 bis 450 Personen zusammenfanden und bis zum Büro des Personalchefs vordrangen. Sie versuchten,

48 Panvini, Cattolici, 2014, S. 289-297 und 309-317.

49 Carlo Carlevaris war ein italienischer Priester und zunächst Betriebskaplan, später Arbeiterpriester und in den 1960er-Jahren trat er der CISL bei.

ihn zum Rücktritt zu bewegen. Da der Personalchef nicht reagierte, zwangen sie ihn, sich an die Spitze des Zuges zu stellen, die Flagge der FIM zu tragen und verhöhnten ihn währenddessen. In seinem Brief fragte Carlevaris nach den Einschätzungen und Positionen der FIM und CISL bezüglich der verantwortlichen Delegierten und ob ähnliche Aktionen als förderlich für die Arbeiterbewegung angesehen würden.[50] Carlevaris stellte sich auch die Frage, welche Werte und Ideale hinter einem solchen Verhalten stehen: »Welches Gesellschaftsmodell entsteht aus der Demütigung der Menschen?« Carlevaris hielt es für wichtig, den Zusammenhang zwischen derartigen Aggressionen und der Welle der Gewalt zu erkennen, die die italienische Gesellschaft überflutete. Aus diesem Grund stellte er in seinem offenen Brief an den provinzialen Vorstand della FIM die folgenden Fragen.: »Welchen Unterschied sehen Sie zwischen dieser Gewalt und der Würde von Personen im Vergleich zu Waffen? Ist der Unterschied so groß? Ist es wahr, dass die moralische Demütigung oft schwerwiegender ist als physische Gewalt?« Er schloss seine Ausführungen im Rahmen der benannten Debatte daher mit den nachfolgenden Worten: »Dennoch bin ich der Ansicht, dass zumindest hinsichtlich der politischen Bewertungen ein Recht auf Konfrontation besteht. Aus diesem Grund würde ich gerne erfahren, inwieweit ein solches Verhalten von den Verantwortlichen der Organisation selbst geteilt und gerechtfertigt wird.«[51]

Die beiden Delegierten Pasquale Inglisano und Giovanna Rebaudo äußerten in ihrer Widerrede zu den Aussagen von Carlevaris ihr Erstaunen über dessen vertretene Position. Sie konzentrierten sich dabei nicht darauf, die von den Arbeiter:innen gewählten Kampfmethoden zu rechtfertigen, sondern darauf, »ein für alle Mal die Trennlinie zwischen Massen- und Klassengewalt und individueller und terroristischer Gewalt zu ziehen.«[52] Sie argumentierten weiter, dass die von Carlevaris kritisierte Massenbeteiligung der Angestellten nicht allein auf das Handeln einiger weniger Provokateure zurückgeführt werden könne. Ihrer Darstellung nach ließ der Personalchef die Arbeiter:innen allein und verweigerte die Interaktion mit ihnen aufgrund seines Glaubens an seine unantastbaren und kastenähnlichen Privilegien. Interessant ist insbesondere die von Inglisano und Rebaudo verwendete Sprache, um Maßnahmen gegen den Personalchef zu fordern:

> »Die Missachtung des Managers nicht als Individuum, sondern als Repräsentant von Management, Machtstrukturen und der anhaltenden Ausbeutungsverhältnisse – ein Aspekt, den Carlevaris offensichtlich bequem übersehen hat – war und bleibt eine legitime Form des Kampfes in der Fabrik (wenn auch nicht die einzige).

50 Carlo Carlevaris, Lettera alla segreteria provinciale Fim, al direttivo provinciale Fim, alla segreteria provincia e CISL, 23.2.1979, in: Archivio Flm Piemonte.

51 Ebd.

52 Pasquale Inglisano/Giovanna Rebaudo, Letrtera indirizzata alla I Lega Fim-Torino, Torino 2.3.1979, in: Archivio Flm Piemonte.

> Die öffentliche Demütigung dieser Führungskräfte vor ihren Mitarbeitern ist zudem das logische und unvermeidliche Resultat des andauernden Widerstands in Werkstätten und Büros gegen die Unternehmenshierarchien, um deren Entscheidungsgewalt einzuschränken. Der Klassenkampf und das Zusammenrücken von Arbeitern und Angestellten zeigen sich auch in diesen schwierigen, aber notwendigen Momenten.«[53]

Die Antwort auf Carlevaris' Frage, ob solche Aktionen dazu dienen sollten, junge Menschen für die Gewerkschaft zu gewinnen, betonte, dass die Gewerkschaft bei Lancia bereits durch Flugblätter und öffentliche Stellungnahmen »gegen gefährliche Formen der Sympathie für den Terrorismus« Position bezogen habe. Darüber hinaus habe sie »eine sehr sorgfältige und konstruktive Debatte unter den Arbeitern anregen wollen, ohne die Arbeiterklasse zu überwachen.« Daraufhin gelangte er zu nachfolgender Schlussfolgerung:

> »Dies stellt den von den Arbeitern gewählten Weg dar, um Gewalt zu bekämpfen. Im Gegensatz zu anderen, die weniger weitblickend sind, ist sich der Brigate Rosse bewusst, wie gefährlich solche politischen und sozialen Initiativen für sie sind. Dies wird so deutlich, dass die Gewerkschaft bei Lancia in letzter Zeit zu ihrem bevorzugten Ziel geworden ist.«[54]

Eine bedeutsame Phase zur Darstellung der Kontroversen, die durch die radikalen Standpunkte eines Teils der FIM verursacht wurden, war darüber hinaus der Streit zwischen den Ortsgruppen von Padua in Venetien und einigen Vertretern der CGIL, der PCI mit der kommunistischen Tageszeitung *L'Unità*.[55] Die Region Venetien war eine traditionell christdemokratische Region, aber seit Ende der 1960er-Jahre war die außerparlamentarische Linke in einigen Städten sehr stark geworden. Insbesondere Padua hatte ein besonderes Gewicht, da die Bewegung der Autonomia Operaia[56] stark war und Toni Negri, ein Theoretiker des Operaismus und intellektueller Bezugspunkt

---

53 Ebd.

54 Ebd.

55 Es handelt sich um eine lokale Angelegenheit, die jedoch – wie die Historikerin Zampieri treffend feststellte – durch die Intervention der nationalen FIM-Führung eine überregionale Bedeutung erlangte, wodurch sie automatisch zur Darstellung der offiziellen Position der FIM wurde. Zampieri, La CISL, in: Sindacalmente, in: Sindacalismo, 38 (2018), S. 79 f.

56 Die Autonomia Operaia entstand in den 1970er-Jahren mit den Arbeiterkämpfen in Mirafiori 1972 und ging aus der Krise außerparlamentarischer linker Gruppen wie Potere Operaio hervor. Sie war keine klassische Partei, sondern ein Zusammenschluss autonomer Gruppen, Versammlungen und Kollektive. Als Kollektiv verbreitete es sich vor allem in Norditalien, hatte aber auch eine starke Präsenz in Rom. Das Verhältnis zu den Gewerkschaften war konfliktreich: Während die Autonomen den Gewerkschaften vorwarfen, Teil des kapitalistischen Systems zu sein, beschuldigten diese die Bewegung, Gewalt zu unterstützen.

für die Autonomia Operaia, an der dortigen Universität lehrte. In einem Kommuniqué vom 3. Januar 1980 reagierte die FIM und betonte ihre Ablehnung der »manieristischen Verurteilungen und der eigennützigen Seriosität derjenigen, die glauben, dass Terrorismus und politische Gewalt einfach durch Dämonisierung, Kriminalisierung und Inhaftierung besiegt werden können.«[57] Stattdessen sollte die Gewerkschaft die Ursprünge politischer Gewalt hinterfragen und Verschwörungserzählungen sowie vereinfachende oder voreingenommene Interpretationen ablehnen.[58]

Die FIM aus der Region Venetien analysierte die politische Gewalt als Ergebnis der gesellschaftlichen Strukturen. Insbesondere die Krisen der Kollektivbewegungen und der italienischen Gesellschaft insgesamt würden den Raum für individuelle, aber eben auch gewaltsame Lösungsansätze schaffen. Die Gewerkschaft lehnte jedoch militärische und repressive Lösungen entschieden ab und betonte die Notwendigkeit der politischen Konfrontation. Anstatt die Gewerkschaft als Übeltäter zu brandmarken, forderte sie eine kritische Auseinandersetzung mit den Krisenursachen, die Entwicklung konkreter Lösungsansätze und einen Kampf für Demokratie als Mittel gegen jegliche Form von Unterdrückung. Ebenso sollte über Veränderungen in den Betrieben und innerhalb der Arbeitsbeziehungen nachgedacht werden, um ein Befreiungsprojekt zu entwickeln. Obwohl terroristische Gewalt verurteilt wurde, wurde eine naive Vorstellung einer gewaltfreien Gesellschaft und Kämpfen als unrealistisch abgelehnt, da Gewalt als unvermeidliches Element in einer kapitalistischen Gesellschaft und ihrem Umgestaltungskampf angesehen wurde, wie anhand der nachfolgenden Aussage deutlich wird:

> »Die FIM vertritt nicht ausdrücklich gewaltfreie Methoden des sozialen Wandels, ist sich jedoch bewusst, dass Gewalt nicht völlig ausgeschlossen werden kann. Es wäre naiv anzunehmen, dass in Bestrebungen zur Veränderung einer Gesellschaft wie unserer, in der Gewalt über den bloßen Schein hinaus vorhanden bleibt, diese völlig abwesend sein kann.«[59]

So hieß es weitergehend vonseiten der FIM:

> »Es ist wichtig, bei der Bewertung der von anderen ausgeübten Gewalt den Fehler zu vermeiden, sie allein aufgrund ihres Akteurs zu verurteilen und nicht aufgrund der Handlung selbst. Daher sollten wir, wenn wir mit Gruppen konfrontiert sind, die theoretisch Gewalt anwenden könnten, nicht jede Möglichkeit der Interaktion

---

57 La Fim-CISL sulla violenza politica. Direttivo provinciale Fim-CISL Padova e segreteria reginale Fim-CISL, Padua, 3.1.1980, in: Archivio Flm Piemonte.

58 Ebd.

59 Ebd.

ausschließen. Es ist ratsam, eine Haltung zu vermeiden, die dazu neigt, Gegner zu dämonisieren, und stattdessen objektivere Analysen anzustreben.«[60]

Die FIM-Mitteilung löste eine hitzige Debatte aus. Die Kommunist:innen aus Venetien antworteten in der kommunistischen Zeitung *L'Unità*. Bruno Ugolini, ein Journalist der Tageszeitung, schrieb zunächst, dass »das von der FIM-CISL veröffentlichte Dokument zweideutige Interpretationen zulassen könnte.«[61] Der Generalsekretär der CGIL von Venetien, Roberto Tonini, warnte daraufhin, dass ohne eine präzise politische Beurteilung die Gefahr bestehe, »dass nicht unbedeutende Schichten junger Menschen den Appellen der Mörder ausgeliefert werden und damit der bewaffneten Partei Nahrung geben. Das ist die dramatische Gefahr, die ich in dem Dokument sehe, das von einer so wichtigen Organisation wie der FIM-CISL Venetien verfasst wurde.«[62] Bruno Ugolini griff einige Tage später das Thema auf und erneuerte den Dissens der Zeitung mit den Aussagen von FIM: »Wir stimmen nicht mit der Analyse der FIM-CISL Venetien überein, dass die Wurzeln des Terrorismus – mit einem soziologischen Manierismus – in der Schwere der Krise liegen, die die italienische Gesellschaft getroffen hat.«[63] Auch der kommunistische Abgeordnete Gerardo Chiaromonte intervenierte kritisch gegen die FIM aus der Region Venetien. Die Antwort der lokalen Gruppe ließ anschließend nicht lange auf sich warten, und sie bekräftigte darin nachdrücklich ihren Standpunkt. Es war aus ihrer Perspektive heraus demnach notwendig

> »einen politischen und ideellen Kampf gegen politische Gewalt zu führen, der durch ein starkes Engagement der Gewerkschaften für die Veränderung dieser Gesellschaft genährt wurde und die Überlegenheit sowie Wirksamkeit des gewaltfreien Massenkampfes demonstrierte. Dies beinhaltete auch ein Gewerkschaftsengagement für die Verteidigung und Förderung bürgerlicher und demokratischer Freiheiten. Diese Freiheiten sind von grundlegender Bedeutung, nicht nur um die Rechte des Einzelnen zu schützen, sondern auch um sicherzustellen, dass soziale Bewegungen sich frei äußern und ihre Funktion erfüllen können.«[64]

Die Debatte endete mit einer kommentierenden Antwort von *L'Unità*, die ihre Zweifel an der Position der FIM bekräftigte. Für die kommunistische Zeitung bestand die Gefahr, dass die fehlende Verschärfung staatlicher Maßnahmen gegen den Terrorismus Raum für eine Eskalation der Gewalt, auch im privaten Bereich, lassen würde.[65]

---

60 Ebd.
61 Bruno Ugolini, In piazza contro la violenza. E poi? Si chiedono gli operai, in: L'Unità, 3.1.1980.
62 Ebd.
63 Bruno Ugolini, Perché dissentiamo sul terrorismo dalla Fim veneta, in: L'Unità, 2.2.1980.
64 Mario Laveto, Una lettera della Fim-CISL veneta sul terrorismo, in: L'Unità, 7.2.1980, S. 6.
65 Dopo la replica rimane il nostro disaccordo, in: L'Unità, 7.2.1980, S. 6.

Aus den beiden konträren Standpunkten geht hervor, dass innerhalb der FIM eine Sprache und ein Diskurs zirkulierten, die eine gefährliche Gratwanderung darstellten, Missverständnissen Vorschub leisteten und das Klima der Spannung anheizten, in dem sich die bewaffneten Gruppen bewegten. Bei genauer Betrachtung zeigt sich in diesem Zusammenhang, dass der radikale Teil der FIM tatsächlich ein Projekt grundlegender sozialer Umgestaltung vorschlug, bei dem Gewalt nicht von vornherein ausgeschlossen war. Dieses Projekt setzte dabei auf die breite Beteiligung der Arbeiter:innen und vertraute – wenn auch möglicherweise vonseiten der FIM überschätzt – auf das Bewusstsein und die aktive Rolle der breiten Arbeiter:innenklasse.

## 4 Schlussfolgerungen

Die bewaffneten Gruppen wurden im Laufe der 1980er-Jahre durch gerichtliche Maßnahmen besiegt, aufgelöst und schließlich vollständig eliminiert. Dabei nahmen die Gewerkschaften eine zentrale Rolle im kulturellen Diskurs und in der gesellschaftlichen Auseinandersetzung mit der durch die Gruppen betriebenen Gewalt ein. Einerseits richtete sich dieser Kampf direkt an den Arbeitsplätzen gegen die Formen der Gewalt, die in den Fabriken ausgeübt wurden: Beschädigung von Maschinen, physische Gewalt gegen Manager, Entführungen. Andererseits weitete er sich auf die gesamte italienische Gesellschaft aus, um die Wiederbelebung des bewaffneten Kampfes zu fördern. Der Sieg über die Gewalt wurde jedoch hauptsächlich durch die Verteidigung demokratischer Institutionen und die gerichtliche Unterdrückung bewaffneter Gruppen sowohl im Rahmen von Inhaftierungen als auch durch den Tod der bewaffneten Kämpfer:innen bei Verhaftungsaktionen errungen. Der zweite Ansatzpunkt, der jedoch untrennbar mit dem ersten verbunden ist und insbesondere für den FIM-CISL von großer Bedeutung war – nämlich die Ausweitung der Demokratie und sozialen Gleichheit als Mittel gegen Gewalt –, brachte jedoch keine signifikanten Ergebnisse. Das Engagement der Gewerkschaften gegen die bewaffneten Gruppen hatte einen hohen Preis, sowohl in Bezug auf die aufgewendete Energie, die dann wiederum für andere in der damaligen Zeit zentralen Diskurse fehlte, als auch in Bezug auf die aktive Förderung der Gegenoffensive der Arbeitgeber gegen die Gewerkschaften und ihre Delegiertenbewegung, die ihren schwersten Zusammenstoß bei Fiat erlebte.

Ende der 1970er-Jahre befand sich Fiat in einer schweren Produktionskrise. Das neue Management entschied, die Produktion flexibler zu gestalten und »überschüssige« Arbeitskräfte zu entlassen, was insbesondere die Generation von Arbeiter:innen traf, die zuvor die Arbeitskämpfe angeführt hatte. Im Herbst 1979 wurden zudem 61 Beschäftigte mit der Begründung entlassen, sie hätten durch ihr Verhalten den Terrorismus begünstigt. Fiat setzte außerdem einen Einstellungsstopp durch und vertrat die Ansicht, dass die zunehmende Gewalt in den Fabriken der 1970er-Jahre eine Folge der Kämpfe der Arbeiter:innen sei, die mit dem »Heißen Herbst« begonnen haben. Der Höhepunkt dieser Entwicklung war dann wiederum im September 1980 die Entlassung von 14.469 Arbeiter:innen. Fiat unterstützte in dieser Phase stark die Idee, dass terroristische Gewalt ein unvermeidliches Ergebnis von Konflikten in den Fabriken sei, die die Gewerkschaften nicht mehr kontrollieren konnten.[66] Die Reaktion der Gewerkschaften auf die Aktion des Unternehmens erfolgte unmittelbar und entschieden. Die FIM aus Turin verurteilte das Vorgehen von Fiat auf das Schärfste, und Serafino erklärte daraufhin: »Die Entscheidung von Fiat ist das Ergebnis einer vermittelnden Maßnahme für einen generellen Umschwung in der Haltung der Arbeitgeber gegenüber den Konflikten in den Fabriken, den Formen des Kampfes, den Reibereien und der Härte, die dabei manchmal auftreten.« Für Serafino bestand das Ziel des Unternehmens nicht darin, die Gewalttätigen zu isolieren, sondern die Kontrolle über die Werksherrschaft zurückzugewinnen und die Produktivität zu steigern. Das Unternehmen führte außerdem eine Medienkampagne mit dem Ziel durch, die Arbeitskämpfe und den Terrorismus gleichzusetzen, die gewerkschaftliche Bewegung zu entwaffnen und die Betriebsdemokratisierung des letzten Jahrzehnts anzugreifen, wie die folgende Aussage unterstreicht: »Neben einer restaurativen Linie gibt es einen klaren Angriff auf die Formen des Kampfes, die in diesen Jahren praktiziert wurden.«[67] Der Kampf bei Fiat markierte eine Zäsur in der Geschichte der italienischen Gewerkschaftsbewegung. Er bedeutete das Ende der Einheitsgewerkschaft auf der Grundlage von Betriebsräten und Delegierten, die zuvor die Hauptakteure einer zehnjährigen Phase unterschiedlicher Kämpfe und auch Erfolge gewesen waren.[68]

Bei der Niederlage der Gewerkschaften gegen Fiat spielte für das Unternehmen eine wichtige Rolle, den Gewerkschaften, insbesondere der FIM, vorwerfen zu können, nicht genug unternommen zu haben, um die Ausbreitung der Gewalt in der Fabrik einzudämmen.[69] Angesichts des Vorwurfs, die Gewerkschaft habe einen Konflikt geschürt, der linken Terrorismus hervorgebracht habe, erwiderte die FIM, dass es gerade die Fähigkeit sei, soziale Konflikte zu organisieren, die Italien zu einem demokratischen Land mache. Die FIM war der Ansicht, dass Gewalt politisch durch die Analyse der Wurzeln des Phänomens und durch die Diskussionen mit den Ar-

66 Ormai in fabbrica non si vive più, in: La Stampa, 10.10.1979, S. 1 f.

67 Adriano Serafino, L'obbiettivo della Fiat è la conflittualità di fabbrica, in: Sindacato Unitario. Periodico piemontese per delegati e quadri sindacali Flm, Nr. 10, 22.10.1979, S. 1 f.

68 Darüber Paul Ginsborg, Storia d'Italia dal dopoguerra a oggi: società e politica 1943–1988, Turin 1989, S. 540-545 und Pio Galli/Giancarlo Pertegatto, Fiat 1980: sindrome della sconfitta, Rom 1994.

69 Wie Chiara Zampieri feststellte, hat die Gewerkschaft auch die Möglichkeit verloren, nicht nur ein gewerkschaftlicher, sondern auch ein politischer und sozialer Akteur zu sein, wie es im vorangegangenen Jahrzehnt der Fall war, d. h. sich politisch in die großen Fragen der italienischen Gesellschaft einbringen zu können, eine Rolle, die für die Niederlage der bewaffneten Gruppen von grundlegender Bedeutung war. Zampieri, La CISL, in: Sindacalmente, in: Sindacalismo, 38 (2018), S. 84-86.

beiter:innen anstatt ausschließlich durch repressive Maßnahmen bekämpft werden müsse. Dabei unterschied die FIM immer klar zwischen »Konflikt« und »Gewalt«. Während Ersterer die traditionellen Massenkämpfe der Arbeiter:innenbewegung kennzeichne, müsse Letztere aktiv bekämpft werden. Die Analyse der Strategie der FIM-CISL in Turin verdeutlicht die Bedeutung dieser beiden Kategorien für die Geschichte der Arbeit. Sie ermöglicht es zudem, ein Thema zu erfassen, das die 1970er-Jahre maßgeblich prägte und sowohl in der Geschichtswissenschaft als auch in der gewerkschaftlichen Erinnerung noch heute intensiv diskutiert wird. Zudem regt die Analyse zur Reflexion über die weiterhin offenen Fragen des Jahrzehnts an, insbesondere über die zeitgenössischen Auswirkungen der politischen Gewalt und ihre Rezeption in den folgenden Jahrzehnten. Die 1970er-Jahre sind ein entscheidender Wendepunkt in der Gesellschaftsgeschichte Italiens. Um diesen zu erfassen, ist es zielführend, die Rolle des sozialen Konflikts für demokratische Gesellschaften zu untersuchen und die oft nicht eindeutige, aber dennoch vorhandene Grenze zwischen Konflikt und Gewalt zu reflektieren.

## 5 Quellen und Literatur

### 5.1 Quellen

È possibile tagliare le radici del fascismo del terrorismo, trasformare la società e lo stato, estendere la democrazia, in: Il Consiglione. Bollettino dei delegati della Mirafiori, 1978, S. 10.

**Serafino, Adriano**, L'obbiettivo della Fiat è la conflittualità di fabbrica, in: Sindacato Unitario. Periodico piemontese per delegati e quadri sindacali Flm, Nr. 10, 22.10.1979, S. 1 f.

### 5.2 Literatur

**Armorcida, Pasqaule/Giuseppe Magliano/Aldo Salassa (Hg.)**, Chiesa e mondo cattolico nel post concilio: il caso torinese, Turin 1986.

**Cavallini, Massimo**, Il terrorismo in fabbrica, Interviste con gli operai della FIAT, Sit-Siemens, Magneti Marelli, Alfa Romeo, Rom 1978.

**Cella, Gian Primo/Bruno Manghi/Paola Piva**, Un sindacato italiano negli anni Sessanta. LA FIM-CISL dall'associazione alla classe, Bari 1972.

**Crainz, Guido**, Il paese mancato. Dal miracolo economico agli anni Ottanta, Rom 2005.

**De Amicis, Nino**, La difficile utopia del possibile. La Federazione lavoratori metalmeccanici nel »decennio operaio« (1968–1984), Rom 2010.

**Dellacqua, Mario**, Cesare Delpiano e la missione incompiuta: dagli anni torinesi alla segreteria confederale della CISL (1965–1983), Rom 1998.

**Delvecchio, Giorgio**, Critica delle armi e questione del lavoro in Prima Linea. La violenza politica dentro la crisi degli anni Settanta, in: Domenico Guzzo (Hg.), Da »non garantiti« a precari. Il movimento del '77 e la crisi del lavoro nell'Italia post-fordista [= Sociologia del lavoro, Bd. 1529.139], Mailand 2019, S. 184-195.

**Gallieni, Marco**, Rapporto sul terrorismo, Mailand 1981.

**Galli, Pio/Giancarlo Pertegatto**, Fiat 1980: sindrome della sconfitta, Rom 1994.

**Gallo, Stefano/Fabrizio Loreto**, Storia del lavoro nell'Italia contemporanea, Bologna 2023.

**Ginsborg, Paul**, Storia d'Italia dal dopoguerra a oggi: società e politica 1943–1988, Turin 1989.

**Lange, Dietmar**, Aufstand in der Fabrik. Arbeitsverhältnisse und Arbeitskämpfe bei FIAT-Mirafiori 1962 bis 1973, Köln 2021.

**Manghi, Bruno**, La Fim-CISL: apologia di un processo di liberazione, in: Lorenzo Bedeschi u. a. (Hg.), I cristiani nella sinistra. Dalla Resistenza ad oggi, Rom 1976, S. 220.

**Mantelli, Brunello/Marco Revelli**, Operai senza politica, Rom 1979.

**Mantelli, Brunello/Nicola Tranfaglia**, Apogeo e collasso della »città fabbrica«: Torino dall'autunno caldo alla sconfitta operaia del 1980, in: Nicola Tranfaglia (Hg.), Storia di Torino. Gli anni della Repubblica, Turin 1999, S. 829-859.

**Musso, Stefano**, Storia del lavoro in Italia. Dall'unità a oggi, Venedig 2011.

**Neri Serneri, Simone (Hg.)**, Verso la lotta armata. La politica della violenza nella sinistra radicale degli anni Settanta, Bologna 2012.

**Palaia, Francescopaolo**, Una democrazia in pericolo. Il lavoro contro il terrorismo (1969–1980), Genua 2019.

**Panvini, Guido**, Cattolici e violenza politica: l'altro album di famiglia del terrorismo italiano, Venedig 2014.

**Santagata, Alessandro**, La contestazione cattolica. Movimenti, cultura e politica dal Vaticano II al '68, Rom 2016.

**Sermanni Maria Cristina**, Le Acli. Alla prova della politica. 1961–1972, Neapel 1986.

**Sommier, Isabelle**, La violence politique et son deuil, Rennes 1998.

**Sommier, Isabelle**, La violenza rivoluzionaria. Le esperienze di lotta armata in Francia, Germania, Giappone, Italia e Stati uniti, Rom 2009.

**Sorge, Bartolomeo**, Il cristiano la rivoluzione e la violenza, in: La Civiltà cattolica, 119 (1968) 2843, 7 dicembre 1968, S. 436-450.

**Tanturli, Andrea**, L'altra lotta armata (1974–1981). Bd. 1, Rom 2018.

**Taviani, Ermanno**, Il PCI e le »minacce alla democrazia«, in: Riccardo Brizzi/Giovanni Mario Ceci/Michele Marchi/Guido Panvini/Ermanno Taviani (Hg.), L'Italia del terrorismo: partiti, istituzioni e società, Rom 2021, S. 47-62.

**Tolomelli, Marica**, Italia anni '70: nemico di Stato vs. Stato nemico, in: Storicamente, 1 (2005) 9, <https://storicamente.org/sites/default/images/articles/media/89/1Tolomelli.pdf> (26.2.2025).

**Zampieri, Chiara**, La CISL e la Fim di fronte ai terrorismi e alle trame eversive, in: Sindacalismo, 38 (2018), S. 63-90.

**Zampieri, Chiara**, La CISL di fronte ai terrorismi e alle trame eversive degli anni Settanta, in: Riccardo Brizzi/Giovanni Mario Ceci/Michele Marchi/Guido Panvini/Ermanno Taviani (Hg.), L'Italia del terrorismo: partiti, istituzioni e società, Rom 2021, S. 293-307.

**Zampieri, Chiara**, La Federazione CGIL-CISL-UIL negli anni del terrorismo, in: Fabrizio Lotito (Hg.), L'unita possibile. La Federazione CGIL, CISL, UIL 1972–1974 (2021), S. 213-249.

*Alisha Edwards*

# Feministische Perspektiven auf Gewalt und migrantische Sexarbeit: Großbritannien und Deutschland im Vergleich (1980er–1990er)

»Women want a part in the decisions that have to be made and very often they don't want to struggle along on one pay check.«[1]

Damit beschrieb die US-amerikanische Aktivistin und Feministin Selma James in den 1950er-Jahren ein Gefühl, das viele Frauen teilten, und sprach ein globales gesellschaftliches Problem an. Frauen wollten Rechte und Partizipation, sie stellten die patriarchale Gesellschaft und die Zuschreibung einer untergeordneten Rolle von Frauen infrage. Der Beitrag orientiert sich an Claudia Werlhofs Definition des Patriarchats als ein Herrschaftssystem, das auf der Ausbeutung von Frauen, ökonomischen Ressourcen und der Natur aufbaut. Ein fundamentaler Bestandteil sei die Beherrschung von Frauen und der Natur.[2] Indem Frauen die vom Patriarchat vorgegebenen Regeln missachteten, bedrohten diese die Aufrechterhaltung des gesamten Systems. In der zweiten Hälfte des 20. Jahrhunderts kämpften Frauen in feministischen Bewegungen für ihre Gleichberechtigung und Autonomie über ihre Körper. Sowohl in England als auch in Deutschland traten in den 1970er-Jahren die Frauenbewegungen für ein Selbstbestimmungsrecht ihrer Körper ein. Eine selbstbestimmte Sexualität und die Unabhängigkeit von Männern waren zentrale Themenfelder frauenpolitischer Diskussionen.[3] Die Jahrzehnte nach dem Zweiten Weltkrieg waren von einem globalen Wandel der Arbeit sowie von Migrationsbewegungen geprägt.[4] Vor diesem Hintergrund entwickelte sich die Lohn-für-Hausarbeit-Kampagne als eine internationale Bewegung, die in verschiedenen Ländern unterschiedlich ausgeprägt war.[5] Neben der geschlechtsspezifischen Arbeitsteilung und den damit

1 Selma James, A Woman's Place, in: dies. (Hg.), Sex, Race and Class, the Perspective of Winning. A Selection of Writings, 1952–2011, Oakland/Pontypool 2012, S. 13-31; hier: S. 15.

2 Claudia Werlhof, Vom Diesseits der Utopie zum Jenseits der Gewalt. Feministisch-patriarchatskritische Analysen – Blicke in die Zukunft?, Freiburg 2010, S. 7.

3 Mareen Heying, Konstruktion und Funktion des »anderen« Körpers. Verdrängung, Gewalt und Kontrolle aus Sicht von deutschen und italienischen Prostituiertenbewegungen in den 1980er- und 1990er-Jahren, in: Zeitschrift für Soziale Probleme und soziale Kontrolle, 29 (2018) 2, S. 99-115; hier: S. 100.

4 Randall Hansen, Migration to Europe since 1945. Its History and its Lessons, in: Political Quarterly, 74 (2003) 1, S. 25-38; hier: S. 25 f.

5 Almuth Waldenberger, Die Hurenbewegung. Geschichte und Debatten in Deutschland und Österreich, Wien 2016, S. 189.

verbundenen gesellschaftlichen Erwartungen an Frauen kritisierten die Aktivistinnen die ökonomische Abhängigkeit aller Frauen. Sie forderten Löhne für Hausarbeit, um die unsichtbare Arbeit von Frauen sichtbar zu machen, und stellten die kapitalistische Wirtschaftsordnung infrage.[6] Im Rahmen der Kampagne haben die Aktivistinnen in GB und der BRD die rechtliche Stellung, die Kriminalisierung und die Ausgrenzung von (migrantischen) Sexarbeiterinnen hinterfragt.[7] Die Prostituiertenbewegungen beider Länder waren mit der Kampagne verbunden, während in den 1970ern zunehmend Prostituierte selbst aktiv wurden.[8] Gewalt gegen Frauen war ein zentrales Thema feministischer Kämpfe.[9] Die Bewegungen kritisierten verschiedene Formen von Gewalt gegen Frauen und (migrantische) Sexarbeiterinnen[10] und bieten eine spannende Vergleichsebene.

Im Artikel wird danach gefragt, ob migrantische Sexarbeiterinnen aus Perspektive der Lohn-für-Hausarbeit-Kampagne und Prostituiertenbewegungen besonders von sexueller Gewalt betroffen sind und welche Gründe sich dafür beschreiben lassen. Dahingehend wird untersucht, wie Tabuisierungen sexualisierte Gewalt prägen.

Dieser Beitrag ist eine vergleichende historische Analyse, die sich auf Eigenpublikationen und Dokumente der britischen und deutschen Lohn-für-Hausarbeit-Kampagne sowie sozialer Bewegungen von Prostituierten beider Länder stützt. Diese umfassen offene Briefe, Arbeitsberichte, Kampagnenflyer und Artikel über den Aktivismus und die grundlegenden Theorien, auf die sich die Bewegungen beziehen. Nach einer Einführung in die rechtlichen und ökonomischen Voraussetzungen für migrantische Sexarbeiterinnen sowie das Verständnis von Gewalt gegen Prostituierte innerhalb der Lohn-für-Hausarbeit-Kampagne werden die Perspektiven des English Collective of Prostitutes und der Hurenbewegung beleuchtet. Dabei werden die Rolle und Vulnerabilität von migrantischen Sexarbeiterinnen skizziert.

Der Beitrag orientiert sich an Johan Galtungs Gewaltdefinition, die Gewalt als Einfluss beschreibt, der die körperliche und geistige Entwicklung von Menschen

---

6 Louise Toupin, Wages for Housework. A History of an International Feminist Movement, 1972–77, London/Vancouver 2018, S. 77.

7 Siehe hierzu: Mareen Heying, Huren in Bewegung. Kämpfe von Sexarbeiterinnen in Deutschland und Italien, 1980 bis 2001, Essen 2019; Juno Mac/Molly Smith, Revolting Prostitutes. The Fight for Sex Workers Rights, London/New York 2018.

8 Sonja Dolinsek, Konvention zur Unterbindung des Menschenhandels (1949) und Erklärung über Prostitution und Menschenrechte (1986), in: Arbeitskreis Menschenrechte im 20. Jahrhundert (Hg.), Quellen zur Geschichte der Menschenrechte, September 2016, S. 1-15; hier: S. 8, <https://www.geschichte-menschenrechte.de/schluesseltexte/konvention-zur-unterbindung-des-menschenhandels-1949-und-erklaerung-ueber-prostitution-und-menschenrechte-1986> (22.6.2024).

9 Wie sexualisierte Gewalt am Arbeitsplatz von der autonomen Frauenbewegung der BRD diskutiert wurde, zeigt Sophia Kuhnle in diesem Band auf (➞ S. 167 ff.).

10 Der Artikel verwendet keine gegenderte Form, da sich die Quellen auf Frauen beziehen. Queere Sexarbeit und männliche Sexarbeitende sollen mit dieser Entscheidung nicht unsichtbar gemacht werden.

unter ihr Potenzial begrenzt.[11] Dabei könne zwischen direkter oder personaler und indirekter oder struktureller Gewalt unterschieden werden. Mit dieser Differenzierung wird impliziert, dass direkte Gewalt ein handelndes Subjekt erfordert, während bei indirekter Gewalt ein solches Subjekt fehlt. Beide Formen stehen in einem dialektischen Verhältnis und bedingen einander. Strukturelle Gewalt definiert Galtung als eine Form der Macht, die in einem System verankert ist und sich in ungleichen Machtverhältnissen und Lebensbedingungen ausdrückt. Zu den wesentlichen Unterscheidungen gehören physische und psychische Gewalt, intendierte und nicht intendierte Gewalt, objektlose und objektbezogene Gewalt sowie latente und manifeste Gewalt.[12] Spezifisch für strukturelle Gewalt sei laut Galtung das Fehlen genau bestimmbarer Täter und Opfer.[13] Essenziell ist dabei immer die subjektive Wahrnehmung der bedrohten Person. Sexuelle Gewalt wird als Übergriff auf die sexuelle Selbstbestimmung definiert und kann ohne körperliche Gewalt erfolgen, zum Beispiel durch ökonomische, kulturelle, psychische oder rechtliche Mittel. Die im Beitrag untersuchte Gewalt geht vornehmlich von Männern aus. Sie muss nicht sexuell motiviert sein, obwohl sie oft mit sexuellen Handlungen verbunden ist. Hierbei wird Sexualität als ein Mittel zur Ausübung von Macht und Unterdrückung betrachtet.[14]

## 1 Migrantische Sexarbeiterinnen und die Lohn-für-Hausarbeit-Kampagne

In der BRD und GB war und ist kommerzieller Sex legal, aber durch verschiedene Gesetze kriminalisiert.[15] Personen aus dem Ausland war die Ausübung der Prostitution in der Bundesrepublik nicht gestattet und konnte mit einer Ausweisung bestraft werden.[16] Migrant:innen im Vereinigten Königreich benötigten ab 1971 Arbeitserlaubnisse und Aufenthaltsgenehmigungen für die legale Einreise, der Verkauf von kommerziellem Sex war nicht verboten, aber im Rahmen der Reglementierung be-

11 Susanne Kailitz, Johann Galtung. Strukturelle Gewalt. Beiträge zur Friedens- und Konfliktforschung, Reinbek b. Hamburg 1975, in: Steffen Kailitz (Hg.), Schlüsselwerke der Politikwissenschaft, Wiesbaden 2007, S. 133-136; hier: S. 133; vgl. Helga Amesberger/Katrin Auer/Brigitte Halbmayr, Sexualisierte Gewalt. Weibliche Erfahrungen in NS-Konzentrationslagern, Wien 2010, S. 26.

12 Amesberger/Auer/Halbmayr, Gewalt, 2010, S. 26.

13 Kailitz, Gewalt, in: Kailitz (Hg.), Schlüsselwerke, 2007, S. 134.

14 Amesberger/Auer/Halbmayr, Gewalt, 2010, S. 26 f.

15 Beate Leopold/Elfriede Steffan/Nikola Paul, Dokumentation zur rechtlichen und sozialen Situation von Prostituierten in der Bundesrepublik Deutschland, Stuttgart ²1997, S. 37; Johanna Kantola/Judith Squires, Prostitution policies in Britain, 1982–2002, in: Joyce Outshoorn (Hg.), The Politics of Prostitution. Women's Movements, Democratic States and the Globalisation of Sex Commerce, Cambridge 2004, S. 62-82; hier: S. 62 f.

16 BGBl. I, 1965, Ausländergesetz vom 28.4.1965, § 10 Ausweisung.

schränkt.[17] Die Ausgrenzung und Kontrolle von Prostituierten beinhaltete ihre gesellschaftliche Stigmatisierung, die laut der Sozialpsychologin Gail Pheterson auf alle Frauen übertragen werden könne.[18] Hier knüpfte die Lohn-für-Hausarbeit-Kampagne an, die maßgeblich von der US-amerikanischen Marxistin Selma James sowie der Italienerin und Marxistin Mariarosa Dalla Costa begründet wurde. 1972 veröffentlichte James die bereits 1953 anonym publizierte Schrift *A Women's Place*[19] mit dem italienischen Manifest *Women and the Subversion of Community*, das weitgehend von Dalla Costa verfasst wurde. Diese beabsichtigte mit ihrem Text die Definition und Analyse »der Frauenfrage« sowie der »Rolle der Frau« innerhalb der kapitalistischen Arbeitsteilung.[20] Dalla Costa vertrat die These, dass der Ehevertrag geschlechtsspezifische Machtstrukturen und die unbezahlte Hausarbeit von Frauen, durch Gewalt und staatliche Duldung legitimierte.[21] Lesbische Frauen und Prostituierte stellten die Dominanz geschlechtsspezifischer Rollenbilder sowie die Teilung von Haus- und Erwerbsarbeit infrage. Beide Personengruppen wurden dafür mit repressiven Mitteln vom Staat kriminalisiert und stigmatisiert. Die Kriminalisierung diene moralischen und wirtschaftlichen Interessen, indem sie patriarchale Normen, soziale Kontrolle sowie die Produktivität und Reproduktion von Arbeitskräften sicherte.[22] Trotz der Legalität von kommerziellem Sex wurde die Stigmatisierung und Diskriminierung in GB und der BRD gesetzlich institutionalisiert.[23] Nach Galtungs Gewaltdefinition übte der Staat latente objektbezogene und intendierte Gewalt im Rahmen der geschlechtsspezifischen Arbeitsteilung aus, die alle Frauen betraf.

Auch in West-Berlin bildeten sich 1975 die ersten Lohn-für-Hausarbeit-Gruppen im Rahmen der internationalen Kampagne. Die Historikerinnen Gisela Bock und Barbara Duden erforschten die Entwicklung der Hausarbeit im 19. und 20. Jahrhundert.[24] Gemeinsam mit Pieke Biermann, einer Literaturwissenschaftlerin und Prostituierten, riefen sie 1977 in der feministischen Zeitschrift *Courage* Frauen zur aktiven Mobilisierung und Gründung von Gruppen auf.[25] Die Lohn-für-Hausarbeit-Kampa-

---

17 Immigration Act 1971, Part I, Sec. 1,2.

18 Gail Pheterson, Huren-Stigma. Wie man aus Frauen Huren macht, Hamburg 1990, S. 88.

19 Mareen Heying, Lohn für Hausarbeit, in: Das feministische Blatt, Wir Frauen, 2 (2020), <https://wirfrauen.de/lohn-fuer-hausarbeit/> (22.9.2023); Toupin, Wages, 2018, S. 272.

20 Mariarosa Dalla Costa, Women and the subversion of the community (1972), in: Camille Barbagallo (Hg.), Women and the subversion of the community. A Mariarosa Dalla Costa Reader, Oakland 2019, S. 17-49; hier: S. 24.

21 Toupin, Wages, 2018, S. 76.

22 Ebd., S. 76 ff.

23 Phil Hubbard, Out of touch and out of time? The contemporary policing of sex work, in: Rosie Campbell/Maggie O'Neill (Hg.), Sex Work Now, Cullompton 2006, S. 1-32; hier: S. 1 ff.

24 Kerstin Wolff, Hausarbeit als Nebenwiderspruch? Die internationale »Lohn für Hausarbeit«-Debatte der 1970er Jahre in der Bundesrepublik, in: Aus Politik und Zeitgeschichte [APuZ], 70 (2020) 45, S. 42-48; hier: S. 45.

25 Pieke Biermann/Gisela Bock, Lohn für Hausarbeit vom Staat für alle Frauen, in: Berliner Frauenzeitung Courage [Courage], 15 (1977) 2, S. 16-19; Wolff, Hausarbeit, in: APuZ, 70 (2020) 45, S. 45.

gne zeigte in GB und der BRD Solidarität mit Sexarbeiterinnen[26] und nahm eine globale Perspektive ein, die auch die Subsistenzwirtschaft im Globalen Süden umfasste.[27] Der Text *Bringing it all back home* von Margaret Prescod-Roberts, der Schwiegertochter von Selma James, ist ein weiterer essenzieller Text der Kampagne, der auch das Thema Migration thematisiert. Prescod-Roberts beschreibt, dass der Reichtum Englands und der USA auf der Unterdrückung Schwarzer Menschen basiere, insbesondere durch die Ausbeutung von Schwarzen Frauen in Hausarbeit, Sexualität und Reproduktion, wobei sich diese Ausbeutungsstrukturen auch in der Migration fortsetzten, indem Migrant:innen unterdrückt und mit niedrigen Löhnen ausgebeutet wurden, was die Arbeiter:innenschaft spalte.[28] Die Aktivistinnen formulierten eine Kritik an strukturellen Gewalt- und Herrschaftsverhältnissen, die sich auf die Ausbeutung von Frauen und Migrant:innen stützten.

Seit Ende des 19. Jahrhunderts betrachteten abolitionistische Bewegungen Prostitution aus einer migrationspolitischen Perspektive. Die Prostitution von Migrantinnen wurde negativ bewertet, was zu Ausweisungen, Abschiebungen und Einreiseverweigerungen führte, während Diskurse um »Mädchenhandel« und »weiße Sklaverei« bis in die 1950er-Jahre verbreitet waren.[29] Diese Debatten waren – neben der Reproduktion der zuvor genannten geschlechtsspezifischen Rollenbilder – durch rassistische, antisemitische und islamfeindliche Stereotype gekennzeichnet, beeinflussten Medien, Gesetzgebung und Politik und wurden in späteren Debatten über Menschenhandel reproduziert.[30] Menschenhandel in der Sexindustrie sei nach den Sexarbeitsaktivistinnen Juno Mac und Molly Smith jedoch nur eines von vielen Symptomen des Phänomens der undokumentierten Migration. Um kommerziellen Sex in diesem Zusammenhang richtig zu verstehen, müsse Migration thematisiert werden. Besonders Migrant:innen werden in der Erotikbranche, in Hotels, in der Agrarwirtschaft[31] und anderen wirtschaftlichen Branchen ausgebeutet. Das Ergebnis sei ein systemisches Problem, überwiegend staatlich bedingt und weniger von Einzelpersonen verur-

---

26 Heying, Bewegung, 2019, S. 47 f.

27 Wolff, Hausarbeit, in: APuZ, 70 (2020) 45, S. 42-48; hier: S. 46; Toupin, Wages, 2018, S. 211.

28 Margaret Prescod-Roberts, Bringing it All Back Home, in: dies., Steele, Norma (Hg.), Black Women. Bringing it All Back Home, Bristol ²1980, S. 13-40; hier: S. 13-20.

29 Laura María Augustin, The Conundrum of Women's Agency. Migration and the Sex Industry, in: Rosie Campbell/Maggie O'Neill (Hg.), Sex Work Now, Cullompton 2006, S. 116-140; hier: S. 122.

30 Mac, Smith, Revolting, 2018, S. 59 f; Christine Whyte, »Praise Be, Prostitutes as the Women We Are not.« White Slavery and Human Trafficking – an Intersectional Analysis, in: Vera Kallenberg, Jennifer Meyer, Johanna M. Müller (Hg.), Intersectionality und Kritik. Neue Perspektiven für alte Fragen, Wiesbaden 2013, S. 125-141; hier: S. 138; Sonja Dolinsek, Gehandelte Frau oder unerwünschte Fremde. Zur Geschichte der Prostituierten als Migrantin (1950er–1980er), in: Ariadne. Forum für Frauen- und Geschlechtergeschichte, 72 (2017), S. 66-73; hier S. 68 ff.

31 Siehe hierzu den Beitrag von Christoph Lorke zu migrantischen Erntehelfer:innen in der deutschen Landwirtschaft in diesem Band (➞ S. 223 ff.).

sacht.[32] Menschenhandel zeichnet sich als strukturelles Problem und latent objektlose nicht intendierte Form der Gewalt ab, die ökonomische Ungleichheit, Geschlechterungleichheit, soziale Ausgrenzung und mangelnden Schutz durch staatliche Institutionen umfassen. Frauen haben nur wenige Möglichkeiten, in formellen Arbeitssektoren zu arbeiten, sowohl in ihren Heimatländern als auch in den Ländern, in die sie migrieren. Häufig sind sie gezwungen, im informellen und unregulierten Arbeitsmarkt ohne Zugang zu Rechten und Schutzmöglichkeiten zu arbeiten.[33] Aufgrund der Art der Arbeit und der verfügbaren Migrationsmöglichkeiten sind sie auf Dienste unzuverlässiger Organisationen, Arbeitsvermittlungsagenturen, Heiratsagenturen und Vermittler:innen angewiesen, die an verschiedenen Punkten des Migrationsprozesses eingreifen.[34] Diese Strukturen werden von migrantischen Sexarbeiterinnen genutzt und Gewalt im Migrationsprozess akzeptiert, um die ökonomische Situation zu verbessern.[35] Sexarbeit legt die Probleme einer Trennung zwischen produktiver-bezahlter Arbeit und unproduktiver-unbezahlter Arbeit im Kapitalismus und Liberalismus offen. Überdies ist Sexarbeit als Kommerzialisierung sozial reproduktiver Arbeit zu verstehen. Migrantische Sexarbeit wird aufgrund der gesetzlichen und gesellschaftlichen Ausgrenzung von Prostituierten oft nicht als »echte«[36] Arbeit anerkannt, was in Kombination mit Unsichtbarkeit, Entwertung, Kriminalisierung und staatlicher Verleugnung zu hohem Missbrauch und Ausbeutung durch Arbeitgeber:innen und Kund:innen führt. Die Vulnerabilität, ausbeuterische Arbeitsverhältnisse und Gewalt am Arbeitsplatz zu erleben, betrifft alle Migrant:innen, besonders wenn diese keine gültigen Papiere besitzen. Zudem haben migrantische Prostituierte unabhängig von ihrem Aufenthaltsstatus nur einen eingeschränkten Zugang zu öffentlichen Geldern und wesentlichen Dienstleistungen. Sie riskieren eine Abschiebung wegen Verstößen im Zusammenhang mit Einwanderung oder Sexarbeit.[37]

---

32 Mac, Smith, Revolting, 2018, S. 56; siehe auch Sascha Lübbe, Ganz unten im System. Wie uns Arbeitsmigrant*innen den Wohlstand sichern, Stuttgart 2024.

33 Marjan Wijers, Women, Labour, and Migration. The Position of Trafficked Women and Strategies for Support, in: Kamala Kempadoo/Jo Doezema (Hg.), Global sex workers. Rights, Resistance, and Redefinition, New York/London 1998, S. 69-78; hier: S. 71.

34 Ebd.

35 Agnieszka Zimowska, Der internationale Frauenhandel als Migrationschance? Neue Perspektiven auf Handlungsstrategien migrantischer Sexarbeiterinnen in der deutsch-polnischen Grenzprostitution, in: Bettina Roß (Hg.), Migration, Geschlecht und Staatsbürgerschaft. Perspektiven für eine antirassistische und feministische Politik und Politikwissenschaft, Wiesbaden 2004, S. 49-66; hier: S. 63.

36 Weiterführend zu diskursiven Prozessen über umstrittene Arbeitsformen siehe: Peter Paul Bänziger, Im Schatten des Arbeitsmarkts: Drogenhandel als Lebensunterhalt seit dem 18. Jahrhundert, in: Gleb J. Albert/Daniel Siemens/Frank Wolff (Hg.), Entbehrung und Erfüllung. Praktiken von Arbeit, Körper und Konsum in der Geschichte moderner Gesellschaften, Bonn 2021, S. 241-255.

37 Katie Cruz, Beyond Liberalism: Marxist Feminism, Migrant Sex Work, and Labour Unfreedom, in: Feminist Legal Studies [Fem Leg Stud], 26 (2018) 1, S. 65-92; hier: S. 77 ff.

Die Prostituiertenbewegungen bildeten sich aus der jeweiligen Rechtsprechung der Länder zu Prostitution.[38] Das English Collective of Prostitutes fasste die Situation 1980 so zusammen, dass selbst dann, wenn »the laws in relation to prostitution differ from country to country, the effect of the laws on prostitute women is fundamentally the same all over the world, with very few exceptions«.[39] Das in der gesamten Lohn-für-Hausarbeit-Bewegung verbreitete Grundverständnis und die Solidarität mit Sexarbeiterinnen bot Anknüpfungspunkte für die britischen und deutschen Prostituiertenbewegungen.

## 2 Perspektiven der Sexarbeiterinnenbewegungen

### 2.1 English Collective of Prostitutes

In GB war Selma James im Rahmen der Lohn-für-Hausarbeit-Kampagne in zahlreichen Projekten involviert. Dazu zählt die Gründung des English Collective of Prostitutes im Jahr 1975 im Zuge des Aufkommens mehrerer Prostituiertenbewegungen in verschiedenen Ländern.[40] Daneben bildeten sich weitere autonom agierende Gruppen wie die Black Women for Wages for Housework und die Wages due Lesbians,[41] die sich auf die Belange unterschiedlicher Frauen konzentrierten.

Die Bewegung beschrieb sich selbst als »an organisation of prostitutes and non-prostitute women within the Wages for Housework Campaign«.[42] Das Kollektiv arbeitete mit Nicht-Prostituierten zusammen, die einem Teil der Frauenbewegung zuzuordnen waren, sich dem Kampf um ökonomische Unabhängigkeit aller Frauen verschrieben und den Beitrag von Prostituierten zu diesem Kampf anerkannten. Am Kollektiv waren Sexarbeiterinnen aus allen Bereichen der Sexindustrie beteiligt. Das English Collective of Prostitutes setzte auf eine internationale Vernetzung mit Frauen, die Sex verkauften. Diese umfasste Verbindungen in Deutschland, Frankreich, Italien, Kanada, den Niederlanden, Schweden, Brasilien und Australien. Dabei organisierten sich die Frauen zusammen gegen die Hierarchien in der Lohnarbeit und die daraus resultierende generelle Entsolidarisierung von Frauen.[43] In Zusammenarbeit

38 Heying, Konstruktionen, in: Soziale Probleme, 29 (2018) 2, S. 99-115; hier: S. 103.

39 English Collective of Prostitutes, The Rules of the Game, in: Claude Jaget (Hg.), Prostitutes. Our Lifes, Bristol 1980, S. 203-216; hier: S. 205.

40 Nina Lopez-Jones, Workers. Introducing the English Collective of Prostitutes, in: Frédérique Delacoste/Priscilla Alexander (Hg.), Sex Work. Writings by Women in the Sex Industry, San Francisco 1998, S. 271-278; hier: S. 271.

41 Toupin, Wages, 2018, S. 120.

42 Lopez-Jones, Workers, 1998, S. 271.

43 Bishopsgate Institute, Newsletter & Articles 1982–1985, Signatur: ECP/1, o. V., »Who are the ECP?«, Newsletter über das English Collective of Prostitutes und dessen Arbeit von 1975–1983, undatiert, S. 1-3; hier: S. 1.

mit Black Women for Wages for Housework und den Wages due Lesbians kritisierte das English Collective of Prostitutes Polizeischikane, Rassismus in Polizei und Justiz sowie diskriminierende Migrationsgesetze. Sie betonten die Notwendigkeit, ihre Kommunen stetig vor Gewalt durch Staat und Individuen schützen zu müssen.[44] Zur Arbeit des Kollektivs gehörten Kampagnen gegen Prostitutionsgesetze[45] sowie die Stigmatisierung von Sexarbeiterinnen und der daraus resultierende Doppelstandard, der durch die Medien, Gerichte und die Polizei verbreitet wurde, beispielsweise bei Vergewaltigungs- und Mordfällen von Prostituierten. Die Aktivistinnen konstatierten: »The attitude of establishment to women and the fact of the prostitution laws, create and encourage violence against women.«[46] Sie betonten, dass institutionelle gesetzgebende Strukturen ein System latenter objektbezogener Gewalt etablierten, von dem besonders häufig Frauen betroffen waren. Das Kollektiv führte ihre Kampagne unter dem Motto »No bad women just bad laws!«,[47] mit der die Aktivistinnen auf Ungerechtigkeiten und die strukturelle Gewalt durch den Staat und die Stigmatisierung von Sexarbeiterinnen aufmerksam machen wollten. Es öffnete das Legal Action for Women im King's Cross Women's Centre in London im April 1982.[48] Diese bot Rechtsberatung und Hilfe für Frauen an und unterstützte in den 1990er-Jahren zwei Prostituierte, die mit einem Messer bedroht und anschließend vergewaltigt wurden. Der Täter übte objektbezogene manifeste Gewalt aus. Er setzte sowohl psychische Gewalt durch die Bedrohung mit einer Waffe als auch physische Gewalt in Form der Vergewaltigung ein. Die Staatsanwaltschaft sah eine Verurteilung des Täters als nicht realistisch an und wollte den Fall einstellen. Die Frauen konnten aber in einem privaten Strafverfahren mithilfe des Kollektivs die Verurteilung des Täters erreichen.[49] An diesem Beispiel zeichnen sich Formen struktureller und patriarchaler Gewalt gegen Frauen ab. Hierbei kristallisiert sich eine Zuspitzung misogyner Strukturen heraus, die Gewalt gegen Prostituierte nicht nur hinnimmt, sondern ermöglicht.

---

44 Wilmette Brown/Anne Neale, English Collective of Prostitutes und Wages due Lesbians, in: Selma James (Hg.), Strangers & Sisters. Women, Race & Immigration, Bristol 1985, S. 212-218; hier: S. 217, Offener Brief vom 2.4.1982.

45 Bishopsgate Institute, Newsletter & Articles 1982–1985, Signatur: ECP/1, o. V., »Who are the ECP?«, Newsletter über das English Collective of Prostitutes und dessen Arbeit von 1975–1983, undatiert, S. 1-3; hier: S. 2.

46 Bishopsgate Institute, »Yorkshire-Ripper«, Signatur: ECP/4, English Collective of Prostitutes, »13 Women – Victims of Terrorism, Stellungnahme zum ›Yorkshire-Ripper‹« vom 21.5.1981.

47 Bishopsgate Institute, Newsletter & Articles 1982–1985, Signatur: ECP/1, English Collective of Prostitutes, »NO BAD WOMEN JUST BAD LAWS!«, Flugblatt mit Ankündigung zur Veröffentlichung der Zeitschrift *Network* vom 16.9.1983.

48 Bishopsgate Institute, Newsletter & Articles 1982–1985, Signatur: ECP/1, o. V., »Who are the ECP?«, Newsletter über das English Collective of Prostitutes und dessen Arbeit von 1975–1983, undatiert, S. 1-3; hier: S. 2.

49 Bishopsgate Institute, Private Prosecution for Rape Cases 1995–1999, Signatur: ECP/8, Nell Darbyshire »14 Years for rapist in private case brought by victims«, in: The Daily Telegraph, 20.9.1995.

Die negativen Auswirkungen der staatlichen Kontrollmaßnahmen zeigten sich in den 1980er-Jahren unter anderem mit dem Aufkommen von HIV und AIDS. Das English Collective of Prostitutes leistete Aufklärungsarbeit gegen die Darstellung von Sexarbeiterinnen als Sündenböcke für die Verbreitung von Geschlechtskrankheiten. Die Aktivistinnen verurteilten dies und engagierten sich gegen die kollektive Bestrafung von Frauen, insbesondere von Prostituierten, und kämpften gegen diese Form der latenten objektbezogenen Gewalt. Seit 1986 organisierte das Kollektiv daher eine Kampagne gegen die Kriminalisierung von »Safer Sex«. Hintergrund waren die Festnahmen von Frauen für »loitering and soliciting«, weil diese Kondome mitführten. Dies führte dazu, dass Prostituierte keine Kondome mehr für ihre Arbeit transportierten und sich nicht mehr vor sexuell übertragbaren Krankheiten schützen konnten. Sie warfen der Regierung vor, dass dies ein klarer Verstoß gegen die Regierungspolitik zu »Safer Sex« sei. Sexarbeiterinnen wurden dafür kriminalisiert und bestraft, verantwortungsbewusst im Kampf gegen HIV und AIDS zu handeln. Überdies wurden auch andere Frauen vom Benutzen von Kondomen abgeschreckt, die keinen kommerziellen Sex verkauften, weil sie befürchten mussten, für promiskuitiv gehalten zu werden.[50] Die widersprüchliche Gesetzeslage und die staatlichen Kontrollmaßnahmen verhinderten Schutzmaßnahmen und bestraften Prostituierte.

## 2.2 Hurenbewegung

Die deutsche Hurenbewegung war auch mit der Lohn-für-Hausarbeit-Kampagne verknüpft. Pieke Biermann, die sowohl in der Frauen- als auch in der Prostituiertenbewegung aktiv war, bewertete die Kampagne als eine »Initialzündung für die Hurenbewegung«.[51] Die Kampagne fokussierte auch Körper und Arbeit. Mit der Forderung, Reproduktionsarbeit als Arbeit zu verstehen, und den gesellschaftskritischen Analysen der Kampagne konnte sich auch die deutsche Prostituiertenbewegung identifizieren.[52] Ihre Gewaltkritik konzentrierte sich auf strukturelle Formen der Gewalt im Rahmen eines patriarchalen Systems, die durch Institutionen, Gesetzgebung und gesellschaftliche Ausgrenzung gestützt wurden. Mit der Gründung von Hydra entstand in Berlin im Jahr 1980 das erste autonome »Hurenprojekt« in Deutschland von Frauen aus verschiedenen Berufsbereichen. Der Gründung waren Debatten über eine Interessenvertretung für Sexarbeiterinnen, die Einrichtung einer Beratungsstelle und eines Treffpunktes vorausgegangen. Im Jahr 1980 erschien die erste Ausgabe der

50 English Collective of Prostitutes, The Criminalization of »safer sex«, in: Nina Lopez-Jones (Hg.), Prostitute women and AIDS. Resisting the Virus of Repression, London 1993, S. 79-81; hier: S. 79 f., Offener Brief vom 24.1.1992.

51 Pieke Biermann, Huren sind Frauen wie andere auch, in: Elisabeth von Dücker/Beate Leopold/Christiane Howe/Museum der Arbeit (Hg.), Sexarbeit – eine Welt für sich. Erzählstücke aus erster Hand, Berlin 2008, S. 197-216; hier: S. 204; vgl. Heying, Bewegung, 2019, S. 49.

52 Heying, Bewegung, 2019, S. 49.

Prostituiertenzeitschrift *Nachtexpress-Zeitung für Bar, Bordell und Bordstein*. Die Zeitschrift sollte Einblicke in das Milieu gewähren sowie Sexarbeiterinnen und Interessierten die Standpunkte von Hydra näherbringen.[53] Der Verein war ein Selbsthilfeprojekt und setzte sich gegen die Stigmatisierung von Prostituierten ein. Er engagierte sich wie das English Collective of Prostitutes für AIDS-Prävention.[54] Weitere Selbsthilfevereine gründeten sich 1984 mit HWG – Huren wehren sich gemeinsam[55] in Frankfurt am Main und 1987 mit Kassandra e. V. in Nürnberg. In den folgenden Jahren folgten weitere Gründungen von Vereinen und Gruppierungen, die sich als »Schwesternorganisationen« verstanden.[56] Aus Selbsthilfegruppen wurden kleine staatlich oder kommunal finanzierte Beratungsstellen.[57] In ihrer Winterausgabe von 1986/87 beschrieb der *Nachtexpress*, dass in patriarchalen Strukturen Gewalt gegen Frauen akzeptiert werde, wenn diese gegen traditionelle Rollenbilder verstießen, und diente der Legitimation von Gewalt gegen Sexarbeiterinnen.[58] In einer späteren Ausgabe von 1989 wurde die Migrationsgesetzgebung als Hauptproblem benannt, das Abhängigkeiten und Ausbeutung ermögliche.[59]

Zur Vernetzung und Erarbeitung gemeinsamer Konzepte organisierten die Aktivist:innen ein- bis zweimal im Jahr »Hurenkongresse«.[60] In einer Rede auf dem 24. Hurenkongress kritisierte die Frauenrechtlerin Monika Gerstendörfer die strukturelle Dimension sexualisierter Gewalt. Sie konstatierte, es müsse gegen die Tabuisierung von Sexualität vorgegangen werden und »moralische, sittliche und religiöse Konventionen« aufgebrochen werden, um Menschenrechtsverletzungen gegen Prostituierte zu beenden. Sexualisierte Gewalt werde meist nicht bestraft und sei ein großes Problem aufgrund von Geschlechterrollen und der Normalisierung von Sexualität und Gewalt. Sexarbeiterinnen seien aufgrund der gesellschaftlichen Stigmatisierung von Sexarbeit sowie der Stereotypisierung von weiblicher Sexualität besonders von

---

53 Ebd., S. 77.

54 Mareen Heying, Hurenbewegungen und ihr Verhältnis zu Frauenbewegungen, in: Ariadne. Forum für Frauen- und Geschlechtergeschichte, 70 (2016), S. 52-59; hier: S. 53.

55 Der Name basiert auf der juristischen Bezeichnung für Sexarbeiterinnen als Personen »mit häufig wechselnden Geschlechtspartnern«. Das Kürzel bekam von den Gründerinnen eine eigene Umdeutung als »Huren wehren sich gemeinsam«. Damit bestimmten sie ihre Zuschreibung selbst; vgl. Heying, Hurenbewegungen, in: Ariadne, 79 (2016), S. 52-59; hier: S. 58.

56 Waldenberger, Hurenbewegung, 2016, S. 106.

57 Maya Czaika, Huren in Bewegung, in: Elisabeth von Dücker/Museum der Arbeit (Hg.), Sexarbeit, Prostitution – Lebenswelten und Mythen, Bremen 2005, S. 206 f.; hier: S. 206.

58 Madonna Archiv- und Dokumentationszentrum SEXARBEIT, Hydra Nachtexpress, Signatur: GL-11.7.1-HYD-2/1986, o. V., Heilige und Huren, in: Nachtexpress, Zeitung für Bar, Bordell und Bordstein] 7 (1986/87), S. 5 f.; vgl. Heying, Körper, S. 108.

59 Madonna Archiv- und Dokumentationszentrum SEXARBEIT, Hydra Nachtexpress, Signatur: GL-11.7.1-HYD-1/1989:1, o. V., Ausländische Prostituierte, in: Nachtexpress, Zeitung für Bar, Bordell und Bordstein, 9 (1989), S. 48-49; hier: S. 49.

60 Heying, Bewegung, 2019, S. 296.

sexualisierter Gewalt betroffen.[61] Die Auswirkungen dieser Stigmatisierung von Prostituierten und wie direkte Gewalt gegen Frauen durch systematische objektbezogene Gewaltstrukturen auch in GB begünstigt wurde, zeigte sich auch in einer Serie von Todesfällen in West Yorkshire im Zeitraum von 1975 bis 1980. Der Serienmörder tötete 13 Frauen und bezeichnete sich selbst als »street sweeper«[62]. Die Polizei behandelte die Todesfälle nicht als Priorität, da die getöteten Frauen Prostituierte waren.[63] Die Aktivistinnen verschiedener britischer Lohn-für-Hausarbeit-Gruppen beschrieben die Polizeistelle in West Yorkshire als »a force which has a particularly offensive record of harassment, bias and of complete failure to protect women from violence.«[64]

## 3 Konkrete Gewaltformen

Mit der Kampagne »Die Würde der Hure ist antastbar« kritisierte Kassandra e. V. 1999 die Gewaltdynamiken, unter denen kommerzieller Sex verkauft wurde. Prostituierte erfuhren Gewalt an allen Orten, besonders dort, wo sie schutz- und wehrlos waren. Sexarbeiterinnen aus dem Ausland ohne legalen Status, Drogengebrauchende, Minderjährige und Unerfahrene waren besonders gefährdet. Das Grundrecht auf körperliche und psychische Unversehrtheit wurde Prostituierten in der Rechtsprechung nur eingeschränkt zugestanden. Sie erstatteten selten Anzeige, da sie sich rechtlos fühlten. Zudem habe die Gesetzgebung darauf abgezielt, die Arbeitssituation von Prostituierten rechtlos zu halten, um Frauen von der Prostitution abzuhalten. Diese Maßnahmen ergaben jedoch nicht den gewünschten Effekt und verschlechterten die Lebens- und Arbeitsbedingungen im kommerziellen Sexverkauf erheblich. Zudem wurden Prostituierte durch Sperrgebietsverordnungen ausgegrenzt. Dies führte dazu, dass Sexarbeiterinnen in gefährlichen und abgelegenen Gebieten arbeiten mussten. So wurde die Gefahr für Schutzgelderpressungen, Raubüberfälle und Vergewaltigungen erhöht.[65] Der Slogan und die Kritik der Kampagne lehnten an Ulrike Meinhofs kritischer Schrift *Die Würde des Menschen ist antastbar* an, in der diese die politische und gesellschaftliche Ordnung der BRD, Polizeigewalt und Repression, die Verletzung des Rechtsgrundsatzes durch die bürgerliche Demokratie sowie strukturelle Gewalt

---

61 Madonna – Archiv- und Dokumentationszentrum SEXARBEIT, Gewalt gegen Prostituierte, Signatur: GL-11.7.1-KAS-1999:1, Rede von Monika Gerstendörfer auf dem 24. Hurenkongress vom 8. Juli 1998, in: Kassandra e. V., Materialsammlung »Die Würde der Hure ist antastbar …«, Gewalt gegen Prostituierte »… bei Vergewaltigung ein minderschwerer Fall?«.

62 Jan Jordan, Tackling Rape Culture. Ending Patriarchy, Abingdon/New York 2023, S. 142.

63 Ebd.

64 Brown, Neale, Housework, in: James, 1985, S. 216.

65 Madonna Archiv- und Dokumentationszentrum SEXARBEIT, Gewalt gegen Prostituierte, Signatur: GL-11.7.1-KAS-1999:1, Kassandra e. V., Einleitung, in: Kassandra e. V., Materialsammlung »Die Würde der Hure ist antastbar …«, Gewalt gegen Prostituierte »… bei Vergewaltigung ein minderschwerer Fall?«.

als Hauptproblem beschreibt.[66] Das Ergebnis dieser Formen struktureller objektbezogener Gewalt war, dass Sexarbeiterinnen eigene Strategien wie den Austausch von Sicherheitstipps und Informationen über gewaltbereite Männer, Selbstverteidigungskurse sowie gemeinschaftliches Arbeiten[67] entwickeln mussten, um sich zu schützen.

An Sexarbeitenden werden verschiedene Gewaltdynamiken am Arbeitsplatz deutlich. Insgesamt wurden durch staatliche und gesetzgebende Strukturen Formen latenter objektbezogener Gewalt ermöglicht, die als ein Ergebnis patriarchaler Machterhaltung und als intendierte Gewalt verstanden werden können. Darüber hinaus wird ein System der Legitimation direkter Gewalt gegen Frauen und Sexarbeitende sichtbar, da diese strukturell von (Arbeits-)Rechten und Schutz ausgeschlossen wurden und werden. Die Vulnerabilität für migrantische Prostituierte ohne legalen Aufenthaltsstatus und die Synergie verschiedener Formen von Gewalt wird durch die Erfahrung sexualisierter Gewalt einer kolumbianischen Sexarbeiterin in einem Bordell in Frankfurt sichtbar. Sie schildert eine Vergewaltigung durch einen Kunden, der die vereinbarte Zeit für den Geschlechtsverkehr überzogen habe. Nachdem sie mehr Geld verlangte, habe er ihr ins Gesicht geschlagen, sei zum Wirtschafter gegangen, um sich zu beschweren, und habe die Hälfte ihres Lohns erhalten, nachdem der Kunde mit der Polizei gedroht hatte. Ferner berichtet sie, dass sie bei einer Razzia der Polizei festgenommen wurde. Sie erhielt eine Ausweisung und befürchtete eine erneute Polizeikontrolle sowie die darauffolgende Abschiebung. Sie könne aber noch nicht nach Kolumbien zurück, da sie noch Geld verdienen müsse.[68] Das Beispiel verdeutlicht, wie sich manifeste und latente Gewalt auf persönlicher, institutioneller und struktureller Ebene kumulieren. Die Kriminalisierung von kommerziellem Sex und der illegale Aufenthaltsstatus erschwerten die Möglichkeiten, solche und ähnliche Fälle von Gewalt bei der Polizei zur Anzeige zu bringen, da eine Abschiebung drohte[69] und die Vergewaltigung einer Sexarbeiterin häufig nicht ernst genommen oder nur milde bestraft wurde.[70] Prostitution wurde in einem Urteil des Landgerichts Berlin 1993 als »strafmildernd« berücksichtigt. Das Gericht bewertete die Vergewaltigung lediglich als »minder schweren Fall«, da »die geschädigte Zeugin grundsätzlich zur

66 Siehe hierzu: Ulrike Meinhof, Die Würde des Menschen ist antastbar. Aufsätze und Polemiken, Berlin 1995.

67 Heying, Körper, Soziale Probleme (2008), S. 108.

68 Dheva Suárez Medina/Patricia Lladó, Das Herz steckt hinter einer Maske. Eine Kolumbianerin im Frankfurter Bordell, Interview übersetzt von Joachim Schadendorf, in: ila, Zeitschrift der Informationsstelle Lateinamerika [ila], 213 (1998), S. 23 ff.; hier: S. 24 f.

69 Mac, Smith, Revolting, 2018, S. 69.

70 Madonna Archiv- und Dokumentationszentrum SEXARBEIT, Gewalt gegen Prostituierte, Signatur: GL-11.7.1-KAS-1999:1, Lepo, Vergewaltigung milder bestraft, weil die Opfer Prostituierte waren, in: Frankfurter Rundschau [FR], 17.5.1997, in: Kassandra e. V., Materialsammlung »Die Würde der Hure ist antastbar …«, Gewalt gegen Prostituierte »… bei Vergewaltigung ein minderschwerer Fall?«.

Durchführung des Geschlechtsverkehrs gegen Bezahlung bereit war«.[71] Der Täter hatte die Frau während der Vergewaltigung kurz am Hals stranguliert. Die Dauer der Gewaltanwendung sowie die spontane Entscheidung zur Tat wurden auch als strafmildernd gewertet, da »die Gewaltanwendung nicht übermäßig war.«[72] Obwohl der Täter bereits wegen Vergewaltigung vorbestraft war, wurde seine Freiheitsstrafe zur Bewährung ausgesetzt. In der Entscheidung wurde das Abziehen des Kondoms vom Täter gegen den Willen der Frau lediglich als »abstrakte Gefahr einer Infizierung«[73] mit HIV beschrieben, die nicht als straferschwerend oder gar als Gewalt gewertet wurde, da die Frau kommerziellen Sex verkaufte. Die Betroffene wurde zur Mittäterin ihrer eigenen Vergewaltigung gemacht. Die subjektive Wahrnehmung der erlebten Gewalt bei der Gerichtsentscheidung wurde bewusst ausgeklammert und institutionell reproduziert.

Auch in anderen Ländern war erlebte Gewalt häufig der Katalysator für soziale Bewegungen von Prostituierten. Besonders relevant war dabei der Streik von Prostituierten 1975 in Lyon aufgrund mehrerer Todesfälle von Sexarbeiterinnen und mangelnder Aktivität der Polizei bei der Aufklärung der Gewaltdelikte.[74] Die Forderung nach der Autonomie des eigenen Körpers und der Kampf gegen geschlechtsspezifische Gewalt verband feministische Bewegungen auf einer globalen Ebene.

## 4 Schlussbetrachtung

Wie in dem Eingangszitat von Selma James formuliert, wollten und wollen Frauen Partizipation an Entscheidungen über ihr Leben und ihre Körper. Patriarchale Geschlechterrollen legitimierten Gewalt gegen Frauen und beschränkten ihre Autonomie. Die Tabuisierung weiblicher Sexualität verschob die Verantwortung für sexualisierte Gewalt auf als »schlecht« markierte Frauen. Prostituierte hinterfragten mit ihrer Existenz die »Ideale« weiblicher Sexualität und wurden dafür bestraft, während Männer ihre Sexualität ausleben konnten. Diese Einschränkungen beeinflussten die ökonomische Unabhängigkeit von Frauen. Die Lohn-für-Hausarbeit- sowie die britischen und deutschen Prostituiertenbewegungen verstanden Prostitution nicht als Auslöser oder Grund für geschlechtsspezifische Gewalt. Sie identifizierten vielmehr

71 Madonna Archiv- und Dokumentationszentrum SEXARBEIT, Gewalt gegen Prostituierte, Signatur: GL-11.7.1-KAS-1999:1, Urteil des Landgerichts Berlin vom 17.5.1993, in: Kassandra e. V., Materialsammlung »Die Würde der Hure ist antastbar …«, Gewalt gegen Prostituierte »… bei Vergewaltigung ein minderschwerer Fall?«.

72 Ebd.

73 Ebd.

74 Gail Pheterson (Hg.), A Vindication of the Rights of Whores, Seattle 1989, S. 5. In Italien formte sich eine Bewegung von Prostituierten, um auf die Gewalt gegen Sexarbeiterinnen aufmerksam zu machen, siehe: Heying, Huren in Bewegung, 2019.

die strukturellen Gewaltdynamiken, die sich auf die Arbeits- und Lebensbedingungen von migrantischen Prostituierten auswirkten. Die Bewegungen beider Länder klärten über diese Formen der strukturellen Gewalt sowie die Rolle staatlicher Instanzen und rechtlicher Bedingungen auf. Ein illegaler Aufenthaltsstatus und fehlende sichere Migrationsmöglichkeiten machten migrantische Sexarbeiterinnen aus Sicht der Prostituiertenbewegungen besonders vulnerabel für Gewalt und Ausbeutungsverhältnisse am Arbeitsplatz. Prekäre Arbeitsverhältnisse von Migrant:innen sind ein gesamtgesellschaftliches und länderübergreifendes Problem ökonomischer Herrschaftsverhältnisse und müssen als solche behandelt werden. Von Migrantinnen wurde die Gefahr, Gewalt und Ausbeutung in der Prostitution oder während der Migration zu erfahren, akzeptiert, um ihren ökonomischen Status zu verbessern. Ihr rechtloser Status erschwerte ihnen aber den Zugang zu Unterstützungsressourcen.

Gerichtliche Entscheidungen, die Vergewaltiger milder bestraften,[75] sowie die Vernachlässigung in der Aufklärung bei Verbrechen, wenn die Opfer Prostituierte waren, entlarven die Praxis eines patriarchalen Systems der Gewalt, das männliche Täter schützt und weibliche Opfer bestraft.[76] Die Verantwortung für Gewalt wird systematisch auf Frauen übertragen und entstammt einer tief internalisierten Misogynie in den staatlichen Systemen GB und der BRD. Das Quellenmaterial beleuchtet hauptsächlich die strukturelle Gewalt gegenüber weiblichen Sexarbeiterinnen, während die spezifischen Erfahrungen von Migrantinnen weniger thematisiert werden. Queere Sexarbeit wird nicht erwähnt. Sowohl das Gewaltverständnis der Lohn-für-Hausarbeit-Kampagne als auch das in den britischen und deutschen Prostituiertenbewegungen entsprechen der Gewaltdefinition von Galtung.

Die im Artikel verwendete Definition von Gewalt erfasst verschiedene Ebenen, doch ohne eine intersektionale Perspektive bleiben zentrale Aspekte struktureller Ungleichheit und spezifischer Betroffenheiten unzureichend berücksichtigt. Dieser Ansatz bietet Potenzial für weitere Forschungsarbeiten.

---

75 Gegenwärtige Entscheidungen deuten auf ein Umdenken in der Rechtsprechung hin, siehe: Joachim Renzikowski, Strafzumessung bei Vergewaltigung einer Prostituierten, in: Juristische Rundschau [JR], 1 (2024), S. 39-45.

76 Siehe hierzu: Jordan, Rape Culture, 2023; Mithu M. Sanyal, Vergewaltigung. Aspekte eines Verbrechens, Hamburg 2016.

# 5 Quellen und Literatur

## 5.1 Quellen

**Biermann, Pieke/Bock, Gisela**, Lohn für Hausarbeit vom Staat für alle Frauen, in: Berliner Frauenzeitung Courage, 15 (1977) 2, S. 16-19.

**Brown, Wilmette/Anne Neale**, Black Women for Wages for Housework, English Collective of Prostitutes, Wages due Lesbians, in: Selma James (Hg.), Strangers and Sistes. Women, Race and Immigration, Bristol 1985, S. 212-218.

**Bundesministerium der Justiz (Hg.)**, Bundesgesetzblatt I, 19 (1965), S. 353-376, https://media.offenegesetze.de/bgbl1/1965/bgbl1_1965_19.pdf (14.7.2024).

**Dalla Costa, Mariarosa**, Women and the subversion of the community (1972), in: Camille Barbagallo (Hg.), Women and the subversion of the community. A Mariarosa Dalla Costa Reader, Oakland 2019, S. 17-49.

**English Collective of Prostitutes**, The Rules of the Game, in: Claude Jaget (Hg.), Prostitutes. Our Lifes, Bristol 1980, S. 203-216.

**English Collective of Prostitutes**, The Criminalization of »safer sex«, in: Nina Lopez-Jones (Hg.), Prostitute women and AIDS. Resisting the Virus of Repression, London 1993, S. 79-81.

**Immigration Act 1971**, <https://www.legislation.gov.uk/ukpga/1971/77/contents?view=plain> (14.1.2025).

**James, Selma**, A Woman's Place, in: dies. (Hg.), Sex, Race and Class, the Perspective of Winning, A Selection of Writings, 1952–2011, Oakland/Pontypool 2012, S. 13-31.

**Prescod-Roberts, Margaret**, Bringing it All Back Home, in: dies./Norma Steele (Hg.), Black Women. Bringing it All Back Home, Bristol 1980.

**Lopez-Jones, Nina**, Workers: Introducing the English Collective of Prostitutes, in: Frédérique Delacoste/Priscilla Alexander (Hg.), Sex Work. Writings by Women in the Sex Industry, San Francisco 1998, S. 271-278.

**Meinhof, Ulrike**, Die Würde des Menschen ist antastbar. Aufsätze und Polemiken, Berlin 1995.

**Pheterson, Gail**, Huren-Stigma. Wie man aus Frauen Huren macht, Hamburg 1990.

**Pheterson, Gail (Hg.)**, A Vindication of the Rights of Whores, Seattle 1989.

**Suárez Dhenya, Medina/Patricia Lladó**, »Das Herz steckt hinter einer Maske. Eine Kolumbianerin im Frankfurter Bordell«, in: ila. Zeitschrift der Informationsstelle Lateinamerika [ila], 213 (1998), S. 23-25.

## 5.2 Literatur

**Amesberger, Helga/Katrin Auer/Brigitte Halbmayr**, Sexualisierte Gewalt. Weibliche Erfahrungen in NS-Konzentrationslagern, Wien 2010.

**Augustin, Laura María**, The Conundrum of Women's Agency. Migration and the Sex Industry, in: Rosie Campbell/Maggie O'Neill (Hg.), Sex Work Now, Cullompton 2006, S. 116-140.

**Bänziger, Peter Paul**, Im Schatten des Arbeitsmarkts: Drogenhandel als Lebensunterhalt seit dem 18. Jahrhundert, in: Gleb J. Albert/Daniel Siemens/Frank Wolff (Hg.), Entbehrung und Erfüllung. Praktiken von Arbeit, Körper und Konsum in der Geschichte moderner Gesellschaften, Bonn 2021, S. 241-255.

**Biermann, Pieke**, Huren sind Frauen wie andere auch, in: Elisabeth von Dücker/Beate Leopold/Christiane Howe/Museum der Arbeit (Hg.), Sexarbeit – eine Welt für sich. Erzählstücke aus erster Hand, Berlin 2008, S. 197-216.

**Cruz, Katie**, Beyond Liberalism: Marxist Feminism. Migrant Sex Work, and Labour Unfreedom, in: Feminist Legal Studies [Fem.Leg.Stud.], 26 (2018) 1, S. 65-92.

**Czaika, Maya**, Huren in Bewegung, in: Elisabeth von Dücker/Museum der Arbeit (Hg.), Sexarbeit, Prostitution – Lebenswelten und Mythen, Bremen 2005, S. 206 f.

**Dolinsek, Sonja**, Konvention zur Unterbindung des Menschenhandels (1949) und Erklärung über Prostitution und Menschenrechte (1986), in: Arbeitskreis Menschenrechte im 20. Jahrhundert (Hg.), Quellen zur Geschichte der Menschenrechte, September 2016, S. 1-15, <https://www.geschichte-menschenrechte.de/schluesseltexte/konvention-zur-unterbindung-des-menschenhandels-1949-und-erklaerung-ueber-prostitution-und-menschenrechte-1986> (22.6.2024).

**Dolinsek, Sonja**, Gehandelte Frau oder unerwünschte Fremde. Zur Geschichte der Prostituierten als Migrantin (1950er–1980er), in: Ariadne, Forum für Frauen- und Geschlechtergeschichte, 72 (2017), S. 66-73.

**Hansen, Randall**, Migration to Europe since 1945. Its History and its Lessons, in: The Political Quarterly, 74 (2003) 1, S. 25-38.

**Heying, Mareen**, Konstruktion und Funktion des »anderen« Körpers. Verdrängung, Gewalt und Kontrolle aus Sicht von deutschen und italienischen Prostituiertenbewegungen in den 1980er- und 1990er-Jahren, in: Zeitschrift für Soziale Probleme und soziale Kontrolle, 29 (2018) 2, S. 99-115, <https://doi.org/10.1007/s41059-018-0047-x> (29.1.2025).

**Heying, Mareen**, Hurenbewegungen und ihr Verhältnis zu Frauenbewegungen, in: Ariadne. Forum für Frauen- und Geschlechtergeschichte, 70 (2016), S. 52-59.

**Heying, Mareen**, Huren in Bewegung. Kämpfe von Sexarbeiterinnen in Deutschland und Italien, 1980 bis 2001, Essen 2019.

**Heying, Mareen**, Lohn für Hausarbeit, in: Das feministische Blatt. Wir Frauen, 2 (2020), auf: <https://wirfrauen.de/lohn-fuer-hausarbeit> (22.9.2023).

**Hubbard, Phil**, Out of touch and out of time? The contemporary policing of sex work, in: Rosie Campbell, Maggie O'Neill (Hg.), Sex Work Now, Cullompton 2006, S. 1-32.

**Jordan, Jan**, Tackling Rape Culture. Ending Patriarchy, Abingdon/New York 2023.

**Kailitz, Susanne**, Johan Galtung. Strukturelle Gewalt. Beiträge zur Friedens- und Konfliktforschung, Reinbek b. Hamburg, in: Steffen Kailitz (Hg.), Schlüsselwerke der Politikwissenschaft, Wiesbaden 2007, S. 133-136.

**Kantola, Johanna/Judith Squires**, Prostitution policies in Britain, 1982–2002, in: Joyce Outshoorn (Hg.), The Politics of Prostitution. Women's Movements, Democratic States and the Globalisation of Sex Commerce, Cambridge 2004, S. 62-82.

**Leopold, Beate/Elfriede Steffan/Nikola Paul**, Dokumentation zur rechtlichen und sozialen Situation von Prostituierten in der Bundesrepublik Deutschland, Stuttgart 1997.

**Lübbe, Sascha**, Ganz unten im System. Wie uns Arbeitsmigrant*innen den Wohlstand sichern, Stuttgart 2024.

**Mac, Juno/Molly Smith**, Revolting Prostitutes. The Fight for Sex Workers Rights, London/New York 2018.

**Renzikowski, Joachim**, Strafzumessung bei Vergewaltigung einer Prostituierten, in: Juristische Rundschau [JR], 1 (2024), S. 39-45.

**Sanyal, Mithu M.**, Vergewaltigung. Aspekte eines Verbrechens, Hamburg 2016

**Toupin, Louise**, Wages for Housework. A History of an International Feminist Movement, 1972–77, London/Vancouver 2018.

**Waldenberger, Almuth**, Die Hurenbewegung. Geschichte und Debatten in Deutschland und Österreich, Wien 2016.

**Werlhof, Claudia**, Vom Diesseits der Utopie zum Jenseits der Gewalt. Feministisch-patriarchatskritische Analysen – Blicke in die Zukunft?, Freiburg 2010.

**Whyte, Christine**, »Praise Be, Prostitutes as the Women We Are not.« White Slavery and Human Trafficking – an Intersectional Analysis, in: Vera Kallenberg/Jennifer Meyer/Johanna M. Müller (Hg.), Intersectionality und Kritik, Neue Perspektiven für alte Fragen, Wiesbaden 2013, S. 125-141.

**Wijers, Marjan**, Women, Labour, and Migration. The Position of Trafficked Women and Strategies for Support, in: Kamala Kempadoo/Jo Doezema (Hg.), Global sex workers. Rights, Resistance, and Redefinition, New York/London 1998, S. 69-78.

**Wolff, Kerstin**, Hausarbeit als Nebenwiderspruch? Die internationale »Lohn für Hausarbeit«-Debatte der 1970er Jahre in der Bundesrepublik, in: Aus Politik und Zeitgeschichte [APuZ], 70 (2020) 45, S. 42-48.

**Zimowska, Agnieszka**, Der internationale Frauenhandel als Migrationschance? Neue Perspektiven auf Handlungsstrategien migrantischer Sexarbeiterinnen in der deutsch-polnischen Grenzprostitution, in: Bettina Roß (Hg.), Migration, Geschlecht und Staatsbürgerschaft. Perspektiven für eine antirassistische und feministische Politik und Politikwissenschaft, Wiesbaden 2004, S. 49-66.

Sophia Kuhnle

# Sexualisierte Gewalt am Arbeitsplatz in der Presse der autonomen Frauenbewegung – Beiträge in *Emma* und *Courage*, 1976–1984

Im kollektiven Gedächtnis wird die soziale Bewegung vor allem junger Frauen, die sich Ende der 1960er-Jahre in Deutschland formierte und den Feminismus einer breiten Öffentlichkeit zugänglich machte, als autonome oder zweite Frauenbewegung erinnert. Zwei Themen sind mit dieser zweiten Frauenbewegung verknüpft: Zum einen der Kampf gegen den § 218 und für ein Recht auf Abtreibung, zum anderen die Thematisierung von Gewalt gegen Frauen, insbesondere im partnerschaftlichen Umfeld.[1]

Vor diesem Hintergrund ist es kaum überraschend, dass auch sexualisierte Gewalt am Arbeitsplatz in den Fokus der Frauenbewegung rückte. Sie befasste sich damit auf theoretischer Ebene, analysierte Gründe für sexualisierte Gewalt und diskutierte über mögliche politische Forderungen. In ihren Zeitschriften bot die autonome Frauenbewegung Frauen Raum für Erfahrungsberichte. Diese stehen im Zentrum des Beitrags.

Unter sexualisierter Gewalt werden solche Gewaltakte verstanden, die sich sexueller Übergriffe bedienen, um Macht auszuüben. Im Vordergrund steht dabei die Gewalt, denn der Begriff soll deutlich machen, dass sexuelle Handlungen meist nur Instrument zur Grenzüberschreitung und Durchsetzung der Machtansprüche sind. Der Begriff ist dabei nicht ohne Kritik, denn indem er Gewalt und Machtausübung ins Zentrum stellt, blendet er die Rolle der Sexualität ein Stück weit aus.[2]

Der Begriff der »sexualisierten Gewalt« ist als weit gefasst zu verstehen. Unter ihn fallen sexuelle Gewalt, etwa Vergewaltigungen, aber auch Formen der sexuellen Nötigung und Belästigungen, etwa Berührungen, sexuelle Anspielungen, aufdringliche Nachrichten oder das Zeigen von pornografischem Material. Zwischen den einzelnen

---

1 Die autonome Frauenbewegung ist mittlerweile in zahlreichen Überblickswerken dargestellt worden. Vgl. zum Beispiel Lottemi Doormann (Hg.), Keiner schiebt uns weg! Zwischenbilanz der Frauenbewegung in der Bundesrepublik, Weinheim/Basel 1979; Florence Hervé (Hg.), Geschichte der deutschen Frauenbewegung, Köln 2001; Ute Gerhard, Frauenbewegung und Feminismus. Eine Geschichte seit 1789, München 2009, S. 107-120; Ilse Lenz (Hg.), Die Neue Frauenbewegung in Deutschland. Abschied vom kleinen Unterschied. Ausgewählte Quellen, Wiesbaden 2009; Alice Schwarzer, So fing es an! Die neue Frauenbewegung, München 1983. Viele der hier zitierten Werke stammen von (ehemaligen) Aktivistinnen der zweiten Frauenbewegung, die damit einen wichtigen Beitrag zum Erhalt der Geschichte leisteten.

2 Vgl. Marco Roock, »Der Mann, der immer kann?« Kritische Anmerkungen zum Begriff der sexualisierten Gewalt aus politisch-psychologischer Perspektive, in: GENDER – Zeitschrift für Geschlecht, Kultur und Gesellschaft, 4 (2012) 2, S. 116-128.

Formen bestehen qualitative Unterschiede und eine Differenzierung zum Beispiel von körperlichen Übergriffen zu rein verbalen Belästigungen ist damit zwingend notwendig. Der Begriff der »sexualisierten Gewalt« schafft es aber, alle Formen von Übergriffen analytisch auf ein Fundament zu stellen.[3]

In den historischen Quellen der autonomen Frauenbewegung zum Thema findet sich der Begriff »sexualisierte Gewalt« nicht. Hier wird, wenn überhaupt, von sexueller Belästigung gesprochen. Dies zeigt, dass Begriffe im historischen Kontext verstanden werden müssen und einem Wandel unterliegen. In den 1970er- und 1980er-Jahren, in denen über Richtlinien und Gesetze zur Verhinderung »sexueller Belästigung« diskutiert wurde, brachten verschiedene Akteurinnen und Akteure unterschiedliche Definitionen ein. So verstand die US-amerikanische Frauenorganisation National Organization of Women (NOW) sexuelle Belästigung als »unerwünschte verbale oder physische sexuelle Annäherung«.[4]

Das Geschlechterverhältnis spielt beim Thema sexualisierte Gewalt eine große Rolle. Die Opfer sind meist weiblich, die Täter überwiegend männlichen Geschlechts.[5] Dies bestätigen auch aktuelle Zahlen: Die Antidiskriminierungsstelle des Bundes fand 2019 heraus, dass Arbeitnehmerinnen doppelt so häufig wie Arbeitnehmer angaben, Opfer sexueller Belästigung geworden zu sein. In 80 Prozent der Fälle sei der Täter männlich gewesen.[6]

Grundlage sexualisierter Gewalt ist damit immer auch Sexismus, also »die Diskriminierung und Ausbeutung der Frau aufgrund ihres Geschlechts«[7], wobei im aktuellen Kontext Sexismus häufiger als »Oberbegriff für Diskriminierungen aufgrund des Geschlechts«[8] verstanden wird. Dabei wirkt Sexismus auf doppelte Weise: Zum einen nutzen Männer sexualisierte Gewalt, um die Geschlechterhierarchie zu zementieren. Zum anderen legitimiert Sexismus sexualisierte Gewalt auch in der Öffentlichkeit. Täter müssen keine Konsequenzen fürchten, teilweise ist das Verhalten sogar sozial erwünscht. Dass diese beiden Mechanismen existieren, das ergibt auch die Analyse der Quellen.[9]

---

3 Vgl. Tina Spies, Aktuelle Debatten um sexualisierte Gewalt. Hegemoniale Vorstellungen und »Othering«, in: Eva Labouvie (Hg.), Geschlecht, Gewalt und Gesellschaft. Interdisziplinäre Perspektiven auf Geschichte und Gegenwart, Bielefeld 2023, S. 121-139; hier: S. 125.

4 Sibylle Plogstedt/Kathleen Bode, Übergriffe. Sexuelle Belästigung in Büros und Betrieben. Eine Dokumentation der Grünen Frauen im Bundestag, Reinbek b. Hamburg 1984, S. 12-14; hier: S. 13.

5 Vgl. Manuela Gamsjäger, Sexuelle Belästigung am Arbeitsplatz. Gewalt im Geschlechterverhältnis, in: GENDER – Zeitschrift für Geschlecht, Kultur und Gesellschaft, 2 (2010) 2, S. 105-121; hier: S. 110 f.

6 Vgl. Susan Arndt, Sexismus. Geschichte einer Unterdrückung, München 2020, S. 140.

7 Marielouise Janssen-Jurreit, Sexismus. Über die Abtreibung der Frauenfrage, Frankfurt a. M. 1980, S. 24.

8 Anna Schiff, Sexismus, Köln 2019, S. 7.

9 Vgl. Gamsjäger, Sexuelle Belästigung, in: GENDER, 2 (2010), S. 109 ff.

Männer, die sexualisierte Gewalt anwenden, werden in diesem Beitrag als Täter bezeichnet. Damit geht der Begriff hier über seine strafrechtliche Konnotation hinaus, denn nicht alle Formen sexualisierter Gewalt fallen unter das Strafgesetzbuch. In der Literatur ist diese Bezeichnung nicht unüblich.[10] Sie macht deutlich, dass Betroffene sexualisierter Gewalt tatsächlich unter dem Erlebten leiden und den Männern, die sie ausüben, eine Verantwortung für ihr Tun zukommt. Die Bezeichnung Täter betont außerdem die Notwendigkeit zur Prävention als gesamtgesellschaftliche Aufgabe.

Sexualisierte Gewalt am Arbeitsplatz ist ein gesellschaftliches Randthema. Bis heute ist das Sprechen über sexualisierte Übergriffe tabuisiert. Es überrascht deshalb nicht, auch in der historischen Forschung eine Leerstelle vorzufinden. Weil das Geschlechterverhältnis bei sexualisierter Gewalt eine wichtige Rolle spielt, sitzt das Thema an der Kreuzung zwischen Frauen- und Geschlechtergeschichte auf der einen, Labour History auf der anderen Seite. Genau diese Schnittstelle bezeichnen die Herausgeberinnen des Sammelbands »Women, Work and Activism«, der 2022 erschien, als »blinden Fleck« der Forschung.[11] Aber auch innerhalb der Frauenbewegung war das Thema lange unbeachtet. Ende der 1970er-Jahre brachten die US-Amerikanerinnen Lin Farley mit »Sexual Shakedown« (1978) und Catherine MacKinnon mit »Sexual Harassment of Working Women« (1979) das Thema erstmals in den Fokus der feministischen Debatte.[12] 1984 erschien mit dem Buch »Übergriffe. Sexuelle Belästigung in Büros und Betrieben« von Sibylle Plogstedt und Kathleen Bode die erste bundesdeutsche Publikation.[13] Die Autorinnen argumentierten, dass auch der Fokus auf sexueller Gewalt in der Partnerschaft die Auseinandersetzung mit dem Thema verhindert habe. Weil die Frauenbewegung schwere Fälle von körperlicher Gewalt priorisierte, erschien Belästigung am Arbeitsplatz vielen Aktivistinnen weniger wichtig. Als Beispiel diente ihnen der Fall von Annelie Runge, die 1977 im *Stern* die ihr widerfahrene sexualisierte Gewalt am Arbeitsplatz öffentlich machte. Die feministische Zeitschrift *Courage* berichtete damals nicht, in *Emma* erschien ein kurzer Beitrag, der vor allem auf Hass und Belästigungen einging, die Runge im Anschluss an den *Stern*-Artikel erfuhr.[14] 1984 erklärten Plogstedt und Bode, die Frauenbewegung

10 Etwa bei Sibylle Plogsted/Barbara Degen, Nein heißt Nein! DGB-Ratgeber gegen sexuelle Belästigung am Arbeitsplatz, München 1992; Gamsjäger, Sexuelle Belästigung, in: GENDER, 2 (2010), S. 105-121; Plogstedt/Bode, Übergriffe, 1984; Spies, Aktuelle Debatten, in: Labouvie (Hg.) 2023, S. 121-139.

11 Vgl. Eloisa Betti/Leda Papastefanaki/Marica Tolomelli/Susan Zimmermann, Introduction. Thinking the History of Women's Activism into Global Labor History, in: dies. (Hg.), Women, Work, and Activism. Chapters of an Inclusive History of Labor in the Long Twentieth Century, Budapest/New York 2022, S. 1-31; hier: S. 15.

12 Vgl. Lin Farley, Sexual Shakedown. The Sexual Harassment of Women in the Working World, New York 1978; Catherine MacKinnon, Sexual Harassment of Working Women. A Case of Sex Discrimination, New Haven 1979.

13 Plogstedt/Bode, Übergriffe, 1984.

14 Vgl. Ferkel im Betrieb, in: Emma, 3 (1978), S. 50.

habe die Bedeutung des Themas nicht gesehen. »Was war das gemessen an dem, was in Ehen passierte, wo die Frauen, blau und grün geschlagen, Schutz in den gerade gegründeten Frauenhäusern suchten. Die Frauenbewegung war damals befangen von der Härte dieser Gewalt.«[15]

Breit diskutiert wurde sexualisierte Gewalt am Arbeitsplatz in der Bundesrepublik erst ab 1983. Mehrere Mitarbeiterinnen, die vom Grünen-Bundestagsabgeordneten Klaus Hecker sexuell belästigt worden waren, machten damals die Taten öffentlich. Es folgte ein breites Medienecho, Hecker legte schließlich sein Mandat nieder.[16] Im Anschluss an den Skandal beauftragten die Frauen der Bundestagsfraktion der Grünen die Dokumentation »Übergriffe« zum Thema sexuelle Belästigung am Arbeitsplatz, die 1984 erschien und die die erste ausführliche bundesdeutsche Studie zum Thema darstellte.[17] Studien, die das Ausmaß sexualisierter Gewalt am Arbeitsplatz zu quantifizieren versuchten, entstanden vor allem seit den 1990er-Jahren.[18]

Obwohl sexualisierte Gewalt am Arbeitsplatz auch in der feministischen Bewegung bis in die 1980er-Jahre nur eine untergeordnete Rolle spielte, war sie nicht völlig abwesend. Immer wieder erhielten Betroffene in den Bewegungszeitschriften eine Stimme. Diese Erfahrungsberichte stehen im Zentrum dieses Beitrages. Dabei werden drei Leitfragen beantwortet: Wie berichteten die Betroffenen über sexualisierte Gewalt am Arbeitsplatz? Wer war Täter, wie sahen die Taten aus? Welche Umgangsstrategien boten die Betroffenen an, was diskutierten die Frauen in den Zeitschriften?

Dieser Beitrag stützt sich auf zwei feministische Zeitschriften, *Emma* und *Courage*. Sie sind nur zwei Publikationen einer reichhaltigen feministischen Presselandschaft, die in den 1970er-Jahren in der Bundesrepublik entstand: *Die Lesbenpresse*, *die Schwarze Botin*, *ukz – unsere kleine Zeitung* und viele weitere Blätter bis hin zu grauer Literatur, die nur in kleiner Auflage verbreitet wurde, sind in diesem Zusammenhang ebenfalls zu nennen.[19] Die Wahl, sich für diese Analyse nur auf *Emma* und *Courage* zu beschränken, liegt in ihrer Auflage begründet – sie waren die mit Abstand

15 Plogstedt/Bode, Übergriffe, 1984, S. 10. Im selben Buch erschien auch ein Erfahrungsbericht von Runge, vgl. Annelie Runge, Obszöne Anrufe, viele Monate lang, in: Plogstedt/Bode, Übergriffe, 1984, S. 131-135.

16 Vgl. »Das sind Sachen, die dauernd passieren«, in: Der Spiegel, 33 (1983), <https://www.spiegel.de/politik/das-sind-sachen-die-dauernd-passieren-a-8a2753c7-0002-0001-0000-000014020548?context=issue> (6.4.2024).

17 Vgl. Plogstedt/Bode, Übergriffe, 1984. In diesem Buch findet sich auch der Erfahrungsbericht einer Betroffenen: Sarah Jansen, Inside Out, in: Plogstedt/Bode, Übergriffe, 1984, S. 135-140.

18 Für einen Überblick zu Studien und Ergebnissen im Themenfeld in elf nordeuropäischen Ländern von 1987–1997 vgl. European Commission, Directorate-General for Employment, Social Affairs and Inclusion (Hg.), Sexual Harassment at the Workplace in the European Union, Luxembourg 1999, <https://op.europa.eu/en/publication-detail/-/publication/9c49e8af-2350-46dc-9f4b-cc2571581072> (6.4.2024).

19 Vgl. Schwarzer, So fing es an!, 1983, S. 72.

größten feministischen Zeitschriften.[20] Beide traten mit dem Ziel an, alle Debatten in der Bewegung abzudecken. Dabei verstand sich *Courage* als »Sprachrohr der Bewegung«[21] und funktionierte als Mitmachzeitung, die Texte, offene Briefe und Debattenbeiträge aus allen erdenklichen Richtungen der Frauenbewegung abdruckte und ihre Leserinnen regelmäßig dazu aufrief, Artikel einzusenden.[22] *Emma* hingegen wurde von professionellen Journalistinnen gemacht. Die Zeitung verstand sich selbst als Teil der Frauenbewegung, wollte jedoch alle Frauen ansprechen und gleichzeitig einer männlich dominierten Presselandschaft eine feministische Stimme entgegensetzen.[23]

Als Untersuchungszeitraum wurden die Jahre 1976 bis 1984 gewählt. *Courage* erschien ab 1976, *Emma* einige Monate später ab 1977, sodass ein früherer Betrachtungszeitraum zumindest mit diesen Quellen nicht möglich ist. Wie bereits dargestellt, wandelte sich die bundesdeutsche Debatte zum Thema ab 1983/84. Hier den Schlusspunkt für diesen Beitrag zu setzen, scheint damit angebracht, auch wenn das Thema sexualisierte Gewalt am Arbeitsplatz damit längst nicht erledigt war.

## 1 Sexualisierte Gewalt in den Zeitschriften

Als eine zentrale Quelle für diesen Beitrag dient die wiederkehrende *Emma*-Kolumne »Mein Beruf«, in der jeden Monat eine andere Frau von ihrem Arbeitsalltag berichtete. In »Mein Beruf« kamen Frauen in »klassischen Frauenberufen« wie Kosmetikerin und Sekretärin genauso zu Wort wie Frauen in »klassischen Männerberufen« (zum Beispiel Physikerin und Kriminalbeamtin), und auch sonst zeichnete sich die Kolumne durch große Vielfalt aus. Einige Beitragende hatten eine Ausbildung absolviert, andere ein Studium, und manchmal waren die Frauen für ihre Tätigkeit ohne weitere Qualifikation angelernt worden. Die Berufe bildeten ein breites Spektrum von gängig bis außergewöhnlich ab, so berichteten unter anderem eine Friseurin, eine

20 1977 erschien *Emma* zum ersten Mal mit einer Auflage von 20.000 Exemplaren. Zum selben Zeitpunkt erreicht *Courage* eine Auflage von 35.000 Exemplaren und konnte diese bis Ende der 1970er-Jahre verdoppeln, vgl. Gisela Notz, Courage – Wie es begann, was daraus wurde und was geblieben ist, in: dies. (Hg.), Als die Frauenbewegung noch Courage hatte. Die »Berliner Frauenzeitung Courage« und die autonomen Frauenbewegungen der 1970er und 1980er Jahre [= Gesprächskreis Geschichte, Bd. 73], S. 23-43; hier: S. 28, Bonn 2007.

21 Christina Thürmer-Rohr, Die Courage war Sprachrohr der Frauenbewegung, in: Notz (Hg.), Frauenbewegung Courage, 2007, S. 57-61; hier: S. 57.

22 Vgl. Christa Wichterich, Die Courage hat mein Feminismusverständnis eindeutig beeinflusst, in: Notz (Hg.), Frauenbewegung Courage, 2007, S. 62-67; hier: S. 62 f.

23 Vgl. Katharina Lux, Von der Produktivität des Streits – Die Kontroverse der Zeitschriften Courage, Die schwarze Botin und Emma. Überlegungen zur Konfliktgeschichte der Frauenbewegung, in: Feministische Studien, 35 (2017), S. 31-50; hier: S. 36-38.

Tischlerin, eine DJane und eine Souffleuse.[24] Die Beitragenden waren häufig Frauen unter dreißig, und weil es sich um Leserinnen der *Emma* handelte, kann ein gewisses Bewusstsein für feministische Themen und Probleme von Frauen auf dem Arbeitsmarkt angenommen werden.[25] Diese Annahme wird in den Texten bestätigt. Häufig berichteten die Frauen von Schwierigkeiten bei der Vereinbarung von Familie und Beruf, schlechter Bezahlung und Lohndiskriminierung, von schlechter Behandlung durch die Kollegen oder von fehlenden Aufstiegschancen, also von Sexismus.[26]

Die Frauen entschieden selbst, wie sie ihren meist eine Seite langen Beitrag gestalteten und auf welche Themen sie den Fokus setzten. Sexualisierte Gewalt war dabei nie der Fokus und wurde, wenn frau sich entschloss, sie zu thematisieren, en passant erwähnt. So zum Beispiel im Beitrag von Elke X, Kriminalbeamtin. Sie berichtete von »eindeutigen Angeboten« ihrer Kollegen: »Lehnte ich ab, fiel ihnen nur ein, ich sei eben keine richtige Frau«.[27] Lokalredakteurin Birkhild Haussmann schrieb: »Die Redaktionsmänner taten sich schwer, ihren Sarkasmus abzulegen, mich nicht dauernd nach Haartracht, Kleidung und Make-up [sic!] zu charakterisieren: Ohs und Ahs bei einer neuen Jeans oder die Frage ›Haben sie heute gar keinen BH an?‹ und die üblichen Versuche, ob ›sie‹ wohl rot wird.«[28]

In beiden Fällen sind die Übergriffe verbal und zielen auf die Erzeugung von Scham ab. Im Fall von Elke X folgte die Beleidigung durch den Mann als Reaktion auf die Ablehnung seiner Avancen. Auch eine anonyme Radiomechanikerin in Ausbil-

---

24 In den elf Heften, die 1977 erschienen, wurden zum Beispiel folgende Berufe vorgestellt: Verkäuferin, Schauspielerin, Animiermädchen, Sekretärin, Erzieherin, Leierkastenfrau, Radiomechanikerin, Kriminalbeamtin, Kosmetikerin und Zollbeamtin, außerdem berichtete eine arbeitslose Frau, vgl. Das alles stand in Emma!, in: Emma, 3 (1978), S. 32-34; hier: S. 33.

25 Sowohl *Emma* als auch *Courage* haben Umfragen durchgeführt, die Aufschluss über den sozioökonomischen Hintergrund der Leserinnen wie auch ihre politischen Einstellungen geben. Die *Courage*-Umfrage ist nicht repräsentativ, während *Emma* angibt, gemeinsam mit dem Marktforschungsinstitut Infratest eine repräsentative Stichprobe unter den Antwortenden ausgewählt zu haben. Die *Emma*-Umfrage kommt zum Ergebnis, dass sich nur 24 % der Leserinnen als Feministinnen verstehen. Allerdings gaben 41 % der Befragten an, sich als »sympathisierend mit Feministinnen« einzustufen, 25 % antworteten mit »als engagierte Frau, nicht als Feministin«. 0 % der Befragten erklärten, sie halten den Feminismus für gefährlich, 1 % gab an, von Emanzipation nicht persönlich betroffen zu sein. Der Rest der Antworten entfällt auf die Kategorie »Frau, die gerade erst anfängt, darüber nachzudenken« (8 %), vgl. Alice Schwarzer/Cheryl Benard/Ursula Scheu/Edit Schlaffer, Emma-Umfrage Teil III. … und so radikal denken sie! Frauen in Bewegung, in: Emma, 3 (1980), S. 8-17; hier: S. 11. Für die *Courage*-Umfrage vgl. Sibylle Plogstedt/Monika Arnholdt, Wer sind die Courage-Leserinnen? Ergebnisse unserer Umfrage, in: Courage, 11 (1978), S. 22-27; hier: S. 29.

26 Dazu sei exemplarisch der erste Beitrag in der Rubrik »Mein Beruf« der Verkäuferin Erika Schilling herangezogen. Schilling arbeitete als Verkäuferin und sprach in ihrem Beitrag alle oben genannten Themen an, vgl. Erika Schilling, Mein Beruf: Ich bin Verkäuferin, in: Emma, 1 (1977), S. 18.

27 Elke X, Mein Beruf: Ich bin Kriminalbeamtin, in: Emma, 10 (1977), S. 24.

28 Birkhild Haussmann, Mein Beruf: Ich bin Lokal-Redakteurin, in Emma, 7 (1978), S. 59.

dung berichtete von anzüglichen Kommentaren durch die rein männlichen Kollegen. In ihrem Beitrag gibt es außerdem den einzigen Fall von körperlicher Belästigung in der »Mein Beruf«-Kolumne. Sie schrieb von hohem Leistungsdruck, denn als Frau müsse sie Bestnoten erreichen, um später einen Arbeitsplatz zu finden. Weil sie mittlerweile das beste Zeugnis in der Klasse habe, würde sie von Lehrern und Mitschülern akzeptiert. »Um dieses Stadium zu erreichen, mußte ich viele erniedrigende Sachen über mich ergehen lassen. Es wurden unheimlich dreckige Witze erzählt, um zu sehen, ob ich rot werde. Oder einige versuchten, mich immer anzutatschen, solange, bis ich einmal handgreiflich wurde.«[29] Der Schulbesuch sei »ein täglicher Kampf«.[30]

Alle drei betroffenen Frauen einte, dass sie die Täter kannten – sie arbeiteten ja mit ihnen zusammen – und dass sie in einem »klassischen Männerberuf« beschäftigt waren. In diesen Berufen hatten Frauen auch abseits sexualisierter Gewalt häufig zu kämpfen, denn sexistische Strukturen durchzogen den Arbeitsmarkt. Sie mussten sich gegenüber ihren männlichen Kollegen durchsetzen, oft wurde ihnen die Qualifikation abgesprochen. Auch deshalb wurden sie häufig schlechter bezahlt oder seltener mit verantwortungsvollen Aufgaben betraut. Sexualisierte Gewalt durch Kollegen wirkte dann wie ein Mittel, um die vergeschlechtlichte Rangordnung aufrechtzuerhalten und den Sexismus zu stärken.[31]

Ein Blick in *Courage* stützt die Erfahrungen der Frauen in »Männerberufen«. Die Taxifahrerin Ingeborg Eggert beschrieb dies so:

> »Einmal z. B. – sie war damals noch Anfängerin – steckte ein Kollege den Kopf durch die Scheibe und fragte: ›Hast du einen Minirock an?‹ Hatte sie nicht ›[...] An der Säule dürfen nämlich nur Frauen mit Minirock stehen.‹ Frau Eggert verließ wortlos und fluchtartig den Halteplatz.«[32]

Noch drastischer schilderte eine Werkzeugmacherin ihren Arbeitsalltag in *Courage*:

> »Die Arbeit macht mir manchmal Spaß, doch das Schlimme an dem Beruf ist, daß ich als einzige Frau unter Männern arbeiten muß. Fast alle Werkstätten sind mit Pornofotos nur so gepflastert. Ein Foto mit einer Fickstellung hängt direkt neben der Bohrmaschine. Überhaupt stellen die Männer fast ständig Verbindungen zwischen technischen Geräten und Sex her: ›Leih ihr doch mal deinen Hammer, Kollege, du weißt doch, sie hat keinen!‹ oder der Spruch ›Welche Schande, welch ein Jammer ist ein Werkzeugmacher ohne Hammer.‹ So hab ich dann regelrecht

29 Mein Beruf: Ich bin Radiomechanikerin, in: Emma, 9 (1977), S. 38.

30 Ebd.

31 Vgl. Gamsjäger, Sexuelle Belästigung, in: GENDER, 2 (2010), S. 111 f.

32 Magdalena Kemper, »Ich bleibe meine eigene Frau«. Gespräch mit einer Taxifahrerin, in: Courage, 1 (1976), S. 21 f.; hier: S. 21.

> Hemmungen beim Umgang mit Bohrern und überhaupt mit allen Gegenständen, die in ihrer Form an einen Männerschwanz erinnern, denn ständig spüre ich die Gedanken der Kollegen. Einer Frau legen sie Pornohefte auf den Arbeitsplatz, um ihre Reaktionen rauszukriegen. Bei einer anderen brachten sie einen mit Wasser gefüllten Plastikschwanz mit und bespritzten sie.«[33]

Auch hier wird noch einmal die Bedeutung von Sexualität deutlich, um die Frauen kleinzuhalten. Auch wenn kein körperlicher Übergriff stattfand, stand dieser durch die sexuellen Anspielungen ständig im Raum. Sowohl die Taxifahrerin Ingeborg Eggert als auch die Werkzeugmacherin berichteten von Angst und Hemmungen. Während die eine davonlief, fühlte die andere sich bei der Benutzung von wichtigen Werkzeugen unwohl. Damit zeigt sich, welche Belastung die Kommentare der Kollegen darstellten. Es musste also nicht, wie im Fall der Radiomechanikerin in Ausbildung, zu Berührungen kommen, um Beklemmung und Rückzug auszulösen. Gleichzeitig sticht in den Beispielen heraus, dass die Männer auf Prostitution rekurrierten, um die Frauen in Angst zu versetzen.[34] Gängige negative Klischees über Frauen wurden dazu benutzt, um andere Frauen zu kontrollieren und Macht auszuüben. Ablehnendes Verhalten wurde außerdem, wie im Fall der Kriminalbeamtin Elke X., als »unweiblich« stigmatisiert oder mit »falschen« Frauen in Verbindung gebracht.

Aber auch in klassischen Frauenberufen wiederholte sich das Muster, insbesondere dann, wenn die Frauen mit Männern zusammenarbeiteten. Die Phonotypistin Erika Salzer berichtete von ihren männlichen Vorgesetzten: »Die Einstellung der Herren ›ihren‹ Damen gegenüber ist natürlich entsprechend geringschätzig. Über ihre zweideutigen Witze dürfen wir aber lachen.«[35] Und auch *Courage* stützte diesen Eindruck. Die Sekretärin Renate Neumann erzählte:

> »Keine der Frauen bei dieser Firma wird Sachbearbeiterin nach der Ausbildung, sie bleiben Sekretärinnen. Mein Kollege J., er sitzt am gleichen Schreibtisch wie ich, ist Sachbearbeiter. Als ich anfing, hatte er an der Wand, auf die ich sehen konnte, ein paar Pornoplakate hängen. Reklame mit einer SexiFrau.«[36]

---

33 Gruppe Frauen in Männerberufen, Beruf: Werkzeugmacherin, in: Courage, 3 (1976), S. 17 f.; hier: S. 18.

34 Welche Formen von Gewalt Prostituierte am Arbeitsplatz erlebten, zeigen zwei Beiträge in diesem Sammelband: Mona Rudolph verdeutlicht anhand von Rosemarie Nitribitt Gewaltformen in der frühen Bundesrepublik (➞ S. 167 ff.), Alisha Edwards nimmt die Situationen migrantischer Sexarbeiterinnen in Deutschland und Großbritannien in den 1980er- und 1990er-Jahren in den Blick (➞ S. 151 ff.).

35 Erika Salzer, Mein Beruf: Ich bin Phonotypistin, in: Emma, 4 (1979), S. 36.

36 Renate Neumann, Mit scheißfreundlichen Grüßen … Alltag im Büro, in: Courage, 1 (1980), S. 7 f., Zitat S. 7.

Die Frauen arbeiteten hier in schlechter gestellten Positionen, standen zu ihren männlichen Vorgesetzten oder Kollegen mit höherwertigen Aufgaben in einem hierarchischen Verhältnis. Wie sehr potenzielle Vorgesetzte diese Abhängigkeit ausnutzen konnten, schilderte Gesine Joas in *Courage*. Sie hatte sich auf eine Stelle als Sekretärin in Frankfurt am Main beworben, bei der sie einen Geschäftsmann in Zukunft bei Reisen und der Alltagsorganisation unterstützen sollte.

> »Er meinte, auf seinen Reisen müßte er zu seiner Sekretärin auch ein persönliches Verhältnis haben. Da ich dies nicht ganz verstand, wurde er auch deutlicher und variierte dies in ›intim‹ um. Ich meinte, derlei Dinge sollte man dem Zufall überlassen und könnten sicher passieren, worauf er mich fragte: Sie glauben wohl, bei Balaleikaklängen und Wodka könnten Sie mit mir ins Bett gehen?«[37]

Als der potenzielle Arbeitgeber von ihr verlangte, sie könnten »doch checken, wie wir sexuell zueinanderpassen.«[38], und sie aufforderte: »Ich solle mal sein Schlafzimmer inspizieren, würde es sicher schön finden und wir könnten dann gleich …«[39], brach Gesine Joas das Gespräch ab.

Gesine Joas' Fall zeigt deutlich die besondere Machtstellung von (potenziellen) Arbeitgebern. Sie verfügten und verfügen bis heute über das Direktionsrecht, das heißt, sie können den Beschäftigten Weisungen erteilen. Dadurch konnten sie beispielsweise entscheiden, wann und wo Gespräche unter vier Augen oder andere Termine stattfinden, in denen Übergriffe erfolgen könnten. Die Frauen standen zu den Vorgesetzten auch in einem besonderen Abhängigkeitsverhältnis, weil sie über die Einstellung entschieden und unliebsame Beschäftigte im Zweifel auch entlassen konnten. Sich gegen einen Übergriff zu wehren, war dann noch schwieriger, denn Gegenwehr konnte zu Jobverlust und damit fehlendem Einkommen führen.

Die Täter, das zeigt das Beispiel der DJane Annette Wojcik, waren aber nicht nur Mitschüler, Vorgesetzte oder Kollegen, sondern auch Kunden. »Die negativste Seite an meinem Beruf ist wohl die, daß einige Herren sich einbilden, mich auf Grund meiner frechen Freundlichkeit, die in meinem Beruf auch nötig ist, anmachen zu können und dann ausfallend zu werden, wenn es ihnen nicht gelingt.«[40]

Von verbalen Belästigungen durch männliche Fahrgäste berichteten auch die bereits erwähnte Taxifahrerin Ingeborg Eggert in *Courage*[41] so wie Flugbegleiterin Elisabeth Irgendwohin:

37 Gesine Joas, gesucht. Ein Vorstellungsgespräch in Frankfurt, in: Courage, 8 (1977), S. 43.
38 Ebd.
39 Ebd.
40 Annette Wojcik, Mein Beruf: Ich bin Discjockey, in: Emma, 6 (1978), S. 26.
41 Vgl. Kemper, Taxifahrerin, in: Courage, 1 (1976), S. 21 f.; hier: S. 21.

> »Abends saßen wir oft total erschöpft in unserem Hotelzimmer zusammen. Die Füße brannten, besonders aber hatten uns die frechen Bemerkungen der männlichen Passagiere geärgert. Wir begannen, bestimmte Kategorien zu hassen: die Männer um die dreißig, vierzig, mit dem kurzen Haarschnitt. erfolgsgebräunt, die mit der Dokumentenmappe unter dem Arm betont lässig die Maschine betreten. Sie flegeln sich in ihrem Sitz, die Beine weit im Gang, so daß man jedes Mal darüber stolpert. [...] Sie bestellen einen Whisky und das Flugzeug gehört ihnen. Dabei streift dich ein kurzer, taxierender Blick, denn in den Po kneifen ist ja verboten. Sie wollen sich auch hier wie zu Hause fühlen und lassen sich bedienen wie von der eigenen Frau. Am schlimmsten sind unsere Bild-lesenden Politiker und die Fußballmannschaften mit ihren dummen und anzüglichen Bemerkungen. Sie alle nutzen aus, daß wir höflich bleiben müssen, daß wir nicht sagen dürfen, was wir in dem Moment über sie denken.«[42]

An diesem Zitat wird deutlich, wie akzeptiert verbale sexualisierte Gewalt am Arbeitsplatz zur damaligen Zeit war. Denn Elisabeth Irgendwohin schrieb explizit, dass sie körperliche Übergriffe nicht zu fürchten brauchte, weil soziale Normen ihnen entgegenstanden. Sozial akzeptiert waren hingegen anzügliche Bemerkungen und Blicke und das sogar so sehr, dass selbst Personen des öffentlichen Lebens wie Politiker oder bekannte Fußballer dieses Verhalten zeigten. Auch dies ist ein Grund, warum es so lange dauerte, bis das Thema sexualisierte Gewalt am Arbeitsplatz breiter in der Öffentlichkeit diskutiert wurde. Für die Flugbegleiterin hatten diese Begegnungen psychische Auswirkungen. Am Abend fühlte sie sich nach eigenen Angaben »erschöpft« und verärgert, zum einen wegen des Übergriffs selbst, zum anderen, weil sie sich den Männern quasi ausgeliefert fühlte.

Ihrer Einschätzung schloss sich 1980 in *Emma* auch die Soziologin Cheryl Benard in einem längeren Beitrag zu sexueller Belästigung am Arbeitsplatz an. Gerade in klassischen Frauenberufen gingen Kunden und Arbeitgeber häufig davon aus, nicht nur eine kompetente Fachkraft, sondern eben auch ein »hübsches Gesicht« mit einzukaufen. An Frauen in klassischen Frauenberufen richtete sich deshalb oft implizit die Erwartung, mit den Berufsbildern verknüpfte Phantasien zu erfüllen.[43] Benards Artikel war der erste, der sich auf theoretischer Ebene mit dem Phänomen sexualisierte Gewalt am Arbeitsplatz in der feministischen Presse beschäftigte. Erst nach dem bereits erwähnten »Hecker-Skandal« 1983 folgten weitere theoretische Auseinandersetzungen mit dem Thema in den Zeitschriften.[44]

---

42 Elisabeth Irgendwohin, Stewardessen. Bis 60 fliegen, in: Courage, 12 (1977), S. 30 f.

43 Cheryl Benard, Immer nur lächeln? Sexuelle Belästigung am Arbeitsplatz, in: Emma, 12 (1980), S. 25-30; hier: S. 27; vgl. dazu auch MacKinnon, Sexual Harassment, 1979, S. 18 ff.

44 In *Courage* erschienen insgesamt zwei Beiträge, die sexuelle Belästigung am Arbeitsplatz zum Thema hatten. 1983 ein Kommentar zum »Hecker-Skandal«, der die Taten des Grünen Abgeordneten in größeren Zusammenhang setzte, vgl. Sibylle Plogstedt, Grapschtick, in: Courage, 9 (1983), S. 6;

Neben Vorgesetzten, Kollegen und Mitschülern sowie Kunden gab es noch eine weitere Tätergruppe, bei der ein besonderer Machtmissbrauch auffällt – Ausbilder im Betrieb. Auszubildende standen in einem besonderen Abhängigkeitsverhältnis zu ihrem Ausbilder. Diese hatten eine besondere Machtstellung gegenüber den ihnen unterstellten häufig noch minderjährigen Auszubildenden. Aufgrund der besonderen Verantwortung forderte das Berufsbildungsgesetz schon in seiner ersten Fassung von 1969 die persönliche und fachliche Eignung von Ausbildern. Während die fachliche Eignung auf Berufskenntnisse und pädagogisches Fachwissen abzielte, wurde die persönliche Eignung dann abgesprochen, wenn Personen nach dem Jugendarbeitsschutzgesetz Kinder und Jugendliche nicht beschäftigen durften, etwa wegen der Verurteilung zu einer mehrjährigen Freiheitsstrafe. Übergriffiges Verhalten, das sich außerhalb des strafrechtlich relevanten Bereichs bewegte, wurde dabei nicht erfasst.

In *Emma* berichteten drei Dekorateurinnen: »Der eigentliche Ausbilder war nur auf dem Papier vorhanden, anderweitig beschäftigt oder versuchte, mit den weiblichen Auszubildenden intime Kontakte anzuknüpfen.«[45]

Ähnliche Erfahrungen machte auch Sigi Löhr, die einen Ausbildungsplatz zur Schreinerin suchte. Dabei hatte sie mit viel Ablehnung zu kämpfen. Man könne sie nicht einstellen, weil der Betrieb über keine Damentoilette verfüge, berichtete sie. In einem anderen Unternehmen habe man sie »angebrüllt«, denn sie »würde einem Familienvater versuchen, die Stelle streitig zu machen.«[46] Und immer wieder finden sich in diesem kurzen Text Hinweise auf sexualisierte Gewalt. »Einige schriftliche Bewerbungen hatten, abgesehen von ein paar obszönen Anrufen, keinen Erfolg.«[47]

Sigi Löhr war sich der Abhängigkeit von dem Wohlwollen potenzieller Ausbildungsbetriebe deutlich bewusst. Das zeigt auch eine Episode aus ihrem Beitrag, in dem sie davon berichtete, sich nach vielen erfolglosen Anschreiben dazu entschlossen zu haben, Betriebe persönlich aufzusuchen:

> »Also zielstrebig die erste Werkstatt angesteuert und den Allgewaltigen auch sofort angetroffen. Kleiner Dicker mit Glatze. Mit leuchtenden Schweinsäuglein wurde ich erstmal von Kopf bis Fuß abtaxiert, wie eine Sklavin auf dem Markt. Als Schreinerin könne er mich zwar nicht brauchen, meinte er, aber wir könnten uns rein privat sehr gut ein wenig näherkommen.«[48]

---

1984 ging ein weiterer Beitrag dann doch ausführlicher auf die Rahmenbedingungen für sexuelle Belästigung ein. Anlass war das Erscheinen des Buchs »Übergriffe«, vgl. Kathleen Bode/Sibylle Plogstedt, Übergriffe, … Was Männer dabei fühlen, in: Courage, 18 (1984), S. 16 f. In *Emma* war der Beitrag von Cheryl Benard im Untersuchungszeitraum bis 1984 der Einzige.

45 Angelika Lang/Martina Rieger/Carola Starke, Mein Beruf: Wir sind Dekorateurinnen, in: Emma, 12 (1978), S. 27.

46 Sigi Löhr, Mein Beruf: Ich bin Schreinerin, in: Emma, 3 (1979), S. 42.

47 Ebd.

48 Ebd.

Schon die Wortwahl macht hier das Machtverhältnis deutlich. Sigi Löhr, auf der Suche nach einem Ausbildungsplatz, war ganz vom Willen oder Unwillen potenzieller Arbeitgeber abhängig und sich dieses Umstandes auch bewusst, wenn sie den Inhaber »Allgewaltigen« nannte. Gleichzeitig reflektierte sie auch über ihre eigene Machtlosigkeit. Als »Sklavin« sei sie dem Urteil des Inhabers der Werkstatt ausgeliefert.

Im Gegensatz zu diesen Berichten erscheint der Beitrag der Fotografin Marion Höflingen fast schon harmlos: »Mein Ausbilder hatte vor 20 Jahren seine Meisterprüfung gemacht und war, an seinem Fachwissen gemessen, überhaupt nicht kompetent, Lehrlinge auszubilden. Das einzige, was er für seine Weiterbildung tat, er laß [sic!] die Fachpresse – den Playboy.«[49]

Keine der Frauen bezeichnete die soeben vorgestellten Erfahrungen als sexualisierte Gewalt, sexuellen Missbrauch oder Übergriff. Deutlich wird jedoch, dass alle unter den gemachten Erfahrungen litten. Sie sprachen von psychischen Belastungen, die ihnen den Arbeitsalltag erschwerten. Und der Machtmissbrauch wird, auch wenn er nicht immer als solcher benannt wurde, in allen Beiträgen deutlich. Lediglich die Schauspielerin Vera Gantner sprach davon explizit, wenn sie in ihrem Beitrag »die sexuelle Ausbeutung der Schauspielerinnen: durch Männer, die die Macht haben, Rollen zu vergeben«[50] beklagte. Diese Einschätzung unterstrich sie mit einer persönlichen Erfahrung: Als sie sich mit ihrem Ehemann für die Hauptrollen in einem öffentlich-rechtlichen Fernsehfilm beworben hatte, wurde ihr vom Regisseur mitgeteilt: »[...] er engagiere uns nicht gerne zusammen, da es prinzipiell ›drin‹ sein müsse, daß ein Regisseur zu einer Hauptdarstellerin auch einen ›intimeren‹ Kontakt habe.«[51]

Auch wenn nur eine Frau sexualisierte Gewalt und Machtverhältnisse ganz eindeutig ansprach, lässt sich resümieren, dass es sich nicht um ein Randphänomen handelte. Die Beiträge haben gezeigt, dass viele Frauen von sexualisierter Gewalt am Arbeitsplatz betroffen waren. Während Frauen in »Männerberufen« häufig von Kollegen berichteten, die mit abfälligen Kommentaren versuchten, die Frauen kleinzuhalten, wurden in klassischen »Frauenberufen« vor allem Kunden und Vorgesetzte zu Tätern. Beide Personengruppen zeigten eine sexualisierte Erwartungshaltung, im Falle der Vorgesetzten bestand zudem ein großes wirtschaftliches Abhängigkeitsverhältnis. Dabei waren konkrete körperliche Übergriffe eher die Ausnahme. Die Betroffenen berichteten meist von Kommentaren, dem Zeigen von Pornografie und sexualisierten »Anspielungen«. Diese Formen der Belästigung schienen sozial akzeptiert zu sein und passierten nicht bloß hinter verschlossenen Türen. Ihre weite Verbreitung im öffentlichen Raum machen die Beiträge der Flugbegleiterin Elisabeth Irgendwohin und der DJane Annette Wojcik deutlich. Und ein weiterer Aspekt tritt bei der Analyse

49 Marion Höflingen, Mein Beruf: Ich bin Fotografin, in: Emma, 6 (1979), S. 40.
50 Vera Gantner, Mein Beruf: Ich bin Schauspielerin, in: Emma, 2 (1977), S. 44 f.; hier: S. 45.
51 Ebd., S. 45.

der Erfahrungsberichte hervor. Im Vordergrund stand meist die Ausübung von Macht und Kontrolle, den Tätern ging es in der Regel darum, die Frau in die Schranken zu weisen. Für die Betroffenen hatten bereits die verbalen Übergriffe weitreichende Folgen. Sie berichteten von Frust, Rückzug und mulmigen Gefühlen, teilweise gar Angst und körperlichen Symptomen. Auch wenn es sich also nicht um körperliche Gewalt handelte, ergibt es Sinn, bei sexuellen Belästigungen von sexualisierter Gewalt zu sprechen. Sie wurde und wird genutzt, um Machtansprüche durchzusetzen, die sexuelle Konnotation dient dabei als Vehikel, um Frauen »ihre« Rolle zu verdeutlichen. Vielleicht war es auch das Fehlen eines Begriffs, das dazu führte, dass die Betroffenen in ihren Berichten das Erlebte zwar beschrieben, aber nicht benennen konnten.

## 2 Umgang und Strategien

In den Erfahrungsberichten der Frauen in *Emma* und *Courage* finden sich nicht nur etliche Beispiele für sexualisierte Gewalt am Arbeitsplatz, in vielen Fällen gaben die Betroffenen zugleich Aufschluss über ihren Umgang mit dem Erlebten. Häufig sprachen die Frauen dabei von Rückzug. In manchen Beiträgen berichteten sie frustriert von ihrem Wunsch, den Arbeitsplatz wechseln zu wollen. Bei der Phonotypistin Erika Salzer zum Beispiel kam zu den zweideutigen Anspielungen der männlichen Kollegen das Gefühl, keine sinnstiftende Arbeit zu leisten. Auch deshalb dachte sie wohl über einen Wechsel der Branche nach.[52]

Insbesondere aber da, wo Frauen von ihrem Beruf schwärmten, davon überzeugt waren, eigentlich den eigenen Traumberuf gefunden zu haben, war ein Wechsel des Arbeitsplatzes oder gar der Branche häufig keine Option. Deshalb reagierten viele Betroffene mit Rückzug. Viele Beitragende erklärten zusätzlich, frau dürfe sich nicht unterkriegen lassen. Die Sprüche der Kollegen solle frau ignorieren oder mit eigenen Sprüchen kontern. »Ich versuche, mich dagegen zu wehren, indem ich mich betont sachlich verhalte und sage, was ich davon halte, und mich ziemlich zurückziehe. Oder ich tue so, als würde mich das alles gar nicht treffen, als würde ich über ihren Sprüchen stehen«[53], schreibt eine Werkzeugmacherin in *Courage*. Die Taxifahrerin Ingeborg Eggert erklärte:

> »Da muß man sich dann eben behaupten können, schnoddrig sein, obwohl ich das eigentlich nicht mag. Vor allem, bei so einem Haufen von Kollegen an der Säule, da darf man dann natürlich nicht wie ein ängstlicher Hase im Auto bleiben. Man muß raus und rein in die Menge. Wenn die erst merken, dass man schüchtern ist, ja

52 Vgl. Salzer, Phonotypistin, in: Emma, 4 (1979), S. 36.
53 Gruppe Frauen in Männerberufen, Werkzeugmacherin, in: Courage, 3 (1976), S. 17 f.; hier: S. 18.

> dann ist's sowieso aus. Man muß sich verteidigen können, als Frau besonders, und sich von den Kollegen nichts gefallen lassen.«[54]

Direkt mit Kommentaren und Übergriffen konfrontiert, täuschten die Frauen Gleichgültigkeit vor oder reagierten mit Widerspruch. Dabei stand die Intention im Vordergrund, sich durch eine verletzliche Reaktion nicht noch angreifbarer zu machen.

Weiterhin versuchten einige Frauen, sich mit Kolleginnen zu verbünden und sich zu organisieren. So gab die Radiomechanikerin, die mit Anmachsprüchen, Witzen und gar körperlichen Übergriffen umgehen musste, den Tipp, die Ausbildung am besten mit einer Freundin zu absolvieren, um eine Ansprechpartnerin und Vertraute zu haben.[55] Auch in anderen Beiträgen findet sich dieses Motiv wieder. »Das Problem, als einzige Frau unter Männern zu sein, versuche ich in der Gruppe anders zu lösen, indem wir z. B. Arbeitsplätze ausfindig machen, wo wir als Frauen unsere Arbeit in einer gemischten oder reinen Frauenabteilung machen können«,[56] schrieb die bereits erwähnte Werkzeugmacherin. Hier schwingt auch die nicht ausgesprochene Forderung nach dem Ende des geschlechtersegregierten Arbeitsmarktes mit. Denn nur, wenn die Unterteilung in »Frauen-« und »Männerberufe« aufgelöst wird, sind echte gemischte Abteilungen denkbar. Für Elisabeth Irgendwohin, die Flugbegleiterin, war die sexualisierte Gewalt am Arbeitsplatz ausschlaggebend, sich in ihrer Gewerkschaft zu engagieren. Ihr Artikel erschien im Kontext einer Ausgabe der *Courage*, in der verschiedene Frauen berichteten, warum und wie sie sich gewerkschaftlich organisierten.[57]

Und Gesine Joas, die Frau, die im Vorstellungsgespräch von einem Frankfurter Geschäftsmann zum Geschlechtsverkehr aufgefordert wurde, wandte sich an die Presse, um Öffentlichkeit zu schaffen. Ihrem Beitrag in *Courage* ging ein Bericht im WDR voraus. Sie hatte außerdem versucht, sich juristisch gegen den potenziellen Arbeitgeber zu wehren. Dieses Vorgehen war allerdings erfolglos. Die Staatsanwaltschaft hatte ihre Anzeige wegen Betrugs und Erschleichung des Beischlafs eingestellt.[58]

Gesine Joas' Fall zeigt insbesondere, wie schwierig es für betroffene Frauen war, auf dem Rechtsweg gegen sexualisierte Gewalt vorzugehen. In vielen Fällen fehlte es schlicht an rechtlichen Handlungsmöglichkeiten. Und selbst da, wo die Regelungen des Strafgesetzbuches eigentlich ausreichen sollten, kam es häufig nicht zu Verurteilungen, weil Taten nicht zweifelsfrei bewiesen werden konnten oder den Betroffenen nicht geglaubt wurde.[59] In *Emma* und *Courage* wurden deshalb nach 1980 Forderungen nach einem Antidiskriminierungsgesetz laut, das die Betroffenen schützen

---

54 Kemper, Taxifahrerin, in: Courage, 1 (1976), S. 21 f.; hier: S. 22.
55 Vgl. Radiomechanikerin, in: Emma, 9 (1977), S. 38.
56 Gruppe Frauen in Männerberufen, Werkzeugmacherin, in: Courage, 3 (1976), S. 17 f.; hier: S. 18.
57 Vgl. Irgendwohin, Stewardessen, in: Courage, 12 (1977), S. 30 f.
58 Vgl. Joas, gesucht, in: Courage, 8 (1977), S. 43.
59 Vgl. Arndt, Sexismus, 2020, S. 140.

sollte. Dabei griff die Bewegungspresse Beispiele aus dem Ausland auf. Verwiesen wurde unter anderem auf den britischen Sex Discrimination Act, in dem eine unabhängige Beobachtungsstelle der Regierung verankert war, die die Möglichkeit bot, bei Verstößen zu klagen.[60] Auch im 1984 erschienenen Buch »Übergriffe« war ein solches Gesetz die wichtigste Forderung.[61] Die Autorinnen schlugen außerdem zusätzliche Maßnahmen vor, etwa die Finanzierung weiterer Studien zum Thema oder Schulungsmaßnahmen für Betriebsräte und Führungskräfte.[62] Auch Antidiskriminierungsworkshops, wie sie die US-Army nach verschiedenen medienwirksamen Berichten zu sexualisierter Gewalt gegenüber Soldatinnen eingerichtet hatte, wurden als mögliche weitere Säulen der Prävention diskutiert.[63] 1982 wurden *Emma* und *Courage* stellvertretend für die autonome Frauenbewegung selbst zu Akteurinnen. Als Gutachterinnen kamen die Redaktionen der Zeitschriften im Gesetzgebungsverfahren für ein Antidiskriminierungsgesetz zu Wort. In den Stellungnahmen wurden die Beiträge in den Zeitschriften, die sich mit sexualisierter Gewalt am Arbeitsplatz befassten, nicht erwähnt. Vielmehr ging es um die allgemeine Stellung der Frau in der Gesellschaft.[64] Trotzdem blieben die ersten Erfahrungsberichte in *Emma* und *Courage* nicht ohne Folgen. Sie dienten ab 1983, als die Bundesrepublik breit über sexualisierte Gewalt am Arbeitsplatz diskutierte, als Bestätigung und zeigten, dass es sich nicht um ein neues Phänomen handelte. In ihrer Vielfältigkeit zeigten die Erfahrungsberichte außerdem, dass sexualisierte Gewalt am Arbeitsplatz nicht auf eine Berufsgruppe oder einzelne Frauen beschränkt war.[65]

---

60 Der erste Beitrag, der ein Antidiskriminierungsgesetz nach britischem Vorbild forderte, erschien in *Emma* schon 1977. Der Fokus der Berichterstattung lag hier jedoch nicht auf sexueller Belästigung, sondern auf Ungleichbehandlung wegen des Geschlechts, vgl. Heide Hering, Für ein Gleichberechtigungs-Gesetz!, in: Emma, 10 (1977), S. 42 f.

61 Vgl. Plogstedt/Bode, Übergriffe, 1984, S. 145.

62 Ebd., S. 145 f.

63 Vgl. Benard, Immer nur lächeln?, in: Emma, 12 (1980), S. 25-30; hier: S. 29 f.

64 In beiden Zeitschriften wurden die Gutachten, die für das Hearing eingereicht worden waren, abgedruckt. Dabei sprachen sich sowohl Alice Schwarzer und Vera Slupik in *Emma* als auch Sibylle Plogstedt und Anne Klein in *Courage* für umfangreiche Maßnahmen aus, vgl. Alice Schwarzer/Vera Slupik, Bonner Hearing um Frauenrechte: Besser als nichts!, in: Emma, 2 (1982), S. 8-15 und Sibylle Plogstedt/Anne Klein, Dokumentation Antidiskriminierungsgesetz, in: Courage, 2 (1982), S. 38 f.

65 Vgl. Plogstedt/Bode, Übergriffe, 1984, S. 9 ff.

## 3 Fazit

Immer wieder berichteten Frauen in den feministischen Zeitschriften *Emma* und *Courage* von sexualisierter Gewalt am Arbeitsplatz. Schon bevor die Debatte in den 1980er-Jahren bundesweit Aufmerksamkeit erhielt, boten die feministischen Zeitschriften Einblicke in die Erfahrungen von Frauen mit sexualisierter Gewalt und trugen somit dazu bei, das Problem sichtbar zu machen. Dabei benannten die Betroffenen die Übergriffe meist nicht als solche, sondern beschrieben Situationen, in denen sie sich unwohl fühlten. Dargestellt wurde außerdem der Machtmissbrauch, den die Betroffenen erlebten. Frauen in vielen verschiedenen Berufen machen Erfahrung mit sexualisierter Gewalt – die Täter waren Kollegen, Vorgesetzte, Ausbilder und Kunden. Körperliche Übergriffe stellten eine Ausnahme dar. Zumeist war die Rede von anzüglichen Kommentaren, dem Zeigen von Pornografie und »blöden Sprüchen«. Für die betroffenen Frauen hatte das Erlebte dennoch weitreichende Folgen: Sie waren verunsichert, gingen ungern zur Arbeit, dachten manchmal gar über einen Wechsel der Branche nach. Genau deshalb trifft der Begriff »sexualisierte Gewalt« zu. Denn er macht deutlich, dass es sich nicht bloß um »Anspielungen« oder »Witze« handelt, sondern dass bei den Betroffenen ein echter Leidensdruck entstand. Gleichzeitig stellt der Begriff die Rolle von Sexismus für sexualisierte Gewalt heraus. Den Tätern ging es nicht um ein unverfängliches Angebot, sondern um die Ausübung von Macht und Kontrolle.

In den feministischen Zeitschriften zielten die Beiträge nicht nur darauf ab, die Erfahrungen der Frauen sichtbar zu machen. Viele Autorinnen hofften auch, den Leserinnen Mut zu machen. Man solle sich nicht unterkriegen lassen, Verbündete suchen, dagegenhalten. Auch die gewerkschaftliche Organisierung oder der Rechtsweg wurden als Umgangsstrategien vorgestellt. Ab 1980 wurde innerhalb der untersuchten Frauenpresse auch explizit über sexuelle Belästigung am Arbeitsplatz gesprochen. Ein Antidiskriminierungsgesetz sollte Frauen helfen, rechtlich besser geschützt zu sein. Und natürlich setzte die Presse weiterhin auf Erfahrungsaustausch.

Heute ist die Frage von sexualisierter Gewalt am Arbeitsplatz weiterhin aktuell. Zwar schützt das Allgemeine Gleichbehandlungsgesetz seit 2006 unter anderem vor Diskriminierung aufgrund des Geschlechts und sexueller Belästigung und macht arbeitsrechtliche Konsequenzen möglich. Wie viele Fälle im Verborgenen bleiben, ist jedoch unklar.[66] Häufig sprechen Betroffene nicht über ihre Erfahrungen und wenn, dann melden sie sich nur anonym zu Wort. Laut einer EU-Umfrage berichteten 2019 68 Prozent der deutschen befragten Frauen, während der Arbeit Opfer sexueller Übergriffe geworden zu sein.[67] Gleichwohl lässt sich ein gesteigertes Bewusstsein

66 Vgl. Arndt, Sexismus, 2020, S. 141.

67 Vgl. Lena Marbacher, Arbeit Macht Missbrauch. Eine Gesellschaftskritik, Frankfurt a. M. 2024, S. 36.

für das Thema in der Öffentlichkeit wahrnehmen. Dafür steht zum Beispiel, dass seit 2017 und durch den Hashtag #MeToo die Macht- und Abhängigkeitsverhältnisse in der Unterhaltungsindustrie immer wieder kritisch diskutiert werden.

Sowohl die untersuchten Beiträge als auch die Auseinandersetzungen der Gegenwart zeigen deutlich: Nur wenn über sexualisierte Gewalt gesprochen wird, kann sie verurteilt, verhindert oder sogar ganz abgeschafft werden. Dafür ist auch eine generelle Debatte über den Begriff »Gewalt« notwendig.

## 4 Quellen und Literatur

**Arndt, Susan**, Sexismus. Geschichte einer Unterdrückung, München 2020.

**Betti, Eloisa/Leda Papastefanaki/Marcia Tolomelli/Susan Zimmermann**, Introduction. Thinking the History of Women's Activism into Global Labor History, in: dies. (Hg.), Women, Work, and Activism. Chapters of an Inclusive History of Labor in the Long Twentieth Century, Budapest/New York 2022, S. 1-31.

**Doormann, Lottemi (Hg.)**, Keiner schiebt uns weg! Zwischenbilanz der Frauenbewegung in der Bundesrepublik, Weinheim/Basel 1979.

**European Commission, Directorate-General for Employment, Social Affairs and Inclusion (Hg.)**, Harassment at the Workplace in the European Union, Luxembourg 1999, <https://op.europa.eu/en/publication-detail/-/publication/9c49e8af-2350-46dc-9f4b-cc2571581072> (6.4.2024).

**Farley, Lin**, Sexual Shakedown. The Sexual Harassment of Women in the Working World, New York 1978.

**Gamsjäger, Manuela**, Sexuelle Belästigung am Arbeitsplatz. Gewalt im Geschlechterverhältnis, in: GENDER – Zeitschrift für Geschlecht, Kultur und Gesellschaft, 2 (2010) 2, S. 105-121.

**Gerhard, Ute**, Frauenbewegung und Feminismus. Eine Geschichte seit 1789, München 2009.

**Hervé, Florence (Hg.)**, Geschichte der deutschen Frauenbewegung, Köln 2001.

**Jansen, Sarah**, Inside Out, in: Sibylle Plogstedt/Kathleen Bode, Übergriffe. Sexuelle Belästigung in Büros und Betrieben. Eine Dokumentation der Grünen Frauen im Bundestag, Reinbek b. Hamburg 1984, S. 135-140.

**Janssen-Jurreit, Marielouise**, Sexismus. Über die Abtreibung der Frauenfrage, Frankfurt a. M. 1980.

**Lenz, Ilse (Hg.)**, Die Neue Frauenbewegung in Deutschland. Abschied vom kleinen Unterschied. Ausgewählte Quellen, Wiesbaden 2009.

**Lux, Katharina**, Von der Produktivität des Streits – Die Kontroverse der Zeitschriften Courage, Die schwarze Botin und Emma. Überlegungen zur Konfliktgeschichte der Frauenbewegung, in: Feministische Studien, 35 (2017), S. 31-50.

**MacKinnon, Catherine**, Sexual Harassment of Working Women. A Case of Sex Discrimination, New Haven 1979.

**Marbacher, Lena**, Arbeit Macht Missbrauch. Eine Gesellschaftskritik, Frankfurt a. M. 2024.

**Notz, Gisela**, Courage – Wie es begann, was daraus wurde und was geblieben ist, in: dies. (Hg.), Als die Frauenbewegung noch Courage hatte. Die »Berliner Frauenzeitung Courage« und die autonomen Frauenbewegungen der 1970er und 1980er Jahre [= Gesprächskreis Geschichte, Bd. 73], S. 23-43, Bonn 2007.

**Plogstedt, Sibylle/Kathleen Bode**, Übergriffe. Sexuelle Belästigung in Büros und Betrieben. Eine Dokumentation der Grünen Frauen im Bundestag, Reinbek b. Hamburg 1984.

**Plogsted, Sibylle/Barbara Degen**, Nein heißt Nein! DGB-Ratgeber gegen sexuelle Belästigung am Arbeitsplatz, München 1992.

**Roock, Marco**, »Der Mann, der immer kann?« Kritische Anmerkungen zum Begriff der sexualisierten Gewalt aus politisch-psychologischer Perspektive, in: GENDER – Zeitschrift für Geschlecht, Kultur und Gesellschaft, 4 (2012) 2, S. 116-128.

**Runge, Annelie**, Obszöne Anrufe, viele Monate lang, in: Sibylle Plogstedt/Kathleen Bode, Übergriffe. Sexuelle Belästigung in Büros und Betrieben, Reinbek b. Hamburg 1984, S. 131-135.

**Schiff, Anna**, Sexismus, Köln 2019.

**Schwarzer, Alice**, So fing es an! Die neue Frauenbewegung, München 1983.

**Spies, Tina**, Aktuelle Debatten um sexualisierte Gewalt. Hegemoniale Vorstellungen und »Othering«, in: Eva Labouvie (Hg.), Geschlecht, Gewalt und Gesellschaft. Interdisziplinäre Perspektiven auf Geschichte und Gegenwart, Bielefeld 2023, S. 121-139.

**Thürmer-Rohr, Christina**, Die Courage war Sprachrohr der Frauenbewegung, in: Gisela Notz (Hg.), Als die Frauenbewegung noch Courage hatte. Die »Berliner Frauenzeitung Courage« und die autonomen Frauenbewegungen der 1970er und 1980er Jahre [= Gesprächskreis Geschichte, Bd. 73], S. 57-61, Bonn 2007.

**Wichterich, Christa**, Die Courage hat mein Feminismusverständnis eindeutig beeinflusst, in: Gisela Notz (Hg.), Als die Frauenbewegung noch Courage hatte. Die »Berliner Frauenzeitung Courage« und die autonomen Frauenbewegungen der 1970er und 1980er Jahre [= Gesprächskreis Geschichte, Bd. 73], S. 62-67, Bonn 2007.

*Matthias Weber*

# Verletzbarkeit jenseits von Gewalt: Eine soziologische Analyse von Verletzbarkeit durch Statusbedrohungen im Rettungsdienst und Ordnungsamt

Das Bundesministerium des Innern und für Heimat sowie aktuelle Forschungsarbeiten ordnen verbale und körperliche Gewalt am Arbeitsplatz als zunehmendes soziales Problem ein und diskutieren die Verletzbarkeit der Belegschaft durch Gewalt.[1] Vor diesem Hintergrund untersucht dieser soziologische Beitrag anhand qualitativer Daten eine besondere berufsspezifische Verletzbarkeit, die die Mitarbeiter:innen des Rettungsdienstes und des Außendienstes im Ordnungsamt erleben. Diese Verletzbarkeit unterscheidet sich von solchen durch körperliche und verbale Gewalt und stellt eine zusätzliche Belastung dar.

Die Daten wurden im Projekt »Verbale Gewalt im Arbeitsalltag mit Bürgerkontakt« erhoben. Das Projekt untersuchte das Erleben von verbaler Gewalt bei Berufen in der Verwaltung mit Bürger:innenkontakt (Rettungsdienst, Ordnungsamt, kommunale Verwaltung) mittels qualitativer und quantitativer Verfahren. Analysiert wurden Situationen verbaler Übergriffe, deren Wahrnehmung durch die Betroffenen als Demütigung, ihre Umgangsstrategien sowie institutionelle Reaktionen. Das Design erfasste neben verbaler auch körperliche Gewalt und andere belastende Phänomene aus Betroffenenperspektive, um umfassende Vergleichbarkeit der Verletzbarkeit und Gesundheitsförderung zu gewährleisten.[2] Die im Projekt untersuchten Berufsgruppen

---

1 Bundesministerium des Innern und für Heimat, Studie zu Gewalt gegen Beschäftigte des öffentlichen Dienstes: Jede und jeder Vierte erlebt Gewalt, <https://www.bmi.bund.de/SharedDocs/pressemitteilungen/DE/2022/06/studie-gewalt-im-oed.html> (13.12.2024); Kerstin Bühren/Carolin Kuche/Anne Piesker/Bernd Steffens/Christiane Steffens/Stefan Tritsch/Friederike Uhlig/Jan Ziekow, Gewalt gegen Beschäftigte im öffentlichen Dienst. Ein Literatur- und Praxisüberblick [= Speyerer Forschungsberichte FB, Nr. 302], Speyer 2022, <https://dopus.uni-speyer.de/frontdoor/deliver/index/docId/5741/file/FB302.pdf> (13.12.2024); Albert Nienhaus, Violence at the Workplace – Potential Consequences and Means of Prevention, in: Public Health Forum, 27 (2019) 1, S. 30-33; Albert Nienhaus/Claudia Drechsel-Schlund/Heike Schambortski/Anja Schablon, Gewalt und Diskriminierung am Arbeitsplatz. Gesundheitliche Folgen und settingbezogene Ansätze zur Prävention und Rehabilitation, in: Bundesgesundheitsblatt, 59 (2016) 1, S. 88-97; hier: S. 8.

2 Die qualitative Erhebung folgte einem explorativen Ansatz mit Gruppendiskussionen und problemzentrierten Interviews. Im Rettungsdienst wurden vier Gruppendiskussionen und drei Interviews mit Vorgesetzten geführt, im Ordnungsamt zwei Gruppendiskussionen und ein Interview. Ergänzend wurden 28 Interviews mit Bürgerinnen, eine Gruppendiskussion und ein Expertin-

sind aufgrund ihres Arbeitsumfelds im öffentlichen Raum und häufiger Konflikte mit ihrem Publikum besonders verletzungsanfällig für verbale und körperliche Gewalt.[3] Bisher war die Analyse von Verletzbarkeit am Arbeitsplatz in Forschungsarbeiten hauptsächlich mit einem Fokus auf verbale und körperliche Gewalt verbunden.[4]

Die hier entwickelte Konzeption von Verletzbarkeit am Arbeitsplatz wird von mir als berufsspezifische Verletzbarkeit bezeichnet, da sie aufgrund einer berufsspezifischen, kollektiven Wahrnehmung entsteht. Diese Wahrnehmung bedingt, dass Rettungssanitäter:innen und Mitarbeiter:innen des Ordnungsamtes bestimmte Äußerungen und Kontakte mit dem Publikum als verletzend erleben. Diese Konzeption von Verletzbarkeit am Arbeitsplatz hebt hervor, dass Verletzungsanfälligkeit nicht nur auf objektive Gefährdungen zurückzuführen ist, sondern auch mit subjektiven Wahrnehmungen verbunden ist.

Diese berufsspezifische Konstruktion von Verletzungsanfälligkeit ist in dieser Untersuchung mit dem Erleben von kognitiver Dissonanz verbunden.[5] Kognitive Dissonanz ist die erlebte Diskrepanz zwischen einem erwünschten Ergebnis und dem tatsächlich eingetretenen Ereignis.[6] In diesem Fall ist die kognitive Dissonanz mit einer Statusbedrohung verbunden. Ein Status ist eine selbst- und fremdzugeschriebene Position in einer Rangordnung. Eine Statusbedrohung ist die Diskrepanz zwischen gewünschtem Status und fremdzugeschriebenem Status.[7] Die Unterscheidung zwischen Sakralem und Profanem, welche ursprünglich aus der Religionssoziologie stammt, hilft weiter dabei, das Ausmaß dieser Statusbedrohungen zu verstehen.[8] Sie unterteilt soziale Phänomene in zwei entgegengesetzte Bereiche. Im sakralen Bereich werden soziale Phänomene als besonders schützenswert, moralisch überlegen und im profanen Bereich als moralisch verachtenswert wahrgenommen. Dies ist mit normativen Erwartungen verbunden – nicht nur im Bereich der Religion.[9]

---

neninterview durchgeführt. Teilnehmende Beobachtungen im Rettungsdienst, im Ordnungsamt, in der Leitstelle und in der Streetwork dienten dazu, die Perspektive der Behördenmitarbeiterinnen auf Bürgerinnenkontakte zu kontrastieren.

3 Bühren/Kuche/Piesker/Steffens/Steffens/Tritsch/Uhlig/Ziekow, Gewalt, 2022; Frank Leuschner/Alexander Herr/Kristina Balaneskovic/Christian Lorei, Angriffsprävalenzen in Arbeitsbereichen mit normdurchsetzenden und helfenden Aufgaben, in: Kriminologie – Das Online-Journal, 5 (2023) 1, S. 52-78, <https://doi.org/10.18716/ojs/krimoj/2023.1.3> (13.12.2024).

4 Duncan Chappell/Vittorio Di Martino, Violence at Work, Geneva 2006; Michael C. Lim/Mohd S. Jeffree/Siti S. Saupin/Nobert Giloi/Khairul A. Lukman, Workplace Violence in Healthcare Settings. The Risk Factors, Implications and Collaborative Preventive Measures, in: Annals of Medicine and Surgery (Lond), 78 (2022), Art.-Nr. 103727.

5 Leon Festinger, A Theory of Cognitive Dissonance, Stanford 1957.

6 Ebd.

7 Cecilia L. Ridgeway/Hazel R. Markus, The Significance of Status. What It Is and How It Shapes Inequality, in: The Russell Sage Foundation Journal of the Social Sciences, 8 (2022) 7, S. 1-25.

8 Émile Durkheim, The Elementary Forms of Religious Life, London 1912.

9 Jeffrey Alexander, The Civil Sphere, New York 2006; Durkheim, Forms, 1912; Gordon Lynch, On the Sacred, London 2014.

In diesem Fall ist der Status ein Phänomen, das Rettungssanitäter:innen und Ordnungsamtsmitarbeiter:innen als besonders schützenswert wahrnehmen. Statusbedrohungen werden durch Verfallsnarrative verstärkt. Ein Verfallsnarrativ bezieht sich auf ein soziologisches Konzept zeitlicher Wahrnehmung, das vom Soziologen Eviatar Zerubavel eingeführt wurde, und beinhaltet, dass gesellschaftliche Veränderungen über die Zeit wahrgenommen und als ein Prozess des kulturellen Niedergangs negativ bewertet werden.[10] Ein Verfallsnarrativ ist abhängig von der kollektiven Wahrnehmung einer sozialen Gruppe, die diesen sozialen Wandel als negativ erfährt. Verfallsnarrative gründen somit auf einer kollektiven Wahrnehmung der Verschlechterung eines gesellschaftlichen Zustands, welche unabhängig davon besteht, ob tatsächlich ein Niedergang stattgefunden hat. Es entstehen durch die soziale Konstruktion der Realität geteilte normative Erwartungen, geteilte Erzählungen über Erfahrungen mit Bürger:innen und damit verbundene Bewertungen. Diese Konzeption von berufsgruppenspezifischer Verletzbarkeit, welche durch das Zusammenspiel genannter Phänomene (kognitive Dissonanz, Statusbedrohungen, die Unterscheidung zwischen Sakralem und Profanem und Verfallsnarrativen) entsteht, ergänzt die wissenschaftliche Diskussion um universelle und individuelle Verletzungsanfälligkeit durch verbale und körperliche Gewalt am Arbeitsplatz.

Zunächst wird der hier genutzte Begriff der berufsspezifischen Verletzbarkeit von bisherigen Definitionen von Vulnerabilität im Zusammenhang mit körperlicher und verbaler Gewalt am Arbeitsplatz abgegrenzt (1). Dann werden grundlegende Gemeinsamkeiten beider Berufe erläutert (2). Daran schließen die Ergebnisse zur Verletzbarkeit durch Statusbedrohungen an und Erläuterungen, wie diese mit Wahrnehmungen vom Profanen und Sakralen, kognitiver Dissonanz und Unsicherheit zusammenhängen (3).

## 1 Gewalt am Arbeitsplatz, universelle Verletzbarkeit und berufsspezifische Verletzbarkeit

Dieses Kapitel unterscheidet die berufsspezifische Verletzungsanfälligkeit von universeller Verletzungsanfälligkeit. Im Gegensatz zur universellen Verletzungsanfälligkeit durch physische und verbale Gewalt am Arbeitsplatz entsteht berufsspezifische Verletzbarkeit durch eine berufsspezifische kollektive Wahrnehmung. Gewalt am Arbeitsplatz wird als Sammelbegriff für verschiedene Phänomene wie zum Beispiel »(versuchte) Körperverletzung, (versuchte) Tötung, sexuelle Gewalt, Beleidigungen und Bedrohungen« genutzt, wodurch eine Person im Verlauf oder in direkter Fol-

10 Eviatar Zerubavel, Time Maps. Collective Memory and the Social Shape of the Past, Chicago 2003.

ge ihrer Arbeit schwer beleidigt, bedroht, verletzt oder verwundet wird.[11] Trotz der Vielschichtigkeit dieser Definitionen ist offensichtlich, dass die Verletzungsanfälligkeit als Merkmal von Gewalt erwähnt wird.[12] Dabei wird Verletzungsanfälligkeit als Wahrscheinlichkeit, physischen und psychischen Schaden zu erleiden, definiert.[13] Das zugrunde liegende Konstrukt der Verletzbarkeit beinhaltet eine universelle, von allen Menschen geteilte Verletzungsanfälligkeit.[14] Vulnerabilität wird zudem als Ergebnis von institutioneller Diskriminierung, von der bestimmte marginalisierte Gruppen besonders betroffen sind, definiert.[15]

Jenseits von universeller und individueller Verletzbarkeit erfasse ich hier Verletzungsanfälligkeit von Berufsgruppen im Zusammenhang mit der kollektiv geteilten Wahrnehmung dieser Akteure und untersuche, wie diese zur Konstruktion von kollektiv geteilter Verletzungsanfälligkeit beitragen.[16] In Abgrenzung dazu entsteht das hier veranschlagte Konzept von berufsspezifischer Verletzbarkeit durch eine partikulare, kollektiv geteilte Wahrnehmung.[17] Die kollektive Wahrnehmung prägt das Erleben von Situationen, in denen Verletzbarkeit dadurch entsteht, dass normative Erwartungen über den Status enttäuscht werden. Sie entsteht durch Prozesse der sozialen Konstruktion der Realität, die Angehörige einer sozialen Gruppe gemeinsam teilen. Kollektiv geteilte Bedeutungen und Sichtweisen gehen zurück auf gemeinsame,

11 Bühren/Kuche/Piesker/Steffens/Steffens/Tritsch/Uhlig/Ziekow, Gewalt, 2022, S. 3.

12 Frithjof Nungesser, Folterbarkeit. Eine soziologische Analyse menschlicher Verletzungsoffenheit, in: Zeitschrift für Soziologie, 48 (2019) 5/6, S. 378-400.

13 Helen Forbes-Mewett/Kien Nguyen-Trung, Defining Vulnerability, in: Helen Forbes-Mewett (Hg.), Vulnerability in a Mobile World, Leeds, S. 5-27.

14 Jasper Janssen/Alexa Agoropoulos, Betroffene Polizei? Von polizeilichen Vulnerabilitätsnarrativen zu Formen diskursiver (Re)Souveränisierung, in: Martin Thüne/Katrin Klaas/Thomas Feltes (Hg.), Digitale Polizei. Einsatzfelder, Potenziale, Grenzen und Missstände [= Polizieren, Polizei, Wissenschaft und Gesellschaft, Bd. 17], Frankfurt a. M. 2022, S. 201-220.

15 Fabio Macioce, The Politics of Vulnerable Groups. Critical Political Theory and Radical Practice, Cham 2022.

16 Hier sehe ich Ähnlichkeit zum Vulnerabilitätskonzept von Janssen/Agoropulos, Polizei, in: Thüne/Klaas/Feltes (Hg.) 2022, S. 201-220, die Verletzbarkeit als soziales Phänomen begreifen. Allerdings betonen sie im Gegensatz zu diesem Beitrag die Universalität von Verletzbarkeit. Dieser Beitrag analysiert die partikulare Verletzbarkeit bestimmter Berufe, die aufgrund bestimmter geteilter Wahrnehmungsschemata entsteht. Dieses Vulnerabilitätskonzept ähnelt in gewisser Hinsicht dem Begriff des »invektiven Handelns«, der im Projekt diskutiert wurde (siehe hierzu Artur Dietz, Working, im Erscheinen), da es die subjektive Sicht der Akteure ähnlich hervorhebt, aber im Gegensatz dazu nicht auf »Schmähungen« (invektiv: schmähend) fokussiert. Es unterscheidet sich darin, dass nur Vulnerabilität als Reaktion auf bestimmte Wechselwirkungen untersucht wird. Ferner nutzt es Bezüge zum soziologischen Grundbegriff der Wechselwirkungen und zur kollektiven Wahrnehmung von Akteuren. Zudem nimmt dieses Konzept Bezug zur Diskussion um universelle Verletzungsanfälligkeit wie auch um individuelle und gruppenspezifische Komponenten von Verletzbarkeit.

17 Zur kollektiv geteilten Wahrnehmung: Eviatar Zerubavel, Social Mindscapes. An Invitation to Cognitive Sociology, Cambridge 1997.

wiederholte Interaktionen, wie auch geteilte Normen.[18] Geteilte Normen sind kollektive implizite Regeln und damit verbundene Verhaltenserwartungen. Diese impliziten Regeln beeinflussen die Wahrnehmung von Erlebtem und dessen Bewertung.[19] Die kollektive gruppenspezifische Wahrnehmung wird gegenüber der individuellen Wahrnehmung priorisiert.

Durch kollektive Wahrnehmung wird individuelle Wahrnehmung jedoch nicht ersetzt. Der Begriff der kollektiven Wahrnehmung schließt auch nicht aus, dass es mehrere kollektive Wahrnehmungsschemata gibt, die parallel existieren oder sich widersprechen. Diese berufsspezifische Verletzbarkeit kann Stress und Unzufriedenheit auslösen und ergänzt Verletzbarkeit durch Gewalt am Arbeitsplatz. Sie ist eine sozial konstruierte, spezifische Perspektive einer Berufsgruppe auf berufsspezifische Erlebnisse, in denen soziale Konstrukte, die als besonders relevant angesehen werden, verletzt werden.

Im Fall dieser Untersuchung ist solch ein Konstrukt der Status. Eine Bedrohung dieses Status stellt eine berufsspezifische Verletzbarkeit dar. Sie entsteht durch eine wahrgenommene Diskrepanz zwischen gewünschtem Status und Respektlosigkeit sowie als negativ wahrgenommene Begegnungen mit Bürger:innen im Kontext der beruflichen Rolle von Rettungsdienstmitarbeiter:innen und Außendienst des Ordnungsamtes. Es gilt somit das, was die Akteure als verletzend wahrnehmen, immer im Zusammenhang zu untersuchen mit von ihnen wahrgenommenen als relevant bewerteten Wechselwirkungen zwischen Gruppendynamiken, eigenem beruflichem Rollenverständnis, sonstigen von den Akteuren relevant gesetzten Konstrukten (in diesem Fall der Status) und Kontakten mit Bürger:innen.[20]

Der Beitrag geht der These nach, dass Verletzbarkeit als ein soziales Phänomen zu begreifen ist, das »interpersonal« zu analysieren ist und über die Benennung individueller, psychischer und universeller Dispositionen für Verletzbarkeit hinausgeht.[21] Es ist für die Untersuchung von Vulnerabilität relevant, auch den sozialen

18 Zu Interaktionen siehe Peter L. Berger/Thomas Luckmann, The Social Construction of Reality. A Treatise in the Sociology of Knowledge, New York 1966; zu geteilten Normen siehe: Henri Tajfel/John C. Turner, The Social Identity Theory of Intergroup Behavior, in: Stephen Worchel/ William G. Austin (Hg.), Psychology of Intergroup Relations, Chicago 1986, S. 7-24.

19 Hazel R. Markus/Shinobu Kitayama, Culture and the Self. Implications for Cognition, Emotion, and Motivation, in: Psychological Review, 98 (1991) 2, S. 224-253; Tajfel/Turner, Social Identity, in: Worchel/Austin (Hg.), 1986, S. 7-24.

20 Zur Soziologie als Untersuchung von Wechselwirkungen vgl. Georg Simmel, Über soziale Differenzierung, Leipzig [1890], in: ders. (Hg.), Gesammelte Aufsätze, Frankfurt (1989), S. 109-295; Jörg Bergmann, Von der Wechselwirkung zur Interaktion – Georg Simmel und die Mikrosoziologie heute, in: Tyrell Hartmann/Otthein Rammstedt/Ingo Meyer (Hg.), Georg Simmels große Soziologie. Eine kritische Sichtung nach 100 Jahren, Bielefeld 2011, S. 125-148; Heinz Abels, Soziale Interaktion, Wiesbaden 2020.

21 Leask postuliert diesen Forschungsansatz für Demütigungen: Phil Leask, Losing Trust in the World. Humiliation and Its Consequences, in: Psychodynamic Practice, 19 (2013) 2, S. 129-142; hier: S. 126.

Kontext zu erfassen, in den solche Phänomene eingebettet sind.[22] Dieses Vorgehen unterscheidet sich von einer interaktionssoziologischen Untersuchung nach Collins, die Wechselwirkungen in Interaktionen untersucht.[23] Stattdessen versteht dieser Beitrag Wechselwirkungen als relationale Zusammenhänge zwischen Akteuren, die über Interaktionen unter Anwesenden hinausgehen. Wechselwirkungen umfassen sämtliche, als relevant wahrgenommene weitere Akteure und Konstrukte, die nicht nur situativ, sondern auch präsituativ als relevant gesetzt wurden, aber die Wahrnehmung von Interaktionen beeinflussen können.[24] Dies impliziert, dass auch für die beteiligten Akteure relevante und vertraute Konstrukte zur gruppenspezifischen Verletzbarkeit beitragen und für diese Akteursgruppen eine besonders signifikante symbolische Bedeutung haben. Die Akteure haben diese Konstrukte präsituativ etabliert und nehmen sie dann situativ in Interaktionen als relevant wahr. Diese sozialkonstruktivistische Perspektive auf Verletzbarkeit geht über die allein situative Betrachtung der unmittelbaren Interaktion zwischen Betroffenem und Auslöser hinaus.

## 2 Der öffentliche Raum als sozialer Kontext für gruppenspezifische Verletzbarkeit

In den berufstypischen Interaktionen mit Bürger:innen im öffentlichen Raum haben Rettungsdienst und Ordnungsamt Gemeinsamkeiten bei der berufsspezifischen Verletzbarkeit und in ihrer zugewiesenen Grenzrolle. Eine Grenzrolle ist eine Rolle in einem System, die im Auftrag der Organisation Kontakt mit dem Publikum hat.[25] Mitarbeiter:innen in diesen Rollen haben es aus ihrer berufsspezifischen Sicht im Arbeitsalltag oft mit einem unberechenbaren und eigensinnigen Publikum zu tun. Ihr Einfluss auf die Zusammenarbeit mit diesem ist begrenzt. Es gibt bei dem Publikumsverkehr keine Erfolgsgarantie dafür, dass Grenzstellen sowohl ihre eigenen Ansprüche durchsetzen als auch die Ansprüche des Publikums zufriedenstellen können.[26] Dies ist insbesondere beim Rettungsdienst der Fall, da dort Beschäftigte nicht rechtlich legitimierte Gewalt anwenden und androhen können, um Verhalten zu sanktionieren. Das Ordnungsamt besitzt diverse rechtlich gedeckte Optionen, Ge-

22 François Delor/Michel Hubert, Revisiting the Concept of »Vulnerability«, in: Social Science & Medicine, 50 (2000) 11, S. 1557-1570; hier: S. 1559.

23 Randall Collins, Violence. A Micro-Sociological Theory, Princeton 2008.

24 Simmel, Differenzierung, in: ders. (Hg.), 1989, S. 109-295.

25 Martin Weißmann, Organisiertes Misstrauen und ausdifferenzierte Kontrolle. Zur Soziologie der Polizei, Wiesbaden 2023, S. 63; Martin Weißmann, Grenzrollen und Grenzsysteme. Funktionen und Strukturmerkmale des Handelns an den Grenzen sozialer Systeme, in: André Kieserling/Martin Weißmann (Hg.), Organisierte Grenzrollen. Außendienst und Publikumskontakte in soziologischer Perspektive, Wiesbaden 2023, S. 39-105; Niklas Luhmann, Funktion und Folgen formaler Organisation, Berlin 1964.

26 Weißmann, Grenzrollen, in: Kieserling/Weißmann (Hg.), 2023, S. 39-105; hier: S. 41.

walt anzuwenden, wie beispielsweise das Festsetzen von Personen vor Ort und die Androhung von Gewalt bei Widerstand, allerdings besteht dennoch keine Garantie, dass Bürger:innen stets den Anweisungen des Außendienstes nachkommen.[27] Die Gewaltanwendung und -androhung muss rechtskonform sein. Bürger:innen können gegebenenfalls dagegen klagen, um Missbrauch von Mitarbeiter:innen des Ordnungsamtes zu sanktionieren.

Die im öffentlichen Raum stattfindenden Interaktionen mit Bürger:innen stehen in Wechselwirkung mit präsituativen, relevant gesetzten normativen Erwartungen, auf deren Realisierung die Grenzrollen im Kontakt mit Bürger:innen hoffen.[28] Allerdings entziehen sich deren Verbreitung und Relevanzsetzung in Interaktionen dem kompletten Einfluss beider Grenzrollen. Der öffentliche Raum ist zwar von Gesetzen geregelt, aber zeichnet sich auch dadurch aus, dass die darin agierenden Individuen nicht wie die Grenzrolle an ein formales Regelwerk der Organisation gebunden sind, das formale Handlungsoptionen vorschreibt.[29] Demnach ist der öffentliche Raum kein Bereich, der nur durch das interne formale Regelwerk einer Institution ausgestaltet ist. Zugleich beinhaltet er bestimmte gesellschaftlich vorherrschende Normen, die Verhaltensregeln in Interaktionen dort vorgeben, und lässt vielfältige kulturelle Einflüsse auf die Ausgestaltung von Normen zu.[30] Diese können wie Höflichkeitsnormen gesellschaftlich unterschiedlich verbreitet sein und unterliegen soziokulturellen Veränderungen. Zudem kann im öffentlichen Raum das Publikum die gesellschaftlichen Normen aufgreifen, die Kritik an dem Verhalten und an der Arbeitsweise von Rettungsdiensten und Ordnungsamtsmitarbeiter:innen ermöglichen. Diese Grenzrollen haben gemeinsam, dass Konflikte mit Bürger:innen und scheinbar respektloses Verhalten ihnen gegenüber sich auf die berufsspezifische Verletzbarkeit auswirken. Kognitive Dissonanz entsteht zudem, wenn Verhalten von Bürger:innen gegenüber den Grenzrollen nicht mit deren normativen Erwartungen vereinbar ist. Gemeinsam ist, dass Verfallsnarrative über die Erosion von Institutionen, Werten oder kulturellen Normen im Laufe der Zeit Statusbedrohung verstärken.

27 Der Außendienst im Ordnungsamt fährt Streife und sanktioniert Ordnungsverstöße und Verstöße gegen das Strafrecht.

28 Diese normativen Erwartungen sind kollektiv vorhanden. Dies schließt nicht aus, dass auch individuelle normative Erwartungen vorhanden sein können.

29 Weißmann, Grenzrollen, in: Kieserling/Weißmann (Hg.), 2023, S. 39-105; hier: S. 41.

30 Erving Goffman, Behavior in Public Places. Notes on the Social Organization of Gatherings, New York 1963.

## 3 Ergebnisse: Verletzbarkeit, Statusbedrohungen und das Sakrale

Die erhobenen Daten legen die Hypothese nahe, dass sich berufsspezifische Verletzbarkeit am Arbeitsplatz aus wahrgenommenen Statusbedrohungen und kognitiver Dissonanz zusammensetzt. Die Statusbedrohungen und die damit verknüpfte kognitive Dissonanz sind somit von universeller Verletzungsanfälligkeit durch körperliche Gewalt abgrenzbar.[31] Anstelle von körperlicher Gewalt sind sie das Ergebnis sozialer Konstruktion. Sie hängen in diesem Falle von der gruppenspezifischen Wahrnehmung von Sakralem und Profanem ab. Die gruppenspezifische Wahrnehmung beinhaltet gemäß dieser Dichotomie kollektiv geteilte und binär strukturierte Wahrnehmungsschemata von richtig und falsch sowie gut und schlecht, gemäß denen Akteure gesellschaftliche Phänomene einordnen.[32] Dabei ist nicht mehr entscheidend, dass sich die Unterteilung von sakral und profan auf religiöse Bereiche beschränkt.[33] Die soziale Konstruktion von Phänomenen als sakral zieht nach sich, dass diese Phänomene als zeitlos und nicht hinterfragbar dargestellt werden und mit einer Wertigkeit versehen sind, die vermeintlich überlegen und besonders schützenswert gegenüber dem ist, was innerhalb dieser binären Logik als profan gilt.[34] Das Sakrale ist ein besonderer Bereich der sozialen Realität, in dem unhinterfragbare, zeitlose Aussagen über soziales Miteinander formuliert werden, und beinhaltet kollektiv geteilte, moralische Werte.[35] Die soziale Realität bezeichnet in diesem Kontext die von der Gesellschaft kollektiv geteilte Wahrnehmung und Interpretation von sozialen Phänomenen, wie beispielsweise von Status und Normen. Laut Berger und Luckmann wird soziale Realität durch die Interaktionen und das gemeinsame Verständnis von Individuen konstruiert und aufrechterhalten.[36] Nach Lynch ist die Zivilgesellschaft davon durchzogen, dass Akteure soziale Phänomene mit den Bedeutungen von Heiligem und Profanem versehen. Jede Form des Heiligen enthält Vorstellungen, was als das Profane anzusehen ist, das das Heilige verschmutzt.[37] Auch der öffentliche Raum, in dem Beschäftigte im Rettungs-

---

31 Vulnerabilität mit Unsicherheit zu verknüpfen, wurde bereits von Delor/Hubert vorgeschlagen: Delor/Hubert, Revisiting, in: Social Science & Medicine, 50 (2000) 11, S. 1557-1570.

32 Gordon Lynch, On the Sacred, London 2014; Jeffrey Alexander, A Cultural Sociology of Evil, in: ders., The Meanings of Social Life. A Cultural Sociology, New York 2003, S. 109-120; Gordon Lynch/Ruth Sheldon, The Sociology of the Sacred. A Conversation with Jeffrey Alexander, in: Culture and Religion. An Interdisciplinary Journal, 14 (2013) 3, S. 253-267.

33 Alexander, Cultural Sociology of Evil, in: ders., Meanings of Social Life, 2003, S. 109-120., zitiert nach Jeffrey Alexander, Recovering the Primitive in the Modern. The Cultural Turn and the Origins of Cultural Sociology, in: Thesis Eleven, 165 (2021) 1, S. 10-19; hier: S. 12.

34 Lynch/Sheldon, Sociology, in: Culture and Religion, (2013), S. 253-267; hier: S. 260 ff.

35 Lynch, On the Sacred, 2014., S. 2 u. S. 11.

36 Berger/Luckmann, Social Construction, 1966.

37 Lynch, On the Sacred, 2014, S. 6; Lynch/Sheldon, Sociology, in: Culture and Religion, 14 (2013), S. 253-267; hier: S. 266 f.

dienst und Außendienst des Ordnungsamts arbeiten, ist mit Bedeutungen von sakral und profan gemäß der Wahrnehmung dieser sozialen Gruppen durchzogen.[38] Das Sakrale ist die Idealisierung des Status dieser zwei Berufe in der Öffentlichkeit und somit der Wahrnehmung als etwas Überlegenes, das nicht hinterfragt werden darf.

Der Status eines Akteurs wird durch Normen aufrechterhalten, die Respekt gegenüber diesem Status einfordern. Wie bereits kurz erwähnt, definieren Ridgeway und Markus Status als eine dynamische Beziehung zwischen Fremd- und Selbstdefinition, die Verhalten auf Mikro-, Meso- und Makroebene organisiert. Statusprozesse basieren auf einem impliziten soziokulturellen Schema, das Normen für die Statusvergabe nach dem wahrgenommenen Wert eines Individuums für die Gruppe sowie historisch geprägte Überzeugungen über Wert und Kompetenz umfasst.[39] Status organisiert soziale Beziehungen in hierarchischen Rangordnungen und schafft Klarheit bei Konflikten über Rangpositionen.[40] Eine Statusbedrohung entsteht, wenn die Position einer Gruppe in der Rangordnung von außen hinterfragt wird und der Selbstdefinition dieser Gruppe nicht entspricht.[41] Eine Statusbedrohung zeigt sich für die betroffene Gruppe durch Kritik am Berufsbild und fehlenden Grundrespekt, was die gewünschte Statusposition negativ beeinflusst. Das Profane entsteht, wenn die Normen, die den sakralen Status stützen, an Wirkung verlieren. Respektlosigkeit lässt sich als Fehlen von sakralen Normen des Respekts gegenüber dem Beruf verstehen. Statusbedrohungen im Ordnungsamt werden als Abwertung des Status dieser Berufsgruppe im öffentlichen Raum verstanden, wie die folgenden Aussagen in einer Gruppendiskussion zeigen: »Also ich finde, es fängt schon damit an, wo wir einfach/ wo unser Job niedergemacht wird.«[42]

Diese Bedrohungen lassen sich als Abwertungen des Status des Ordnungsamtes begreifen. Ihr Status wird aus ihrer Sicht durch Abqualifizierung ihres Bildungsniveaus, Verweigerung der Kommunikation und generelle Herabsetzung des Berufs bedroht. Beispielsweise können Bürger:innen die Kompetenz von Mitarbeiter:innen des Ordnungsamtes in Zweifel ziehen, wie ein Gesprächspartner in einer Gruppendiskussion angibt:

> »B6: (bejahend): Ja, sie sind ja nur vom Ordnungsamt]. B2: Ja, … und versuchen halt den Beruf an sich runterzusetzen. B6 (die Bürger*innen imitierend): … Und Sie haben ja nicht studiert. Und ich rede nur mit jemandem, der studiert hat.«[43]

---

38 Siehe zur kollektiven Wahrnehmung: Zerubavel, Mindscapes, 1997.

39 Ridgeway/Markus, Significance, in: The Russell Sage Foundation Journal of the Social Sciences, 8 (2022) 7, S. 1-25; hier: S. 1.

40 Cecilia L. Ridgeway, Status. Why Is It Everywhere? Why Does It Matter?, New York 2019.

41 Ridgeway/Markus, Significance, in: The Russell Sage Foundation Journal of the Social Sciences, 8 (2022) 7, S. 1-25.

42 Gruppendiskussion 1, Ordnungsamt.

43 Ebd.

Normativer Wandel in Form von verstärkter Kritik und Respektlosigkeit wird von Rettungsdienstmitarbeiter:innen als das Profane eingeordnet, da er ihren geheiligten Status bedroht. Respektlosigkeit wird folgendermaßen beschrieben: »Es ist mehr dieses Grenzenüberschreiten, Grenzenaustesten und dieser fehlende Grundrespekt vor anderen Leuten allgemein, vielleicht auch dem Berufsbild an sich.«[44]

Statusbedrohungen äußern sich oft in verbalen Angriffen, die das Verhalten des Rettungsdienstes im öffentlichen Raum kritisieren. Im nächsten Zitat wird deutlich, dass Rettungssanitäter:innen es als verletzend wahrnehmen, wenn ihnen die Kompetenz abgesprochen wird, oder Bürger:innen mit Beleidigungen auf das Parken des Rettungswagens im öffentlichen Raum reagieren. Die normativen Erwartungen der Rettungssanitäter:innen beinhalten auch die Anerkennung ihres Status als Repräsentanten des Staates durch eine Personengruppe, die als »Durchschnittsbürger« bezeichnet wird. Diese Personengruppe ist in der Wahrnehmung der Rettungssanitäter:innen besonders relevant für die Anerkennung ihres sakralen Status.

> »Was für mich am meisten belastend ist, ist, wenn das der Otto Normalbürger ist, dir dann einfach anfängt, die Kompetenz abzuschreiben, oder der dich dann einfach beleidigt, weil du hier parkst. Der Normalo, den du in deiner Wahrnehmung als den Durchschnittsbürger siehst. Wo Du dir denkst, für diese Leute machen wir den ganzen Scheiß hier. Also, weil diese Leute stellen die Mittelschicht dar, und wir stellen den Staat dar, das ist auch ein Grund warum wir angegangen werden.«[45]

Die Enttäuschung ihrer normativen Erwartungen auf Anerkennung ihres Status durch diese Personengruppe ist mit besonderer Vulnerabilität verbunden.

## 3.1 Die Sakralisierung des Status von Ordnungsamt und Rettungsdienst

Die Zuordnungen von Sakralem und Profanem unterteilen Wechselwirkungen zwischen den Grenzrollen und dem Publikum binär in »positiv« und »negativ« und erhöhen kognitive Dissonanz. So spielt ihr Erleben von kognitiver Dissonanz in dem Moment eine Rolle, wenn das Profane das Heilige und damit verbundene Normen zersetzt. Das umfasst den Glauben der Grenzrollen an ihren inhärent überlegenen Status gegenüber dem Publikum. Die folgenden zwei Zitate veranschaulichen diese Haltung, bei der die befragten Mitarbeiter des Ordnungsamtes eine Überzeugung von der Heiligkeit ihres Status und ihrem Anspruch auf Respekt von Akteuren, auf die sie im öffentlichen Raum treffen, zum Ausdruck bringen. Ein Mitarbeiter berichtet von einem Arbeitskollegen, der erwartet habe, dass Jugendliche ihm als Mitarbeiter des Ordnungsamtes unverzüglichen Respekt und Gehorsam erweisen sollten. Ver-

44 Gruppendiskussion 2, Rettungsdienst.
45 Gruppendiskussion 1, Rettungsdienst.

stöße gegen diese Statuserwartung seien von ihm sofort sanktioniert worden. Dies beschreibt der Mitarbeiter in dem folgenden Zitat, indem er erwähnt, dass sein ehemaliger Streifenpartner es vermeintlich »auf Jugendliche abgesehen« habe. Diese Einstellung zeigte sich durch eine Festnahme eines Jugendlichen, nachdem dieser falsche Personalien genannt habe.

> »Also der hat es zum Beispiel auch sehr auf, ich sage mal, Jugendliche abgesehen, ne? Also, so ging dann los, ich nenne dir als Jugendlicher die falschen Personalien und versuche die ein bisschen an der Nase rumzuführen. So, rechtlich darf ich ihm im Endeffekt nichts, außer sagen, was ist los mit dir? Gib mir mal die richtigen Personalien oder eben im Notfall, wenn er weiterhin verweigert, einpacken und die Personalien feststellen. (Unverständlich, möglicherweise ›Auch unser‹ oder ›Unser Kollege‹) hat ihn dann gleich hochgehievt, Handschellen angelegt, so, ich packe dich jetzt zu Papa und dem bewusst Angst gemacht und so weiter. Wisst ihr nicht, wer hier steht?«[46]

Die Aussage des besagten Streifenpartners »Wisst ihr nicht, wer hier steht« impliziert eine Statuserwartung, in der Ordnungsamtsmitarbeiter:innen im öffentlichen Raum den Bürger:innen in einer sozialen Rangordnung höhergestellt sind und beinhaltet die Forderung nach Respekt. Die Erhöhung des Status des Ordnungsamtes als Vorgang der Sakralisierung fußt auf der Funktion des Ordnungsamtes als unentbehrlicher Instanz von Ordnung im öffentlichen Raum. Dass die Mitarbeiter:innen des Ordnungsamtes zu diesem Zwecke Gewalt einsetzen dürfen, verstärkt die Sakralisierung dieser Funktion, wie folgendes Zitat belegt:

> »[…] es gibt die hoheitliche Gewalt, die öffentliche Gewalt. Und damit wird erst mal eins deutlich, dass es eine Gewalt gibt, die auch legitim ist und die gewünscht ist, weil wir uns so die Möglichkeit schaffen, Gesellschaften zu formen, in ihr zu leben, und Rahmenbedingungen zu kreieren, die auch am Ende von allen einzuhalten sind. Und damit gibt es erst einmal den Begriff der legitimen Gewalt und dessen, dass man auch als Gesellschaft, Gewalt erwartet.«[47]

Sakralisierung des Status beinhaltet nicht nur, eine Unentbehrlichkeit der Institution des Ordnungsamtes und einen Mehrwert für die Gesellschaft zu suggerieren, der darin besteht, dass das Ordnungsamt als Institution rechtmäßig Gewalt ausüben darf, um soziale Ordnung herzustellen. Es umfasst auch, sich als Held:innen zu inszenieren und dafür Anerkennung von Bürger:innen zu bekommen. Dieser Anspruch auf einen

46 Gruppendiskussion 2, Ordnungsamt.
47 Interview, Leitung Ordnungsamt.

sakralen Status zeigt sich in den folgenden Aussagen eines Interviewpartners, der gerade diesen Anspruch von einigen seiner Kolleg:innen kritisiert.

> »Die wollen Held sein. Oder wo es damit im Berufsalltag zu tun hat, dass man nach außen dann ja schon sagen könnte, so, ja, ich mache einen Beruf, der ist über jeden Zweifel erhaben oder der ist besonders wichtig. Also andere Arbeiten sind weniger wichtig und mein Job ist halt noch wichtiger als andere«[48]

Die Sakralisierung des Status wird hier mit der Erwartung verbunden, als Helfer:in extreme Notlagen zu entschärfen und dafür von der Gesellschaft respektiert zu werden.[49]

## 3.2 Statusbedrohungen durch das Profane: Respektlosigkeit und normativer Wandel im öffentlichen Raum

Sowohl Mitglieder des Ordnungsamtes als auch Rettungssanitäter:innen teilen die Sichtweise, sich einer Erosion der Normen im öffentlichen Raum ausgesetzt zu sehen, die einst den sakralen Status mit Respekt gegenüber diesen Berufsgruppen stabilisierten. In dem folgenden Zitat aus einer Gruppendiskussion mit Mitarbeiter:innen aus dem Rettungsdienst geht hervor, dass sich aus Sicht der Interviewten die Normen, die mit dem sakralen Status verbunden sind, verändert hätten, da Respekt ihrem Beruf gegenüber vermeintlich abnimmt: »Aus meinem Empfinden heraus bin ich früher mehr beleidigt worden, jetzt ist es mehr so dieses Phänomen dieser Respektlosigkeiten.«[50]

Ein weiteres Zitat umschreibt diese wahrgenommene Veränderung durch eine scheinbare Abnahme von Normen, Rettungssanitäter:innen »Platz« zu machen und »in Ruhe« zu lassen:

> »Und diese Distanz, die unsere Mitbürger uns gegenüber haben oder hatten, die ist halt schon irgendwie krasser geworden, wenn ich wirklich schaue, wo ich vor vier, fünf Jahren angefangen habe, dann haben die Leute schon Platz gemacht, haben einen Bogen gemacht und haben dich in Ruhe gelassen.«[51]

Mitglieder des Ordnungsamtes beklagen einen zunehmenden Trend, in der Öffentlichkeit gefilmt und anschließend »online« kritisiert zu werden, was ihren Status als

48 Interview, Leitung Rettungsdienst.

49 Zum Bild des/der Rettungssanitäter:in als Helfer:in Sarah Furness/Leanne Hanson/Jodie Spier, Archetypal Meanings of Being a Paramedic. A Hermeneutic Review, in: Australasian Emergency Care, 24 (2021) 2, S. 135-140.

50 Gruppendiskussion 2, Rettungsdienst.

51 Gruppendiskussion 1, Rettungsdienst.

makellose, erhabene Akteure im öffentlichen Raum belastet. Das Filmen von Einsätzen und die damit verbundene Kritik untergrüben den Respekt ihnen gegenüber und werden als belastend und ungerechtfertigt wahrgenommen. Dies wird als vermeintlich unverhältnismäßige Verschiebung von Verantwortung zulasten der Ordnungsamtsmitarbeiter:innen dargestellt.

> »Und dann muss man natürlich auch noch, das wurde mir gleich am Anfang am ersten Tag gesagt, wir stehen mit einem Bein im Gefängnis oder spätestens quasi in der Zeitung, ja? Dieses ganze Umfeld, was man mitbedenken muss und was ich gerade schon einmal gesagt habe. [...] Und dann gleich schon wieder stehen mit Handy, man beobachtet das aus dem Augenwinkel halt, ne? Die Person provoziert, provoziert, provoziert und dann halten sie es irgendwie so, dann, dass man dann halt auch, ja, dass man sich auf diese Grenze hinbewegt, ne? Wo man sagt, von wegen, gleich hast du sie überschritten. Aber man muss dann trotzdem ruhig bleiben, weil macht man irgendeinen Fehler, landet es im Internet oder sonst irgendwie halt, ne? Man nimmt sich halt viel raus. Man meint, der Bürger also von wegen, ich bin im Recht. Was er in dem Moment nicht ist, aber es wird dann halt von uns verlangt, wir müssen ja ruhig bleiben 24 Stunden.«[52]

Diese Berufsgruppen nehmen einen Rückgang von Normen wahr, die zuvor zur Sakralisierung ihres Status beigetragen haben. Die kognitive Dissonanz wird durch die empfundene Statusbedrohung erhöht.

## 3.3 Kollektive Erinnerung eines sakralen öffentlichen Raumes in der Vergangenheit

Die öffentliche Veränderung der Normen ist mit einem Narrativ gesellschaftlichen und kulturellen Verfalls verbunden und prägt die kollektive Erinnerung der Grenzrollen. Diese Erzählung über die Erosion von Institutionen, Werten oder kulturellen Normen im Laufe der Zeit führt zu einem Gefühl der Statusbedrohung. Das anschließende Zitat lässt sich als Verfallsnarrativ interpretieren, da eine Verschlimmerung der gesellschaftlichen Grundstimmung gegenüber einem nicht weiter eingegrenzten »früher« porträtiert wird: »Also und was wir einfach merken, Respekt und Anstand in dieser Gesellschaft sind absolut abhandengekommen. Man hat gelernt, lieber übereinander zu reden, sich gegenseitig anzuschreien, als miteinander zu reden.«[53]

Mit der Aussage »man hat gelernt« werden Normen benannt, die von den Mitarbeiter:innen des Ordnungsamtes als das Profane angesehen werden. Das folgende

52 Gruppendiskussion 1, Ordnungsamt.
53 Gruppendiskussion 1, Ordnungsamt.

Zitat beschreibt ebenfalls einen normativen Wandel, begründet in einer gefühlten Zunahme von Gewalt und Sittenverfall.

> »Es ist insgesamt, glaube ich, ein gesellschaftlicher Wandel, auch in den letzten Jahrzehnten teilweise. Also, ich bin jetzt [Altersangabe], wenn ich alleine an meine Jugend denke, ja, man hat sich auch auf die Mütze gehauen. Aber es gab, diese großen Raubüberfälle gab es nicht, und wenn man sich mal auf die Nüsse gehauen hat, dann ging einer zu Boden, dann hat man sich gegenseitig aufgehoben, die Sache war geklärt und man hat zusammen ein Bierchen getrunken. Heute musst du Angst haben, dass dir der Schädel eingetreten wird, dass mal Messer eingesetzt werden und so was. Das gab es einfach vor, wenn ich mal 15 Jahre zurückdenke, da hat der Zwölfjährige noch kein Messer in der Tasche gehabt. Da wurde hier nicht rigoros durch die Straßen gezogen, haben Körperverletzungen begangen, haben Raubüberfälle begangen, ne? Und das ist mittlerweile fast an der Tagesanordnung, ne? Und das gepaart mit Respektlosigkeit, Anstand, der verloren geht und ja, und es ist einfach eine schnellere Vernetzung auch da, ne? Sei es durch Medien, wo einfach viel mehr Gewalteinfluss ist, Pornografieeinfluss ist und das merkst du einfach deutlich auch, wie das in der Gesellschaft angekommen ist.«[54]

Die nächsten zwei Zitate aus einer Gruppendiskussion mit Mitarbeitenden des Rettungsdienstes reflektieren das gleiche Muster eines Verfallsnarrativs. Der aktuelle Status wird aus ihrer Sicht im öffentlichen Raum im Gegensatz zu früher bedroht, was laut der folgenden Aussage mit einer nun hohen Wahrscheinlichkeit verknüpft ist, im Dienst attackiert zu werden. Aus den Aussagen wird deutlich, dass die durch Verfallsnarrative gestützte Statusbedrohung nicht nur auf den Statusverlust im öffentlichen Raum begrenzt ist, sondern auch stark auf die Gefahr körperlicher Angriffe bezogen wird. Die gefühlte Unsicherheit nimmt zu.

> »Wenn ich an meine Einsatzzeit am Anfang zurückdenke […], da war noch diese Achtung da. Da kam einer in Uniform und dann war Ruhe. Diese Hemmschwellen sind in den letzten Jahren verschwunden.«[55]

Im Gegensatz dazu galten aus Sicht der Betroffenen früher Normen, die Respekt dem Beruf gegenüber bewirkt hätten, wie die Achtung vor einer Person in Uniform. Die heute wahrgenommene Abwesenheit dieser Normen untergräbt laut den Interviewten die Position dieser Berufe in der sozialen Rangordnung des öffentlichen Raums.

---

54 Gruppendiskussion 2, Ordnungsamt.
55 Gruppendiskussion 4, Rettungsdienst.

## 3.4 Vergleich der organisationalen Einbettung der zwei Grenzrollen

Es existieren aber auch Unterschiede hinsichtlich der Machtverhältnisse, in die Außendienstmitarbeiter:innen im Ordnungsamt und Rettungssanitäter:innen eingebettet sind, mit Auswirkungen auf deren Verletzbarkeit und Statuserwartungen. Mitarbeiter:innen im Ordnungsamt fühlen sich von Statusbedrohungen betroffen, verfügen aber prinzipiell über die Möglichkeit, mit Gewalt auf Verhaltensweisen vom Publikum, die den sakralen Status bedrohen, zu reagieren. Zugleich ist der Status der Grenzrolle der Außendienstmitarbeiter:innen im Ordnungsamt durch formale, hierarchische Machtverhältnisse innerhalb der Behörde eingegrenzt. Diese Machtverhältnisse drücken sich in bürokratischen Arbeitsanweisungen ihrer Vorgesetzten aus, die die Handlungsfreiheit der Grenzstellen einschränken und deren Befolgung sie unter Druck setzt.[56] Dies wirkt sich auf die Wahrnehmung ihres Status im öffentlichen Raum aus, wie in der folgenden Gruppendiskussion geschildert wird. Als Beispiel für eine Statusbedrohung in Form der Einschränkung der Autonomie des Außendienstes wird eine formale Anweisung angegeben, nach der bei Verstößen gegen die Maskenpflicht während der Corona-Pandemie in der Öffentlichkeit sofort Bußgelder verhängt werden sollten.

> »Weil dieses Erscheinungsbild, was wir dann draußen haben, weil wir sind dann nicht mehr die Leute, die versuchen, Regeln zu vertreten, sondern wir machen eigentlich nur, um Geld zu verdienen, ne? Dass wir für die Stadt Kohle reinholen. Und da merke ich auch bei uns in der Obrigkeit, jetzt auch mit Corona, sind hier Tendenzen, die ich nicht mehr gut finde. Wo auf Teufel komm raus gesagt wird: Schreiben.«[57]

Es ist plausibel, dass dieses Machtungleichgewicht und der damit verbundene Konflikt zwischen Kernorganisation und Außendienst kognitive Dissonanz verstärken. Im Gegensatz zu den Mitarbeiter:innen des Ordnungsamts besitzen die Rettungssanitäter:innen keine Möglichkeit, mit Gewaltanwendung und Gewaltandrohung auf Statusbedrohungen zu reagieren. Zudem besteht ein Machtungleichgewicht zwischen Bürger:innen und Rettungssanitäter:innen in der Definition von Notlagen. Rettungssanitäter:innen verfügen über eine professionalisierte Ausbildung und Expertise, die mit einer Sakralisierung des Status verknüpft sind, die sie aber nicht autonom und selbstbestimmt umsetzen können. Zudem besitzen sie keine Definitionsmacht dar-

56 Matthias Weber, Übergriffe in Verwaltung und Rettungsdienst. Untersuchungen und Empfehlungen zur Prävention von Gewalterleben in Behörden, Working Paper, [= Working Paper Forschungsförderung Nr. 321], Hans-Böckler-Stiftung 2024, <https://.boeckler.de/fpdf/HBS-008893/p_fofoe_WP_321_2024.pdf> (13.12.2024), S. 18 f.

57 Gruppendiskussion 1, Ordnungsamt.

über, welcher Einsatz wirklich einen Notfall darstellt und das Eingreifen des Rettungsdienstes erfordert, weil er zu jedem gerufenen Einsatz kommen muss.[58] Zwar trifft die Leitstelle, die die Notrufe aus der Bevölkerung entgegennimmt, eine erste kurze Erhebung der Sachlage, kann aber eine Bitte um Hilfe durch den Rettungsdienst nicht ablehnen, wenn eine Bürger:in körperliche Beschwerden schildert. Die Definitionsmacht bezieht sich auf den Anspruch der Notfallsanitäter:innen, die mit der professionellen Ausbildung erworbene Expertise im Arbeitsalltag stets umsetzen zu können und sich auf Einsatzlagen zu beschränken, bei denen die Anwendung dieser Expertise auch wirklich notwendig ist. Die gering ausgeprägte Definitionsmacht der Notfallsanitäter:innen in der Bestimmung von Notlagen ist mit kognitiver Dissonanz verbunden. Sie nehmen es als respektlos wahr, wenn sie zu Einsätzen gerufen werden, die aus ihrer Sicht Bagatellen sind, was ein Sanitäter während einer Gruppendiskussion äußert:

> »Und das ist ja auch ein ganz häufiges Moment, was sich für mich auch als Respektlosigkeit darstellt, wenn man in Patientenwohnungen fährt und sieht: Leute, ihr habt nichts, ihr könnt zum Hausarzt gehen.«[59]

Da sich die Ausbildung der Rettungssanitäter:innen professionalisiert hat, wird dies von den Rettungssanitäter:innen mit dem Anspruch an einen sakralen Status verknüpft, der damit verbunden ist, im Alltag ausschließlich diese besonderen medizinischen Fähigkeiten in lebensbedrohlichen Notfällen zum Einsatz zu bringen.[60]

58 Rainer Schützeichel/Matthias Weber/Artur Dietz/Jonas Grutzpalk, Akademisierungsprozesse und ihre Konsequenzen im Professionsfeld der Rettungsdienste, in: Alexander Mitterle/Annemarie Matthies/Annett Maiwald/Christoph Schubert (Hg.), Akademisierung – Professionalisierung. Zum Verhältnis von Hochschulbildung, akademischem Wissen und Arbeitswelt [= Studien zur Schul- und Bildungsforschung, Bd. 89], Wiesbaden 2024, S. 313-344; Dietz, Working Paper, im Erscheinen; Weber, Übergriffe, 2024, S. 12.

59 Gruppendiskussion 4, Rettungsdienst.

60 Vgl. zur Auswirkung der Professionalisierung auf die Bewertung von Einsatzanlässen Schützeichel/Weber/Dietz/Grutzpalk, Akademisierungsprozesse, in: Mitterle/Matthies/Maiwald/Schubert (Hg.), 2024, S. 313-344; Matthias Weber/Artur Dietz, Humiliations as Identity Threats in the Medical Emergency Services. An Analysis of the Structure of Humiliations and Their Negative Impact on Coping in the Medical Emergency Services and Suggestions for Prevention, im Erscheinen.

## 4 Fazit

Diese Analyse gruppenspezifischer Verletzbarkeit betont eine soziale Konstruktion von Verletzbarkeit durch die kollektive Wahrnehmung der betroffenen Berufsgruppen, die nicht mit universeller Verletzbarkeit oder Verletzbarkeit durch verbale und körperliche Gewalt zu erfassen ist. Die Konstruktion von Verletzbarkeit ist eng mit der Erfahrung von kognitiver Dissonanz und Unsicherheit über ihren Status im öffentlichen Raum verknüpft. Solche Statusbedrohungen sind relevant, da sie die Arbeitszufriedenheit mindern und die Kooperation mit der Zivilgesellschaft beeinträchtigen können.

Der sakrale Status der Grenzrollen der Notfallsanitäter:innen und Ordnungsamtsmitarbeiter:innen wird aus ihrer Sicht durch einen normativen Wandel im öffentlichen Raum bedroht, in dem beide Grenzrollen tätig sind. Wahrnehmung von Sakralem und Profanem prägt nicht nur die Verletzungsoffenheit, sondern auch die kollektive Erinnerung der Notfallsanitäter:innen und Ordnungsamtsmitarbeiter:innen an eine vermeintlich bessere Vergangenheit, in der der Status dieser Grenzrollen im öffentlichen Raum noch nicht von dem empfundenen normativen Wandel bedroht gewesen sei. Zugleich impliziert der hier herausgearbeitete Zusammenhang zwischen der Wahrnehmung von Statusbedrohungen und der Idealisierung der Vergangenheit das Risiko der Legitimation von mehr Gewalt und strikteren Sanktionen gegenüber dem Publikum. Dabei wird übersehen, dass Bürger:innen berechtigte Kritik äußern dürfen und Einsatzkräfte durch ihr Auftreten Konflikte mitverursachen können. Kollektive Vorstellungen des Sakralen können die Wahrnehmung der Arbeitsbedingungen und Publikumsbegegnungen dieser Berufsgruppen beeinflussen und haben Implikationen für Aus- und Fortbildung. Reflexionen über Sakrales und Profanes, Statusbedrohungen und ihre Folgen können in Trainings zur beruflichen Selbstwahrnehmung, kognitiver Dissonanz und Hierarchien einfließen, wie vom Autor vorgeschlagen, integriert werden.[61]

Wie vielfältig kollektive Wahrnehmungsmuster sind, und wie sich diese zueinander verhalten, sollte weiter erforscht werden. Denn es existiert nicht nur eine uniforme Sichtweise, die von allen Gruppenmitgliedern geteilt wird. Es müssen auch Unterschiede zwischen Ordnungsamt und Rettungsdienst herausgearbeitet werden. Dazu zählen formale Machtmittel und das Gewaltmonopol oder die verschieden ausgestalteten Machtungleichgewichte, da diese mit Statusbedrohungen eng verbunden sein können. Zu untersuchen ist, wie sehr Statusbedrohungen in diesen Berufen verbreitet sind und ob Statusbedrohungen noch mit anderen, hier nicht beleuchteten Elementen verbunden sind. Es bleibt zudem ein Forschungsdesiderat, die ambivalenten Vorstellungen von Gegenwart und Vergangenheit zu untersuchen, die die Kontakte zwischen Grenzrolle und Bürger:innen differenzierter beschreiben.

---

61 Weber, Übergriffe, 2024.

## 5 Quellen und Literatur

**Abels, Heinz**, Soziale Interaktion, Wiesbaden 2020.
**Alexander, Jeffrey**, A Cultural Sociology of Evil, in: ders. (Hg.), The Meanings of Social Life. A Cultural Sociology, New York 2003, S. 109-120.
**Alexander, Jeffrey**, The Civil Sphere, New York 2006.
**Alexander, Jeffrey**, Recovering the Primitive in the Modern. The Cultural Turn and the Origins of Cultural Sociology, in: Thesis Eleven, 165 (2021) 1, S. 10-19.
**Berger, Peter L./Luckmann, Thomas**, The Social Construction of Reality. A Treatise in the Sociology of Knowledge, New York 1966.
**Bergmann, Jörg**, Von der Wechselwirkung zur Interaktion – Georg Simmel und die Mikrosoziologie heute, in: Tyrell Hartmann/Otthein Rammstedt/Ingo Meyer (Hg.), Georg Simmels große Soziologie. Eine kritische Sichtung nach 100 Jahren, Bielefeld 2011, S. 125-148.
**Blumer, Herbert**, Race Prejudice as a Sense of Group Position, in: Pacific Sociological Review, 1 (1958) 1, S. 3-7.
**Bundesministerium für Inneres und Heimat**, Studie zu Gewalt gegen Beschäftigte des öffentlichen Dienstes: Jede und jeder Vierte erlebt Gewalt, <https://www.bmi.bund.de/SharedDocs/pressemitteilungen/DE/2022/06/studie-gewalt-im-oed.html> (13.12.2024).
**Bühren, Kerstin/Carolin Kuche/Anne Piesker/Bernd Steffens/Christiane Steffens/Stefan Tritsch/Friederike Uhlig/Jan Ziekow**, Gewalt gegen Beschäftigte im öffentlichen Dienst. Ein Literatur- und Praxisüberblick [= Speyerer Forschungsberichte FB Nr. 302], Speyer 2022, <https://dopus.uni-speyer.de/frontdoor/deliver/index/docId/5741/file/FB302.pdf> (13.12.2024).
**Chapell, Duncan/Vittorio Di Martino**, Violence at Work, Genua 2006.
**Collins, Randall**, Violence. A Micro-Sociological Theory, Princeton 2008.
**Delor, François/Michel Hubert**, Revisiting the Concept of »Vulnerability«, in: Social Science & Medicine, 50 (2000) 11, S. 1557-1570.
**Dietz, Artur**, Working Paper, Hans-Böckler-Stiftung, im Erscheinen.
**Durkheim, Emile**, The Elementary Forms of Religious Life, London 1912.
**Festinger, Leon**, A Theory of Cognitive Dissonance, Stanford 1957.
**Forbes-Mewett, Helen/Kien Nguyen-Trung**, Defining Vulnerability, in: Helen Forbes-Mewett (Hg.), Vulnerability in a Mobile World, Leeds 2019, S. 5-27.
**Furness, Sarah/Leanne Hanson/Jodie Spier**, Archetypal Meanings of Being a Paramedic. A Hermeneutic Review, in: Australasian Emergency Care, 24 (2021) 2, S. 135-140.
**Goffman, Erving**, Behavior in Public Places. Notes on the Social Organization of Gatherings, New York 1963.
**Janssen, Jasper/Alexa Agoropoulos**, Betroffene Polizei? Von polizeilichen Vulnerabilitätsnarrativen zu Formen diskursiver (Re)Souveränisierung, in: Martin Thüne, Katrin Klaas, Thomas Feltes (Hg.), Digitale Polizei: Einsatzfelder, Potenziale, Grenzen und Missstände [= Polizieren, Polizei, Wissenschaft und Gesellschaft, Bd. 17], Frankfurt a. M. 2022, S. 201-220.
**Leask, Phil**, Losing Trust in the World. Humiliation and Its Consequences, in: Psychodynamic Practice, 19 (2013) 2, S. 129-142.
**Leuschner, Frank/Alexander Herr/Kristina Balaneskovic/Clemens Lorei**, Angriffsprävalenzen in Arbeitsbereichen mit normdurchsetzenden und helfenden Aufgaben, in: Kriminologie – Das Online-Journal, 5 (2023) 1, S. 52-78, <https://doi.org/10.18716/ojs/krimoj/2023.1.3> (13.12.2024).
**Lim, Michael C./Mohd S. Jeffree/Siti S. Saupin/Norbert Giloi/Khairul A. Lukman**, Workplace Violence in Healthcare Settings. The Risk Factors, Implications and Collaborative Preventive Measures, in: Annals of Medicine and Surgery (Lond), 78 (2022), Art.-Nr. 103727.
**Luhmann, Niklas**, Funktion und Folgen formaler Organisation, Berlin 1964.
**Lynch, Gordon**, On the Sacred, London 2014.
**Lynch, Gordon/Ruth Sheldon**, The Sociology of the Sacred. A Conversation with Jeffrey Alexander, in: Culture and Religion. An Interdisciplinary Journal, 14 (2013) 3, S. 253-267.
**Macioce, Fabio**, The Politics of Vulnerable Groups. Critical Political Theory and Radical Practice, Cham 2022.
**Markus, Hazel R./Shinobu Kitayama**, Culture and the Self. Implications for Cognition, Emotion, and Motivation, in: Psychological Review, 98 (1991) 2, S. 224-253.
**Nienhaus, Albert**, Violence at the Workplace – Potential Consequences and Means of Prevention, in: Public Health Forum, 27 (2019) 1, S. 30-33.

**Nienhaus, Albert/Claudia Drechsel-Schlund/Heike Schambortski/Anja Schablon**, Gewalt und Diskriminierung am Arbeitsplatz: Gesundheitliche Folgen und settingbezogene Ansätze zur Prävention und Rehabilitation, in: Bundesgesundheitsblatt, 59 (2016) 1, S. 88-97.

**Nungesser, Frithjof**, Organisierter Stress. Verletzungsstrukturen und Verletzungserfahrungen im Gefangenenlager Guantanamo, in: Sociologia Internationalis, 58 (2020), S. 51-86.

**Nungesser, Frithjof**, Folterbarkeit. Eine soziologische Analyse menschlicher Verletzungsoffenheit, in: Zeitschrift für Soziologie, 48 (2019) 5/6, S. 378-400.

**Nungesser, Frithjof**, Die Vielfalt der Verletzbarkeit und die Ambivalenz der Sensibilität, in: Zeitschrift für Theoretische Soziologie, 8 (2019) 1, S. 24-37.

**Simmel, Georg**, Über soziale Differenzierung, Leipzig [1890], in: ders. (Hg.), Gesammelte Aufsätze, Frankfurt a. M. 1989, S. 109-295.

**Schützeichel, Rainer/Matthias Weber/Artur Dietz/Jonas Grutzpalk**, Akademisierungsprozesse und ihre Konsequenzen im Professionsfeld der Rettungsdienste, in: Alexander Mitterle, Annemarie Matthies, Annett Maiwald, Christoph Schubert (Hg.), Akademisierung – Professionalisierung. Zum Verhältnis von Hochschulbildung, akademischem Wissen und Arbeitswelt [= Studien zur Schul- und Bildungsforschung, Bd. 89], Wiesbaden 2024, S. 313-344.

**Ridgeway, Cecilia L./Hazel R. Markus**, The Significance of Status. What It Is and How It Shapes Inequality, in: The Russell Sage Foundation Journal of the Social Sciences, 8 (2022) 7, S. 1-25.

**Ridgeway, Cecilia L.**, Status. Why Is It Everywhere? Why Does It Matter?, New York 2019.

**Tajfel, Henri/John C. Turner**, The Social Identity Theory of Intergroup Behavior, in: Stephen Worchel, William G. Austin (Hg.), Psychology of Intergroup Relations, Chicago 1986, S. 7-24.

**Weber, Matthias**, Übergriffe in Verwaltung und Rettungsdienst. Untersuchungen und Empfehlungen zur Prävention von Gewalterleben in Behörden, Working Paper, [= Working Paper Forschungsförderung Nr. 321], Hans-Böckler-Stiftung 2024, <https://www.boeckler.de/fpdf/HBS-008893/p_fofoe_WP_321_2024.pdf> (13.12.2024).

**Weber, Matthias/Artur Dietz**, Humiliations as Identity Threats in the Medical Emergency Services. An Analysis of the Structure of Humiliations and Their Negative Impact on Coping in the Medical Emergency Services and Suggestions for Prevention, im Erscheinen.

**Weißmann, Martin**, Organisiertes Misstrauen und ausdifferenzierte Kontrolle. Zur Soziologie der Polizei, Wiesbaden 2023.

**Weißmann, Martin**, Grenzrollen und Grenzsysteme: Funktionen und Strukturmerkmale des Handelns an den Grenzen sozialer Systeme, in: André Kieserling/Martin Weißmann (Hg.), Organisierte Grenzrollen. Außendienst und Publikumskontakte in soziologischer Perspektive, Wiesbaden 2023, S. 39-105.

**Zerubavel, Eviatar**, Time Maps. Collective Memory and the Social Shape of the Past, Chicago 2003.

**Zerubavel, Eviatar**, Social Mindscapes. An Invitation to Cognitive Sociology, Cambridge 1997.

*Pierre Pfütsch*

# Gewalterfahrungen in Pflegeheimen in der jüngsten Zeitgeschichte

In den Jahren 2014 bis 2017 machte der Fall Niels Högel bundesweit mehrfach Schlagzeilen. Högel, Sohn eines Krankenpflegers, absolvierte selbst die Krankenpflegeausbildung und arbeitete ab Mitte der 1990er-Jahre als Krankenpfleger in Oldenburg und Delmenhorst. Während seiner Tätigkeit kam es immer wieder zu gehäuften Todesfällen unter seinen Patient:innen. 2005 beobachtete ihn zufällig eine Kollegin, wie er einem Patienten ein Herzmittel verabreichen wollte, welches dieser gar nicht bekommen sollte. Daraufhin wurde Högel festgenommen und polizeiliche Ermittlungen angestellt.[1] Nach einer Serie von Anklagen und Prozessen wurde er 2019 in 85 Fällen des Mordes schuldig gesprochen.[2] Die Netflix-Serie »The Nurse«, die auf einem ganz ähnlichen Fall in Dänemark aufbaut[3], wurde 2023 zum Kassenschlager. Sowohl Niels Högel als auch »The Nurse« stellen sicherlich Extremfälle dar und haben gerade deswegen so viel mediale Aufmerksamkeit generiert.[4] Zugleich zeigen beide Beispiele aber auch, dass Gewalt in der Pflege ein gegenwärtiges gesellschaftliches Problem darstellt. Auch in der Pflegewissenschaft und im Fachdiskurs wird es derzeit gehäuft aufgegriffen.[5] Dabei geht es aber nicht nur um diese Extremfälle, son-

1 Hubert Gude/Veronika Hackenbroch/Julia Jüttner, Der Todesengel mordete und mordete, in: Spiegel Online, 29.10.2016, <https://www.spiegel.de/spiegel/krankenpfleger-niels-hoegel-niemand-stoppte-den-todesengel-a-1118740.html> (4.12.2024). Zur gerichtlichen Aufarbeitung dieses Falls siehe: Karsten Krogmann/Marco Seng, Der Todespfleger. Warum konnte Niels Högel zum größten Serienmörder der deutschen Nachkriegsgeschichte werden? München 2021.

2 o. V., Niels Högel wegen 85 Morden zu lebenslanger Haft verurteilt, in: Spiegel Online, 6.6.2018, <https://www.spiegel.de/panorama/justiz/niels-hoegel-patientenmoerder-zu-lebenslanger-haft-verurteilt-a-1271119.html> (4.12.2024).

3 Corina Mühle, Der Todesengel von Dänemark – das ist der True-Crime-Fall hinter »The Nurse«, in: Watson, 7.5.2023, <https://www.watson.ch/leben/filme-und-serien/516799411-the-nurse-das-ist-die-wahre-geschichte-hinter-dem-netflix-thriller> (4.12.2024).

4 Ein Überblick zu Krankenhaustötungen im In- und Ausland in den letzten Jahrzehnten bietet: Karl H. Beine, Krankentötungen in Kliniken und Heimen. Aufdecken und Verhindern, Freiburg i. Br. 2011.

5 Heiner Friesacher, Ignoranz, Misshandlung, Tötung. Gewalt in ihren unterschiedlichen Ausprägungen, zielführende Präventionsstrategien und die Verantwortung von Führungspersonen, in: Die Schwester Der Pfleger, 62 (2022) 7, S. 5-7. Sowie: Alexandra Heeser, Gewalt gegen Pflegende. Deeskalation lässt sich trainieren, in: Die Schwester Der Pfleger, 62 (2022) 3, S. 5-10. Darüber hinaus: Stefanie Freytag/Anna Dammermann/Kristin Schultes/Anja Bieber/Steffen Fleischer/Marco Sander/Alexandra Piotrowski/Beate Blättner, Gewalt und Gewaltprävention in der stationären Altenpflege während der COVID-19-Pandemie. Teilanalyse von Interviews mit Leitungspersonen, in: Pflege, 34 (2021) 5, S. 241-249.

dern vielmehr um »Alltagsgewalt«. Darunter werden im allgemeinen Sprachgebrauch Gewaltformen subsumiert, die aus konfliktgeladenen Situationen im Alltag hervorgehen.[6] Alltagsgewalt kann sowohl Formen von körperlicher, psychischer, sozialer, struktureller als auch ökonomischer Gewalt beinhalten und tritt nicht in allen Fällen offenkundig als Gewalt zutage. In der aktuellen Diskussion stehen dabei weniger Krankenhäuser, sondern in erster Linie stationäre Altenpflegeeinrichtungen als Orte der Gewalt im Fokus. Die Vielzahl der Veröffentlichungen in den Medien seit Ende der 1990er-Jahre lässt zudem vermuten, dass es sich bei Gewalt in Altenheimen nicht mehr nur noch um bedauerliche Einzelfälle handelt, sondern sie ständig präsent ist.[7] Historisch ist das Thema bisher noch kaum bearbeitet worden. Das verwundert, denn der analytische Zugang über den Gewaltbegriff eröffnet Räume und Perspektiven für weitergehende Fragestellungen und Untersuchungen. Gesellschaftsgeschichtlich ist besonders die Frage interessant, wo die Ursachen für Gewalt liegen und wie sie im gesellschaftlichen Diskurs verhandelt wurden. Damit sind auch zwei weitere, größere Fragen verbunden. Einmal die Frage nach dem Wert schutzbedürftiger Gruppen – in diesem Falle alter Menschen – in unserer Gesellschaft zu bestimmten Zeiten. Zweitens lässt sich auch nach dem »Wert der Pflege«[8] in unserer Gesellschaft fragen.

Gerade Formen von Alltagsgewalt lassen sich für Historiker:innen in den Quellen jedoch nicht immer leicht finden. Für die Frage nach Gewalt in Pflegeheimen soll daher in diesem Beitrag ein ganz spezifischer Quellenbestand sowie seine Potenziale und Limitationen für die Analyse von Gewaltformen näher vorgestellt werden. Der Bestand ging aus den Unterlagen und Dokumentationen des Pflegeexperten und -kritikers Claus Fussek hervor, der sich in den letzten Jahrzehnten intensiv mit Missständen in bundesdeutschen Pflegeeinrichtungen auseinandergesetzt hat. Im Folgenden soll zunächst der Forschungsstand näher dargestellt werden. Danach soll die Person Claus Fussek genauer vorgestellt werden und der für eine Analyse von Gewalt in der Altenpflege damit verbundene Quellenbestand und dessen historische Relevanz. Im Anschluss daran steht die Frage nach der Gewalt in der Altenpflege im zeithistorischen Kontext im Fokus. Welche Formen von Gewalt gab es? Welche Akteur:innen waren beteiligt? Wo lagen die Ursachen für Gewalt und welche Präventionsstrategien wurden verfolgt? Da der Aufsatz sich als ein Beitrag zur jüngsten Zeitgeschichte versteht und einige der angesprochenen Phänomene einen eher überzeitlichen Charakter haben, verschwimmen Geschichte und Gegenwart an der ein oder anderen Stelle.

---

6 o. V., Alltagsgewalt, in: <https://www.bedeutungonline.de/was-ist-alltagsgewalt-beispiele-bedeutung-definition-erklaerung/> (4.12.2024).

7 Rolf D. Hirsch/Claus Fussek (Hg.), Gewalt gegen pflegebedürftige alte Menschen in Institutionen. Gegen das Schweigen. Berichte von Betroffenen, Bonn 2001, S. 60.

8 Nicole Kramer, Der Wert der Pflege. Der Reiz der Ökonomisierung und der Wohlfahrtsmarkt der Möglichkeiten, in: Rüdiger Graf (Hg.), Ökonomisierung. Debatten und Praktiken in der Zeitgeschichte, Göttingen 2019, S. 383-412.

## 1 Forschungsstand

Die Sozialkategorie »Alter« hat in der Sozialgeschichte immer mal wieder Konjunktur. In vielen Fragen ist immer noch Christoph Conrads grundlegende Studie »Vom Greis zum Rentner« aus dem Jahr 1994 aktuell.[9] Einen guten Überblick vermittelt auch die Lektüre des Forschungsüberblicks von Bettina Blessing.[10] Florian Greiners erst kürzlich erschienene Habilitationsschrift widmet sich zwar dezidiert dem Sterben in der deutsch-deutschen Geschichte, streift aber auch immer wieder die damit eng verbundene Frage nach dem Alter in der Gesellschaft.[11] Geschichtswissenschaftlich ist die Altenpflege in Deutschland erst in Ansätzen erforscht. Gewerkschaftsgeschichtlich wurde sich dem Thema bereits genähert, indem die Rolle der Gewerkschaft Öffentliche Dienste, Transport und Verkehr (ÖTV) für die Entwicklung der Altenpflege seit den 1970er-Jahren näher untersucht wurde.[12] Nina Grabes Pionierstudie zur stationären Versorgung alter Menschen in Niedersachsen von 1945 bis 1975 zeichnet die Etablierung altenpflegerischer Strukturen in der Bundesrepublik nach und geht dabei auch auf verschiedene Akteur:innen wie Heimträger, Personal und Bewohner:innen ein.[13] Für die Frühgeschichte der Bundesrepublik kann sie zeigen, dass etwa das Fixieren oder das Abschließen von Zimmertüren durch Pflegepersonal durchaus noch Praktiken waren, die gesamtgesellschaftlich toleriert wurden. In den 1960er-Jahren setzte jedoch ein Wandel ein. Maßnahmen wie das Einsperren oder Essensentzug wurden nun zunehmend als unethisch gebrandmarkt und es setzte sich der allgemeine Konsens eines respektvollen und gewaltfreien Umgangs mit Altenheimbewohner:innen durch.[14]

Die Mehrzahl pflegebedürftiger alter Menschen wird nach wie vor zu Hause betreut. Die Herausbildung professioneller Strukturen dieses Arbeitsbereiches hat Kristina Matron zusammengetragen.[15] Nicole Kramers Arbeiten der letzten Jahre geben Einblick in die Entstehung des komplexen Arbeitsmarktes in der deutschen Altenpflege und liefern dabei gleichzeitig Gründe für die schwierige Situation der

9 Christoph Conrad, Vom Greis zum Rentner. Der Strukturwandel des Alters in Deutschland zwischen 1830 und 1930, Göttingen 1994.

10 Bettina Blessing, Die Geschichte des Altes in der Moderne. Stand der deutschen Forschung, in: Medizin, Gesellschaft und Geschichte, 29 (2011), S. 123-150.

11 Florian Greiner, Die Entdeckung des Sterbens. Das menschliche Lebensende in beiden deutschen Staaten nach 1945, Berlin 2023.

12 Wiebke Wiede, Die ÖTV und die Altenpflege seit den 1970er Jahren. Stagnation in einer Wachstumsbranche, Düsseldorf 2022.

13 Nina Grabe, Die stationäre Versorgung alter Menschen in Niedersachsen 1945–1975, Stuttgart 2016.

14 Grabe, Versorgung, 2016, S. 194.

15 Kristina Matron, Häusliche Altenpflege von 1945 bis 1985, in: Sylvelyn Hähner-Rombach/Pierre Pfütsch (Hg.), Entwicklungen in der Krankenpflege und in anderen Gesundheitsberufen nach 1945. Ein Lehr- und Studienbuch, Frankfurt a. M. 2018, S. 287-311.

Altenpflege in Deutschland und sind damit vielleicht so etwas wie der Ausgangspunkt für Forschungen zu Missständen und Gewalt in der Pflege.[16] Daneben dienen die Forschungen aus den letzten Jahren zu Fürsorgeanstalten für Kinder, Jugendliche und Behinderte als wichtige Vergleichsfolie, da es auch hier um vulnerable Gruppen im Kontext der Unterbringung in einer Institution geht. Die Forschungsarbeiten hierzu sind kaum noch zu überblicken. Daher sei an dieser Stelle insbesondere auf die vielen Arbeiten von Hans-Walter Schmuhl verwiesen.[17] Davon abgesehen gibt es einen immer größer werdenden Forschungszweig zur Care-Arbeit, der zwar nicht geschichtswissenschaftlich ausgerichtet, aber für eine Gesellschaftsgeschichte der Gegenwart trotzdem von Belang ist.[18]

## 2 Der Bestand Claus Fussek

Claus Fussek ist ein national bekannter Pflegekritiker, der zum 1. Februar 2022 in den Ruhestand getreten ist. Fussek hat seit Ende der 1970er-Jahre als Sozialarbeiter bei der Vereinigung für Integrationsförderung (VIF e. V.) in München gearbeitet, die sich dafür einsetzt, Menschen mit Behinderung in ihrem Bestreben nach Selbstbestimmung und Unabhängigkeit zu unterstützen. Im Mittelpunkt der Dienstleistungen steht dabei die persönliche Assistenz. Fussek spezialisierte sich im Laufe seiner Berufstätigkeit auf den Bereich der Pflege und hier insbesondere auf die Altenpflege. Dadurch erhielt er im Laufe der Zeit immer tiefere Einblicke in die Strukturen der deutschen Altenpflegelandschaft. Bereits in den 1980er-Jahren wurde er mit Miss-

---

16 Kramer, Wert, in: Graf (Hg.), 2019, S. 383-412.; dies., Prekäre Geschäfte. Privatisierung und Vermarktlichung der Altenpflege im deutsch-englischen Vergleich, in: Zeithistorische Forschungen/Studies in Contemporary History, 17 (2020) 2, S. 234-260; dies., Medikalisierung, Gesundheitspolitik und die Pflege älterer Menschen in der Hochmoderne, in: Anna Grillini/Nicole Kramer (Hg.), Gesundheitspolitik als Verhandlungssache, Ideen, Institutionen und Praktiken vom 19. Jahrhundert bis zur Gegenwart [= Jahrbuch des italienisch-deutschen historischen Instituts in Trient, Bd. 48/1], Bologna 2022, S. 39-67; dies., Die Anfänge des Pflegemarktes und der Wert der Sorgearbeit, in: Jürgen Finger/Benjamin Möckel (Hg.), Ökonomie und Moral im langen 20. Jahrhundert. Eine Anthologie, Göttingen 2022, S. 150-162.

17 Hans-Walter Schmuhl, Kur oder Verschickung? Die Kinderkuren der DAK zwischen Anspruch und Wirklichkeit, München 2023; Karsten Wilke/Hans-Walter Schmuhl/Sylvia Wagner/Ulrike Winkler, »Es sollte doch alles besser werden«. Die Behindertenhilfe der Rummelsberger Diakonie 1945 bis 1995, Bielefeld 2021; Franz-Werner Kersting/Hans-Walter Schmuhl, Psychiatrie- und Gewalterfahrungen von Kindern und Jugendlichen im St. Johannes-Stift in Marsberg (1945–1980). Anstaltsalltag, individuelle Erinnerung, biographische Verarbeitung, Münster 2018.

18 Zu nennen sind hier in erster Linie ethnografische und soziologische Studien wie beispielsweise: Helma Lutz, Die Hinterbühne der Care-Arbeit. Transnationale Perspektiven auf Care-Migration im geteilten Europa, Weinheim, Basel 2018 oder Brigitte Aulenbacher/Helma Lutz/Karin Schwiter (Hg.), Gute Sorge ohne gute Arbeit? Live-in-Care in Deutschland, Österreich und der Schweiz, Weinheim/Basel 2021.

ständen in bayerischen Pflegeheimen konfrontiert. Als Mitglied des Arbeitskreises gegen »Menschenrechtsverletzungen in Heimen« war er beispielsweise bereits im Jahr 1987 an einer Strafanzeige gegen ein Seniorenheim des Bayerischen Roten Kreuzes und einer Petition an den Bayerischen Landtag beteiligt.[19] Im Jahr 1997 erfuhr Fussek von einem Sozialarbeiter, dass regelmäßig montags alte Menschen »ausgetrocknet« in Münchner Krankenhäuser eingeliefert wurden. Daraufhin recherchierte Fussek und fand heraus, dass viele Bewohner:innen von Pflegeheimen an den Wochenenden oft nicht ausreichend verpflegt und fixiert wurden, da die Personaldecke in vielen Heimen an den Wochenenden noch dünner war als sonst. Fussek machte diese Recherchen auf einer Pressekonferenz öffentlich. Die mediale Resonanz war immens. Die *Süddeutsche Zeitung* berichtete beispielsweise unter dem Titel »Wenn der Lebensabend zur Hölle wird«:

> »Statt langwierigem Füttern wird lieber schnell eine Magensonde gelegt. Man setzt Katheder [sic], obwohl der alte Mensch durchaus mit fremder Hilfe auf die Toilette gehen könnte. Anstelle von Zuwendungen gibt es Beruhigungsmittel. Aufgrund von ›Pflegefehlern‹ landen unzählige Altenpflegeheimbewohner in Kliniken.«[20]

Der *Focus* titelte »Gequält mit Fesseln und Kathedern [sic]«.[21] Dieser von den Medien sogenannte »Münchener Pflegeskandal« war der Startpunkt für Fusseks »Karriere« als öffentliche Person. Seitdem wies er in Zeitungsinterviews und Auftritten in Funk und Fernsehen auf bestehende Probleme im deutschen Pflegesystem hin. So war er Gast bei allen großen Polit-Talks der 1990er- und 2000er-Jahre, unter anderem bei Sabine Christiansen, Maybrit Illner und Sandra Maischberger. Mit Günter Wallraff arbeitete er ebenfalls zusammen. Auch als Autor einiger pflegekritischer Bücher wurde er tätig.[22] Angehörige und Pflegekräfte wandten sich von da an immer wieder schriftlich oder telefonisch an ihn. Sie schilderten ihm ihr Leid, beschrieben konkrete Missstände und suchten nach Hilfe, die sie von keiner öffentlichen Stelle erwarten konnten. Fussek beriet die Angehörigen informell, wandte sich aber auch an Kostenträger und Behörden und schaltete wiederholt die Medien ein. So erhielt er innerhalb der letzten 40 Jahre über 50.000 Zuschriften, Anrufe und E-Mails zu Missständen, Problemen und Gewalttaten in Pflegeeinrichtungen aus dem gesamten Bundesgebiet.

---

19 o. V., Heimbewohner werden oft monatelang nicht gebadet«, in: Main-Post, 2.7.1987.

20 Annette Baronikians, Wenn der Lebensabend zur Hölle wird, in: Süddeutsche Zeitung, 30.4./1.5.1997.

21 Barbara Esser, Gequält mit Fesseln und Katheder, in: Focus, (1997) 20, S. 48 f.

22 Claus Fussek/Gottlob Schober, Im Netz der Pflegemafia. Wie mit menschenunwürdiger Pflege Geschäfte gemacht werden, München 2008; dies., Es ist genug! Auch alte Menschen haben Rechte. Deutschlands bekannteste Pflegekritiker klagen an, München 2019; Claus Fussek/Sven Loerzer/Dieter Hildebrandt, Alt und abgeschoben. Der Pflegenotstand und die Würde des Menschen, Freiburg/Basel/Wien 2005.

Fussek hat alle diese Briefe, E-Mails und Telefonnotizen gesammelt und in einem Büro in den Räumen der VIF aufbewahrt. Ende Mai 2022 übergab Claus Fussek seine Unterlagen dem Institut für Geschichte der Medizin der Robert Bosch Stiftung in Stuttgart, wo sie nun archiviert und fachgerecht betreut werden.[23] Generell sind die Unterlagen für die historische und sozialwissenschaftliche Forschung von großer Relevanz, da sie den Stellenwert und die Situation von Pflege innerhalb der deutschen Gesellschaft widerspiegeln. Aufgrund seines enormen Umfangs – Fusseks Korrespondenz befand sich in rund 250 Aktenordnern – ist der Bestand zudem einzigartig für das Feld der Pflege. Zwar gibt es durchaus einige Briefbestände von Pflegenden, die auch historisch bereits untersucht wurden,[24] doch Selbstzeugnisse von Patient:innen, die sich dezidiert zu Pflegepraktiken, Einrichtungen und Verhältnissen äußern, stehen der Forschung (bisher) nicht zur Verfügung.

Auch für die hier behandelte Frage nach Gewalterfahrungen haben viele Teile des Bestandes großen Wert, denn Ego-Dokumente von Opfern von Alltagsgewalt sind selten und ergänzen die historische Forschung jenseits normativer Quellen. Die Aussagen, wie sie in den Unterlagen Fusseks zu finden sind, bilden ein wertvolles Korrektiv: Sie erlauben Einblicke in den Alltag von Heimbewohner:innen, zeigen Arbeitsabläufe von Pflegefachpersonen auf und verdeutlichen oftmals eindrücklich die Differenz von Theorie und Praxis in den Einrichtungen. Gleichwohl darf man – trotz der großen Anzahl der Schreiben – nicht sofort der naheliegenden Versuchung unterliegen, die beschriebenen Inhalte uneingeschränkt als »Alltag« und damit »Normalität« in den Pflegeinstitutionen zu deuten. Letztlich besteht der Bestand aus einer Sammlung von Beschwerden, Beschreibungen von Negativerlebnissen und Schuldzuweisungen. Schilderungen von positiven Erfahrungen in deutschen Pflegeheimen finden sich hingegen nicht in den Unterlagen. Das liegt zum einen daran, dass es nicht Fusseks Aufgabe war, positive Erfahrungen festzuhalten, und zum anderen daran, dass Verfasser:innen von solchen Briefen mit ihnen immer auch einen bestimmten Schreibzweck beziehungsweise eine Intention verbanden.[25] Im Falle Fusseks wünsch-

---

23 Dort werden sie momentan gesichtet, verzeichnet und archivfachlich verpackt und können im Rahmen geltender Archivvorschriften für Forschungszwecke genutzt werden.

24 So gibt es beispielsweise im Archiv der Fliedner Kulturstiftung Kaiserswerth oder auch im Archiv des Verbandes der Schwesternschaften vom Roten Kreuz in Berlin Briefe von Schwestern. Siehe dazu: Astrid Stölzle, Kriegskrankenpflege im Zweiten Weltkrieg durch das Deutsche Rote Kreuz und die konfessionelle Krankenpflege am Beispiel der Kaiserswerther Diakonie, in: Medizin, Gesellschaft und Geschichte, 37 (2019), S. 16-60.

25 Diese quellenkritischen Überlegungen beziehen sich keineswegs nur auf Ego-Dokumente zur Pflegegeschichte, vielmehr wurden Eingaben in der historischen Forschung in den letzten Jahrzehnten bereits in vielfältigen Forschungskontexten – besonders stark zur DDR-Geschichte – herangezogen. Die quellenkritischen Probleme sind dort die gleichen. Zur Kontextualisierung siehe: Florian Bruns, Kranksein im Sozialismus, Berlin 2022; Michaela Fenske, Demokratie erschreiben. Bürgerbriefe und Petitionen als Medien politischer Kultur. 1950–1974, Frankfurt a. M./New York 2013; Pia Schmüser, Bitten und Fordern. Eingaben als Quellen für die Alltagsgeschichte von

te man sich eine Verbesserung der Zustände. Gab es keine Auffälligkeiten und war man mit den Bedingungen zufrieden, gab es auch keinen direkten Anlass, Fussek zu kontaktieren. Dies ist ein Problem fehlender Quellen, das Historiker:innen in einer quellenkritischen Analyse stets mitbedenken sollten.[26] Ebenso wenig kann die drängende Frage beantwortet werden, wie oft es in Altenpflegeheimen zu Gewalttaten kam. Trotzdem bekommt man allein durch die Fülle des Materials und ständig wiederkehrende Beschreibungen ein Gespür dafür, dass es sich nicht nur um Ausnahmefälle gehandelt haben kann.

## 3 Klassifizierung des Bestandes

Bedingt durch Fusseks lokale Recherchen liegt der regionale Schwerpunkt der Zuschriften auf Bayern, es gibt jedoch Korrespondenzen aus dem gesamten Bundesgebiet. Zeitlich stammt der gesamte Bestand aus dem Zeitraum von Mitte der 1990er-Jahre bis in die Gegenwart. Das Quellenkorpus ist äußerst heterogen, was eine Klassifizierung beziehungsweise Strukturierung grundsätzlich nicht einfach macht. Es lassen sich Korrespondenzen mit Betroffenen, mit Angehörigen und mit Pflegekräften ausmachen.

Schreiben von Betroffenen liegen nur in geringem Umfang vor, was sich jedoch wohl am einfachsten damit erklären lässt, dass viele von ihnen oftmals nicht selbst in der Lage waren, Beschwerden zu verfassen oder überhaupt Fussek als Adressaten ausfindig zu machen. In den wenigen Fällen, in denen sich die Betroffenen selbst zu Wort melden, kommt in erster Linie deren Resignation und Hilflosigkeit zum Ausdruck. Besonders schmerzte sie eine aus ihrer Sicht gefühl- und würdelose Behandlung durch das jeweilige Pflegepersonal. So beschrieb eine Altenheimbewohnerin aus Bad Nauheim 1998 als größtes Problem die Abhängigkeit vom Pflegepersonal: »Das ist die Abhängigkeit von den jungen Pflegerinnen (für mich das wirklich Schlimme!). Wir sind ja so hilflos, so ausgeliefert den Launen, dem Temperament – aber auch der Haus- und Arbeitsordnung ›unseres‹ Heims.«[27] Oftmals sind die Briefe von Wut, Trauer, Angst und Resignation durchdrungen.

Nicht verwunderlich ist es daher, dass der Großteil von Fusseks Korrespondenz auf die Initiative von Angehörigen zurückgeht. Kinder, Enkel, Eheleute, Geschwister, seltener auch Freunde von Heimbewohner:innen wandten sich an Claus Fussek. Die konkreten Anlässe für das Verfassen eines Briefes an Fussek sind ganz unterschied-

Menschen mit Behinderungen in der DDR, in: Zeithistorische Forschungen, 19 (2022), S. 355-366; Klaus Tenfelde/Helmuth Trischler (Hg.), Bis vor die Stufen des Throns. Bittschriften und Beschwerden von Bergleuten im Zeitalter der Industrialisierung, München 1986.

26 Pierre Pfütsch, Personal Testimonies Relating to the Contemporary History of German Geriatric Nursing, in: European Journal for Nursing History and Ethics, 5 (2023), S. 96.

27 Einige der Fälle hat Claus Fussek bereits selbst publiziert. Hirsch/Fussek, Gewalt, 2001, S. 60.

lich, gehen meist aber auf ein bestimmtes Ereignis beziehungsweise einen konkreten Vorfall zurück. Außerdem sind die meisten Verfasser:innen auf der Suche nach Hilfe.[28]

Einzelne Fälle, denen Fussek nachgegangen ist, gehen auch auf die Initiative von Pflegefachkräften oder anderen Mitarbeiter:innen von Pflegeeinrichtungen zurück. Dadurch wird deutlich, dass den Schilderungen von Betroffenen und Angehörigen trotz aller quellenkritischen Einschränkungen durchaus ein gewisser Wahrheitsanspruch innewohnen muss. Bezieht man diese Aussagen von Pflegern und Pflegerinnen in einer Untersuchung der Missstände mit ein, kommt man einem für die Analyse notwendigen multiperspektivischen Ansatz näher, durch den die Schuldfrage von den einzelnen Pflegefachpersonen weg- und auf strukturelle Faktoren hingelenkt wird. Diese Schreiben sind quantitativ deutlich in der Minderheit, wofür es mehrere Gründe gibt. So avancierte Fussek im Laufe der Zeit zum »Anwalt« der Betroffenen und klagte »die Pflege« öffentlich an. Das führte wiederum dazu, dass sich viele Pflegekräfte mit ihren Kolleg:innen solidarisch zeigten und ein kritisches Verhältnis zu Fussek aufbauten. So kam es auch immer wieder dazu, dass Kolleg:innen und ihr Verhalten gerechtfertigt wurden.[29] Innerhalb der Berufsverbände und unter den Angehörigen war Fussek stets umstritten. Davon abgesehen verbanden die Absender:innen mit ihren Briefen stets, wie oben beschrieben, einen Wunsch oder eine Forderung. Bei Betroffenen und Angehörigen war das essenziell, ging es doch um das eigene Leben oder das Leben eines nahestehenden Menschen. Bei den Pflegenden war dies nicht der Fall, dort ging es um die Berufsarbeit. Überdies setzten sie sich selbst auch einer gewissen Gefahr aus, wenn sie über Interna aus dem eigenen Berufsalltag berichteten.

Darüber hinaus befinden sich im Bestand noch eine Vielzahl an Zeitungsartikeln, Fachveröffentlichungen, Interviews et cetera, die den öffentlichen Diskurs zum Thema widerspiegeln und zugleich Fusseks Rolle als Pflegekritiker dokumentieren.

## 4 Gewalt am Arbeitsplatz

### 4.1 Formen von Gewalt

Fragt man nach Formen von Gewalt, stellt sich zunächst die Frage nach der hier angewandten Definition von Gewalt. Abgesehen von Extremsituationen wie Kriegen ist Gewalt zunächst einmal als Teil des alltäglichen Lebens zu verstehen, ähnlich beispielsweise wie Konflikte.[30] Der Gewaltbegriff ist breit angelegt, »Gewalt«

28 Zu Gründen für Schreiben an Gesundheitseinrichtungen in der BRD siehe Pierre Pfütsch, Das Geschlecht des »präventiven Selbst«. Prävention und Gesundheitsförderung in der Bundesrepublik Deutschland aus geschlechterspezifischer Perspektive (1949–2010), Stuttgart 2017, S. 128 f.

29 Vortragsmanuskript von V. L. vom 27. November 1996, in: IGM NFUS 11.

30 Zu Konflikten im Gesundheitsbereich und ihrem analytischen Potenzial siehe Pierre Pfütsch, An Introduction to Conflict Research. Illustrative Applications with Healthcare Professions in the

kann gegenwärtig sowohl körperlich, psychisch, sozial, strukturell wie ökonomisch verstanden werden.[31] Der Historiker Klaus Weinhauer sieht das kritisch. Laut ihm definierte man den Begriff seit den 1970er-Jahren immer breiter, wodurch er seine begriffliche Schärfe verloren habe. Die neue sozialwissenschaftliche Gewaltforschung der 1990er-Jahre konzentrierte sich hingegen wieder verstärkt auf physische Gewalt. Weinhauer plädiert daher für ein enges Verständnis des Gewaltbegriffs, um dessen analytisches Potenzial zu stärken.[32] Dem ist grundsätzlich zuzustimmen. Dennoch ist solch eine klare Abtrennung nicht immer möglich und wie im Falle der Handlungen gegen Pflegeheimbewohner:innen auch nicht sinnvoll, würde sie doch viele Taten nivellieren. Denn viele Handlungen, die in diesem Beitrag adressiert werden, sind per se keine Formen von physischer Gewalt. Dennoch führen sie zu körperlichen Verletzungen, Schmerzen und Schäden – und erlangen so eine zentrale physische Komponente. Insbesondere körperliche, psychische und soziale Gewalt sind in diesem Kontext eng miteinander verwoben. Weiterführend ist hier die Definition von Gewalt gegen ältere Menschen der britischen Action on Elder Abuse (AEA), die im Jahr 2008 von der World Health Organization (WHO) übernommen wurde und international anerkannt ist. Dort wird Gewalt gegen ältere Menschen definiert als »a single or repeated act or lack of appropriate action, occurring within any relationship where there is an expectation of trust which causes harm or distress to an older person«[33]. Diese Auslegung bezieht auch passive Handlungen und die Folgen, die daraus entstehen können, mit ein. Als Beispiel sei ein Brief einer Frau aus dem Jahr 2001 angeführt:

> »Wir als Töchter haben unsere Mutti bis zur Heimaufnahme in ihrer gewohnten Umgebung versorgt, bis es nicht mehr möglich war, da unsere Mutti eine 24-Stunden-Betreuung benötigte. Ich war aufgrund meiner körperlichen Schwerbehinderung nicht in der Lage, Schwerstpflege zu übernehmen, und meine Schwester mußte ihren Lebensunterhalt sichern. Nachstehend führe ich einige der vielen Vorkommnisse auf, die wir als menschenunwürdig und fahrlässig fanden. [...] Bei winterlichen Temperaturen und etwas geöffnetem Fenster lag unsere Mutti in ihrem Urin. Der Frühdienst kam und hörte Wimmern aus ihrem Zimmer. Sie war eiskalt. Im Beisein von Zivildienstleistenden wurde unsere Mutter im Bett gewaschen. Im

---

19th and 20th Century, in: ders. (Hg.), Marketplace, Power, Prestige. The Healthcare Professions' Struggle for Recognitions (19th–20th Century), Stuttgart 2019, S. 7-17.

31 Gunter A. Pilz, Gewalt, in: Lexikon der Psychologie, <https://www.spektrum.de/lexikon/psychologie/gewalt/5920> (4.12.2024).

32 Philipp Urban, Tagungsbericht: Gewalt am Arbeitsplatz im 20. Jahrhundert, in: H-Soz-Kult, 9.2.2024, .<www.hsozkult.de/conferencereport/id/fdkn-141820> (4.12.2024). Siehe auch den Beitrag von Klaus Weinhauer in diesem Band (➞ S. 21 ff.).

33 Action on Elder Abuse, Abuse's Definition of Elder Abuse, 1995; sowie: World Health Organization, A Global Response to Elder Abuse and Neglect, Genf 2008, S. 1.

> Intimbereich war die Schwester mit dem Waschen sehr grob. Es bereitete unserer Mutter Schmerzen. […] Ohne Hilfe konnte unsere Mutti nicht abführen. Meine Schwester erbat sich Hilfe bei den Schwestern. Der Stuhlgang war halb draußen. Es fehlte die Kraft zum Pressen. Von den Schwestern kam folgendes: ›Sie soll zurücknehmen. Es wird erst morgen abgeführt.‹ […] Aus Angst, die Schwestern zu belästigen, hatte unsere Mutti nicht mehr richtig getrunken, weil man bekanntlich dann auf die Toilette mußte. Sie war fast ausgetrocknet.«[34]

Laut der Schilderung dieser Angehörigen kann man also bis auf das »grobe« Waschen keine Form physischer Gewalteinwirkung feststellen. Durch den täglichen Umgang entstand bei der Patientin aber ein Klima der Angst, was wiederum zu großen körperlichen Leiden führte. Die notwendige verschränkte Betrachtung von körperlicher, psychischer und sozialer Gewalt wird an diesem Beispiel deutlich.

Eine Durchsicht der Quellen zeigt, dass bestimmte Gewalthandlungen immer wiederkehren, andere höchst individuell sind und nur in Einzelfällen berichtet werden. Zu den Formen beziehungsweise Praktiken, die immer wieder genannt werden, gehören Toilettengänge, die Ernährung und das Waschen. Das alles sind menschliche Grundbedürfnisse, die zudem noch sehr persönlich und schambehaftet sind. Es sind keine Extremsituationen oder außergewöhnliche Ereignisse, es ist das alltägliche Leben, in dem die Betroffenen besonders vulnerabel sind und angegriffen werden. Genau aus diesem Grund werden sie von den Bewohner:innen und Angehörigen auch berichtet. Aus ihrer Sicht wird der Alltag in der Einrichtung zu einer Gefahr für Leib und Leben.

## 4.2 Täter:innen-Opferkonstellationen

Wie sieht die Täter:innen-Opferkonstellation aus? Die Positionen sind relativ klar verteilt. In den Quellen werden die Bewohner:innen als Opfer und das Pflegepersonal als Täter:innen beschrieben. Wobei es auch immer wieder Einzelfälle gibt, in denen Pflegekräfte insbesondere von dementen Bewohner:innen Gewalt erfahren. Diese Fälle sind ebenfalls keineswegs trivial, doch sind sie andersgeartet als die Gewaltfälle gegen die Bewohner:innen. Ursachen und Prävention sind hier stärker medizinisch begründet.

Lohnenswert erscheint es, sich die Gruppen der Opfer und Täter:innen etwas genauer anzuschauen. Betrachtet man die Opfer, erscheint auf den ersten Blick die Kategorie »Alter« alles zu überlagern. Die Opfer sind, das liegt in der Natur der Sache, alle ältere Menschen. Und je älter sie werden, desto vulnerabler stellt sich meist ihr Zustand dar. Auf den zweiten Blick wird aber deutlich, dass es sich bei den in

34 Hirsch/Fussek, Gewalt, 2001, S. 75-76.

den Quellen beschriebenen Opfern deutlich öfter um Frauen handelt.[35] Dafür gibt es verschiedene Erklärungen: Zunächst ist die demografische Entwicklung zu nennen. Frauen haben in Deutschland derzeit eine knapp fünf Jahre längere Lebenserwartung als Männer. Allein dadurch ist der Anteil von älteren Frauen in der Gesellschaft höher als der von Männern. Laut Statistischem Bundesamt sind von den Pflegebedürftigen, die vollstationär in Heimen leben, 69,4 Prozent Frauen.[36] Auch bekommen Frauen häufiger Besuch und haben ein stabileres soziales Umfeld, in dem Gewalterfahrungen auffallen könnten. Und auch das »Öffentlichmachen« von erfahrener Gewalt und damit die Zurschaustellung der eigenen Schwäche und Verletzbarkeit wird gesellschaftlich eher Frauen zugeschrieben und zugestanden. Mit Männlichkeitsvorstellungen lässt sich das nur schwer vereinbaren. Die Absender:innen der Briefe von Angehörigen sind ebenfalls viel häufiger Frauen. Das steht zwar den Forschungen zu Eingaben und Bürgerbriefen entgegen[37], lässt sich aber mit der weiterhin geltenden Zuschreibung der Care-Arbeit an Frauen erklären. In vielen Fällen haben die Absender:innen die späteren Opfer zu Hause selbst gepflegt, bevor sie in ein Pflegeheim eingewiesen wurden. Dadurch haben sie die engste Bindung zu ihnen. Spekuliert werden kann nur darüber, ob Frauen in diesem Setting auch aufgrund ihres Geschlechts öfter zum Opfer werden. Betrachtet man aber, wie im Folgenden, die Ursachen für die Gewalterfahrungen, erscheint dies wiederum eher unwahrscheinlich.

## 4.3 Ursachen von Gewalt

Die Häufigkeit, mit der Gewalt in Pflegeheimen beschrieben wird, lässt die Frage nach den Ursachen zentral erscheinen. Die Anlässe sind zwar von Fall zu Fall höchst individuell, die Ursachen sind jedoch in den meisten Fällen äußerst ähnlich, insbesondere was die Gewalthandlungen im Bereich Ernährung, Toilettengänge und Hygiene betrifft. Hier lassen sich einige strukturelle Ursachen identifizieren. So berichtet bspw. ein Pfleger oder eine Pflegerin aus Ahenhausen 1998 über seine beziehungsweise ihre Erfahrungen auf einer geschlossenen gerontopsychiatrischen Station:

> »Alle anderen müßten eigentlich beim Waschen und Anziehen unterstützt werden, von sich aus tun sie es nicht, d. h. sie kommen in der körperlichen Hygiene restlos hinten hin, so wie alle anderen auch. Es kam zu schlimmen Zahnfleischentzündungen, da nicht mal für Mund- und Gebißhygiene Zeit blieb. Morgens und abends findet eine robotermäßige Abfertigung der Menschen statt, die in einem Kuhstall

35 Eine quantitative Untersuchung steht noch aus. Schätzungen zufolge betreffen aber drei Viertel der beschriebenen Fälle Frauen.

36 o. V., Pflegebedürftige nach Versorgungsart, Geschlecht und Pflegegrade 2021, <https://www.destatis.de/DE/Themen/Gesellschaft-Umwelt/Gesundheit/Pflege/Tabellen/pflegebeduerftige-pflegestufe.html?nn=210648> (4.12.2024).

37 Pfütsch, Geschlecht, 2017, S. 62 f.; sowie: Fenske, Demokratie, 2013, 56 f.

> z. B. zu massiven Protesten der Tierschützer führen würde. Das Schlimme dabei ist, daß man nicht anders ›arbeiten‹ kann, weil man sonst gar nicht alle Leute bis zum Frühstück aus dem Bett hätte und abends erst um Mitternacht alle im Bett. Also fängt man 15.00 Uhr an, die Leute ins Bett zu bringen oder zumindest das Schlafgewand anzuziehen. Weil es schnell geht, bekommen sie z. T. Brei gefüttert, denn normales Essen braucht viel zu viel Zeit. Mit der Trinkmenge ist es extrem schlimm, teilweise trinken sie tagelang so gut wie nichts, wenn sie z. B. verweigern. Und man bräuchte dann halt Zeit!«[38]

»Zeit« ist hier das ausschlaggebende Wort. Laut Beschreibung der Pflegekraft reicht die vorhandene Zeit nicht aus, um die Bewohner:innen adäquat zu betreuen. Formen von Vernachlässigung und Gewalt sind die Folge davon. Aus Sicht der Pflegenden ist das Legen und Leeren eines Blasenkatheters beziehungsweise das Anziehen und Wechseln von Windeln wesentlich einfacher zu handhaben als eine betagte Person mehrmals am Tag zur Toilette zu begleiten. Das würde zwar die Mobilität und die Eigenständigkeit der Bewohner:innen fördern und auch ihr Selbstwertgefühl stärken, doch die Zeit, die das beansprucht, fehlt wiederum bei der Betreuung anderer Bewohner:innen. Genau dieses »Zeitproblem« in den Heimen ist jedoch kein individuelles, sondern ein strukturelles Problem, das den »Wert« der Pflege in der deutschen Gesellschaft widerspiegelt.

Am 5. Mai 1998 berichtete das Boulevardblatt *Hamburger Morgenpost* über eine Revisionsverhandlung gegen drei Pflegekräfte, die aufgrund ihrer Gewalttaten in der ersten Instanz zu Freiheitsstrafen verurteilt wurden. Sie sollen unter anderem einer Patientin Kot ins Gesicht geschmiert und einem Bewohner die Schamhaare angezündet haben. Nach dem Geständnis in zweiter Instanz wurden die Freiheitsstrafen zur Bewährung ausgesetzt. Bemerkenswert sind die Ausführungen der Richterin: »Die Angeklagten waren in ihrem Beruf überfordert.« Und die Taten »hätten Ventilfunktion gehabt«.[39] Damit wurden die Arbeitsumstände in der Altenpflege quasi indirekt als gewaltauslösende beziehungsweise zumindest gewaltfördernde Ursachen anerkannt. Das hebt noch mal grundsätzlich die Bedeutung des »Arbeitsplatzes« als Setting für Gewalt hervor.

Wie kam es aber dazu, dass sich in den 1990er-Jahren solche Arbeitsumstände in der Altenpflege als Normalität durchgesetzt haben? Viele pflegepolitische Entwicklungen der letzten Jahrzehnte kreisten genau um die Frage, wie viel Zeit für die Pflege eines alten Menschen zur Verfügung stehen soll. Daran gekoppelt waren die Fragen nach den Kosten. Was kostet die Pflege alter Menschen? Wer übernimmt diese Kosten? Mit der Kostenfrage war wiederum die Personalfrage eng verbunden: Wie viel Personal benötigt man für die Pflege alter Menschen? Wie muss das Personal

38 Hirsch/Fussek, Gewalt, 2001, S. 200.

39 o. V., Mildes Urteil für brutale Pfleger, in: Hamburger Morgenpost, 5.5.1998.

dafür ausgebildet sein? Was darf das Personal verdienen? Das warf letztlich wieder Fragen auf, die nicht die Pflegepolitik, sondern vielmehr die Berufsinhalte der Pflege betrafen: Welche pflegerischen Praktiken waren notwendig? Wie sollte das Verhältnis von Grund- und Behandlungspflege aussehen? Welchen Stellenwert kann die »Seelenpflege« noch einnehmen?

Seit den 1960er-Jahren stieg die Nachfrage nach Heimplätzen in der Altenpflege in der Bundesrepublik stetig an. Das war zugleich auch der Beginn einer bundespolitischen Altenheimpolitik. Zu dieser Zeit wurde die Heimunterbringung gesellschaftlich eher kritisch und für viele Menschen als letzter Ausweg angesehen. Kritik wurde insbesondere an privaten Heimen geäußert, da hier alte Menschen als Ware behandelt würden.[40] Die Politik setzte sich daher für menschenwürdige Lebensbedingungen in Heimen ein. Das 1975 in Kraft getretene Heimgesetz regelte beispielsweise die Mitbestimmung von Heimbewohner:innen in Form von Heimbeiräten.[41] Wie Nicole Kramer überzeugend dargelegt hat, setzten nahezu zeitgleich dazu bereits in den 1970er-Jahren Überlegungen zur Effizienzsteigerung in der Altenpflege ein:

> »Das Denken in Effizienzkalkülen stand also im Falle der Altenpflege ebenso im Kontext des Ausbaus des Sozialstaats, das heißt der Planung der Altenhilfe und der Bemühungen um die Sicherung menschenwürdiger Verhältnisse, wie in dem des zunehmenden Kostendrucks im Zeitalter der Austerität.«[42]

Ende der 1970er- und Anfang der 1980er-Jahre weiteten sich die kritischen Stimmen über die Altenheime über die gewerblichen Heime hinaus auch auf die aus, die in freigemeinnütziger und kommunaler Trägerschaft waren. Das hatte sicherlich auch viel damit zu tun, dass sich die freigemeinnützigen Wohlfahrtsverbände, wozu die Arbeiterwohlfahrt, der Deutsche Caritasverband, der Deutsche Paritätische Wohlfahrtsverband, das Deutsche Rote Kreuz, die Diakonie Deutschland im Evangelischen Werk für Diakonie und die Zentralwohlfahrtsstelle der Juden in Deutschland gehören, mehr und mehr zu »Sozialunternehmen« verwandelten.[43] Mit der Pflegeversicherungsreform im Jahr 1995 wurde das Recht alter Menschen auf Pflege und damit auf eine Versorgung im Alter zwar grundsätzlich weiter gestärkt, doch auch

---

40 Kramer, Ökonomisierung, in: Graf (Hg.), 2019, S. 383-412; hier: S. 387 f.

41 Ursula Münch, Familien-, Jugend- und Altenpolitik, in: Hans Günter Hockerts (Hg.), Geschichte der Sozialpolitik in Deutschland seit 1945, Bd. 5. Bundesrepublik Deutschland 1966–1974. Eine Zeit vielfältigen Aufbruchs, Baden-Baden 2006, S. 633-705; hier: S. 705.

42 Kramer, Ökonomisierung, in: Graf (Hg.), 2019, S. 383-412; hier: S. 392.

43 Rajah Scheepers hat diesen Prozess für die Diakonie nachgezeichnet: Rajah Scheepers, Ökonomie und Theologie – die Entwicklung des Unternehmens Diakonie in den Scharnierjahrzehnten 1960 bis 1980, in: Zeitschrift für Unternehmensgeschichte, 54 (2017), S. 26-49.

die Vermarktlichung der Altenpflege wurde weiter vorangetrieben.[44] Private Anbieter wurden nach dem Gesetz freigemeinnützigen und kommunalen gleichgestellt. Doch egal, welcher Seite der Anbieter angehörte, viele waren sich einig, dass die Pflegeversicherung zu knapp bemessen sei und es kaum möglich sei, kostendeckend zu arbeiten:

> »Knapp 40 Prozent [der Heimanbieter:innen, P. P.] beklagten, die Pflegeversicherung habe sich negativ auf ihre wirtschaftliche Situation ausgewirkt, und nur 9 Prozent äußerten sich durchweg positiv. Negativ bewerteten viele Heimbetreiber*innen, dass mit dem Gesetz der Verwaltungsaufwand immens gestiegen sei und die Entgelte nicht die Kosten decken würden.«[45]

Auch die Arbeit in der Altenpflege galt für die Beschäftigten in den Heimen bereits in den 1980er-Jahren als schlecht. Schichtarbeit, unterdurchschnittliche Bezahlung, emotionaler Stress und mangelnde Anerkennung waren die Kennzeichen der Arbeit in der Altenpflege.[46] Auch die Gründe waren bereits bekannt: Die Ausbildung in der Altenpflege hatte von jeher ein schlechteres Ansehen als die in der Krankenpflege. Daher waren Altenpfleger:innen schlechter bezahlt, hatten schlechtere Aufstiegschancen und schlechtere Arbeitsbedingungen als ihre Kolleg:innen in der Krankenpflege, die ebenfalls unter schwierigen Bedingungen arbeiteten. Das führte wiederum dazu, dass es in Zeiten von Personalmangel die Altenpflege ganz besonders hart traf und hier auf ungelerntes Personal ausgewichen werden musste, welches mit den schwierigen Situationen in den Heimen noch weniger zurechtkam und die Missstände in den Altenheimen letztlich noch weiter verschärfte. So berichtete beispielsweise eine gelernte Altenpflegerin über die Zustände in ihrer Einrichtung: »Ungelernte Hilfskraft macht Verbandwechsel, sehr oft ohne ärztliche Anordnung, mit eine(r) beliebigen Salbe. Beim Anlegen von Kompressionsverbänden läßt (sie) die Ferse frei, wickelt so fest, daß (es) zu Blutstauung kommt.«[47] Oder: Eine ungelernte Pflegekraft sagte zu einer Arbeitskollegin: »Die Bewohnerin darfst du ruhig anpacken, die beuge ich auch wenn es sein muß über den Fensterrahmen. Da kenn ich nichts.«[48] Man könnte also in gewisser Weise davon sprechen, dass es in Zeiten, in denen die Professionalität in der Altenpflege eigentlich hätte gestärkt werden müssen, es zu einer Deprofessionalisierung des Feldes kam, was die Ausgangslage noch weiter verschärfte.[49]

---

44 So gab es nach der Einführung der Pflegeversicherung einen Neugründungsschub von privaten Altenheimen. Kramer, Geschäfte, in: Zeithistorische Forschungen/Studies in Contemporary History, 17 (2020) 2, S. 234-260; hier: S. 244.

45 Ebd., S. 255.

46 Kramer, Ökonomisierung, in: Graf (Hg.), 2019, S. 383-412; hier: S. 404.

47 Schreiben von M. L. vom 8.12.1997, in: IGM NFUS 26.

48 Ebd.

49 Ob die im Jahr 2020 eingeführte generalistische Pflegeausbildung als Instrument zur Lösung dieser Probleme dienen kann, bleibt abzuwarten.

Aus diesem Befund heraus wurden in den 1990er-Jahren Präventionsstrategien entwickelt, die jedoch kaum über Modellprojekte hinaus Anwendung fanden. Einzelnen Quellen ist zu entnehmen, dass Angebote, wenn es solche gab, vielmehr sogar abgelehnt wurden. So berichtet eine Pflegerin: »Und wir wehren paradoxerweise gerade die Möglichkeiten der persönlichen Entlastungen entschieden ab, die uns wirklich helfen würden, wie Gruppengespräche, Fortbildungen, Teamwork oder Supervision.«[50] Warum dies der Fall war, kann aus den vorhandenen Quellen nicht direkt konstruiert werden. Es ist jedoch zu vermuten, dass eine Auseinandersetzung mit und ein kritisches Hinterfragen des eigenen Verhaltens grundsätzlich nicht einfach waren und gerade im Kontext von Berufsarbeit, wo verschiedene soziale Rollen ineinanderfließen, aufgrund von Hierarchiegefügen, Karrieremöglichkeiten und Verlustängsten nochmals schwieriger waren. Es war sogar eher das Gegenteil der Fall. In den Quellen berichteten Pflegende immer wieder davon, dass sie Dokumentationen gefälscht hätten, die bescheinigten, dass alle Tätigkeiten vorschriftsmäßig ausgeführt wurden. Aus Angst vor negativen Konsequenzen durch den Arbeitgeber stützten sie letztendlich damit die Strukturen, die die Gewalt bedingten.

## 5 Fazit

Der Quellenbestand des Pflegekritikers Claus Fussek dient als Ausgangspunkt dafür, Missständen, Problemen und Gewalterfahrungen in Pflegeheimen in der jüngsten Zeitgeschichte nachzuspüren. Zwar ist es anhand der Quellen nicht möglich, die sich aufdrängende Frage nach der Häufigkeit solcher Vorfälle auch nur annähernd zu beantworten, doch stützen Art und Umfang der Schreiben die Vermutung, dass es sich um ein Alltagsphänomen handelt(e). Gesellschaftsgeschichtlich ist besonders die Frage interessant, wo die Ursachen für diese Gewaltformen liegen und wie sie im gesellschaftlichen Diskurs verhandelt wurden.

Hier lassen sich mehrere Gründe festmachen, die sich im Altenpflegeheim als Arbeitsplatz wie in einem Brennglas bündeln: Bereits seit Mitte der 1970er bestimmten immer mehr ökonomische Handlungskalküle die Organisation der Altenpflege. Das betraf nicht nur das Betreiben der Einrichtungen, sondern auch die konkreten Arbeitsabläufe des Pflegepersonals. Pflege musste immer stärker auch effizient sein. Die Frage nach der für die Pflegeabläufe zur Verfügung stehenden Zeit wurde damit in den letzten vierzig Jahren immer wichtiger. Um diese schwierigen Vorgaben überhaupt annähernd umsetzen zu können, hätte es gut ausgebildete Fachkräfte gebraucht. Diese gab es jedoch kaum. Steigende Arbeitsanforderungen und unzureichend ausgebildetes und wenig geschultes Personal waren letztendlich oftmals die Gründe dafür, warum alte Menschen in Pflegeheimen Gewalt erfuhren. Gewaltexzesse, wie der in

50 Vortragsmanuskript von V. L. vom 27. November 1996, in: IGM NFUS 11.

der Einleitung skizzierte Fall von Niels Högel stellten die absoluten Ausnahmen dar und waren auch auf andere Gründe zurückzuführen. Die im Bestand Claus Fussek hingegen beschriebenen Beispiele lassen jedoch vermuten, dass Alltagsgewalt auch ein Alltagsphänomen in bundesdeutschen Pflegeeinrichtungen bis in die Gegenwart hinein ist.

## 6 Quellen und Literatur

**Action on Elder Abuse**, Abuse's Definition of Elder Abuse, 1995.

**Aulenbacher, Brigitte/Helma Lutz/Karin Schwiter (Hg.)**, Gute Sorge ohne gute Arbeit? Live-in-Care in Deutschland, Österreich und der Schweiz, Weinheim/Basel 2021.

**Baronikians, Annette**, Wenn der Lebensabend zur Hölle wird, in: Süddeutsche Zeitung, 30.4./1.5.1997.

**Beine, Karl H.**, Krankentötungen in Kliniken und Heimen. Aufdecken und Verhindern, Freiburg i. Br. 2011.

**Blessing, Bettina**, Die Geschichte des Alterns in der Moderne: Stand der deutschen Forschung, in: Medizin, Gesellschaft und Geschichte, 29 (2011), S. 123-150.

**Bruns, Florian**, Kranksein im Sozialismus, Berlin 2022.

**Conrad, Christoph**, Vom Greis zum Rentner. Der Strukturwandel des Alters in Deutschland zwischen 1830 und 1930, Göttingen 1994.

**Esser, Barbara**, Gequält mit Fesseln und Katheder, in: Focus, (1997) 20, S. 48 f.

**Fenske, Michaela**, Demokratie erschreiben. Bürgerbriefe und Petitionen als Medien politischer Kultur 1950–1974, Frankfurt a. M./New York 2013.

**Freytag, Stefanie**/Anna Dammermann/Kristin Schultes/Anja Bieber/Steffen Fleischer/ Marco Sander/Alexandra Piotrowski/Beate Blättner, Gewalt und Gewaltprävention in der stationären Altenpflege während der COVID-19-Pandemie. Teilanalyse von Interviews mit Leitungspersonen, in: Pflege, 34 (2021) 5, S. 241-249.

**Friesacher, Heiner**, Ignoranz, Misshandlung, Tötung. Gewalt in ihren unterschiedlichen Ausprägungen, zielführende Präventionsstrategien und die Verantwortung von Führungspersonen, in: Die Schwester Der Pfleger, 62 (2022) 7, S. 5-7.

**Fussek, Claus/Sven Loerzer/Dieter Hildebrandt**, Alt und abgeschoben. Der Pflegenotstand und die Würde des Menschen, Freiburg i. Br./Basel/Wien 2005.

**Fussek, Claus/Gottlob Schober**, Es ist genug! Auch alte Menschen haben Rechte. Deutschlands bekannteste Pflegekritiker klagen an, München 2019.

**Fussek, Claus/Gottlob Schober**, Im Netz der Pflegemafia. Wie mit menschenunwürdiger Pflege Geschäfte gemacht werden, München 2008.

**Grabe, Nina**, Die stationäre Versorgung alter Menschen in Niedersachsen 1945–1975, Stuttgart 2016.

**Greiner, Florian**, Die Entdeckung des Sterbens. Das menschliche Lebensende in beiden deutschen Staaten nach 1945, Berlin 2023.

**Gude, Hubert/Veronika Hackenbroch/Julia Jüttner**, Der Todesengel mordete und mordete, in: Spiegel Online, 29.10.2016, <https://www.spiegel.de/spiegel/krankenpfleger-niels-hoegel-niemand-stoppte-den-todesengel-a-1118740.html> (4.12.2024).

**Heeser, Alexandra**, Gewalt gegen Pflegende. Deeskalation lässt sich trainieren, in: Die Schwester Der Pfleger 62, (2022) 3, S. 5-10.

**Hirsch, Rolf D./Claus Fussek (Hg.)**, Gewalt gegen pflegebedürftige alte Menschen in Institutionen. Gegen das Schweigen. Berichte von Betroffenen, Bonn 2001.

**Kersting, Franz-Werner/Hans-Walter Schmuhl**, Psychiatrie- und Gewalterfahrungen von Kindern und Jugendlichen im St. Johannes-Stift in Marsberg (1945–1980). Anstaltsalltag, individuelle Erinnerung, biographische Verarbeitung, Münster 2018.

**Kramer, Nicole**, Der Wert der Pflege. Der Reiz der Ökonomisierung und der Wohlfahrtsmarkt der Möglichkeiten, in: Rüdiger Graf (Hg.), Ökonomisierung. Debatten und Praktiken in der Zeitgeschichte, Göttingen 2019, S. 383-412.

**Kramer, Nicole**, Die Anfänge des Pflegemarktes und der Wert der Sorgearbeit, in: Jürgen Finger/Benjamin Möckel (Hg.), Ökonomie und Moral im langen 20. Jahrhundert. Eine Anthologie, Göttingen 2022, S. 150-162.

**Kramer, Nicole**, Medikalisierung, Gesundheitspolitik und die Pflege älterer Menschen in der Hochmoderne, in: Anna Grillini/Nicole Kramer (Hg.), Gesundheitspolitik als Verhandlungssache, Ideen, Institutionen und Praktiken vom 19. Jahrhundert bis zur Gegenwart [= Jahrbuch des italienisch-deutschen historischen Instituts in Trient, Bd. 48/1], Bologna 2022, S. 39-67.

**Kramer, Nicole**, Prekäre Geschäfte. Privatisierung und Vermarktlichung der Altenpflege im deutsch-englischen Vergleich, in: Zeithistorische Forschungen/Studies in Contemporary History, 17 (2020) 2, S. 234-260.

**Krogmann, Karsten/Marco Seng**, Der Todespfleger. Warum konnte Niels Högel zum größten Serienmörder der deutschen Nachkriegsgeschichte werden? München 2021.

**Lutz, Helma**, Die Hinterbühne der Care-Arbeit. Transnationale Perspektiven auf Care-Migration im geteilten Europa, Weinheim/Basel 2018.

**Matron, Kristina**, Häusliche Altenpflege von 1945 bis 1985, in: Sylvelyn Hähner-Rombach/Pierre Pfütsch (Hg.), Entwicklungen in der Krankenpflege und in anderen Gesundheitsberufen nach 1945. Ein Lehr- und Studienbuch, Frankfurt a. M. 2018, S. 287-311.

**Mühle, Corina**, Der Todesengel von Dänemark – das ist der True-Crime-Fall hinter »The Nurse«, in: Watson, 7.5.2023, <https://www.watson.ch/leben/filme-und-serien/516799411-the-nurse-das-ist-die-wahre-geschichte-hinter-dem-netflix-thriller> (4.12.2024).

**Münch, Ursula**, Familien-, Jugend- und Altenpolitik, in: Hans Günter Hockerts (Hg.), Geschichte der Sozialpolitik in Deutschland seit 1945, Bd. 5. Bundesrepublik Deutschland 1966–1974. Eine Zeit vielfältigen Aufbruchs, Baden-Baden 2006, S. 633-705.

**Schmuhl, Hans-Walter**, Kur oder Verschickung? Die Kinderkuren der DAK zwischen Anspruch und Wirklichkeit, München 2023.

**o. V.**, Alltagsgewalt, in: <https://www.bedeutungonline.de/was-ist-alltagsgewalt-beispiele-bedeutung-definition-erklaerung/> 4.12.2024).

**o. V.**, Niels Högel wegen 85 Morden zu lebenslanger Haft verurteilt, in: Spiegel Online, 6.6.2018, <https://www.spiegel.de/panorama/justiz/niels-hoegel-patientenmoerder-zu-lebenslanger-haft-verurteilt-a-1271119.html> (4.12.2024).

**o. V.**, Pflegebedürftige nach Versorgungsart, Geschlecht und Pflegegrade 2021, <https://www.destatis.de/DE/Themen/Gesellschaft-Umwelt/Gesundheit/Pflege/Tabellen/pflegebeduerftige-pflegestufe.html?nn=210648> (4.12.2024).

**Pfütsch, Pierre**, An Introduction to Conflict Research. Illustrative Applications with Healthcare Professions in the $19^{th}$ and $20^{th}$ Century, in: ders. (Hg.), Marketplace, Power, Prestige. The Healthcare Professions' Struggle for Recognitions ($19^{th}$–$20^{th}$ Century), Stuttgart 2019, S. 7-17.

**Pfütsch, Pierre**, Das Geschlecht des »präventiven Selbst«. Prävention und Gesundheitsförderung in der Bundesrepublik Deutschland aus geschlechterspezifischer Perspektive (1949–2010), Stuttgart 2017.

**Pfütsch, Pierre**, Personal Testimonies Relating to the Contemporary History of German Geriatric Nursing, in: European Journal for Nursing History and Ethics, 5 (2023), S. 92-100.

**Pilz, Gunter A.**, Gewalt, in: Lexikon der Psychologie, <https://www.spektrum.de/lexikon/psychologie/gewalt/5920> (4.12.2024).

**Scheepers, Rajah**, Ökonomie und Theologie – die Entwicklung des Unternehmens Diakonie in den Scharnierjahrzehnten 1960 bis 1980, in: Zeitschrift für Unternehmensgeschichte, 54 (2017), S. 26-49.

**Schmüser, Pia**, Bitten und Fordern. Eingaben als Quellen für die Alltagsgeschichte von Menschen mit Behinderungen in der DDR, in: Zeithistorische Forschungen, 19 (2022), S. 355-366.

**Stölzle, Astrid**, Kriegskrankenpflege im Zweiten Weltkrieg durch das Deutsche Rote Kreuz und die konfessionelle Krankenpflege am Beispiel der Kaiserswerther Diakonie, in: Medizin, Gesellschaft und Geschichte, 37 (2019), S. 16-60.

**Tenfelde, Klaus/Helmuth Trischler (Hg.)**, Bis vor die Stufen des Throns. Bittschriften und Beschwerden von Bergleuten im Zeitalter der Industrialisierung, München 1986.

**Urban, Philipp**, Tagungsbericht: Gewalt am Arbeitsplatz im 20. Jahrhundert, In: H-Soz-Kult, 9.2.2024, <www.hsozkult.de/conferencereport/id/fdkn-141820> (4.12.2024).

**Wiede, Wiebke**, Die ÖTV und die Altenpflege seit den 1970er Jahren. Stagnation in einer Wachstumsbranche, Düsseldorf 2022.

**Wilke, Karsten/Hans-Walter Schmuhl/Sylvia Wagner/Ulrike Winkler**, »Es sollte doch alles besser werden«. Die Behindertenhilfe der Rummelsberger Diakonie 1945 bis 1995, Bielefeld 2021.

**World Health Organization**, A Global Response to Elder Abuse and Neglect, Genf 2008.

Christoph Lorke

# »... eigentlich unvorstellbar, dass das Deutschland ist.« Geschichte und Gegenwart der Situation von Erntehelfer:innen in der deutschen Landwirtschaft

Mitten im ersten Frühling der Corona-Pandemie gelangte der Erdbeer- und Spargelhof Ritter in Bornheim bei Bonn in die Schlagzeilen. Zeitungen hatten berichtet, dass die dort beschäftigten knapp 250 Erntehelfer mitunter zu fünft in einem Zimmer untergebracht waren, in Wohnbaracken, direkt neben einer Kläranlage errichtet. In der Folge demonstrierten die Beschäftigten nicht nur gegen die kasernenartige Form der Unterbringung, sondern auch gegen ausbleibende Lohnzahlungen, die auf dem Hof herrschenden katastrophalen hygienischen Bedingungen und das schlechte Essen.[1] Angeprangert wurden darüber hinaus die Erfahrungen rassistischer Diskriminierung sowie der unverhohlene Antiziganismus.[2] Nicht weniger drastisch lesen sich die Schilderungen zu einem weiteren Fall, der sich 2023 im Sauerland zugetragen hat. Ein Landwirt aus Plettenberg hatte einen rumänischen Hilfsarbeiter laut Medienberichten angekettet, gefesselt und über Wochen hin eingesperrt. Zudem musste der Mann wochenlang ohne Lohn arbeiten und Todesdrohungen durch Erschießen über sich ergehen lassen. Nach sechs Wochen gelang dem Arbeiter die Flucht. Schließlich hat das Landgericht Hagen den Verantwortlichen zu einer Bewährungsstrafe von einem Jahr und zehn Monaten verurteilt, und zwar aufgrund mildernder Umstände.[3]

Derartige Vorfälle sind prima vista nur schwerlich mit gegenwärtigen, mitteleuropäischen und als aufgeklärt-zivilisiert zu bezeichneten Umständen und Arbeitswelten in Verbindung zu bringen. Doch deuten diese besonders aufsehenerregenden Verletzungen von Arbeits- und Menschenrechten auf tiefergehende, strukturelle Problemlagen hin, die sich mit der Beschäftigung ausländischer Saison- und Erntehelfer:innen und ihren Arbeits- und Lebensbedingungen hierzulande verbinden. Diese Gruppe steht im Mittelpunkt der nachfolgenden Ausführungen, die die unmittelbare Gegen-

---

1 Thomas Hummel, Arbeitsmigration nach Deutschland. Grausige Unterkünfte, kaum Lohn und dann auch noch Corona, in: Süddeutsche Zeitung, 21.5.2020.

2 Max Schnetker, »Ich werde in der Landarbeit arbeiten, bis ich nicht mehr kann. Bis ich auf dem Feld umfalle und nicht mehr arbeiten kann«, in: Nicole Mayer-Ahuja/Oliver Nachtwey (Hg.), Verkannte Leistungsträger:innen. Berichte aus der Klassengesellschaft, Berlin 2021, S. 259-281; Alice Claire/Christian Frings/John Malamatinas, Der Streik bei Spargel Ritter, in: analyse & kritik, 21.5.2020, <https://www.akweb.de/bewegung/der-streik-bei-spargel-ritter> (10.4.2024).

3 N. N. (cei), Horror-Vorfall in NRW. Bauer hielt Hilfsarbeiter als Sklaven und kommt mit Bewährung davon, in: FOCUS online, 22.1.2024.

wart in den Blick nehmen und nach Gewaltstrukturen in jenen Arbeitswelten fragen. Denn zweifellos lässt sich eine Vielzahl jener Praktiken unter dem Begriff Gewalt subsumieren, versteht man darunter eine spezifische Form der Ausübung von Macht beziehungsweise die Handlungsoption, über andere(s) zu herrschen, und zwar durch Drohung beziehungsweise Ausübung physischer oder psychischer (Zwangs-)Mittel.[4]

Saisonarbeiter:innen, die auf deutschen Feldern und Höfen Erdbeeren oder Himbeeren pflücken, Spargel stechen, Wein lesen oder Obst und Gemüse verpacken, sind heute für die meisten Konsument:innen weitgehend anonym und gesichtslos. Zugleich stehen sie mit diesem Befund und ihrer Tätigkeit im Allgemeinen in vielerlei Hinsicht in einer längeren Kontinuitätslinie der Saisonarbeit. So reizvoll gerade diese längeren Entwicklungslinien im Sinne einer gegenwartsnahen Zeitgeschichte auch sind, so handelt es sich hierbei um ein vergleichsweise junges Forschungsfeld. Verbindungen, Analogien und Unterschiede zu früheren Formen lohnabhängiger, saisonaler Beschäftigung können – so viel sei vorweggenommen – nur in vorläufigen, eher implizit gezogen werden, was auf ein wichtiges Desiderat verweist. Kontinuitäten der Saisonarbeit jedenfalls reichen hierzulande bis in die Frühindustrialisierung zurück. Im Kaiserreich zu einer Zeit eines steigenden Lohngefälles und einer wachsenden Binnenmigration erlebte diese Beschäftigungsform einen vorläufigen Höhepunkt. Ausländische Arbeitskräfte waren günstig und anspruchslos, gerade für die ostelbischen Regionen, was bereits zeitgenössisch eingehend wissenschaftlich reflektiert worden ist.[5] Beispiele wie die »Sachsengänger« oder auch die »Hollandgänger« stehen als bekanntere Migrationsformen nur stellvertretend für die temporäre Verlagerung des Wohnortes zum Zweck der Arbeitsaufnahme; sie spiegeln zugleich die äußerst schlechten Arbeitsbedingungen für Saisonarbeiter:innen generell. Auch in der jüngsten Zeitgeschichte finden sich Beispiele für diese Formen zeitweiliger Beschäftigung, um die es auch in diesem Artikel gehen soll. Mit dem Zusammenbruch des ehemaligen »Ostblocks« gingen hierzulande ab den frühen 1990er-Jahren immer mehr landwirtschaftliche Betriebe dazu über, verstärkt auf günstigere Saisonarbeiter:innen zurückzugreifen. 1992 wurden erstmals über 200.000 von ihnen gezählt, wobei diese beinahe

4 Gewalt als Gegenstand vieler wissenschaftlicher Disziplinen kann je nach Definition sehr unterschiedliche Phänomene umfassen. Vgl. nur Christian Gudehus/Michaela Christ (Hg.), Gewalt. Ein interdisziplinäres Handbuch, Stuttgart 2013; Wilhelm Heitmeyer/Hans-Georg Soeffner (Hg.), Gewalt. Entwicklungen, Strukturen, Analyseprobleme, Frankfurt a. M. 2004; Thomas Lindenberger/Alf Lüdtke (Hg.), Physische Gewalt. Studien zur Geschichte der Neuzeit, Frankfurt a. M. 1995. Siehe dazu auch die Überlegungen von Klaus Weinhauer in diesem Band (→ S. 21 ff.).

5 Dazu unter anderem Max Weber, Die Verhältnisse der Landarbeiter im ostelbischen Deutschland. Preußische Provinzen Ost- und Westpreußen, Pommern, Posen, Schlesien, Brandenburg, Großherzogtümer Mecklenburg, Kreis Herzogtum Lauenburg, Leipzig 1892. Siehe dazu auch Katrin Lehnert, Zwischen Mobilisierung, »Seßhaftmachung« und Autonomie. Konflikte um ländliche Mobilität in Sachsen im 19. Jahrhundert, in: Jochen Oltmer (Hg.), Migrationsregime vor Ort und lokales Aushandeln von Migration, Wiesbaden 2018, S. 13-38.

durchweg aus Osteuropa kamen. In den vergangenen Jahren ist ihre Zahl auf annähernd 300.000 gestiegen, wobei darunter keine illegalen Beschäftigungsverhältnisse gezählt werden; die Dunkelziffer dürfte demnach höher liegen.[6] In der Erntesaison 2019/2020 waren offiziell 274.700 Menschen in der Saisonarbeit tätig, was laut Statistischem Bundesamt etwa einem Drittel aller seinerzeit in der Landwirtschaft tätigen Menschen entsprach. Diese Frauen und Männer waren saisonweise – konkret vor allem in der Erntesaison zwischen März und Oktober – im Einsatz, und zwar im Bereich körperlich beanspruchender Erntearbeit bei der Be- und Verarbeitung verschiedener Sonderkulturen, allen voran Spargel, Erd-, Him- und sonstige Beeren, Weintrauben oder Baumobst. Überwiegend kamen diese kurzzeitig beschäftigten Menschen aus Rumänien, aber auch aus Polen, Bulgarien, Ungarn und der Ukraine, angeworben durch informelle Vermittlerfirmen aus den jeweiligen Herkunftsländern, über die Anwerbung durch die Betriebe selbst, über externe Online-Plattformen oder private Kontakte.[7]

Die Herkunftsländer der Frauen und Männer haben dabei in den vergangenen Jahren Veränderungen erlebt, was zu Teilen mit dem internationalen Wettbewerb um begehrte Arbeitskraftressourcen zusammenhängt. Denn auch landwirtschaftliche Betriebe in Ländern wie Frankreich, Spanien, Großbritannien, Italien oder Griechenland haben hohe Bedarfe an Saisonarbeitskräften und ihrer mobilen Erwerbsarbeit über nationale Grenzen hinweg, die mit Luc Boltanski als »eine Form des Übergangs«[8] beschrieben werden können. Diese Konkurrenzsituation hat zu Verbesserungen und höheren Lohnzahlungen in einzelnen Ländern geführt, wodurch Deutschland zeitweise an Attraktivität verlor.[9] Zeitweise – wenigstens bis zum »Brexit«, hier scheinen die Folgen noch nicht abschätzbar – wurden gerade für polnische Arbeitskräfte Zielländer wie Großbritannien und Irland attraktiver. Daher musste die deutsche Landwirtschaft reagieren. Nicht nur wurden im Zuge einer spürbaren Nationalitätenverschiebung in den vergangenen Jahren verstärkt auch Menschen aus Kroatien, Serbien, Georgien, Moldau oder Kirgisien angeworben, was auf das eklatante Wohlstandsgefälle innerhalb der Europäischen Union beziehungsweise Europas verweist.[10] Daneben wurden nach und nach legale Beschränkungen beseitigt und die Aufenthaltsdauer verlängert: Von drei Monaten Anfang der 1990er-Jahre kam es zu

---

6 PECO-Institut (Hg.), Die IG BAU und ihre »grünen« Bereiche – eine Skizze, S. 134, <https://www.landarbeiter.eu/wp-content/uploads/pdf/100-Jahre-Landarbeitergewerkschaften-Kapitel-9.pdf> (10.4.2024).

7 DGB/Benjamin Luig, Überblick Landwirtschaft. Struktur der Branche, <https://www.faire-mobilitaet.de/landwirtschaft/++co++361c14c4-f4c3-11ed-a0bd-001a4a160123> (10.4.2024).

8 Luc Boltanski, Leben als Projekt, in: taz, 20.10.2007, <https://taz.de/Leben-als-Projekt/!224707/> (10.4.2024).

9 Katharina Varelmann/Benjamin Luig, Das System Saisonarbeit. Prekäre Beschäftigungsverhältnisse durch fehlende soziale Absicherung, in: Der kritische Agrarbericht 2022, S. 86-90.

10 Rosa-Luxemburg-Stiftung (Hg.), Atlas der Migration. Neue Daten und Fakten über Menschen in Bewegung, Berlin 2022, S. 46 f.

Erweiterungen, ehe die Dauer im Jahr 2011 schließlich gänzlich entfristet wurde.[11] Auch der Begriff »Kurzfristig Beschäftigte«, also eine Anstellung, ohne kranken-, renten- und arbeitslosenversichert zu sein, unterlag einem Wandel. So erhöhte sich das Zeitfenster für eine solche Tätigkeit von 50 (2014) auf über 100 Tage (2021).

Angesichts dieser hier nur in gebotener Kürze skizzierten historischen Entwicklungen und gegenwärtigen Tendenzen scheint es ein lohnenswertes Unterfangen, im Sinne einer gegenwartsnahen Zeitgeschichte die Rolle von Gewalt im beschriebenen konzeptionellen Rahmen in solchen Beschäftigungsverhältnissen genauer zu beleuchten. Besonders weiterführend erscheint es, diese Erfahrungen aus subjektiver Sicht zu analysieren, was im Folgenden anhand eines Interviewsamples geschehen soll. Nach Vorstellung und Kontextualisierung der untersuchten Gruppe (1) liegt das Erkenntnisinteresse des Beitrages darin, Gewalterfahrungen im Rahmen saisonaler Beschäftigung in der Landwirtschaft im Lichte individueller Erinnerungen zu rekonstruieren und zu analysieren (2). Ein Ausblick (3) bezieht die gewonnenen Befunde auf die allerjüngsten Entwicklungen auf dem Gebiet saisonaler Beschäftigung in der Landwirtschaft im europäischen Kontext.

## 1 Von Zentralbulgarien ins Münsterland: Das Untersuchungssample

Im Mittelpunkt dieses Beitrages steht Bulgarien und damit ein Land, für dessen Bewohner:innen mit 1989 die Möglichkeiten internationaler Migration begonnen haben – und eben auch ein Land, das seit jenen Jahren von verschiedenen Transformations- und Wirtschaftskrisen sowie Arbeitslosigkeit enorm betroffen war beziehungsweise in vielerlei Hinsicht bis heute ist.[12] Das Land gilt heute als das ärmste Land innerhalb der Europäischen Union. Der EU-Beitritt 2007 änderte den legalen Status der Arbeitsverhältnisse für die Menschen, was Hunderttausende für eine – zumindest temporäre, bei nicht wenigen eine dauerhafte – Übersiedlung nach Westeuropa nutzten. Seit Anfang 2014 gilt für das Land, wie für Rumänien auch, die volle Freizügigkeit der Europäischen Union, was seinerzeit in verschiedenen gesellschaftlichen Teilöffentlichkeiten die Rede vom »Sozialtourismus« zu einer gewissen Konjunktur verholfen hatte.[13] Kehrt dieses Deutungsmuster seither in gewisser Regelmäßigkeit

11 Mathias Wagner/Kamila Fialkowska/Maria Piechowska/Wojciech Lukowski, Deutsches Waschpulver und polnische Wirtschaft. Die Lebenswelt polnischer Saisonarbeiter. Ethnographische Beobachtungen, Bielefeld 2013, S. 166 f.

12 Vgl. für einen Überblick Vesela Kovacheva, The Unnoticed Effects of EU Accession. Evidence on Mobility and Integration of Bulgarian Migrants in Germany, Wiesbaden 2021.

13 Siehe nur Constanze Janda, Die Autonomie der Freizügigkeitsverordnung und das »Gespenst des Sozialtourismus«: zugleich eine Besprechung von EuGH, Urt. v. 6.10.2020, Rs. C-181/19 (Jobcenter Krefeld ./. JD), in: Zeitschrift für europäisches Sozial- und Arbeitsrecht, 20 (2021) 1, S. 3-9;

immer wieder zurück, hat sich stattdessen vielmehr vor allem die Abhängigkeit der deutschen Wirtschaft von diesen Arbeitskräften gezeigt. Denn unabhängig von diesen sozialen Aushandlungen stellte Bulgarien ein großes Kontingent von Frauen und Männern, die seit 2007 regelmäßig einer temporären Beschäftigung in Deutschland nachgegangen sind, einer besonderen Form der unvollständigen oder auch »Pendelmigration«. Fünf von ihnen konnte ich in den vergangenen Monaten interviewen. Es handelt sich dabei um drei Frauen und zwei Männer, die 2010 auf einem Spargelhof im östlichen Münsterland als Saisonarbeitskräfte beschäftigt waren: Alle fünf stammen aus dem Umfeld mittelgroßer Städte in Zentralbulgarien – eine Gegend, die ihnen zum damaligen Zeitpunkt keine ausreichende berufliche Perspektive und allen voran keine ausreichenden Verdienstmöglichkeiten bot. Es waren Kredite abzuzahlen, das Studium beziehungsweise die Ausbildung der Kinder zu finanzieren, zudem hatte die Wirtschaftskrise 2007/08 teils verheerende Auswirkungen auf die familiären beziehungsweise individuellen finanziellen Spielräume. Das Ehepaar Ivanka[14] (heute 57) und Dimiter (63), sie Schneiderin, er studierter Lehrer, aber seit Jahren mit einem Reifenhandel selbstständig, ging ebenso gemeinsam nach Deutschland wie die Kioskbetreiberin Maria (52) und der Koch Stefan (54), während die alleinerziehende Bibliotheksangestellte Stojanka (65) allein die Reise angetreten hatte. Alle Befragten nahmen unbezahlten Urlaub, um in Deutschland dieser Tätigkeit nachzugehen. Mit ihnen habe ich semi-narrative Gespräche geführt und nach qualitativen Gesichtspunkten ausgewertet. Diese bieten einen Zugriff auf die damaligen Arbeitswelten und Erfahrungen. Diese Form der retrospektiven Erhebung hat zum Ziel, sozial- und migrationsgeschichtliche Einbettungen zu konturieren, verweist aber auch auf einige methodische Herausforderungen: Zum einen ist der Gegenstand kaum geschichtswissenschaftlich erforscht. Allerdings wurde die Rolle der abhängig Beschäftigten in der Landwirtschaft aus unterschiedlichen Blickwinkeln untersucht, zumeist soziologisch, sozialgeografisch beziehungsweise ethnologisch,[15] was wertvolle Anknüpfungsmöglichkeiten und Interpretationsangebote liefert – auch wenn die archivalische Gegenüberlieferung noch nicht zur Verfügung steht. Im Sinne einer problemorientierten Geschichte der Gegenwart erscheint dies gerade mit Blick auf »lange Linien« aber

---

Maximilian Fuchs, Freizügiger Sozialtourismus?, in: Zeitschrift für europäisches Sozial- und Arbeitsrecht, 13 (2014) 3, S. 103-111.

14 Die Namen wurden anonymisiert. Die Gespräche fanden im Februar und März 2024 per Videokonferenz auf Bulgarisch statt. Die angeführten Zitate wurden in das Deutsche übertragen. Die schriftlichen Dokumentationen zu diesen Interviews befinden sich im Besitz des Verfassers.

15 Vgl. Lutz Laschewski/Sigrid Egartner/Lisa Eller u. a. (Hg.), Abhängig Beschäftigte in der Landwirtschaft, Göttingen 2023; Jörg Becker, Erdbeerpflücker, Spargelstecher, Erntehelfer. Polnische Saisonarbeiter in Deutschland – temporäre Arbeitsmigration im neuen Europa, Bielefeld 2010; für europäische Perspektiven: Marie-Laure Augère-Granier, Migrant Seasonal Workers in the European Agricultural Sector, Brüssel 2021; Gilles Reckinger, Bittere Orangen: ein neues Gesicht der Sklaverei in Europa, Wuppertal 2018; Olaf Tietje, Zwischen Subalternisierung und Handlungsmacht. Migrantische Akteur_innen in Almeriá, Spanien, Münster 2018.

verschmerzbar, möchte man allgemeine Strukturen von Arbeitswelten analysieren. Zum anderen beziehen sich die Aussagen auf Ereignisse, die beinahe 15 Jahre zurückliegen. In den Interviews wurde auch nach Erfahrungen von und mit Gewalt am Arbeitsplatz gefragt: Was seinerzeit als Erfahrung von »Gewalt« erlebt worden ist, muss heute jedoch nicht zwingend ebenso darunterfallen, und umgekehrt: Dinge, die zeitgenössisch »hingenommen« worden sind, können nachträglich und mit Abstand als »gewaltsam« (hier verstanden im Sinne von: ungerecht, ausbeuterisch, unfair, intransparent, freiheitslimitierend usw.) eingeordnet werden. Entsprechend geht es im Folgenden weniger um eine wie auch immer nachprüfbare »Authentizität« unterschiedlicher Gewalterfahrungen, als vielmehr um die Modi des Erinnerns und Erzählens einschränkender Praktiken in arbeits- und lebensweltlichen Kontexten, die sich mit der Saisonarbeit verbunden haben.

## 2 Erinnerungen an Gewalterfahrungen auf dem Spargelhof

Die fünf Interviewten waren jeweils knapp drei Monate auf dem Spargelhof beschäftigt. Dies bedeutete konkret: intensive körperliche Arbeit, durchschnittlich zehn Stunden am Tag, meistens sieben Tage die Woche, kaum Freizeit beziehungsweise freie Tage. Für alle fünf stellte der temporäre Weggang nach Deutschland einen alternativlosen Pfad dar, war man aufgrund der drängenden finanziellen Anforderungen zu dem Schritt gezwungen. Alle wurden von einer Vermittlungsagentur in ihrem Heimatland angeworben, für die eine Vermittlergebühr zu entrichten war. Diese Agentur regelte auch alles Vertragliche mit der Einsatzfirma, zudem erhielten die Arbeitskräfte auch selbst ein Exemplar des Vertrages, und zwar zweisprachig. Diese Praxis scheint freilich, teils bis heute, nicht gang und gäbe zu sein. Bei einem aus Rumänien stammenden Beschäftigten in einer Baumschule in Nordrhein-Westfalen wurde nicht nur der Pass einbehalten, sondern die Arbeitsverträge wurden nur auf Deutsch vorgelegt, die dann unter Druck unterschrieben werden mussten.[16]

Weitgehend ohne weitere Vorkenntnisse über den genauen Einsatzort und die bevorstehenden Tätigkeiten, aber mit großen Erwartungen und Hoffnungen nach Deutschland gekommen, stellte sich bald eine Ernüchterung ein: Insbesondere wurden Art und Zustand der Unterkünfte als »Schock« (Ivanka) empfunden. Diese waren relativ anonyme Behelfscontainer mit einfachen Metallhochbetten und einfachsten Matratzen, wobei Ehepaare getrennt voneinander schlafen mussten, was nicht nur eine Überraschung, sondern im Laufe der Beschäftigungszeit auch eine erhebliche Belastung darstellen sollte. »Dass wir kein Luxushotel erwarten konnten, war uns klar, doch für uns war es eigentlich unvorstellbar, dass das Deutschland ist« (Dimiter). Und auch die soziale Nähe und die improvisierten Haushalte waren für den einen oder

16 Jost Maurin, Ausbeutung in der Landwirtschaft. Bittere Ernte, in: taz, 21.3.2021.

die andere mit weiteren Strapazen verbunden – wobei diejenigen, die nicht die erste Saison vor Ort im Einsatz waren, einen gewissen Wissensvorsprung hatten. Im Falle des Spargelhofes, auf dem etwa 50 Bulgar:innen und rund ein Dutzend Rumän:innen beschäftigt waren, handelte es sich um Vier- bis Sechs-Bett-Zimmer in Containern, die mit einfachsten Koch- und Waschmöglichkeiten, aber nur äußerst geringen Kühlkapazitäten ausgestattet waren und für die ein Verpflegungssatz pro Tag und Person einbehalten wurde. Es waren weder Verdunkelungsmöglichkeiten noch Aufenthaltsräume verfügbar; die wenige Freizeit wurde also in den Zimmern, vor den Containern oder spazierend in der Nähe des Geländes verbracht – »sonst wäre uns die Decke auf den Kopf gefallen« (Stojanka).

Angesichts dieser räumlichen Gegebenheiten schauten die Interviewten mit Sorgen darauf, mit wem die kommenden Wochen der arg begrenzte Raum zu teilen war. Dass sich hieraus soziale und ethnische Konflikte – hier konkret zwischen denjenigen, die sich als »ethnische Bulgaren« verstanden, und Angehörigen der Roma-Minderheit, ein Konflikt, der aus der bulgarischen Gesellschaft in die temporäre Arbeitsgesellschaft vor Ort transferiert wurde – herausbildeten, scheint wenig überraschend. Besonders einschränkend war nicht zuletzt die gemeinsame, nicht nach Geschlechtern getrennte Nutzung der sanitären Anlagen mit Dutzend weiteren Arbeitskräften, die – so erinnern sich die Befragten – nicht im Geringsten dem aus ihrer Sicht »üblichen Minimum und zivilisierten Standards« entsprachen (Stefan), täglich zu den Stoßzeiten morgens und abends längere Wartezeiten nach sich zogen und allen voran jede Privatsphäre vermissen ließen. Auch wenn es sich im Rückblick für Stojanka »irgendwie dort aushalten ließ«, so gibt es bis heute immer wieder Berichte über landwirtschaftliche Betriebe, die ihren Arbeitskräften menschenunwürdige Unterkünfte in Gebäuden zur Verfügung stellen, die sich in sehr schlechtem baulichem Zustand mitsamt Schimmelbefall und fehlender Qualität sanitärer Infrastruktur befinden.[17]

Die Arbeit selbst wird als enorm anstrengend beschrieben. Während die drei Frauen in der Verarbeitung eingesetzt waren, einer großen Halle, in der der Spargel in Akkordarbeit gereinigt, sortiert, geschält und unter Aufsicht der Firmenchefin für den Verkauf vorbereitet wurde, waren die beiden Männer auf den Feldern eingesetzt. In der Morgendämmerung in einem Kleinbus zu den entsprechenden Einsatzorten gefahren (mitunter waren die Anreisen länger), waren sie dort – unabhängig davon, ob es regnete, gewitterte oder heiß war. Sie waren dort Wind und Wetter mehr oder weniger schutzlos ausgesetzt, bot doch die Arbeit auf dem Feld nur wenig Schutz und Schattenmöglichkeiten; und auch nicht auf jedem einzelnen der knapp ein Dutzend Felder des Betriebes befanden sich mobile Toiletten, um die Notdurft verrichten zu können. Arbeitsmaterialien – vor allem Handschuhe, entsprechendes Schuhwerk (Arbeitsschuhe) und angemessene Kopfbedeckung und Kleidung, die in der Jahreszeit Temperaturen vom einstelligen Minus- bis in den höheren Plusbereich standhal-

17 DGB/Luig, Überblick Landwirtschaft.

ten musste – waren von den Arbeiter:innen selbst zu stellen. Diese entsprachen laut Dimiter aber bei nur wenigen dem, was eigentlich erforderlich gewesen wäre. Er – studierter Sportlehrer und nach eigenen Aussagen »eigentlich ziemlich fit« – empfand die Arbeit wie auch Stefan als physisch überaus fordernd, wurde die Tätigkeit doch in der Regel gebückt beziehungsweise mit gekrümmtem Rücken ausgeführt: »Am Ende des Tages wollte man einfach nur noch liegen, so sehr schmerzte alles.« Die Länge der Arbeitstage – in Spitzenzeiten waren es 13, 14 oder 15 Stunden – von den frühen Morgen- bis in die Abendstunden hinein hatten beide vollkommen unterschätzt. Zur Überwachung der Arbeitsleistung waren Schichtleiter vor Ort, die auch in ihren Ausführungen bisweilen derber, lauter und aggressiver werden konnten, wenn es zu (aus deren Sicht) überzogenen Pausen kam oder die anvisierte Norm von etwa zehn Kilogramm Spargelernte pro Stunde unterschritten wurde. Dieses Agieren kann als verbale Gewalt betrachtet werden. Tätliche Angriffe der Vorgesetzten, permanentes Anschreien oder Androhungen von Gewalt, wie sie anderswo und auch in jüngerer Zeit festgestellt worden sind, haben die beiden indes nicht erlebt.[18]

Was die Lohnzahlungen betrifft, wird heute von gewerkschaftlicher Seite die große Diskrepanz bei der Entlohnung bemängelt, die etwa im Jahr 2018 nach Erhebungen der IG BAU zwischen fünf und 9,20 Euro pro Stunde betrug. Üblich scheinen bis heute ungerechtfertigte Abzüge für Kost und Logis sowie Arbeitsgeräte, Handschuhe und Schutzkleidung.[19] Mussten die letztgenannten Dinge auf dem Spargelhof ohnehin von den Befragten gestellt werden, so erinnern sie sich allesamt noch sehr lebhaft an die Essensverpflegung, die finanziell über Gebühr zu Buche schlug, wobei es nicht allein die Abzüge selbst waren, sondern allen voran auch die mangelnde Qualität des Essens. Nicht nur, dass täglich Spargel – oder besser: die Reste hiervon, die sich aus unterschiedlichen Gründen nicht für den Verkauf als geeignet erwiesen hatten – in unterschiedlichen Variationen auf dem Speiseplan stand und damit ein Lebensmittel, das in der bulgarischen Küche keine nennenswerte Rolle spielt oder gar weitgehend unbekannt ist (»Ein Essen, das wir gar nicht kannten. Und überhaupt, was machen die Deutschen einen so großen Aufstand um dieses Gemüse!« Stefan/»Ich würde heute keinen Spargel mehr anrühren« Ivanka). Außerdem waren Portionsmengen selten ausreichend, gab es wenig Obst, kaum Fleisch, dafür sehr viele günstigste Dosensuppen. Das Essen nicht einzunehmen, war jedoch keine Alternative: Die Abzüge vom Lohn wurden dennoch vorgenommen.

Schwierigkeiten hatten die Interviewten des Weiteren mit der Dokumentation ihrer Arbeitsleistung. Intransparente Lohnabrechnungen und das Angewiesen-Sein auf die von den Vorarbeitern beziehungsweise den zuständigen Schichtleitern händisch geführten Stundenzettel, die auch dann unterschrieben wurden, wenn sie nicht völlig akkurat waren, gehörten ebenso dazu wie die fehlenden Widerspruchsmöglich-

18 Jost Maurin, Ausbeutung in der Landwirtschaft. Bittere Ernte, in: taz, 21.3.2021.
19 IG BAU, Niedrige Löhne verleiden Saisonkräften die Arbeit, 13.6.2018 – PM 45/2018.

keiten (beziehungsweise auch: sprachlich bedingten Widerspruchsfähigkeiten). Dies ist ein Problem, das bis heute in der Saisonarbeit aktuell ist.[20] Hinzu kam auf dem Spargelhof die fehlende Möglichkeit, sich freizunehmen. In einem solchen Fall – und dies verweist auf ein Vorenthalten sozialer wie gesundheitlicher Rechte – drohte der Arbeitgeber mit sofortiger Kündigung. Nicht minder problematisch war ein Krankheitsfall. Über das Vorhandensein beziehungsweise die Schwere der Krankheit und damit die Einsatzfähigkeit der Arbeitenden entschied letztendlich die Firmenleitung, die auch die Wege in die örtliche Apotheke antrat, um entsprechende – oder besser: vermutete – Medikamente für die Abhilfe zu besorgen. Ein Arzt wurde in diesen Fällen nicht konsultiert.

Gegen die vorherrschenden Zustände zu protestieren, wäre jedoch damals niemandem in den Sinn gekommen; ein Umstand, der heute, mit Abstand, Erstaunen bei den Interviewten auslöst. Der fehlende Mut, sich zu artikulieren, hing jedoch wohl auch mit der damals permanent dräuenden Befürchtung zusammen, den Arbeitsplatz zu verlieren – wohl auch im Wissen, dass man von Arbeitgeberseite als Teil einer relativ austauschbaren Masse gehalten wurde. Diese Befürchtungen führten gar so weit, dass mehrfach roher Spargel gegessen wurde: »Weil ich Angst hatte, dass die Firmenchefin schimpft, habe ich die beim Schälen zerbrochenen Stangen lieber direkt verzehrt« (Stojanka). Diese krassen Folgen der auferlegten Kontroll- und Überwachungsmechanismen zeigen den enormen Druck, der auf den Arbeitskräften liegen konnte, sowie das Vorhandensein von Unsicherheit und fehlender Artikulationsmöglichkeit. Pausen wurden auch aus diesem Grund in der Regel penibel eingehalten oder sogar vorzeitig beendet, um nicht einmal den Verdacht einer zeitlichen Überschreitung zu erwecken.

Trotz aller Schwierigkeiten im Arbeitsalltag erfüllte die Interviewten das Geleistete aber auch mit Stolz. Nicht nur, dass man einen nennenswerten Geldbetrag durch harte körperliche Arbeit erwirtschaften konnte – auch die Reflexion über die Bedeutung des eigenen Schaffens wurde in Relation gesetzt. »Kein Deutscher wäre bereit, eine solche Arbeit zu verrichten. Ohne uns würden die gar keinen Spargel essen« (Maria). »Heute wäre ich körperlich gar nicht mehr in der Lage, auch nur eine Woche auf dem Feld auszuhalten. Auch wenn ich mehrfach hinwerfen wollte, bin ich froh, dass ich das nicht getan habe – ich hätte auch gar keine andere Wahl gehabt« (Dimiter).

Eingeschränkt in dieser besonderen Arbeitsform waren arbeitszeitbedingt zwangsläufig auch die Kontakte in die Heimat. Lag das Augenmerk in erster Linie auf dem Geldverdienen, standen Arbeitsraum und Lebenswelt daheim weitgehend unverbunden nebeneinander, waren aber stets präsent. Für Maria und Stefan bedeutete die Tätigkeit in der Saisonarbeit ein Getrenntsein von ihrer ältesten Tochter, die zu diesem Zeitpunkt noch zuhause lebte und gerade ihr Abitur ablegte. Dadurch waren die Großmutter und die Nachbarn in die Betreuung einbezogen, verbunden mit

20 Vgl. Varelmann/Luig, System, 2022.

Sorgen aufgrund des Altersunterschiedes und vor einem möglichen Kontrollverlust. Diese befürchtete soziale und familiäre Destabilisierung waren für beide außerordentliche Stressmomente, die allenfalls virtuell und in den Abendstunden für wenige Minuten am Tag gedämpft werden konnten. Die Suche nach einer »Heimat« in Zeiten der globalisierten Moderne, die für diese Arbeitsmigrant:innen immer auch mit der Erfahrung einer Entwurzelung einhergeht, wie es die beiden besonders deutlich erlebten und im Nachgang reflektierten, bedeutete immer auch, dass das Mobiltelefon das zentrale Kontaktmedium nach Hause war; zugleich war das Telefon aber auch Mittel sozialer Kontrolle und Ort der Aushandlung von Erwartungshaltungen. Wohlgemerkt: 2008 war die Rundum-Verfügbarkeit Sozialer Medien beziehungsweise von Smartphones, wie es heute üblich ist, noch nicht gegeben; zur damaligen Zeit stellte diese Koordination des Kommunikativen durchaus eine kaum zu unterschätzende emotionale, psychische, kommunikative und nicht zuletzt soziale Komponente der Saisonarbeit dar, was wiederum auf potenzielle Konfliktstrukturen verweist. Diese Trennung von Familien und Freunden daheim wurde in den Gesprächen gerade von den beiden Frauen betont, was auf die geschlechtergeschichtliche Dimension hinweist, die hier freilich nur angedeutet werden kann. Schon in den Jahren vor der Tätigkeit als Erntehelfer übernahmen Maria und Ivanka durchweg Tätigkeiten in diversen Bereichen und sorgten damit – im Gegensatz zu ihren Männern – für stabile, verlässliche Einkünfte in der allzu oft prekären postsozialistischen Unübersichtlichkeit. Dies beförderte einerseits Emanzipation und ansatzweise auch einen Rollentausch, führte aber auch zu einer zusätzlichen mentalen Belastung.[21]

Trotz dieser multiplen Formen von Strapazen fällt in den Interviews der Gleichmut beim Ertragen des Geschilderten auf, wenngleich unklar bleiben muss, ob diese Beobachtung eher auf den zeitgenössischen Eindrücken beruht, Modi der Ablenkung oder Aufwertung oder doch vor allem auch retrospektiv abgemilderte Einschätzungen sind. »Es hätte schlimmer sein können« (Stefan), »Wir waren zufrieden mit dem, was wir bekommen haben« (Dimiter) – oder auch: »Wir hatten sogar weniger Stress als zuvor, weil wir wussten, wie wir die nächsten Stromrechnungen und Kredite zahlen konnten« (Ivanka). Die Interviewten nahmen offenbar bestimmte Missstände und Entbehrungen in Kauf, weil sie um deren zeitliche Beschränkung wussten und allen voran das Monetäre im Fokus stand. Dieser Befund legt nahe, dass eine reine Opferperspektive auf diese spezifische Migrationsform zu kurz greift und es sich lohnt, migrantische Agency in den Blick zu nehmen. Saisonarbeit kann Investition, Statusverbesserung und/oder Existenzsicherung bedeuten; der Entscheidung zu diesem Schritt gehen in der Regel komplexe individuelle, wirtschaftliche, familiäre, soziale und emotionale Abwägungen voraus,[22] weshalb es notwendig ist, von Fall zu Fall

21 Wagner u. a., Saisonarbeiter, 2013, S. 152.

22 Vgl. Judith Schmidt, Kalkulierte Mobilität. Ökonomische und biographische Reaktionen auf Saisonarbeit, Frankfurt a. M./New York 2021, Kapitel 7.

zu differenzieren. Dies zeigt sich auch, wenn wir auf den weiteren Werdegang der Befragten schauen, wodurch unterschiedliche Handlungs- und Entscheidungsmöglichkeiten deutlich werden: Während Stojanka nach dieser für sie sehr unangenehmen Erfahrung keine Tätigkeit als Erntehelferin in Deutschland mehr aufnehmen sollte und in ihren früheren Beruf zurückkehrte, fanden Dimiter und Ivanka im darauffolgenden Jahr in einem familiengeführten, kleineren Winzerbetrieb Anstellung und sammelten dort gänzlich andere, durchweg positive Erfahrungen. Inzwischen leben sie dauerhaft in Deutschland. Maria und Stefan waren noch ein Jahr auf demselben Spargelhof beschäftigt, ehe sie zunächst in Großbritannien im Ernte-Einsatz waren. Inzwischen leben sie ebenfalls dauerhaft in Deutschland und sind in unbefristeten Arbeitsverhältnissen beschäftigt.

## 3 Ein Ausblick auf die Gegenwart und Schlussbemerkungen

Der permanente Bedarf an Arbeitskräften produziert und reproduziert das System der Arbeitsmobilität immer wieder neu. Die Beschäftigung als Erntehelfer:innen verweist einerseits auf längere Traditionen der Tätigkeit von Menschen in der Landwirtschaft, die im Niedriglohnsektor tätig und als besonders vulnerable, da kaum oder nur unzureichend abgesicherte und versorgte Gruppe mit sozialen Ungerechtigkeiten und fehlender Gleichbehandlung konfrontiert (gewesen) sind. Sie verweist andererseits auf eine seit wenigen Jahrzehnten fortschreitende Entgrenzung, Deregulierung, Flexibilisierung und Neoliberalisierung von Arbeitsmärkten,[23] die aufgrund erleichterter Mobilität und Arbeitnehmerfreizügigkeit sowie angesichts der puren Existenzsicherung überhaupt zustande kommen kann, und zwar im Lichte des immensen Lohngefälles im europäischen beziehungsweise EU-Binnenmarkt.

Mit den hier in den Blick genommenen Arbeitsformen, dem in den Blick genommenen Verhältnis zwischen wirtschaftlich erzwungener Migration, Abhängigkeit und den geschilderten Formen struktureller Gewalt ist ein erstes Licht auf eine ambivalente Art der Beschäftigung geworfen worden. Gleichwohl es sich bei diesem Thema um ein vergleichsweise junges und gerade zeithistorisch bisher nur kaum bearbeitetes Feld handelt, lässt sich vorläufig und mit Blick auf längere Entwicklungslinien resümieren: Erntehelferin oder Erntehelfer zu sein, bedeutet(e) einerseits eine selbst gewählte und doch erzwungene Migrationsform, die sowohl für Prekäres, aber auch für Freiheit steht und zugleich Abhängigkeit und Ausbeutung symbolisiert.[24] Diese Perspektiven könnten in einem weiteren Schritt nicht nur systematischer erfasst,

23 Colin Crouch/Wolfgang Streeck, Political Economy of Modern Capitalism. Mapping Convergence and Diversity, London 2013.

24 Wolfgang Streeck, Gekaufte Zeit. Die vertagte Krise des demokratischen Kapitalismus, Berlin 2013.

sondern auch in transregionaler beziehungsweise transnationaler Hinsicht stärker vergleichend und in längeren historischen Linien in den Blick genommen werden. Denn seit dem Untersuchungszeitraum hat es einige Veränderungen gegeben, etwa aufgrund des Mindestlohngesetzes.[25] Die Arbeits- und Lebensbedingungen osteuropäischer Saisonarbeitskräfte sind inzwischen längst wichtiges Thema für die Gewerkschaften geworden, wobei dies bereits seit der Jahrtausendwende der Fall ist. Die IG Bauen-Agrar-Umwelt (IG BAU) etwa veröffentlichte 2001 eine Dokumentation »landwirtschaftliche Saisonarbeit«,[26] die einiges Aufsehen erregte. Sie setzte sich in den folgenden Jahren dafür ein, dass Saisonarbeitnehmer:innen Teil der sozialen Sicherungssysteme werden.[27] Die 2016 gegründete Initiative »Faire Landarbeit« agiert als Bündnis der gewerkschaftsnahen Beratungsstellen »Faire Mobilität«,[28] dem Europäischen Verein für Wanderarbeiterfragen und dem Beratungsnetzwerk »Gute Arbeit« von Arbeit und Leben,[29] wiederum der IG BAU sowie weiteren Organisationen. Seit 2018 veröffentlicht diese Initiative regelmäßig den Jahresbericht zur Saisonarbeit in der Landwirtschaft, der sich ausdrücklich diesen Fragen zuwendet. Zudem werden bundesweit Feldaktionen durchgeführt, um Erstkontakt zu Saisonbeschäftigten zu knüpfen und um diese auf ihre Arbeitsrechte aufmerksam zu machen. Denn nach wie vor bestehen einige Missstände, allen voran die Aufzeichnung der Arbeitszeit, die Abzüge für Essen, Unterkunft oder Arbeitsmaterialien sowie der Arbeits- und Gesundheitsschutz.[30] Mit bundesweiten Aktionswochen machte die IG BAU/PECO im Jahr 2018 auf die besonders schwierigen Bedingungen bei der Spargelernte aufmerksam, wozu nach wie vor der Status der sanitären Anlagen, nicht ausreichend warmes Wasser, in wenigen Fällen die Ausübung von Gewalt[31] und immer wieder skandalöse Vorkommnisse auf einigen Höfen gehörten,[32] was die hohe Fluktuation in diesem

---

25 Dabei wurde festgestellt, dass sich die meisten landwirtschaftlichen Betriebe an die tariflichen und gesetzlichen Rahmenbedingungen halten, PECO-Institut: Zur Situation von zeitlich befristet Beschäftigten in der Landwirtschaft. Bericht 2015 der Initiative Faire Landarbeit, Berlin 2016.

26 PECO-Institut, Landwirtschaftliche Saisonarbeit 2001: Eine Aktion des Bundesarbeitskreises Senioren der IG BAU und den Bezirksverbänden Mark Brandenburg, Rheinhessen-Vorderpfalz und Köln-Bonn, <https://www.peco-ev.de/docs/saisonarbeit_2003.pdf> (10.4.2024).

27 PECO-Institut, Die IG BAU und ihre »grünen« Bereiche – eine Skizze, <https://www.landarbeiter.eu/wp-content/uploads/pdf/100-Jahre-Landarbeitergewerkschaften-Kapitel-9.pdf> (10.4.2024).

28 <https://www.faire-mobilitaet.de> (10.4.2024).

29 <https://www.arbeitundleben.de/arbeitsfelder/beratungsnetzwerk> (10.4.2024).

30 PECO-Institut, Zur Situation von zeitlich befristet Beschäftigten in der Landwirtschaft, Bericht 2015 der Initiative Faire Landarbeit, Berlin 2016.

31 Vgl. dazu auch Our Food, Our Future, A Story about Seasonal Workers, Exploitation and Vulnerability, <https://www.suedwind.at/fileadmin/user_upload/suedwind/50_Handeln/Our_food_our_future/Mai_Bine_OFOF_Article_O_story_of_seasonal_workers__exploitation_and_vulnerability-2.pdf> (10.4.2024).

32 DGB, Für faire Arbeitsbedingungen auf Feldern in Deutschland!, Berlin 2021.

Bereich erklärte[33] und zudem nahelegt, dass diese Einzelfälle auf systemische Mängel deuten.[34] Diese Feldaktionen wurden inzwischen wiederholt, um eine weitere Sensibilisierung unter den Betroffenen anzuregen.[35] Ein 2023 vom Slow Food Deutschland e. V. veröffentlichtes Comic hatte zum Ziel, eine weitere Sichtbarmachung des Themas – bei Betroffenen wie auch Konsument:innen – herbeizuführen, allen voran bezüglich der psychischen Belastungen, die auch die Erfahrungen sexueller Gewalt thematisierten.[36]

So bemerkenswert diese arbeitsrechtlichen Fortschritte sowie die gesteigerte gesellschaftliche Aufmerksamkeit sind, die sich inzwischen auch auf transnationaler Ebene anzubahnen scheinen,[37] so vielsagend sind die jährlichen Enttarnungen entsprechender Versäumnisse, die vermutlich auch künftig kaum von allein verschwinden dürften. Noch im vergangenen Jahr monierte der DGB fehlenden beziehungsweise unzureichenden Schutz der Sozialversicherung, die fehlende Absicherung im Krankheitsfall sowie die teuren und menschenunwürdigen Unterkünfte.[38] Eine Oxfam-Studie aus dem letzten Frühjahr nahm die deutschen Supermärkte in die Pflicht, seien diese doch in erster Linie für die ruinösen Preisstrukturen verantwortlich.[39] Wie fehlerbehaftet und zugleich völlig fragil das System der Saisonarbeit beziehungsweise wie sehr die deutsche Landwirtschaft von diesen Arbeitskräften abhängig ist, hat die Corona-Pandemie eindrücklich bewiesen, als dem Thema eine gewisse mediale Aufmerksamkeit sicher war – wenngleich die Reflexion der Lebens- und Arbeitsbedingungen der Erntehelfer am Ende von einem Interesse an der wirtschaftlichen Situation der Betriebe und der Versorgung der deutschen Bevölkerung überlagert wurde.[40] Nachdem die

33 Sarah Kuschel/Katharina Varelmann, Bericht 2018. Bundesweite Aktionswochen Saisonarbeit in der Landwirtschaft, <https://www.peco-ev.de/docs/2018_Bundesweite_Aktionswochen_Saisonarbeit_Landwirtschaft_Peco_IGBAU_online.pdf> (10.4.2024).

34 Varelmann/Luig, System, 2022.

35 Initiative Faire Landarbeit, Saisonarbeit in der Landwirtschaft. Bericht 2019. Bundesweite Aktionswochen, Frankfurt a. M./Berlin 2020; Initiative Faire Landarbeit/Benjamin Luig, Saisonarbeit in der Landwirtschaft Bericht 2022, Berlin 2023.

36 Vgl. die Arbeiten der Comiczeichnerin Barbara Yelin: <https://www.slowfood.de/was-wir-tun/projekte-aktionen-und-kampagnen/ourfoodourfuture/comics-ueber-migrantische-erntehelfer-innen> (10.4.2024).

37 So unterzeichneten die Landwirtschaftsgewerkschaften aus Rumänien, Polen, Bulgarien und Deutschland unlängst ein Kooperationsabkommen: Mehr Schutz für Saisonarbeitskräfte, 19.1.2024, <https://igbau.de/Mehr-Schutz-fuer-Saisonarbeitskraefte.html> (10.4.2024).

38 Saisonarbeiter*innen in der Landwirtschaft. Mehr Schutz bei Saisonarbeit und Saisonbeschäftigung. Der DGB fordert: Miserable Arbeitsbedingungen bei der Ernte verbessern, 25.5.2023, <https://www.dgb.de/themen/++co++8043b236-71c7-11eb-9e8c-001a4a160123> (10.4.2024).

39 »Das hier ist nicht Europa« Ausbeutung im Spargel-, Erdbeer- und Gemüseanbau in Deutschland, 22.5.2023, <https://www.oxfam.de/system/files/documents/230522_oxfam_erdbeerspargel_final.pdf> (10.4.2024).

40 Volker Pabst, Den Erntearbeitern aus Südosteuropa ist der Weg zum Arbeitsmarkt im Westen versperrt, in: Neue Zürcher Zeitung, 3.4.2020; Manès Weisskircher: Arbeitsmigration während der Corona-Pandemie. Saisonarbeitskräfte aus Mittel- und Osteuropa in der deutschen Land-

Grenzen Ende März 2020 für die meisten Saisonarbeitskräfte geschlossen wurden, wurde Zehntausenden Arbeitnehmerinnen und Arbeitnehmern unter strengen Auflagen die Einreise über den Luftweg ermöglicht.[41] Wegen mangelnder Einhaltung beziehungsweise Durchführung von Infektionsschutzmaßnahmen vor Ort lösten massenhafte Corona-Ausbrüche oder auch der Tod eines 57-jährigen Arbeiters auf einem Spargelhof in Baden-Württemberg größeres Interesse aus.[42] Doch nicht nur die Situation der Erntehelfer:innen geriet durch die Zeitumstände in das Visier einer breiteren Öffentlichkeit. Neben der Bauindustrie[43] waren es insbesondere Mitarbeitende in der Fleischindustrie, wurden doch durch Masseninfektionen, etwa im Kreis Gütersloh, Missstände in diesem Bereich besonders deutlich.[44] Formen prekärer Arbeit und Beschäftigungsverhältnisse rückten mit dem Tod von Refat Süleyman, einem bulgarischen Arbeiter türkischer Herkunft, der im Herbst 2022 während seiner Schicht im ThyssenKrupp-Steel-Werk in Bruckhausen ums Leben kam, und den anschließenden Demonstrationen vor Ort, in den Blick – befördert auch durch die Initiative »Stolipinovo in Europa«, die sich dafür einsetzt, Arbeitsmigrant:innen insbesondere in solchen Branchen aufzuklären, in denen unfaire und gefährliche Arbeitsbedingungen üblich sind. Dazu gehören Reinigung, Logistik, Lebensmittelindustrie oder das Baugewerbe.[45] Verweisen diese Beispiele allesamt auf unterschiedliche Ausprägungen von Gewaltmodi am Arbeitsplatz, so sind sie darüber hinaus noch von Formen institutionellen Rassismus überlagert. Dies zeigt gegenwärtige Trends an, wonach transnationale und globalisierte Entwicklungen nicht nur die Koordinaten sozialer Ungleichheit verändert haben, sondern für die Analyse ein intersektionaler Zugriff unabdingbar erscheint, der neben den Faktoren *Class* und *Gender* vor allem auch die Kategorie *Race* in der Analyse ernst nimmt.

---

wirtschaft, MIDEM-Policy Paper 01/21, <https://www.stiftung-mercator.de/de/publikationen/24286-2/> (11.4.2024); Dorothea Biaback Anong, »Saisonarbeitskräfte dringend benötigt«. Das Regime landwirtschaftlicher Saisonarbeit in Deutschland im Kontext der Corona-Pandemie, IMIS Working Paper 09, Osnabrück 2021.

41 Zu Auswirkungen der Pandemie, unter anderem auch bezogen auf die Problematik, hygienische Mindeststandards zu entwerfen, siehe Initiative Faire Landarbeit, Bericht 2020 Saisonarbeit in der Landwirtschaft, Frankfurt a. M./Berlin 2021.

42 DGB, Arbeitsbedingungen, 2022.

43 Christian Sperneac-Wolfer, Die multiple Prekarität rumänischer Bauarbeiter in Deutschland, in: Sozial.Geschichte Online, 34 (2023), S. 189-217.

44 Peter Birke/Johanna Neuhauser, Migrantisierung von Prekarität – Am Beispiel der Fleischindustrie, Logistik und Maskenproduktion in Deutschland und Österreich, Beitrag zum Momentum-Kongress 2021, S. 7, <https://www.momentum-kongress.org/system/files/congress_files/2021/paper_momentum_birke_neuhauser.pdf> (10.4.2024).

45 https://stolipinovoeuropa.org/de/wo-fuer-wir-stehen/(11.4.2024).

## 4 Quellen und Literatur


**Arbeit und Leben**, Beratungsnetzwerk Gute Arbeit,<https://www.arbeitundleben.de/arbeitsfelder/beratungsnetzwerk> (10.4.2024).

**Augère-Granier, Marie-Laure**, Migrant Seasonal Workers in the European Agricultural Sector, Brüssel 2021.

**Becker, Jörg**, Erdbeerpflücker, Spargelstecher, Erntehelfer. Polnische Saisonarbeiter in Deutschland – temporäre Arbeitsmigration im neuen Europa, Bielefeld 2010.

**Biaback Anong, Dorothea,** »Saisonarbeitskräfte dringend benötigt«. Das Regime landwirtschaftlicher Saisonarbeit in Deutschland im Kontext der Corona-Pandemie. IMIS Working Paper 09, Osnabrück 2021.

**Crouch, Colin/Wolfgang Streeck**, Political Economy of Modern Capitalism. Mapping Convergence and Diversity, London 2013.

**DGB**, Für faire Arbeitsbedingungen auf Feldern in Deutschland!, Berlin 2021.

**DGB**, Ihre Rechte bei der Arbeit, <https://www.faire-mobilitaet.de> (10.4.2024).

**DGB/Benjamin Luig**, Überblick Landwirtschaft. Struktur der Branche, <https://www.faire-mobilitaet.de/landwirtschaft/++co++361c14c4-f4c3-11ed-a0bd-001a4a160123> (10.4.2024).

**Fuchs, Maximilian**, Freizügiger Sozialtourismus?, in: Zeitschrift für europäisches Sozial- und Arbeitsrecht, 13 (2014) 3, S. 103-111.

**Gudehus, Christian/Michaela Christ (Hg.)**, Gewalt. Ein interdisziplinäres Handbuch, Stuttgart 2013.

**Heitmeyer, Wilhelm/Hans-Georg Soeffner (Hg.)**, Gewalt. Entwicklungen, Strukturen, Analyseprobleme, Frankfurt a. M. 2004.

**Initiative Faire Landarbeit**, Saisonarbeit in der Landwirtschaft. Bericht 2019. Bundesweite Aktionswochen, Frankfurt a. M./Berlin 2020.

**Initiative Faire Landarbeit**, Bericht 2020 Saisonarbeit in der Landwirtschaft, Frankfurt a. M./Berlin 2021.

**Initiative Faire Landarbeit/Benjamin Luig**, Saisonarbeit in der Landwirtschaft Bericht 2022, Berlin 2023.

**Janda, Constanze**, Die Autonomie der Freizügigkeitsverordnung und das »Gespenst des Sozialtourismus«: zugleich eine Besprechung von EuGH, Urt. v. 6.10.2020, Rs. C-181/19 (Jobcenter Krefeld./.JD), in: Zeitschrift für europäisches Sozial- und Arbeitsrecht, 20 (2021) 1, S. 3-9.

**Kuschel, Sarah/Katharina Varelmann**, Bericht 2018. Bundesweite Aktionswochen Saisonarbeit in der Landwirtschaft, <https://www.peco-ev.de/docs/2018_Bundesweite_Aktionswochen_Saisonarbeit_Landwirtschaft_Peco_IGBAU_online.pdf> (10.4.2024).

**Kovacheva, Vesela**, The Unnoticed Effects of EU Accession. Evidence on Mobility and Integration of Bulgarian Migrants in Germany, Wiesbaden 2021.

**Laschewski, Lutz/Sigrid Egartner/Lisa Eller/Monika Putzing/Georg Wiesinger**, Abhängig Beschäftigte in der Landwirtschaft, Göttingen 2023.

**Lehnert, Katrin**, Zwischen Mobilisierung, »Seßhaftmachung« und Autonomie. Konflikte um ländliche Mobilität in Sachsen im 19. Jahrhundert, in: Jochen Oltmer (Hg.), Migrationsregime vor Ort und lokales Aushandeln von Migration, Wiesbaden 2018, S. 13-38.

**Lindenberger, Thomas/Alf Lüdtke (Hg.)**, Physische Gewalt. Studien zur Geschichte der Neuzeit, Frankfurt a. M. 1995.

**Our Food, Our Future:** A Story about Seasonal Workers, Exploitation and Vulnerability, <https://www.suedwind.at/fi leadmin/user_upload/suedwind/50_Handeln/Our_food_our_future/Mai_Bine_OFOF_Article_O_story_of_seasonal_workers__exploitation_and_vulnerability-2.pdf> (10.4.2024).

**PECO-Institut (Hg.)**, Die IG BAU und ihre »grünen« Bereiche – eine Skizze, <https://www.landarbeiter.eu/wp-content/uploads/pdf/100-Jahre-Landarbeitergewerkschaften-Kapitel-9.pdf> (10.4.2024).

**PECO-Institut**, Zur Situation von zeitlich befristet Beschäftigten in der Landwirtschaft. Bericht 2015 der Initiative Faire Landarbeit, Berlin 2016.

**Reckinger, Gilles**, Bittere Orangen: ein neues Gesicht der Sklaverei in Europa, Wuppertal 2018.

**Rosa-Luxemburg-Stiftung (Hg.)**, Atlas der Migration. Neue Daten und Fakten über Menschen in Bewegung, Berlin 2022.

**Schmidt, Judith**, Kalkulierte Mobilität. Ökonomische und biographische Reaktionen auf Saisonarbeit, Frankfurt a. M./New York 2021.

**Schnetker, Max**, »Ich werde in der Landarbeit arbeiten, bis ich nicht mehr kann. Bis ich auf dem Feld umfalle und nicht mehr arbeiten kann«, in: Nicole Mayer-Ahuja, Oliver Nachtwey (Hg.), Verkannte Leistungsträger:innen. Berichte aus der Klassengesellschaft, Berlin 2021, S. 259-281.

**Sperneac-Wolfer, Christian**, Die multiple Prekarität rumänischer Bauarbeiter in Deutschland, in: Sozial.Geschichte Online, 34 (2023), S. 189-217.

**Streeck, Wolfgang**, Gekaufte Zeit. Die vertagte Krise des demokratischen Kapitalismus, Berlin 2013.

**Tietje, Olaf**, Zwischen Subalternisierung und Handlungsmacht. Migrantische Akteur_innen in Almeriá, Spanien, Münster 2018.

**Varelmann, Katharina/Benjamin Luig**, Das System Saisonarbeit. Prekäre Beschäftigungsverhältnisse durch fehlende soziale Absicherung, in: Der kritische Agrarbericht 2022, S. 86-90.

**Wagner, Mathias/Kamila Fialkowska/ Maria Piechowska/Wojciech Lukowski**, Deutsches Waschpulver und polnische Wirtschaft. Die Lebenswelt polnischer Saisonarbeiter. Ethnographische Beobachtungen, Bielefeld 2013.

**Weber, Max**, Die Verhältnisse der Landarbeiter im ostelbischen Deutschland. Preußische Provinzen Ost- und Westpreußen, Pommern, Posen, Schlesien, Brandenburg, Großherzogtümer Mecklenburg, Kreis Herzogtum Lauenburg, Leipzig 1892.

**Weisskircher, Manès**, Arbeitsmigration während der Corona-Pandemie. Saisonarbeitskräfte aus Mittel- und Osteuropa in der deutschen Landwirtschaft, MIDEM-Policy Paper 01/21, <https://www.stiftung-mercator.de/de/publikationen/24286-2/> (11.4.2024).

# Autor:innen des Bandes

**Jacopo Ciammariconi**
ist Doktorand der Geschichte an der Universität Trier. Seine Dissertation konzentriert sich auf die Neukonzeption der Arbeit in Italien seit den späten 1970er-Jahren, die Entwicklung neuer Arbeitskulturen sowie die sozialen, kulturellen und politischen Praktiken italienischer Arbeitnehmer:innen. Zu seinen Forschungsinteressen gehören die kulturellen Transformationen der Arbeit sowie die Geschichte der Arbeits- und Gewerkschaftskulturen.

**Alisha Edwards**
ist Doktorandin am Institut für soziale Bewegungen der Ruhr-Universität Bochum und Stipendiatin der Hans-Böckler-Stiftung. Sie forscht zur Geschlechter-, Arbeits- und Migrationsgeschichte des 20. Jahrhunderts mit Schwerpunkten in der deutschen und britischen Geschichte der Sexualität, sozialen Bewegungen und Kämpfen um Arbeitsrechte.

**Mareen Heying**
ist wissenschaftliche Mitarbeiterin am Institut für soziale Bewegungen in Bochum. Aktuell arbeitet sie zur Geschichte der Kneipe und der Figur des »Trunkenboldes« seit dem 19. Jahrhundert sowie zu Nostalgie in Deindustrialisierungsprozessen. Weitere Forschungsfelder sind soziale Bewegungen von Sexarbeiterinnen und Widerstand gegen den Nationalsozialismus.

**Alexandra Jaeger**
ist wissenschaftliche Referentin für Arbeitsbeziehungen und Gewerkschaftsgeschichte im Bereich Public History des Archivs der sozialen Demokratie der Friedrich-Ebert-Stiftung in Bonn. Forschung zu Labour History und zur politischen Geschichte der Bundesrepublik.

**Nina Kleinöder**
ist Juniorprofessorin für Wirtschafts- und Sozialgeschichte mit dem Schwerpunkt Arbeit und Bildung an der Otto-Friedrich-Universität Bamberg. Sie forscht zur Unternehmens-, Wirtschafts-, und Sozialgeschichte des 19. und 20. Jahrhunderts mit Schwerpunkten in der deutschen Kolonialgeschichte, dem betrieblichen Arbeitsschutz und der Gestaltung von Arbeit.

**Sebastian Knoll-Jung**
forscht als wissenschaftlicher Mitarbeiter an der Juniorprofessur für Wirtschafts- und Sozialgeschichte mit dem Schwerpunkt Arbeit und Bildung an der Otto-Friedrich-Universität Bamberg zum Forschungsprogramm Humanisierung des Arbeitslebens und zur Geschichte der Arbeitswelten, insbesondere zu Aspekten des Arbeitsschutzes.

**Sophia Kuhnle**
ist Promotionsstudentin an der Ruhr-Universität Bochum. Ihre Dissertation befasst sich mit den Frauenbewegungen der 1970er- und 1980er-Jahre in Westdeutschland und Spanien und ihren Positionen und Utopien zum Thema Arbeit.

**Christoph Lorke**
ist Referent für Geschichte des Arbeitens am LWL-Institut für westfälische Regionalgeschichte in Münster. Forschungen zur Sozial- und Kulturgeschichte von Armut und sozialer Ungleichheit, zur Migrations-, Stadt- und Regionalgeschichte sowie zur Geschichte der Vereinigungsgesellschaft.

**Pierre Pfütsch**
ist wissenschaftlicher Mitarbeiter am Institut für Geschichte der Medizin des Bosch Health Campus in Stuttgart. Seine Forschungsschwerpunkte liegen in der Pflegegeschichte, Körpergeschichte, Geschlechtergeschichte und der Zeitgeschichte der Medizin. Außerdem betreut er die Zeitschrift Medizin, Gesellschaft und Geschichte.

**Mona Rudolph**
ist Postdoktorandin am Historischen Seminar der Christian-Albrechts-Universität zu Kiel. Zu ihren Forschungsschwerpunkten zählen die Globalgeschichte, die kulturgeschichtlich informierte Wirtschaftsgeschichte und die Kolonialgeschichte. Ihr aktuelles Projekt untersucht Prostitution und Prostitutionsmigration in der Bonner Republik und verbindet Zeit-, Migrations- und Sozialgeschichte.

**Sebastian Voigt**
ist wissenschaftlicher Mitarbeiter am Institut für Zeitgeschichte, München/Berlin. Er forscht und publiziert zur Gewerkschaftsgeschichte und der Geschichte des Judenhasses.

**Matthias Weber**
hat Soziologie an der Universität Bielefeld studiert und promoviert an dem Bielefelder Graduiertenkolleg für Geschichte und Soziologie (BGHS) über das Thema polizeilicher Autoritätsvorstellungen. Seine Forschungsschwerpunkte sind interdisziplinäre Polizeiforschung, Gewalt am Arbeitsplatz und Gewaltprävention.

**Klaus Weinhauer**
lehrt Geschichte des 19. und 20. Jahrhunderts an der Universität Bielefeld. Er forscht zur international vergleichenden und transnationalen Geschichte von urbaner Gewalt, Sicherheit, Polizei und Terrorismus sowie von Arbeit und sozialen Bewegungen.

**Mareike Witkowski**
arbeitet als wissenschaftliche Mitarbeiterin am Institut für Geschichte der Carl von Ossietzky Universität Oldenburg. Ihre Arbeitsschwerpunkte sind die Geschichte der Arbeit im 20. Jahrhundert und Gendergeschichte. Aktuell forscht sie zum Thema »Heterogene Lerngruppen an NS-Gedenkstätten«.

**Johanna Wolf**
ist wissenschaftliche Mitarbeiterin am Max-Planck-Institut für Rechtsgeschichte und Rechtstheorie in Frankfurt am Main. Ihre Forschung bewegt sich an der Schnittstelle von Arbeitsgeschichte, Globalgeschichte und Kulturgeschichte. Aktuell forscht sie über die normative Ordnung der Arbeitswelt (1830er- bis 1930er-Jahre) und startete jüngst eine Initiative zur Geschichte des Arbeitsrechts aus globaler Perspektive.